대한민국 최초

도시정비(재건축·재개발) 용어사전

한국주택정비사업조합협회는 전국 추진위·조합을 대표하는 연합회로서 추진위·조합의 전문성을 높이는 데 앞장서고 있습니다.

특히 최근 협회 사무실의 확장·이전을 통해 자체 강의실을 마련하고 제2의 도약을 준비하면서 회장으로서 자부심과 함께 막중한 책임을 느끼고 있습니다.

한국부동산원의 이규훈 실장이 '도시정비 용어사전'을 집필하였다는 소식을 접하니 반갑고 고마운 일이 아닐 수 없습니다.

한주협과 한국부동산원이 전국으로 '찾아가는 정비사업 교육'을 하던 시절 담당부장으로서 열정을 가지고 업무를 추진하던 이규훈 실장의 모습이 새삼 떠올랐습니다.

우선 대한민국 최초로 재개발·재건축 도시정비사업에 대한 용어사전을 출간한다는데 큰 의미를 부여할 수 있을 것입니다.

왜 이제껏 이런 책이 없었나 하는 의구심도 있지만 하여간 반가운 일입니다. '아는 것이 힘'이라고 했습니다. 영어를 공부할 때 영어사전이 필요하고, 한자를 공부할 때 옥편을 보는 것처럼 도시정비법을 공부할 때 '도시정비 용어사전'이 꼭 필요할 것입니다.

두 번째 정비사업과 관련 법령상의 정의 및 실무적인 내용을 포함하는 용어 350개를 정리했다고 하니 추진위·조합의 관계자들에게 실무적으로 커다란 도움이 되는 책이라 믿어 의심치 않습니다.

추천사

다시 한번 강조하지만 정비사업은 수준 높은 전문성이 요구되는 분야입니다. 그럴수록 기본에 충실해야 한다고 생각합니다. '도시정비 용어사전'은 전문가가 되기 위해 반드시 읽어야 하는 필독서가 되리라고 생각합니다.

끝으로 집필하느라 고생하신 이규훈 실장의 노고에 감사드리며, '도시정비 용어사전'이 추진위·조합 관계자 여러분에게 도시정비사업의 길라잡이 같은 책이 되길 바랍니다.

2023년 6월

한국주택정비사업조합협회 **회장 홍승권**

추천사

이규훈 실장을 처음 만난 것은 「도시 및 주거환경정비법」이 시행되기 전인 2001년경으로 기억한다. 그 당시 한국감정원이 도시정비업무를 새롭게 시작하기 위해 유능한 외부 전문가를 여러 명을 스카웃했는데 그 중 한 명이었던 것으로 알고 있다.

2003년 「도시 및 주거환경정비법」이 시행되면서 한국감정원이 법정정비업체로서 도시정비업무를 본격적으로 수행했는데 이규훈 실장은 한국감정원의 도시정비사업의 기본적인 틀을 구축한 초창기 멤버의 한 사람이었다. 그 후 한국감정원이 정비사업전문관리업무에서 철수하고 관리처분계획 타당성 검증 및 공사비 검증을 하는 검증기관으로 탈바꿈했는데 관리처분계획 타당성 검증제도를 처음으로 제안하고 법정화하는데 기여한 사람이 이규훈 실장이었던 것으로 알고 있다. 공사비 검증업무도 역시 그가 도시정비지원부장으로 있을 때 도입한 제도이다.

최근에 그가 '도시정비 용어사전'을 집필한다는 소식을 들었다. 우선 그의 용기에 응원의 박수를 보낸다. 건축부문에는 '건축용어사전'이 있고, 도시계획 분야에도 '도시계획용어사전'이 있는데 도시정비사업 분야에는 용어사전이 없다는 것을 이번에 알게 되었다. 이 책이 출간되면 도시정비사업 분야에도 용어사전이 있게 되는 것이다. 의미있는 일이 아닐 수 없다.

정비사업 추진을 위해서는 건설 사업과 건축, 도시계획 관련 법령이 망라된 종합적 전문지식이 필요하다. 이번에 저자가 발간한 「도시정비 용어사전」을 살펴보니 저자가 이 책을 집필하기 위하여 얼마나 많은 노고를 기울였는지 쉽게 확인된다. 정비사업의 기본법이라고 할 수 있는 「도시 및 주거환경정비법」의 법률, 시행령, 시행규칙 뿐만 아니라 지방자치단체의 조례까지 세세히 살펴서, 정비사업에 대한 체계적인 이해가 되도록 하였음을 알 수 있다. 뿐만 아니라 정비사업과 관련된 다수의 여러 관계 법률의 핵심 용어를 망라하여 설명하고 있어서, 독자들의 이해를 돕고 있다. 이를 일일이 다 나열할 수는 없으나, 핵심적인 관계 법률을 열거해 본다. 빈집 및 소규모주택정비에 관한 특례법, 전통시장 및 상점가 육성을 위한 특별법, 도시재정비 촉진을 위한 특별법, 도시재생 활성화 및 지원에 관한 특별법, 주택법, 공공주택특별법, 민간임대주택에 관한 특별법, 역세권의 개발 및 이용에 관한 법률, 건축법, 국토의 계획 및 이용에 관한 법률, 수도권정비계획법, 경관법, 도시공원 및 녹지 등에 관한 법률, 건축물관리법, 건설기술진흥법, 감정평가 및 감정평가사에 관한 법률, 대도시권 광역교통 관리에 관한 특별법, 도시교통정비 촉진법, 교육환경 보호에 관한 법률, 기후위기 대응을 위한 탄소중립녹색성장 기본법, 매장문화재 보호 및 조사에 관한 법률, 문화예술진흥법, 산업안전보건법, 시설물의 안전 및 유지관리에 관한 특별법, 환경영향평가법, 토양환경보전법, 녹색건축물 조성 지원법, 국유재산법, 공유재산 및 물품관리법 등이다.

독자들은 저자의 이 책 한 권으로 정비사업에 관하여 종, 횡으로 필요한 전문지식을 얻을 수 있을 것이다.

그가 곧 한국감정원을 떠난다는 소식도 알게 되었다. 회사생활을 하면서도 도시계획기술사 자격증을 취득하고 숭실사이버대학에서 강의도 하는 등 그의 열정과 노력을 알기에 그가 제2의 인생을 멋지게 펼칠 것을 기대해본다.

'도시정비 용어사전'이 추진위·조합 관계자, 정비사업 관련 종사자, 부동산학을 공부하는 학생, 관심있는 일반시민들에게도 널리 읽혀지길 바란다.

2023년 6월

법무법인(유한) 한결 변호사 이인호

재개발·재건축은 용어의 정의부터 한걸음씩...

어느 날 저녁 TV에서 「재건축초과이익 환수에 관한 법률」에 따른 재건축부담금에 관한 뉴스가 나왔는데 보도 내용과는 달리 TV 자막에는 재개발사업이라는 표현을 사용하고 있었습니다. 이처럼 우리 사회에는 아직도 재개발사업과 재건축사업을 구분하지 못하고 혼용하여 사용하는 경우가 너무나도 많습니다.

「도시 및 주거환경정비법」이 2002. 12. 30. 제정되고 2003. 7. 1. 시행된 이후 20여년이 지났음에도 불구하고 도시정비 분야의 제대로 된 용어사전이 없다는 것을 우연히 알게 되었습니다. 건축이나 도시계획 부문 등 관련 분야에는 다양한 용어사전이 있음에도 불구하고 도시정비사업과 관련된 용어사전이 없다는 것을 알고 놀라지 않을 수 없었습니다. 재개발·재건축사업에 대한 지대한 관심에 비해서 기초적인 용어나 개념 정리에 신경을 쓰지 못하고 있는 우리 사회의 현실에 씁쓸한 마음을 가눌 수 없었습니다.

시중에는 도시정비사업과 관련된 많은 책이 출판되어 있으나, 모두 법이나 판례 등을 다루면서 어려운 법률용어로 구성되어 있어 일반인들이 이해하기가 쉽지 않습니다. 도시정비 관련 용어를 쉽게 풀어쓴 책 한권 정도는 있어야겠다는 생각을 감히 갖게 되었습니다. 이것이 저자가 용어사전을 출간하게 된 계기입니다.

이에 본 책의 구성은 먼저 「도시 및 주거환경정비법」, 「도시 및 주거환경정비법 시행령」, 「도시 및 주거환경정비법 시행규칙」에 있는 용어의 정의를 모두 수록하였습니다. 아울러 「서울특별시 도시 및 주거환경정비 조례」에 있는 용어와 서울시에서 운영하고 있는 다양한 제도에 대한 설명도 포함하였습니다. 신속통합기획, 모아주택·모아타운, 사용비용검증위원회, 공공변호사 입회제도, 조합직접설립제도, 정비사업 정보몽땅, 정비사업 코디네이터 등이 그것입니다. 관련 법률인 「빈집 및 소규모주택정비에 관한 특례법」, 「도시재정비 촉진을 위한 특별법」, 「전통시장 및 상점가 육성을 위한 특별법」, 「주택법」, 「도시개발법」 등에 있는 유사한 정비사업, 정비조합에 관한 용어를 부분적으로 발췌하여 수록하였습니다.

다음은 실무에서 널리 사용하고 있는 용어와 개념을 정리하였습니다. 가계약, 본계약, 선분양, 후분양, 도급제, 지분제, 비례율, 무상지분율, 조합원 권리가액, 기성불, 분양불, 분양권, 입주권, PM, CM, 상가독립정산제, 상가지분쪼개기, 종교시설처리방안, 협력업체의 종류 등이 그것입니다.

마지막으로 정비사업 관련 기관, 단체 등을 넣었습니다. 공적 부문에서는 국토교통부 산하 공기업인 한국토지주택공사, 한국부동산원, 주택도시보증공사 등이 '정비사업 지원기구'로서 나름대로의 역할을 수행해오고 있습니다. 민간 부문에서는 한국주택정비사업조합협회, 한국도시정비협회, 한국주택경제신문, 주거환경신문, 도시정비신문 등이 있습니다. 보이지 않는 곳에서 항상 정비사업의 발전을 위해 노력하고 있는 기관, 단체에 대한 기록을 남기는 것도 이 책의 의미 중에 하나일 것입니다.

특히 매년 '조합 상근임직원 표준급여에 대한 실태조사와 표준급여안'을 만들어 보급하면서 조합의 근무여건 개선에 힘쓰는 한국주택정비사업조합협회와 '정비사업전문관리업자의 윤리강령'을 만들어 정비사업의 투명성 제고에 노력하고 있는 한국도시정비협회는 업계를 대표하는 양대산맥임이 분명합니다. 정비사업이 복잡하고 어려운 사업임에도 불구하고 정비사업을 올바르게 추진하려고 노력하고 있는 전국의 추진위원장, 조합장, 조합의 관계자들, 그리고 도시정비사업에 관심을 가지고 있는 모든 사람들에게 이 책이 조금이나마 도움이 되었으면 합니다.

끝으로 항상 정비사업조합의 발전을 위해 노력하고 있는 한국주택정비사업조합협회 홍승권 회장님, 최태수 국장님, 엄정진 국장님의 노고에 다시 한번 감사의 말씀을 드립니다. 그리고 정비사업의 파수꾼 역할을 묵묵히 수행하고 있는 한국주택경제신문의 박노창 기자님, 심민규 기자님, 이혁기 기자님, 이호준 기자님 등 신문사 관계자 여러분께도 감사의 말씀을 전합니다.

2023년 6월

공유가치를 꿈꾸는 도시계획기술사 저자 이규훈

도시정비 용어사전 목차

ㄱ

ㄴ

ㄷ

ㅇ

ㅎ

도시 정비 용어사전

가계약

- 가계약이란 정식 계약을 맺기 전에 우선 어떤 조건을 정해 놓고 임시적으로 맺는 계약을 말한다. 임시계약이라고 할 수 있다. 하지만 가계약도 법의 제한에 저촉되지 않는 한 개인의 자유에 맡긴다는 계약자유의 원칙에 따라 계약의 효력이 있다. 다만 정확하게 계약의 내용을 명시하지 않으면 차후에 분쟁이 발생할 소지가 높기 때문에 계약내용 및 조건을 자세하고 명확하게 계약서에 기재하는 것이 좋다.
- 정비사업의 경우 조합이 '정비사업의 계약업무처리기준'에 따라 시공자 선정을 위한 입찰공고를 하고 시공자가 입찰제안서를 제출하면 조합원 총회에서 시공자를 선정하게 된다. 선정된 시공자와 조합이 공사도급 가계약을 체결하고 추후 본계약을 체결하게 된다. 가계약은 본계약과 구별되는 개념이다.
- 사업시행 초기에 요식행위로 가계약을 하고 사업시행인가 후에 진짜 계약인 본계약을 체결하면 되니까 가계약은 대충해도 된다는 잘못된 인식이 있으나, 본계약도 가계약을 근거로 변경하는 개념이므로 가계약도 매우 중요하다. 그런데 통상 가계약의 내용에는 주요한 사업참여조건(공사비, 주요 공사도급 조건, 특화계획, 이주비 및 사업비 대여조건 등)이 명시되어 있고, 가계약에 의거 시공자가 조합에 사업비를 대여한다는 점 등을 종합적으로 고려해볼 때 가계약이라는 명칭에도 불구하고 실질적으로 본계약과 동일한 효력이 인정된다. 즉, 가계약도 정식 계약이다. 따라서 가계약이라도 성실히 이행하여야 하며, 만약 의무를 이행하지 아니하게 되면 채무불이행에 따른 손해배상의 의무를 부담하게 될 수 있다.

가로주택정비사업

- 가로주택정비사업은 대규모 정비사업에 의한 지역 커뮤니티 붕괴, 사업의 지연에 따른 갈등 발생 등에 대한 새로운 대안으로 도입된 사업이며, 가로구역에서 종전의 가로를 유지하면서 소규모로 주거환경을 개선하기 위한 사업이다.
- 해당 사업구역 내 사업을 희망하는 주민들만을 대상으로 사업 추진이 가능하며, 종전의 가로를 유지하면서 블록 단위로 정비하는 정비사업이다.
- 가로주택정비사업은 주거환경 개선이 필요하거나 정비구역이 해제된 구역 등에서 주민 스스로 소규모 주택정비를 통해 주거생활의 질을 높이기 위한 목적으로 노후·불량건축물이 밀집한 가로구역에서 종전의 가로를 유지하면서 소규모로 주거환경을 개선하는 사업을 말한다.

- 가로주택정비사업은 2012년 「도시 및 주거환경정비법」이 개정되면서 처음으로 도입되었다. 즉, 기존에는 「도시 및 주거환경정비법」에 규정되어 있었으나 별도의 특례법인 「빈집 및 소규모주택 정비에 관한 특례법」(법률 제14569호, 시행 2018.2.9.)에서의 소규모주택정비사업의 유형으로 편입되었다.
- 「빈집 및 소규모주택 정비에 관한 특례법」상 소규모주택정비사업의 하나이다.
- 소규모주택정비사업에는 자율주택정비사업, 가로주택정비사업, 소규모재건축사업, 소규모재개발사업이 있다.
- 가로주택정비사업의 토지등소유자는 조합을 설립하는 경우 토지등소유자의 10분의 8 이상 및 토지면적의 3분의 2 이상의 토지소유자 동의를 받아야 한다.

※ 가로주택정비사업 대상 지역

- 국토교통부령으로 정하는 가로구역으로서 다음의 요건을 모두 충족한 지역

  1. 해당 사업시행구역의 면적이 1만㎡ 미만일 것. 다만, 사업시행구역이 소규모주택정비관리지역이거나 일정요건을 갖춘 경우에는 2만㎡ 미만으로 할 수 있다.

  2. 노후·불량건축물의 수가 해당 사업시행구역 전체 건축물 수의 3분의 2 이상일 것. 다만, 소규모주택정비관리지역의 경우에는 100분의 15 범위에서 시·도조례로 정하는 비율로 증감할 수 있다.

  3. 기존주택의 호수 또는 세대수가 다음의 구분에 따른 기준 이상일 것

     1) 기존주택이 모두 단독주택인 경우 : 10호

     2) 기존주택이 모두 「주택법」제2조제3호의 공동주택인 경우 : 20호

     3) 기존주택이 단독주택과 공동주택으로 구성된 경우 : 20채(단독주택의 호수와 공동주택의 세대수를 합한 수를 말한다). 다만, 기존주택 중 단독주택이 10호 이상인 경우에는 기존주택의 총합이 20채 미만인 경우에도 20채로 본다.

감독

- 정비사업의 시행이 「도시 및 주거환경정비법」 또는 「도시 및 주거환경정비법」에 따른 명령·처분이나 사업시행계획서 또는 관리처분계획에 위반되었다고 인정되는 때에는 정비사업의 적정

한 시행을 위하여 필요한 범위에서 국토교통부장관은 시·도지사, 시장, 군수, 구청장, 추진위원회, 주민대표회의, 사업시행자 또는 정비사업전문관리업자에게, 특별시장, 광역시장 또는 도지사는 시장, 군수, 구청장, 추진위원회, 주민대표회의, 사업시행자 또는 정비사업전문관리업자에게, 시장·군수는 추진위원회, 주민대표회의, 사업시행자 또는 정비사업전문관리업자에게 처분의 취소·변경 또는 정지, 공사의 중지·변경, 임원의 개선 권고, 그 밖의 필요한 조치를 취할 수 있다.

- 국토교통부장관, 시·도지사, 시장, 군수 또는 구청장은 「도시 및 주거환경정비법」에 따른 정비사업의 원활한 시행을 위하여 관계 공무원 및 전문가로 구성된 점검반을 구성하여 정비사업의 현장조사를 통하여 분쟁의 조정, 위법사항의 시정요구 등 필요한 조치를 할 수 있다. 이 경우 관할 지방자치단체의 장과 조합 등은 대통령령으로 정하는 자료의 제공 등 점검반 활동에 적극 협조하여야 한다.

- 국토교통부는 2016년부터 서울시, 정비사업지원기구(한국부동산원등)와 합동 점검반을 구성하여 조합운영 실태점검을 실시하고 있다.

※ 점검반 활동에 협조하기 위해 제공하여야 하는 자료

 - 국토교통부령으로 정하는 자료

   1. 토지등소유자의 동의서

   2. 총회의 의사록

   3. 정비사업과 관련된 계약에 관한 서류

   4. 사업시행계획서·관리처분계획서 및 회계감사보고서를 포함한 회계 관련 서류

   5. 정비사업의 추진과 관련하여 분쟁이 발생한 경우 해당 분쟁과 관련된 서류

※ 점검반의 중점 점검내용

   1. 시공자 선정 등 용역계약

   2. 조합행정업무

   3. 자금운용 및 회계처리

   4. 정비사업비

   5. 정보공개

※ 점검반의 현장조사를 거부·기피 또는 방해한 경우 : 과태료 1,000만원

감사

- 조합은 임원으로 감사를 두어야 한다. 감사의 수는 1인 이상 3인 이하 이어야 한다. 조합장 또는 이사가 자기를 위하여 조합과 계약이나 소송을 할 때에는 감사가 조합을 대표한다.
- 감사는 이사회에 출석하여 의견을 진술할 수 있다. 다만 의결권은 가지지 아니한다.
- 감사는 재산상태와 회계에 관하여 감사하며, 정기총회에 감사결과보고서를 제출하여야 한다.
- 감사는 직무위배 행위로 인해 감사가 필요한 경우 조합임원 또는 외부전문가로 구성된 감사위원회를 구성할 수 있다. 이 경우 감사는 감사위원회의 의장이 된다.
- 감사는 조합의 재산관리 또는 조합의 업무집행이 공정하지 못하거나 부정이 있는 사실을 보고하기 위해 대의원회 또는 총회의 소집을 요구할 수 있고, 이 경우 조합장은 보고를 위한 대의원회 또는 총회를 소집하여야 한다.
- 감사의 요구에도 불구하고 조합장이 대의원회 또는 총회를 소집하지 아니하는 경우에는 감사가 직접 대의원회를 소집할 수 있으며, 대의원회 의결에 의하여 총회를 소집할 수 있다.

감정평가

- 감정평가란 토지등의 경제적 가치를 판정하여 그 결과를 가액으로 표시하는 것을 말한다. 관련 법은 「감정평가 및 감정평가사에 관한 법률」이다.
- 감정평가의 방식에는 원가방식, 비교방식, 수익방식의 3방식이 있다.
- 원가방식이란 대상물건이 '어느 정도의 비용이 투입되어야 만들 수 있는가'라는 비용성에 근거하며, 공급측면에서 비용과 가치의 상호관계를 파악하여 대상물건의 가치를 산정하는 방식을 말한다.
- 비교방식이란 대상물건이 '어느 정도의 가격으로 시장에서 거래되고 있는가'라는 시장성에 근거하며, 시장에서 거래되는 가격과 가치의 상호관계를 파악하여 대상물건의 가치를 산정하는 방식을 말한다.
- 수익방식이란 대상물건을 '이용함으로써 어느 정도 수익(편익)을 얻을 수 있는가'라는 수익성에 근거하며, 투자측면에서 수익과 가치의 상호관계를 파악하여 대상물건의 가치를 산정하는 방식을 말한다.
- 감정평가업자는 다음 각 호의 감정평가방식에 따라 감정평가를 한다.
  1. 원가방식 : 원가법 및 적산법 등 비용성의 원리에 기초한 감정평가방식

2. 비교방식 : 거래사례비교법, 임대사례비교법 등 시장성의 원리에 기초한 감정평가방식 및 공시지가기준법

3. 수익방식 : 수익환원법 및 수익분석법 등 수익성의 원리에 기초한 감정평가방식

4. 공시지가기준법 : 표준지공시지가를 기준으로 하여 시점수정, 지역요인 및 개별요인 비교를 하고, 그 밖의 요인 보정을 하여 토지등의 가치를 구하는 방법

- 정비사업에서 발생할 수 있는 감정평가의 유형은 다음과 같다.

※ 정비사업에서 발생할 수 있는 감정평가의 유형

1. 추진위원회 단계에서의 추정분담금 산정을 위한 감정평가

2. 관리처분계획 수립을 위한 종전·종후자산에 대한 감정평가

3. 손실보상을 위한 감정평가

4. 국·공유재산에 대한 감정평가

5. 현금청산자에 대한 감정평가

6. 매도청구소송에서의 감정평가

7. 정비기반시설에 대한 감정평가

8. 소유자 확인이 곤란한 건축물등에 대한 감정평가

감정평가 기준시점

- 감정평가의 기준시점이란 감정평가에서 대상물건의 감정평가액을 결정하는 기준이 되는 날짜를 말한다. 부동산의 가격은 시간의 경과에 따라 가격 수준이 변화하기 때문에 특정한 날짜를 기준으로 할 필요가 있다.

- 정비사업에 따른 감정평가별 기준시점은 다음과 같다.

구분	평가대상	평가목적	기준시점
국·공유지 무상귀속	용도 폐지되는 정비기반시설 및 새로이 설치하는 정비기반시설 편입토지	사업시행자(조합)에게 용도 폐지 정비기반시설 무상귀속	사업시행계획인가 고시 예정일
관리처분계획 수립 (종전자산)	정비구역 내 조합원이 소유한 종전의 토지, 건물, 집합건물	관리처분계획수립을 위한 조합원별 현금출자비율 산정	사업시행계획인가 고시일
관리처분계획 수립 (종후자산)	신축 예정인 자산 (아파트, 상가 등)	관리처분계획수립을 위한 조합원 분양가 산정	분양신청완료일 또는 사업시행자가 제시한 시점
현금청산	분양신청을 하지 않은 토지등 소유자의 토지, 건물, 집합건물	현금청산액의 산정	재건축 : 법원에서 제시하는 날 재개발 : 협의시점
국·공유지 취득	무상귀속 국·공유지를 제외한 매입대상 국·공유지	국·공유지 매입가격 산정	사업시행계획인가 고시일 (3년이내 계약체결)

감정평가업자의 선정

- 정비사업에서 ①분양대상자별 분양예정인 대지 또는 건축물의 추산액, ②분양대상자별 종전의 토지 또는 건축물 명세 및 사업시행계획인가 고시가 있은 날을 기준으로 한 가격, ③세입자별 손실보상을 위한 권리명세 및 그 평가액 등을 평가할 때에는 「감정평가 및 감정평가사에 관한 법률」에 따른 감정평가업자가 평가한 금액을 산술평균하여 산정한다.
- 주거환경개선사업 또는 재개발사업의 경우에는 시장·군수 등이 선정·계약한 2인 이상의 감정평가업자가 평가한 금액을 산술평균하여 산정하고, 재건축사업의 경우에는 시장·군수 등이 선정·계약한 1인 이상의 감정평가업자와 조합총회의 의결로 선정·계약한 1인 이상의 감정평가업자가 평가한 금액을 산술평균하여 산정한다.
- 사업시행자는 감정평가를 하려는 경우 시장·군수등에게 감정평가업자의 선정·계약을 요청하고 감정평가에 필요한 비용을 미리 예치하여야 한다. 시장·군수등은 감정평가가 끝난 경우 예치된 금액에서 감정평가 비용을 직접 지불한 후 나머지 비용을 사업시행자와 정산하여야 한다.
- 시장·군수 등은 감정평가업자를 선정·계약하는 경우 감정평가업자의 업무수행능력, 소속 감정평가사의 수, 감정평가 실적, 법규 준수여부, 평가계획의 적정성 등을 고려하여 객관적이고 투명한 절차에 따라 선정하여야 한다. 이 경우 감정평가업자의 선정·절차 및 방법 등에 필요한 사항은 시·도조례로 정한다.

- 서울특별시의 감정평가업자 선정 평가기준은 다음과 같다.

총점	감정평가업자의 업무수행실적	감정 평가사 수	기존 평가 참여 규모	행정처분 횟수	감정평가 수수료	감정평가 계획의 적정성
100	20	15	30	15	10	10

개발행위허가 제한지역

- 개발행위허가 제한지역이란 개발행위에 따른 부정적 영향이 특히 우려되는 지역에 대하여 개발행위허가를 제한하는 지역을 말한다. 관련법은 「국토의 계획 및 이용에 관한 법률」이다.
- 국토교통부장관, 시·도지사, 시장·군수는 도시관리계획상 특히 필요하다고 인정되면서 다음의 조건에 부합하는 지역에 대해서 중앙 또는 지방도시계획위원회의 심의를 거쳐 개발행위허가 제한지역을 지정하여 개발행위허가를 제한할 수 있다.

  1. 녹지지역 또는 계획관리지역으로서 수목이 집단적으로 생육되고 있거나 조수류 등이 집단적으로 서식하고 있는 지역 또는 우량농지 등으로 보전할 필요가 있는 지역
  2. 주변의 환경·경관·미관·문화재 등이 크게 오염되거나 손상될 우려가 있는 지역
  3. 도시·군기본계획 또는 도시·군관리계획을 수립 중인 지역으로서 해당 계획에 따라 용도지역·지구·구역의 변경이 예상되고 그에 따라 개발행위허가의 기준이 크게 달라질 것으로 예상되는 지역
  4. 지구단위계획구역으로 지정된 지역
  5. 기반시설부담구역으로 지정된 지역

- 개발행위의 제한기간은 중앙 또는 지방도시계획위원회의 심의를 거쳐 한 차례에 한하여 3년 이내의 기간으로 정한다. 단, 상기 3, 4, 5에 해당하는 지역은 위원회의 심의를 거치지 않고 한 차례에 한해 2년 이내의 기간 동안 제한을 연장할 수 있다.
- 개발행위허가 제한지역을 지정할 때는 반드시 제한지역, 제한사유, 제한대상행위, 제한기간을 미리 공고하여야 하며, 개발행위를 제한할 사유가 없어진 경우에는 그 제한기간이 끝나기 전이라도 지체 없이 개발행위허가의 제한을 해제하여야 한다.

건강친화형주택 건설기준

- 건강친화형주택이란 오염물질이 적게 방출되는 건축자재를 사용하고 환기등을 실시하여 새집 증후군 문제를 개선함으로써 거주자에게 건강하고 쾌적한 실내환경을 제공할 수 있도록 일정 수준 이상의 실내 공기질과 환기성능을 확보한 주택으로서 의무기준을 모두 충족하고 권장기준 1호 중 2개 이상, 2호 중 1개 이상의 항목에 적합한 주택을 말한다. 즉, 오염물질 방출, 실내공기 환기 등 세대 내의 실내공기 오염물질을 최소화할 수 있는 주택을 말한다. 관련법은 「주택법」과 국토교통부 고시 '건강친화형 주택 건설기준'이다.
- 500세대 이상의 주택건설사업을 시행하거나 500세대 이상의 리모델링을 하는 주택에 대하여 적용한다.
- 사업주체는 사업계획승인신청 시 건강친화형 주택건설기준 자체 평가서를 작성하여 사업계획 승인신청서와 함께 사업계획승인권자에게 제출하여야 한다.
- 사업계획승인권자는 제출된 자체 평가서와 설계도서 등이 건강친화형주택 건설기준에 적합하게 작성되었는지를 확인한 후 사업계획을 승인하여야 한다.
- 건강친화형주택의 건설기준은 다음과 같다.
  1. 오염물질을 적게 방출하거나 오염물질의 발생을 억제 또는 저감시키는 건축자재(붙박이 가구 및 붙박이 가전제품을 포함한다)의 사용
  2. 청정한 실내환경 확보를 위한 마감공사의 시공관리에 관한 사항
  3. 실내공기의 원활한 환기를 위한 환기설비의 설치, 성능검증 및 유지관리에관한 사항
  4. 환기설비 등을 이용하여 신선한 바깥의 공기를 실내에 공급하는 환기의 시행에 관한 사항

건설사업관리

- 건설사업관리(Construction Management : CM))란 건설공사 전 단계에 걸친 정보, 기술, 품질 등을 통합적으로 관리역량을 극대화하여 공사비 절감, 공기단축, 적정품질 확보 등이 가능하게 하는 기법을 말한다.
- 발주자의 대리인으로 사업성 검토, 설계와 시공부터 감리까지 맡아주는 기술용역업을 말한다. 미국은 공공기관의 만성적인 공기 지연과 예산초과를 바로잡기 위해서 1960년에 건설사업관리를 처음 도입했고, 한국은 삼풍백화점과 성수대교 붕괴 등으로 건설산업 불신 문제가 커진 후인 1997년에 도입했다.

- 건설사업관리는 일반적으로 CM for fee 방식과 CM at risk 방식으로 구분한다.
- CM for fee 방식에서 CM사업자는 발주자를 대신하여 공사를 관리하고 발주자는 대가로 비용(총사업비의 2~6%)을 지불하는 방식이다.
- CM at risk 방식은 CM사업자는 자신의 책임하에 공사를 수행하고 이로 인한 손익을 자신이 직접 부담하는 방식이다. 이 경우 CM사업자는 자신의 관리능력에 따라 이윤을 많이 가져갈 수 있으나, 사업수행에 따른 재정이나 설계변경등 책임도 함께 지게 된다.
- 「건설산업기본법」에 따르면 CM은 건설공사에 관한 기획, 타당성 조사, 분석, 설계, 조달, 계약, 시공관리, 감리, 평가 또는 사후관리 등에 관한 관리를 수행하는 것을 말한다. 사업 전반에 걸쳐 폭넓게 관여하는 만큼 전문인력이 가진 노하우가 매우 중요하다.
- 「건설기술진흥법」에 따라 CM업체를 선정할 때에는 시·도지사에 등록한 건설기술용역사업자를 대상으로 해야 한다.
- '건설사업관리' 분야로 등록하려면 ①자본금 1억5,000만원 이상, ②특급기술인 1명 포함, 건설기술인 10명 이상, ③업무수행에 필요한 사무실 등이 필요하다.
- 건설기술용역업 등록업무는 현재 한국건설기술관리협회가 시·도지사로부터 위탁받아 담당하고 있다.

건설업자의 입찰참가 제한

- 시·도지사는 「도시 및 주거환경정비법」 제113조의2제1항 각 호의 어느 하나에 해당하는 건설업자 또는 등록사업자에 대해서는 2년 이내의 범위에서 대통령령으로 정하는 기간 동안 정비사업의 입찰참가를 제한할 수 있다.
- 시·도지사는 건설업자 또는 등록사업자에 대한 정비사업의 입찰참가를 제한하려는 경우에는 대통령령으로 정하는 바에 따라 대상, 기간, 사유, 그 밖의 입찰참가 제한과 관련된 내용을 공개하고, 관할 구역의 시장, 군수 또는 구청장 및 사업시행자에게 통보하여야 한다. 이 경우 통보를 받은 사업시행자는 해당 건설업자 또는 등록사업자의 입찰 참가자격을 제한하여야 한다.
- 시·도지사는 정비사업의 입찰참가를 제한하려는 경우에는 다음의 사항을 지체 없이 해당 지방자치단체의 공보에 게재하고 일반인이 해당 내용을 열람할 수 있도록 인터넷 홈페이지에 입찰참가 제한기간 동안 게시하여야 한다.

1. 업체(상호)명·성명(법인인 경우 대표자의 성명) 및 사업자등록번호(법인인 경우 법인등록번호)
2. 입찰참가자격 제한기간
3. 입찰참가자격을 제한하는 구체적인 사유

- 사업시행자는 입찰참가를 제한받은 건설업자 또는 등록사업자와 계약(수의계약을 포함한다)을 체결해서는 아니 된다.

제113조의2(시공자 선정 취소 명령 또는 과징금) ①시·도지사(해당 정비사업을 관할하는 시·도지사를 말한다.)는 건설업자 또는 등록사업자가 다음 각 호의 어느 하나에 해당하는 경우 사업시행자에게 건설업자 또는 등록사업자의 해당 정비사업에 대한 시공자 선정을 취소할 것을 명하거나 그 건설업자 또는 등록사업자에게 사업시행자와 시공자 사이의 계약서상 공사비의 100분의 20 이하에 해당하는 금액의 범위에서 과징금을 부과할 수 있다. 이 경우 시공자 선정 취소의 명을 받은 사업시행자는 시공자 선정을 취소하여야 한다.

1. 건설업자 또는 등록사업자가 제132조제1항 또는 제2항을 위반한 경우
2. 건설업자 또는 등록사업자가 제132조의2를 위반하여 관리·감독 등 필요한 조치를 하지 아니한 경우로서 용역업체의 임직원(건설업자 또는 등록사업자가 고용한 개인을 포함한다. 이하 같다)이 제132조제1항을 위반한 경우

- 시·도지사는 정비사업의 입찰참가 제한의 집행이 정지되거나 그 집행정지가 해제된 경우에는 그 사실을 지체 없이 해당 지방자치단체의 공보에 게재하고 일반인이 해당 내용을 열람할 수 있도록 인터넷 홈페이지에 게시하여야 한다.
- 시·도지사는 입찰제한과 관련된 내용을 지체 없이 관할 구역의 시장, 군수 또는 구청장 및 사업시행자에게 통보하여야 한다.
- 「도시 및 주거환경정비법 시행령」 [별표5의2] 과징금의 부과기준 및 정비사업의 입찰참가 제한기준에 자세한 내용이 있다.

건축물 안전영향평가

- 건축물 안전영향평가란 초고층 건축물 등 건축법 시행령으로 정하는 주요 건축물에 대하여 건축허가를 하기 전에 건축물의 구조, 지반 및 풍환경 등이 구조물의 구조 안전과 인접 대지의 안

전에 미치는 영향 등을 평가하는 것을 말한다. 관련법은 「건축법」이다. 건축물 안전영향평가는 건축허가 전에 신청하여야 한다.

- 건축물 안전영향평가의 대상 건축물은 다음과 같다.
  1. 초고층 건축물(50층 이상)
  2. 연면적 10만㎡ 이상이면서 16층 이상인 건축물
- 건축물 안전영향평가기관은 다음의 기관을 말한다.
  1. 「국토안전관리원법」에 따른 국토안전관리원
  2. 「과학기술분야 정부출연연구기관 등의 설립·운영 및 육성에 관한 법률」 제8조에 따른 한국 건설기술연구원
  3. 「한국토지주택공사법」에 따른 한국토지주택공사
  4. 「한국부동산원법」에 따른 한국부동산원
- 건축물 안전영향평가의 평가항목은 다음과 같다.
  1. 구조분야 : 설계기준 및 하중의 적정성, 재료 및 공법의 적정성, 하중 저항시스템의 해석 및 설계 적정성, 구조안전성, 풍동실험의 적정성
  2. 지반분야 : 지반조사 및 지내력 산정결과의 적정성, 흙막이설계의 적정성, 인접 대지 지반안전성

건축물에너지효율등급인증제도

- 건축물의 에너지효율등급 인증제도란 에너지 성능이 높은 건축물의 건축을 확대하고, 건축물 에너지관리를 효율화하기 위하여 시행하는 제도를 말한다. 관련법은 「녹색건축물 조성지원법」이다.
- 건축물의 에너지효율등급 인증 대상 건축물은 건축법에 따른 건축물로서 단독주택, 공동주택 또는 업무용 건축물, 기타 냉방 또는 난방 면적이 500㎡ 이상인 건축물 등이 그 대상이다.
- 인증절차는 신청서류 접수, 평가보고서 작성, 예비인증 및 본 인증 순이며, 인증 또는 예비인증을 받으려는 건축주, 건축물 소유자, 시공자는 에너지관리공단이 운영하는 인증관리시스템에서 인증기관을 선택하여 신청해야 한다.
- 건축물 에너지효율 인증 등급은 1+++등급부터 7등급까지의 10개 등급이 있으며 주거용건축물과 주거용이외의 건축물로 구분된다.

- 건축물의 에너지효율등급 인증기준은 다음과 같다.

등급	주거용 건물	주거용 이외의 건물
	연간 단위면적당 1차 에너지소요량(kwh/㎡·년)	연간 단위면적당 1차 에너지소요량(kwh/㎡·년)
1+++	60미만	80미만
1++	60이상 90미만	80이상 140미만
1+	90이상 120미만	140이상 200미만
1	120이상 150미만	200이상 260미만
2	150이상 190미만	260이상 320미만
3	190이상 230미만	320이상 380미만
4	230이상 270미만	380이상 450미만
5	270이상 320미만	450이상 520미만
6	320이상 370미만	520이상 610미만
7	370이상 420미만	610이상 700미만

- 건축물 에너지효율등급 인증 1등급 이상 인증을 받은 건축물에 대해 취득세가 3%~10% 감면된다.
- 건축물 에너지효율등급 인증제도는 건물의 에너지 성능이나 주거환경의 질 등과 같은 객관적인 정보를 제공받고 건물의 가치를 인정받게 함으로써 건설사업주체, 소유주체, 관리주체, 건물 사용자 등 관련된 모두에게 이익이 돌아가게 하는 제도이다.

건축물의 해체공사

- 건물이나 주택 철거(내부 철거포함) 시 「건축물관리법」에 따라 해체 허가 또는 신고를 하여야 한다.
- 기존의 철거는 신고 방식이었지만 2020년 5월부터 법이 강화됨에 따라 일정한 조건을 충족하는 건축물들은 해체 허가를 받아야 철거가 가능해졌으며, 2022년 8월부터 바뀐 법령에 따라 전문가를 통한 해체계획서 작성 및 건축사 날인이 필요해졌다.
- 건축물의 해체 신고는 연면적 500㎡ 미만, 높이 12m 미만, 3개층(지하층 포함) 이하인 건축물의 해체는 신고대상이고, 신고대상 이외의 모든 건축물은 허가대상이다. 허가권자의 현장점검이

의무화되었다. 소규모 건축물의 경우에도 주변에 버스정류장, 역사출입구, 보행로 등 위험요인이 있는 경우에는 해체허가 대상이 된다.

- 허가대상 건축물과 신고대상 건축물 중 허가권자가 필요하다고 인정하는 건축물의 경우 해체공사 감리자를 별도로 선임하여야 하며, 건축물이 해체된 후 30일 이내에 허가권자에게 멸실신고를 하여야 한다.

건축물의 해체공사감리

- 허가대상 건축물과 신고대상 건축물 중 허가권자가 필요하다고 인정하는 건축물의 경우 해체공사 감리자를 별도로 선임하여야 한다. 관련법은 「건축물관리법」이다.
- 건축물의 해체공사 감리자의 업무는 다음과 같다.
  1. 해체작업순서, 해체공법 등을 정한 해체계획서에 맞게 공사하는지 여부의 확인
  2. 현장의 화재 및 붕괴 방지 대책, 교통안전 및 안전통로 확보, 추락 및 낙하 방지대책 등 안전관리대책에 맞게 공사하는지 여부의 확인
  3. 해체 후 부지정리, 인근 환경의 보수 및 보상 등 마무리 작업사항에 대한 이행 여부의 확인
  4. 해체공사에 의하여 발생하는 「건설폐기물의 재활용촉진에 관한 법률」 제2조 제1호에 따른 건설폐기물이 적절하게 처리되는 지에 대한 확인
  5. 그 밖에 국토교통부장관이 정하여 고시하는 해체공사의 감리에 관한 사항
  6. 해체계획서의 적정성 검토
  7. 해체계획서에 따라 적합하게 시공하는지 검토·확인
  8. 구조물의 위치·규격 등에 관한 사항의 검토·확인
  9. 사용자재의 적합성 검토·확인
  10. 재해예방 및 시공 안전관리
  11. 환경관리 및 폐기물 처리 등의 확인

건축심의

- 건축심의란 일정 규모 이상의 건물을 지을 때 인·허가에 앞서 도시미관 향상, 공공성 확보 등에 대하여 전문가들과 담당 공무원으로 이뤄진 건축위원회가 심의하는 제도를 말한다.

- 관련법은 「건축법」이다.
- 건축심의 대상에 해당하는 건축물의 건축 및 대수선은 건축허가나 신고 전에 특별시·광역시· 특별자치시·도·특별자치도 및 시·군·구에 두는 지방건축위원회의 심의를 받아야 한다. 건축심의 대상에 해당하는 건축물은 다음과 같다.
  1. 다중이용 건축물 및 특수구조 건축물의 구조안전에 관한 사항
  2. 분양을 목적으로 하는 건축물로서 건축조례로 정하는 용도 및 규모에 해당하는 건축물의 건축에 관한 사항
  3. 다른 법령에서 지방건축위원회의 심의를 받도록 한 경우 해당 법령에서 규정한 심의사항
  4. 건축조례로 정하는 건축물의 건축 등에 관한 것으로서 특별시장·광역시장· 특별자치시장· 도지사 또는 특별자치도지사 및 시장·군수·구청장이 지방건축위원회의 심의가 필요하다고 인정한 사항
- 서울시의 경우 「서울특별시 건축 조례」에 따라 다중이용건축물, 시가지경관지구 및 특화경관지구 내의 건축물, 분양을 목적으로 하는 건축물로서 연면적 합계가 10만㎡ 이상이거나 21층 이상인 건축물에 해당하는 경우 서울특별시 건축위원회의 심의를 받도록 정하고 있다.

건축위원회

- 건축위원회는 건축물의 건축 등과 관련한 분쟁의 조정 또는 재정, 건축물 건축에 관한 심의 등의 업무를 수행하기 위하여 국토교통부, 시·도, 시·군·구에 설치된 위원회를 말한다. 관련법은 「건축법」이다.
- 건축위원회의 구성 주체 및 역할에 따라 국토교통부에 두는 중앙건축위원회와, 시·도지사 및 시장·군수·구청장이 설치하는 지방건축위원회로 구분한다.
- 중앙건축위원회는 70명 이내로 구성하며 국토교통부장관이 위원을 임명·위촉한다. 공무원이 아닌 위원의 임기는 2년이며 한 차례 연임할 수 있다.
- 지방건축위원회는 25명 이상 150명 이하의 위원으로 성별을 고려하여 구성하며 시·도지사 및 시장·군수·구청장이 임명·위촉한다.
- 공무원이 아닌 위원의 임기는 3년 이내이며 한 차례 연임할 수 있다.
- 건축위원회의 심의 등을 효율적으로 수행하기 위하여 필요하면 건축위원회에 다음의 전문위원회를 두어 운영할 수 있다. 전문위원회의 심의 등을 거친 사항은 건축위원회의 심의 등을 거친 것으로 본다.

1. 건축분쟁전문위원회 (중앙건축위원회에 한정)

2. 건축민원전문위원회 (지방건축위원회에 한정)

3. 건축계획·건축구조·건축설비 등 분야별 전문위원회

   1) 건축계획 분야

   2) 건축구조 분야

   3) 건축설비 분야

   4) 건축방재 분야

   5) 에너지관리 등 건축환경 분야

   6) 건축물 경관 분야(공간환경 분야 포함)

   7) 조경 분야

   8) 도시계획 및 단지계획 분야

   9) 교통 및 정보기술 분야

   10) 사회 및 경제 분야

   11) 그 밖의 분야

건축위원회 유형별 심의사항

• 건축위원회는 중앙건축위원회, 시·도 지방건축위원회, 시·군·구 지방건축위원회로 나누며, 건축위원회 유형별 심의사항은 다음과 같다. 관련법은 「건축법」이다.

 1. 중앙건축위원회(「건축법 시행령」 제5조)

   1) 표준설계도서의 인정에 관한 사항

   2) 건축물의 건축 등과 관련된 분쟁의 조정·재정에 관한 사항

   3) 법령의 제정·개정 및 시행에 관한 중요 사항

   4) 다른 법령에서 중앙건축위원회의 심의를 받도록 한 심의사항

   5) 그 밖에 국토교통부장관이 필요하다고 인정하여 회의에 부치는 사항

 2. 서울특별시 건축위원회(「서울특별시 건축 조례」 제7조)

   1) 「서울특별시 건축 조례」의 제정·개정에 관한 사항

   2) 건축법령의 적용 완화 여부 및 적용 범위에 관한 사항(허가권자가 시장인 경우)

   3) 심의대상건축물은 다중이용건축물, 시가지·특화경관지구 내의 건축물, 분양을 목적으로

하는 다음의 건축물

가. 연면적 합계가 10만㎡ 이상이거나 21층 이상 건축물의 건축

나. 시 또는 시가 설립한 공사가 시행하는 건축물의 건축

다. 다중이용건축물 및 특수구조건축물의 구조안전에 관한 사항으로 1), 2) 중 어느 하나에 해당하는 경우

4) 「도시 및 주거환경정비법」에 따라 법적상한용적률을 확정하기 위한 건축물의 건축

5) 특별건축구역의 지정 목적 및 특례적용계획서 등에 대한 사항(한옥 제외)

6) 심의대상건축물 중 다음의 어느 하나에 해당하는 설계 사항

가. 깊이 10m 이상 또는 지하 2층 이상 굴착공사, 높이 5m 이상 옹벽설치 공사

나. 굴착영향 범위 내 석축·옹벽 등이 위치하는 지하 2층 미만 굴착 공사로서 석축·옹벽 등의 높이와 굴착 깊이의 합이 10m 이상인 공사

다. 굴착 깊이 2배 범위 내 노후건축물(RC조 등 30년 경과, 조적조 등 20년경과)이 있거나 높이 2m 이상 옹벽·석축이 있는 공사

라. 그 밖에 허가권자가 굴토 심의가 필요하다고 판단하는 공사의 설계

7) 리모델링 활성화 구역 지정에 관한 자문

8) 그 밖의 법령에 따른 심의대상 및 시장이 필요하다고 인정하여 회의에 부치는 사항

3. 자치구 건축위원회(「서울특별시 건축 조례」 제7조)

1) 건축선의 지정에 관한 사항

2) 건축법령의 적용 완화 여부 및 적용 범위에 관한 사항(허가권자가 구청장인 경우)

3) 다중이용 건축물 및 특수구조 건축물의 구조안전에 관한 사항, 분양을 목적으로 하는 건축물로서 건축조례로 정하는 용도 및 규모에 해당하는 건축물의 건축에 관한 사항 및 시가지·특화경관지구 내의 건축물로서 시 건축심의 대상이 아닌 경우. 다만, 다음과 같은 분양대상 건축물의 경우에는 자치구 건축위원회의 심의를 받아야 한다.

가. 연면적 합계 3,000㎡ 이상

나. 공동주택 20세대(도시형생활주택(원룸형) 30세대) 이상

다. 오피스텔 20실 이상

4) 시 건축심의대상이 아닌 건축물 중 굴토 심의에 관한 사항

5) 지상 5층 또는 높이 13m 이상이거나 지하 2층 또는 깊이 5m 이상인 기존 건축물의 철거에 관한 사항

6) 리모델링 활성화 구역 지정에 관한 자문

7) 그 밖의 법령에 따른 심의대상 및 구청장이 위원회의 자문이 필요하다고 인정하여 회의에 부치는 사항

결로방지성능평가제도

- 결로현상이란 포화 수증기압보다 현재의 수증기압이 높아질 때 물체 표면에 물이 응결되어 맺히는 현상을 말한다. 주로 기온이 급격히 낮아지는 저녁에서 새벽 사이에 일어나며, 계절적으로는 실내외 기온차가 심한 겨울에 일어난다.

- 실내 습도가 높으면서 실내외 기온차가 클 경우 실내 온도에 비해 내벽 온도가 낮아 내벽에 결로현상이 생기기 쉽다.

- 결로방지성능평가제도란 공동주택 세대 내의 결로 저감을 유도하고 쾌적한 주거환경을 확보하기 위해 결로방지 성능기준 적합여부를 평가하는 제도를 말한다. 관련법은 「주택법」이다.

- 결로방지성능평가 대상은 사업계획승인을 받아 건설하는 500세대 이상의 공동주택이 대상이다. 평가 대상인 경우 벽체의 접합부위나 난방설비가 설치되는 공간의 창호는 국토교통부장관이 정하여 고시하는 기준에 적합한 결로방지 성능을 갖추어야 한다.

- 결로방지 설계기준이란 공동주택 결로 방지를 위한 성능기준 등에 관하여 위임된 사항과 그 시행에 필요한 세부적인 사항을 정하여 공동주택 세대 내의 결로 저감을 유도하고 쾌적한 주거환경을 확보하는데 기여하도록 하는 기준을 말한다.

- 세대 내의 거실·침실의 벽체와 천장의 접합부위(침실에 옷방 또는 붙박이 가구를 설치하는 경우에는 옷방 또는 붙박이 가구의 벽체와 천장의 접합부위를 포함한다), 최상층 세대의 천장부위, 지하주차장·승강기홀의 벽체부위 등 결로 취약부위에 대한 결로방지 상세도를 설계도서에 포함하여야 한다.

결합정비사업

- 정비구역의 지정권자는 정비사업의 효율적인 추진 또는 도시의 경관보호를 위하여 필요하다고 인정하는 경우에는 서로 연접하지 아니한 둘 이상의 구역 또는 정비구역을 하나의 정비구역으로 결합하여 정비구역을 지정할 수 있다.

- 결합정비사업이란 도시경관, 문화재 등의 보호가 필요한 낙후한 지역(저밀관리구역)을 토지의

고도이용이 가능한 역세권지역(고밀개발구역)과 결합하여 저밀관리구역의 용적률을 고밀개발구역으로 이전·개발하는 정비사업을 말한다. 서로 떨어진 구역을 하나의 정비구역으로 결합하여 지정하려는 경우 시행방법과 절차에 관한 세부사항은 시·도조례로 정한다.

- 결합정비구역으로 사업을 추진하는 경우 조합설립, 관리처분 등 사업시행은 하나로 통합하되, 건축계획 등은 각 구역의 특성에 따라 관리할 수 있도록 저밀관리구역은 저밀도의 친환경 주거지로 조성하고 역세권은 고밀도의 고층주거지로 조성할 수 있다.

- 관리처분계획은 해당 사업에 따른 개발이익을 저밀관리구역의 조합원과 고밀개발구역의 조합원 간에 공정하고 합리적으로 배분할 수 있도록 수립하여야 한다.

※ 결합정비사업의 저밀관리구역

1. 자연경관지구 또는 최고고도지구로 지정되어 있는 낙후한 지역

2. 문화재보호구역 주변

3. 제1종일반주거지역

4. 제2종일반주거지역으로서 7층 이하인 지역

5. 한옥밀집지역

6. 도시경관 또는 문화재 등을 보호하기 위하여 도시계획위원회 자문을 거쳐 시장이 인정하는 지역

※ 결합정비사업의 고밀개발구역

1. 지하철, 국철, 경전철의 승강장 경계로부터 반경 500m 이내의 역세권

2. 제2종일반주거지역, 제3종일반주거지역, 준주거지역, 상업지역으로서 폭 20m 이상의 도로에 인접하여 토지의 고도이용이 가능한 지역

3. 기반시설, 주변여건 등을 고려하여 토지의 고밀개발이 가능하다고 도시계획위원회 자문을 거쳐 시장이 인정하는 지역

경관계획

- 경관계획이란 「경관법」에 따라 경관을 보전·관리·형성하기 위한 지방자치단체의 자치적 법정계획을 말하며, 지역의 고유한 자연경관, 역사·문화경관, 도시·농산어촌의 우수한 경관을 보전하고,

훼손된 경관을 개선·복원하는 동시에 새로운 경관을 개성 있게 창출하는 것을 목적으로 한다.

- 경관계획은 경관을 보전·관리 및 형성하는 수단으로서 경관사업, 경관협정, 경관심의 및 경관 조례 등을 통한 행정적, 기술적, 재정적 지원을 포함함으로써 규제적 수법뿐만 아니라 유도적 수법으로 경관을 관리한다.

- 경관계획에 포함되어야 하는 내용은 다음과 같다.

  1. 경관계획의 기본방향 및 목표에 관한 사항
  2. 경관자원의 조사 및 평가에 관한 사항
  3. 경관구조의 설정에 관한 사항
  4. 중점경관관리구역의 관리에 관한 사항
  5. 경관지구의 관리 및 운용에 관한 사항
  6. 경관사업의 추진에 관한 사항
  7. 경관협정의 관리 및 운영에 관한 사항
  8. 경관관리의 행정체계 및 실천방안에 관한 사항
  9. 자연 경관, 시가지 경관, 농산어촌 경관 등 특정한 경관 유형 또는 건축물, 가로, 공원, 녹지 등 특정한 경관요소의 관리에 관한 사항
  10. 경관계획의 시행을 위한 재원조달 및 단계적 추진에 관한 사항
  11. 그 밖에 경관의 보전·관리 및 형성에 필요한 사항으로서 해당 지방자치단체의 조례로 정하는 사항

- 경관계획은 도시기본계획(군의 경우 군기본계획)에 부합되어야 하며, 경관계획의 내용이 도시 기본계획의 내용과 다른 때에는 도시기본계획의 내용이 우선한다.

- 경관계획은 시·도 및 인구 10만 명을 초과하는 시·군에서 반드시 수립하여야 하는 법정계획이 며, 5년마다 재정비하여야 한다.

- 계획의 목적과 내용적 범위, 계획수준, 수립주체에 따라 도경관계획, 시·군경관계획, 특정경관 계획으로 구분할 수 있다.

- 경관을 중점적으로 보전·관리·형성하여야 할 구역인 중점경관리구역 내에서 일정기준에 부합 하는 건축물의 건축을 하려는 때에는 경관위원회의 심의를 거쳐야 한다.

- 「도시 및 주거환경정비법」에 따른 정비사업(주거환경정비사업은 제외한다)을 시행하려는 하 는 때에는 대상구역 면적이 3만㎡ 이상에 해당하는 경우에는 정비구역 지정 전에 경관심의를 받아야 한다.

- 서울시의 경우 '2016 서울특별시 경관계획'에 따라 서울의 주요 경관구조이면서 경관적 중요성이 높고 중점관리가 필요한 지역에 대하여 역사도심, 한강변, 주요산 주변 중점경관관리구역을 설정하여 관리하고 있다.

  1. 역사도심 중점경관관리구역 : 역사도심의 역사문화경관 및 저층주거지 경관을 중점 관리하고자 역사도심 기본계획에서 정한 한양도성 전체지역을 기준으로, 성곽 내외부의 경관관리를 위하여 한양도성 문화재 보호구역 경계로부터 외측 100m 경계를 모두 포함한 총면적 19.58㎢(서울시 전체 면적의 약 3%)에 해당

  2. 한강변 중점경관관리구역 : 도시성과 자연성이 공존하며 다채로운 수변경관 형성 및 대안부에서 보이는 원경을 관리하기 위하여 한강변 관리 기본계획에서 정한 관리범위를 준용하여 총면적 55.2㎢(서울시 전체 면적의 약 9%)에 해당

  3. 주요산 주변 중점경관관리구역 : 주요 산 주변의 자연녹지경관 및 저층주거지와 조화를 이루는 개발을 유도하기 위해 '2009 기본경관계획'의 자연녹지축 경관기본관리구역을 기준으로, 도시관리에 의한 기존 높이 규제가 있는 지역 등 경관훼손 우려가 낮은 지역을 제외하여 경계를 조정한 총면적 38.49㎢(서울시 전체의 약 6%)에 해당

경관심의

- 경관심의는 건축물이나 시설물이 주위와 조화롭고 아름답게 조성되도록 사전에 디자인이나 건축물의 배치, 스카이라인 등을 경관위원회를 통해 검토 및 개선하는 제도를 말한다. 관련법은 「경관법」이다.
- 경관계획의 설계 지침을 고려하여 색채, 오픈스페이스, 옥외광고물, 야간경관 등의 디자인과 사업 전·후 경관 시뮬레이션을 통해 조화로운 경관 형성을 검토한다.
- 「도시 및 주거환경정비법」에 따른 정비사업(주거환경정비사업은 제외한다)을 시행하려는 하는 때에는 대상구역 면적이 3만㎡ 이상에 해당하는 경우에는 정비구역 지정 전에 경관심의를 받아야 한다.
- 경관과 관련된 사항에 대한 심의 또는 자문을 위하여 국토교통부장관 또는 시·도지사등 소속으로 경관위원회를 둔다. 다만, 경관위원회를 설치·운영하기 어려운 경우에는 대통령령으로 정하는 경관과 관련된 위원회가 그 기능을 수행할 수 있다.
- 시장·군수, 행정시장, 구청장등 또는 경제자유구역청장은 별도의 경관위원회를 구성하지 아니하고, 해당 지방자치단체(행정시 및 경제자유구역청을 포함한다)가 속한 시·도에 설치된 경관

위원회에서 심의하도록 시·도지사에게 요청할 수 있다.

- 국토교통부장관 또는 시·도지사등은 경관 관련 사항의 심의가 필요한 경우 대통령령으로 정하는 바에 따라 다른 법률에 따라 설치된 위원회와 경관위원회가 공동으로 하는 심의를 거칠 수 있다.
- 경관계획의 수립 또는 변경, 경관계획의 승인, 경관사업 시행의 승인, 경관협정의 인가, 사회기반시설 사업의 경관 심의, 개발사업의 경관 심의, 건축물의 경관 심의, 그 밖에 경관에 중요한 영향을 미치는 사항으로서 대통령령으로 정하는 사항은 경관위원회의 심의를 거쳐야 한다.
- 국토교통부장관 또는 시·도지사등이 경관위원회에 자문하여야 하는 사항은 다음 각 호와 같다. 다만, 제3호 및 제4호는 시·도지사등에만 해당한다.
  1. 경관계획에 관한 사항
  2. 경관사업의 계획에 관한 사항
  3. 경관에 관한 조례의 제정 및 개정에 관한 사항
  4. 그 밖에 경관에 중요한 영향을 미치는 사항으로서 해당 지방자치단체의 조례로 정하는 사항

계약이행보증

- 계약이행보증이란 해외건설공사나 수출 등과 관련하여 수주자나 수출자가 계약을 성실히 이행하지 않거나 의무사항을 준수하지 않아 발주자나 수입자가 입는 손실을 금융기관이 연대하여 보전한다는 내용의 보증을 말한다. 금전 대출에 대한 지급보증과는 구별된다.
- 정비사업의 경우 시공자 선정을 위한 경쟁입찰에서 낙찰자의 계약이행을 확실히 하기 위하여 조합이 시공자에게 요구하는 보증을 말한다.
- 입찰보증금의 경우와 마찬가지로 실제로 현금을 적립하는 경우는 매우 드물고 대부분은 은행의 지급보증서를 대신 제공한다.

계약의 방법

- 추진위원장 또는 사업시행자(청산인 포함)는 「도시 및 주거환경정비법」 또는 다른 법령에 특별한 규정이 있는 경우를 제외하고는 계약(공사, 용역, 물품구매 및 제조 등을 포함)을 체결하려면 일반경쟁에 부쳐야 한다. 다만, 계약규모, 재난의 발생 등 「도시 및 주거환경정비법 시행령」으로 정하는 경우에는 입찰 참가자를 지명(指名)하여 경쟁에 부치거나 수의계약(隨意契

約)으로 할 수 있다.

- 일반경쟁의 방법으로 계약을 체결하는 경우로서 「도시 및 주거환경정비법 시행령」으로 정하는 규모를 초과하는 계약은 「전자조달의 이용 및 촉진에 관한 법률」 제2조제4호의 국가종합전자조달시스템을 이용하여야 한다.

※ 지명(指名)하여 경쟁에 부치는 경우

1. 계약의 성질 또는 목적에 비추어 특수한 설비·기술·자재·물품 또는 실적이 있는 자가 아니면 계약의 목적을 달성하기 곤란한 경우로서 입찰대상자가 10인 이내인 경우
2. 「건설산업기본법」에 따른 건설공사(전문공사 제외)로서 추정가격이 3억원 이하인 공사인 경우
3. 「건설산업기본법」에 따른 전문공사로서 추정가격이 1억원 이하인 공사인 경우
4. 공사관련 법령(건설산업기본법 제외)에 따른 공사로서 추정가격이 1억원 이하인 공사인 경우
5. 추정가격 1억원 이하의 물품 제조·구매, 용역, 그 밖의 계약인 경우

※ 수의계약을 하려는 경우

1. 「건설산업기본법」에 따른 건설공사로서 추정가격이 2억원 이하인 공사인 경우
2. 「건설산업기본법」에 따른 전문공사로서 추정가격이 1억원 이하인 공사인 경우
3. 공사관련 법령(건설산업기본법 제외)에 따른 공사로서 추정가격이 8,000만원 이하인 공사인 경우
4. 추정가격 5,000만원 이하의 물품 제조·구매, 용역, 그 밖의 계약인 경우
5. 소송, 재난복구 등 예측하지 못한 긴급한 상황에 대응하기 위하여 경쟁에 부칠 여유가 없는 경우
6. 일반경쟁입찰이 입찰자가 없거나 단독 응찰의 사유로 2회 이상 유찰된 경우

고분양가심사제도

- 고분양가심사제도란 주택도시보증공사의 신규 보증신청 사업장의 보증금액(분양가격) 적정성을 심사함으로써 분양보증에 대한 리스크를 관리하기 위한 제도를 말한다. 분양·준공 각 비교

사업장의 분양가와 인근사업장의 시세를 비교하여 심사한다.

- 고분양가심사제도는 다음의 고분양가 관리지역에서 실시한다.

  1. 「소득세법」 제104조의2에 따른 지정지역(투기지역)

  2. 「주택법」 제63조에 따른 투기과열지구

  3. 「주택법」 제63조의2에 따른 조정대상지역

  4. 기타 고분양가 확산이 우려되는 지역

- 고분양가 관리지역에서 주택에 신청하는 사업장(정비사업대출보증 발급시에는 심사 생략하고, 분양보증 발급시에만 심사)에 대하여 심사한다.

- 다음의 경우에는 심사를 제외한다.

  1. 분양가상한제 적용주택

  2. 도시형생활주택 및 오피스텔

  3. 100세대 미만 소규모 사업(주택·준주택의 세대수를 합산)

  4. 연립주택 및 다세대주택(사업장 내 아파트가 포함되지 않는 경우)

고지·공고의 방법

- 조합은 조합원의 권리·의무에 관한 사항(변동사항을 포함한다)을 조합원 및 이해관계인에게 성실히 고지·공고하여야 한다.

- 고지·공고방법은 다음의 방법에 따른다.

  1. 관련 조합원에게 등기우편으로 개별 고지하여야 하며, 등기우편이 주소불명, 수취거절 등의 사유로 반송되는 경우에는 1회에 한하여 일반우편으로 추가 발송한다.

  2. 조합원이 쉽게 접할 수 있는 일정한 장소의 게시판에 14일 이상 공고하고 게시판에 게시한 날부터 3월 이상 조합사무소에 관련서류와 도면 등을 비치하여 조합원이 열람할 수 있도록 한다.

  3. 인터넷 홈페이지가 있는 경우 이에 게시하여야 한다. 다만, 특정인의 권리에 관계되거나 외부에 공개하는 것이 곤란한 경우에는 그 요지만을 게시할 수 있다.

  4. 등기우편이 발송되고 게시판에 공고가 있는 날부터 고지·공고된 것으로 본다.

- 조합이 조합원의 권리·의무 변동에 관한 사항을 사전에 성실히 고지토록 하여 조합원이 권리·의무에 관한 사항을 제대로 알고 사업추진에 협조할 수 있도록 하고 집행부의 권한남용이나 조

합과 조합원 간의 분쟁을 방지하기 위한 것으로 조합여건에 따라 조합사무소의 게시기간, 열람기간, 등기우편 발송횟수, 통지갈음 여부 등 구체적인 내용은 달리 정할 수 있다.

고층건축물

- 고층건축물이란 층수가 30층 이상인 건축물 또는 높이가 120m 이상인 건축물을 말한다. 관련법은 「건축법」이다.
- 서울시가 2022년 3월 '2040 서울도시기본계획'을 통하여 높이 제한을 폐지하면서 재건축 아파트 단지들의 고층화가 추진되고 있다.

공공변호사 입회제도

- 공공변호사 입회제도란 추진위원회·조합 집행부의 독단적인 결정을 사전에 예방하고, 의사결정 과정이 공정하고 합리적으로 진행되도록 공공변호사가 총회 등에 참석하는 제도를 말한다. 서울시에서 시행하고 있는 제도이다.
- 공공변호사는 총회 등 의사진행 과정의 현황을 파악, 문제점과 개선사항을 중점적으로 관찰하고 해당 자치구에 통보해 개선이 이루어지도록 유도하는 역할을 한다. 조합원의 재산상 손익에 관계된 중대한 결정이 공정하고 합리적으로 이루어지도록 공공변호사가 입회하는 것이다. 입회대상 회의는 모든 (주민)총회, 대의원회, 추진위원회 등이다.
- 공공변호사는 회의에 참석하나 직접 의사결정 과정에 관여하지 않는다. 공공변호사는 의사결정 과정에 문제점이 있고 개선이 필요한 경우 검토 의견을 공공지원자(구청장)에게 작성 및 제출하고, 공공지원자(구청장)는 해당 구역에 행정지도를 실시할 수 있다.

공공시행자

- 시장·군수등은 재개발사업 및 재건축사업을 직접 시행하거나 토지주택공사등을 사업시행자로 지정하여 정비사업을 시행하게 할 수 있다. 즉, 시장·군수·구청장은 「한국토지주택공사법」에 따라 설립된 한국토지주택공사 또는 「지방공기업법」에 따라 주택사업을 수행하기 위하여 설립된 지방공사를 사업시행자로 지정할 수 있다.

※ 공공시행자가 정비사업을 시행할 수 있는 경우

1. 천재지변, 「재난 및 안전관리 기본법」 제27조 또는 「시설물의 안전 및 유지관리에 관한 특별법」 제23조에 따른 사용제한·사용금지, 그 밖의 불가피한 사유로 긴급하게 정비사업을 시행할 필요가 있다고 인정하는 때

2. 정비계획에서 정한 정비사업시행 예정일부터 2년 이내에 사업시행계획인가를 신청하지 아니하거나 사업시행계획인가를 신청한 내용이 위법 또는 부당하다고 인정하는 때(재건축사업의 경우는 제외한다)

3. 추진위원회가 시장·군수등의 구성승인을 받은 날부터 3년 이내에 조합설립인가를 신청하지 아니하거나 조합이 조합설립인가를 받은 날부터 3년 이내에 사업시행계획인가를 신청하지 아니한 때

4. 지방자치단체의 장이 시행하는 「국토의 계획 및 이용에 관한 법률」에 따른 도시·군계획사업과 병행하여 시행할 필요가 있다고 인정하는 때

5. 순환정비방식으로 정비사업을 시행할 필요가 있다고 인정하는 때

6. 사업시행계획인가가 취소된 때

7. 해당 정비구역의 국·공유지 면적 또는 국·공유지와 토지주택공사등이 소유한 토지를 합한 면적이 전체 토지면적의 2분의 1 이상으로서 토지등소유자의 과반수가 시장·군수등 또는 토지주택공사등을 사업시행자로 지정하는 것에 동의하는 때

8. 해당 정비구역 토지면적의 2분의 1 이상의 토지소유자와 토지등소유자의 3분의 2 이상에 해당하는 자가 시장·군수등 또는 토지주택공사등을 사업시행자로 지정하는 것을 요청하는 때. 이 경우 토지등소유자가 정비계획의 입안을 제안한 경우 입안제안에 동의한 토지등소유자는 토지주택공사등의 사업시행자 지정에 동의한 것으로 본다. 다만, 사업시행자의 지정 요청 전에 시장·군수등 및 주민대표회의에 사업시행자의 지정에 대한 반대의 의사표시를 한 토지등소유자의 경우에는 그러하지 아니하다.

공공임대주택

• 공공임대주택이란 국가 또는 지방자치단체의 재정이나 주택도시기금을 지원받아 건설·매입·임차한 후 임대 또는 임대한 후 분양전환을 할 목적으로 공급하는 주택을 말한다. 관련법은 「공

공주택 특별법」이다.

- 공공임대주택은 공공주택사업자가 국가 또는 지방자치단체의 재정이나 주택도시기금을 지원받아 건설·매입·임차한 후 임대 또는 임대한 후 분양전환을 할 목적으로 공급하는 주택을 말한다. 여기에서 분양전환이란 공공주택사업자가 사업자가 아닌 자에게 공공임대주택을 매각하는 것을 말한다.
- 공공임대주택의 유형은 다음과 같다.

  1. 영구임대주택 : 국가나 지방자치단체의 재정을 지원받아 최저소득 계층의 주거안정을 위하여 50년 이상 또는 영구적인 임대를 목적으로 공급하는 공공임대주택

  2. 국민임대주택 : 국가나 지방자치단체의 재정이나 주택도시기금의 자금을 지원받아 저소득 서민의 주거안정을 위하여 30년 이상 장기간 임대를 목적으로 공급하는 공공임대주택

  3. 행복주택 : 국가나 지방자치단체의 재정이나 주택도시기금의 자금을 지원받아 대학생, 사회초년생, 신혼부부 등 젊은층의 주거안정을 목적으로 공급하는 공공임대주택

  4. 장기전세주택 : 국가나 지방자치단체의 재정이나 주택도시기금의 자금을 지원받아 전세계약의 방식으로 공급하는 공공임대주택

  5. 분양전환공공임대주택 : 일정 기간 임대 후 분양전환할 목적으로 공급하는 공공임대주택

  6. 기존주택매입임대주택 : 국가나 지방자치단체의 재정이나 주택도시기금의 자금을 지원받아 기존주택을 매입하여 저소득층과 청년 및 신혼부부 등에게 공급하는 공공임대주택

  7. 기존주택전세임대주택 : 국가나 지방자치단체의 재정이나 주택도시기금의 자금을 지원받아 기존주택을 임차하여 저소득층과 청년 및 신혼부부 등에게 전대하는 공공임대주택

- 공공임대주택은 상기와 같은 구분 외에도 임대주택을 마련하는 방법에 따라서 다음과 같이 구분하기도 한다.

  1. 공공주택사업자가 직접 건설하여 공급하는 공공건설임대주택

  2. 공공주택사업자가 직접 건설하지 않고 매매 등으로 취득하여 공급하는 공공매입임대주택

공공재개발사업 · 공공재건축사업

- 정비구역의 지정권자는 비경제적인 건축행위 및 투기 수요의 유입을 방지하고, 합리적인 사업계획을 수립하기 위하여 공공재개발사업을 추진하려는 구역을 공공재개발사업 예정구역으로 지정할 수 있다. 이 경우 공공재개발사업 예정구역의 지정·고시에 관한 절차는 정비구역의 지정·고시를 준용한다.

- 정비계획의 입안권자 또는 토지주택공사등은 정비구역의 지정권자에게 공공재개발사업 예정구역의 지정을 신청할 수 있다. 이 경우 토지주택공사등은 정비계획의 입안권자를 통하여 신청하여야 한다.

- 공공재개발사업 예정구역에서 토지의 형질변경 등 행위제한 행위를 하려는 자는 시장·군수등의 허가를 받아야 한다. 허가받은 사항을 변경하려는 때에도 또한 같다.

- 공공재개발사업 예정구역 지정·고시가 있은 날 또는 시·도지사가 투기를 억제하기 위하여 공공재개발사업 예정구역 지정·고시 전에 따로 정하는 날의 다음 날을 기준으로 건축물을 분양받을 권리를 산정한다.

- 정비구역의 지정권자는 공공재개발사업 예정구역이 지정·고시된 날부터 2년이 되는 날까지 공공재개발사업 예정구역이 공공재개발사업을 위한 정비구역으로 지정되지 아니하거나, 공공재개발사업 시행자가 지정되지 아니하면 그 2년이 되는 날의 다음 날에 공공재개발사업 예정구역 지정을 해제하여야 한다. 다만, 정비구역의 지정권자는 1회에 한하여 1년의 범위에서 공공재개발사업 예정구역의 지정을 연장할 수 있다.

- 정비구역의 지정권자는 기본계획을 수립하거나 변경하지 아니하고 공공재개발사업을 위한 정비계획을 결정하여 정비구역을 지정할 수 있다.

- 정비계획의 입안권자는 공공재개발사업의 추진을 전제로 정비계획을 작성하여 정비구역의 지정권자에게 공공재개발사업을 위한 정비구역의 지정을 신청할 수 있다. 이 경우 공공재개발사업을 시행하려는 공공재개발사업 시행자는 정비계획의 입안권자에게 공공재개발사업을 위한 정비계획의 수립을 제안할 수 있다.

- 정비계획의 지정권자는 공공재개발사업을 위한 정비구역을 지정·고시한 날부터 1년이 되는 날까지 공공재개발사업 시행자가 지정되지 아니하면 그 1년이 되는 날의 다음 날에 공공재개발사업을 위한 정비구역의 지정을 해제하여야 한다. 다만, 정비구역의 지정권자는 1회에 한하여 1년의 범위에서 공공재개발사업을 위한 정비구역의 지정을 연장할 수 있다.

- 지방도시계획위원회 또는 도시재정비위원회는 공공재개발사업 예정구역 또는 공공재개발사업·공공재건축사업을 위한 정비구역의 지정에 필요한 사항을 심의하기 위하여 분과위원회를 둘 수 있다. 이 경우 분과위원회의 심의는 지방도시계획위원회 또는 도시재정비위원회의 심의로 본다.

- 정비구역의 지정권자가 공공재개발사업 또는 공공재건축사업을 위한 정비구역의 지정·변경을 고시한 때에는 기본계획의 수립·변경, 「도시재정비 촉진을 위한 특별법」 제5조에 따른 재정비촉진지구의 지정·변경 및 같은 법 제12조에 따른 재정비촉진계획의 결정·변경이 고시된 것으로 본다.

- 공공재개발사업 시행자는 공공재개발사업을 시행하는 경우 「국토의 계획 및 이용에 관한 법률」 제78조 및 조례에도 불구하고 지방도시계획위원회 및 도시재정비위원회의 심의를 거쳐 법적상한용적률의 100분의 120 까지 건축할 수 있다.
- 공공재개발사업 시행자는 법적상한초과용적률에서 정비계획으로 정하여진 용적률을 뺀 용적률의 100분의 20 이상 100분의 50 이하로서 시·도조례로 정하는 비율에 해당하는 면적에 국민주택규모 주택을 건설하여 인수자에게 공급하여야 한다. 다만, 천재지변 등으로 정비사업을 시행하는 경우에는 그러하지 아니한다.
- 공공재건축사업을 위한 정비구역에 대해서는 해당 정비구역의 지정·고시가 있는 날부터 「국토의 계획 및 이용에 관한 법률」에 따라 주거지역을 세분하여 정하는 지역 중 대통령령으로 정하는 지역으로 결정·고시된 것으로 보아 해당 지역에 적용되는 용적률 상한까지 용적률을 정할 수 있다. 다만, 다음의 어느 하나에 해당하는 경우에는 그러하지 아니하다.
  1. 해당 정비구역이 「개발제한구역의 지정 및 관리에 관한 특별조치법」 제3조제1항에 따라 결정된 개발제한구역인 경우
  2. 시장·군수등이 공공재건축사업을 위하여 필요하다고 인정하여 해당 정비구역의 일부분을 종전 용도지역으로 그대로 유지하거나 동일면적의 범위에서 위치를 변경하는 내용으로 정비계획을 수립한 경우
  3. 시장·군수등이 주거지역을 세분 또는 변경하는 계획과 용적률에 관한 사항을 포함하는 정비계획을 수립한 경우
- 공공재건축사업 시행자는 공공재건축사업을 시행하는 경우 완화된 용적률에서 정비계획으로 정하여진 용적률을 뺀 용적률의 100분의 40 이상 100분의 70 이하로서 주택증가 규모, 공공재건축사업을 위한 정비구역의 재정적 여건 등을 고려하여 시·도조례로 정하는 비율에 해당하는 면적에 국민주택규모 주택을 건설하여 인수자에게 공급하여야 한다.
- 국민주택규모 주택의 공급가격은 「공공주택특별법」 제50조의4에 따라 국토교통부장관이 고시하는 공공건설임대주택의 표준건축비로 하고, 분양을 목적으로 인수한 주택의 공급가격은 「주택법」 제57조제4항에 따라 국토교통부장관이 고시하는 기본형건축비로 한다. 이 경우 부속 토지는 인수자에게 기부채납한 것으로 본다.
- 정비구역의 지정권자는 공공재개발사업 또는 공공재건축사업의 사업시행계획인가와 관련된 다음의 사항을 통합하여 검토 및 심의(통합심의)할 수 있다.
  1. 「건축법」에 따른 건축물의 건축 및 특별건축구역의 지정 등에 관한 사항

2. 「경관법」에 따른 경관 심의에 관한 사항

3. 「교육환경 보호에 관한 법률」에 따른 교육환경평가

4. 「국토의 계획 및 이용에 관한 법률」에 따른 도시·군관리계획에 관한 사항

5. 「도시교통정비 촉진법」에 따른 교통영향평가에 관한 사항

6. 「자연재해대책법」에 따른 재해영향평가 등에 관한 사항

7. 「환경영향평가법」에 따른 환경영향평가 등에 관한 사항

8. 그 밖에 국토교통부장관, 시·도지사 또는 시장·군수등이 필요하다고 인정하여 통합심의에 부치는 사항

• 공공재개발사업 시행자 또는 공공재건축사업 시행자가 통합심의를 신청하는 경우에는 관련된 서류를 첨부하여야 한다. 이 경우 정비구역의 지정권자는 통합심의를 효율적으로 처리하기 위하여 필요한 경우 제출기한을 정하여 제출하도록 할 수 있다.

• 정비구역의 지정권자가 통합심의를 하는 경우에는 다음의 어느 하나에 해당하는 위원회에 속하고 해당 위원회의 위원장의 추천을 받은 위원, 정비구역의 지정권자가 속한 지방자치단체 소속 공무원 및 사업시행계획 인가권자가 속한 지방자치단체 소속 공무원으로 소집된 통합심의 위원회를 구성하여 통합심의하여야 한다. 이 경우 통합심의위원회의 구성, 통합심의의 방법 및 절차에 관한 사항은 대통령령으로 정한다.

1. 「건축법」에 따른 건축위원회

2. 「경관법」에 따른 경관위원회

3. 「교육환경 보호에 관한 법률」에 따른 교육환경보호위원회

4. 지방도시계획위원회

5. 「도시교통정비 촉진법」에 따른 교통영향평가심의위원회

6. 도시재정비위원회(공공재개발사업 또는 공공재건축사업을 위한 정비구역이 재정비촉진지구 내에 있는 경우에 한한다)

7. 「자연재해대책법」에 따른 재해영향평가심의위원회

8. 「환경영향평가법」에 따른 환경영향평가협의회

9. 제8호에 대하여 심의권한을 가진 관련 위원회

• 시장·군수등은 특별한 사유가 없으면 통합심의 결과를 반영하여 사업시행계획을 인가하여야 한다.

• 통합심의를 거친 경우에는 각 호의 사항에 대한 검토·심의·조사·협의·조정 또는 재정을 거친 것으로 본다.

공공조합원제도

- 공공조합원제도란 조합방식 재개발사업(재건축 제외)에서 사업성 악화 등으로 사업추진이 어려운 구역을 대상으로 LH 등 공공기관이 조합원 형태로 직·간접적으로 참여하는 제도를 말한다. 아직은 우리나라에 법제화 되지 않은 제도이다.
- 기존의 민간 의존적 사업형태를 탈피하고, 부분적 공공참여를 통한 유연한 사업 대응과 함께 정책목표 달성을 위해 공공이 참여하는 새로운 사업유형이다.
- 공공조합원의 역활은 사업성 악화 등으로 사업추진이 어려운 재개발사업을 대상으로 LH 등 공공이 단독으로 참여하면 국·공유지를 무상양여하여 조합원(토지등소유자)의 부담을 경감시키고, 일정요건과 기준을 만족하는 재개발조합을 대상으로 공공(LH)의 재정지원을 통해 정비사업의 투명성을 제고하는 것이다.

공공지원민간임대주택

- 공공지원민간임대주택이란 임대사업자가 10년 이상 임대할 목적으로 건설 또는 취득하여, 임대료 및 임차인의 자격 제한 등을 받아 임대하는 민간임대주택을 말한다. 관련법은 「민간임대주택에 관한 특별법」이다.
- 2015년 중산층의 주거불안 해소 방안의 일환으로 민간이 공급하는 임대주택으로서 8년간 거주를 보장하고 임대료 인상을 제한하는 기업형임대주택을 도입하였고, 2018년 7월 민간임대주택의 공공성 강화를 위해 공공지원민간임대주택으로 개편하였다.
- 종전의 기업형임대주택은 중산층 무주택자를 대상으로 중·대형 주택을 시세의 95% 수준으로 임대료를 책정하였으며 희망할 경우 최소 8년 동안 거주를 보장하였다.
- 2018년 공적지원과 공공성을 연계하여 공공지원민간임대주택으로 개편하면서, 주거지원대상자를 청년, 신혼부부, 고령자로 구분하고 중·소형 주택을 중심으로 시세의 85% 이하로 임대료를 책정하고 10년 이상 임대하는 것으로 변경되었다.
- 국토교통부장관 및 시·도지사가 공공지원민간임대주택의 공급을 촉진하기 위하여 다음의 지역에 공공지원민간임대주택 공급촉진지구를 지정할 수 있다.
  1. 촉진지구에서 건설·공급되는 전체 주택 호수의 50% 이상이 공공지원민간임대주택으로 건설·공급될 것
  2. 촉진지구의 면적은 5,000㎡ 이상의 범위일 것(다만, 역세권 등에서 촉진지구를 지정하는 경

우 1,000㎡ 이상의 범위에서 해당 지방자치단체가 조례로 정하는 면적 이상일 것)

3. 유상공급 토지면적(도로, 공원 등 관리청에 귀속되는 공공시설 면적을 제외한 면적) 중 주택 건설용도가 아닌 토지로 공급하는 면적이 유상공급 토지면적의 50% 이상을 초과하지 말 것

4. 이 외에 국민의 주거안정을 위하여 공공지원민간임대주택을 건설·공급할 필요가 있는 경우에는 국토교통부장관도 지정 가능

• 촉진지구에서 공공지원민간임대주택을 건설하는 경우에는 「국토의 계획 및 이용에 관한 법률」, 「건축법」, 「도시공원 및 녹지 등에 관한 법률」, 「주택법」 등에서 정하는 기준을 완화하여 적용할 수 있다.

공공주택사업

• 공공주택이란 공공주택사업자가 국가 또는 지방자치단체의 재정이나 주택도시기금을 지원받아 건설, 매입 또는 임차하여 공급하는 주택을 말한다.

• 공공주택은 공공임대주택과 공공분양주택으로 구분된다. 공공임대주택은 임대 또는 임대한 후 분양전환을 할 목적으로 공급하는 주택이고, 공공분양주택은 분양을 목적으로 공급하는 국민주택규모 이하의 주택이다.

• 공공주택사업자가 「공공주택특별법」에 따라 공공주택의 원활한 건설과 효과적인 운영을 위하여 시행하는 다음의 사업을 말한다.

1. 공공주택지구조성사업 : 공공주택지구를 조성하는 사업

2. 공공주택건설사업 : 공공주택을 건설하는 사업

3. 공공주택매입사업 : 공공주택을 공급할 목적으로 주택을 매입하거나 인수하는 사업

4. 공공주택관리사업 : 공공주택을 운영·관리하는 사업

공공주택지구

• 공공주택지구란 공공주택의 공급을 위하여 공공주택이 전체 주택 중 100분의 50 이상이 되도록 「공공주택특별법」에 따라 지정·고시하는 지구를 말한다.

• 국토교통부장관은 공공주택지구 조성사업을 추진하기 위하여 필요한 지역을 공공주택지구로 지정하거나 지정된 공공주택지구를 변경 또는 해제할 수 있다.

- 공공주택사업자는 국토교통부장관에게 공공주택지구의 지정을 제안할 수 있으며, 다음의 경우에는 변경 또는 해제를 제안할 수 있다. 이 경우 공공주택사업자는 해당 지구의 주택수요 및 지역여건 등을 종합적으로 검토하여야 한다.

  1. 공공주택지구의 경계선이 하나의 필지를 관통하는 경우
  2. 공공주택지구의 지정으로 공공주택지구 밖의 토지나 건축물의 출입이 제한되거나 사용가치가 감소하는 경우
  3. 공공주택지구의 변경으로 기반시설의 설치비용이 감소하는 경우
  4. 사정의 변경으로 인하여 공공주택사업을 계속 추진할 필요성이 없어지거나 추진하는 것이 현저히 곤란한 경우
  5. 그 밖에 토지이용의 합리화를 위하여 필요한 경우

- 국토교통부장관이 공공주택지구를 지정하거나 지정된 공공주택지구를 변경하려면 중앙도시계획위원회의 심의를 거쳐야 하며, 심의를 60일 이내에 완료하지 않은 경우에는 심의한 것으로 본다.

- 국토교통부장관이 공공주택지구의 지정·변경을 고시한 때에는 도시지역으로의 용도지역, 도시·군계획시설, 지구단위계획구역이 지정·변경된 것으로 보며, 공공주택지구의 해제를 고시한 때에는 이들이 지정 당시로 환원된 것으로 본다.

- 공공주택지구를 지정·변경 또는 해제하여 고시한 때에는 도시·군기본계획의 수립·변경이 확정되거나 도지사의 승인을 받은 것으로 본다.

공공지원제도

- 시장·군수등은 정비사업의 투명성 강화 및 효율성 제고를 위하여 시·도조례로 정하는 정비사업에 대하여 사업시행 과정을 지원(공공지원)하거나 토지주택공사등, 신탁업자, 주택도시보증공사 등에 공공지원을 위탁할 수 있다.

- 정비사업을 지원하는 시장·군수등 및 공공지원을 위탁받은 자(위탁지원자)는 다음의 업무를 수행한다.

  1. 추진위원회 또는 주민대표회의 구성
  2. 정비사업전문관리업자의 선정(위탁지원자는 선정을 위한 지원으로 한정)
  3. 설계자 및 시공자 선정 방법 등
  4. 세입자의 주거 및 이주 대책(이주 거부에 따른 협의 대책을 포함) 수립
  5. 관리처분계획수립

6. 그 밖에 시·도조례로 정하는 사항

• 공공지원에 필요한 비용은 시장·군수등이 부담하되, 특별시장·광역시장 또는 도지사는 관할 구역의 시장, 군수 또는 구청장에게 특별시·광역시 또는 도의 조례로 정하는 바에 따라 그 비용의 일부를 지원할 수 있다.

※ 서울특별시의 공공지원 대상사업

법제25조에 따른 조합이 시행하는 정비사업(조합이 건설업자 또는 등록사업자와 공동으로 시행하는 사업을 포함한다)을 말한다. 다만, 법 제16조에 따라 정비구역 지정·고시가 있는 날의 토지등소유자의 수가 100명 미만으로서 주거용 건축물의 건설비율이 50% 미만인 도시정비형 재개발사업은 제외한다.

※ 서울특별시의 공공지원업무

1. 추진위원회 구성을 위한 위원 선출업무의 선거관리위원회 위탁

2. 건설사업관리자 등 그 밖의 용역업체 선정 방법 등에 관한 업무의 지원

3. 조합설립 준비업무에 관한 지원

4. 추진위원회 또는 조합의 운영 및 정보공개 업무의 지원

5. 법 제52조제1항제4호에 따른 세입자의 주거 및 이주 대책 수립에 관한 지원

6. 관리처분계획 수립에 관한 지원

7. 법 제31조제4항에 따라 추진위원회 구성 단계를 생략하는 정비사업의 조합설립에 필요한 토지등소유자의 대표자 선출 등 지원

8. 법 제118조제7항제1호에 따른 건설업자의 선정방법 등에 관한 업무 지원

9. 법 제87조에 따른 권리의 확정, 법 제88조에 따른 등기 절차, 법 제89조에 따른 청산금 등의 징수 및 지급, 조합 해산 준비업무에 관한 지원

공동시행자

• 주거환경정비개선사업의 경우 시장·군수등이 토지주택공사등, 주거환경개선사업을 시행하기 위하여 국가, 지방자치단체, 토지주택공사등 또는 공공기관이 총지분의 100분의 50을 초과하는

출자로 설립한 법인, 건설업자, 등록사업자를 공동시행자로 지정할 수 있다.

- 주거환경정비개선사업에서 공동시행자를 지정하여 시행하려는 경우에는 공람공고일 현재 해당 정비예정구역의 토지 또는 건축물의 소유자 또는 지상권자의 3분의 2 이상의 동의와 세입자(공람공고일 3개월 전부터 해당 정비예정구역에 3개월 이상 거주하고 있는 자를 말한다) 세대수의 과반수의 동의를 각각 받아야 한다.

- 재개발조합이 조합원 과반수의 동의를 받아 시장·군수등, 토지주택공사등, 건설업자, 등록사업자, 신탁업자, 한국부동산원과 공동으로 시행하는 방법으로 시행할 수 있다. 재개발사업 구역내 토지등소유자가 20인 미만인 경우에는 토지등소유자가 토지등소유자의 과반수의 동의를 받아 시장·군수등, 토지주택공사등, 건설업자, 등록사업자, 신탁업자, 한국부동산원과 공동으로 시행할 수 있다.

- 재건축조합이 조합원 과반수의 동의를 받아 시장·군수등, 토지주택공사등, 건설업자, 등록사업자와 공동으로 시행할 수 있다.

공동이용시설

- 공동이용시설이란 주민이 공동으로 사용하는 놀이터·마을회관·공동작업장, 그 밖에 대통령령으로 정하는 시설을 말한다. 대통령령으로 정하는 시설은 ①공동으로 이용하는 구판장·세탁장·화장실 및 수도, ②탁아소·경로당 등 노유자시설, ③그 밖에 시·도조례로 정하는 사항

- 서울시 조례에서 정하는 공동이용시설은 다음과 같다.

  1. 관리사무소, 경비실, 보안·방범시설 등 마을의 안전 및 공동이용관리를 위해 필요한 시설
  2. 주민운동시설, 도서관 등 주민공동체 활동을 위한 복리시설
  3. 마을공동구판장, 마을공동작업소 등 주민 소득원 개발 및 지역 활성화를 위해 필요한 시설
  4. 쓰레기수거 및 처리시설 등 마을의 환경개선을 위해 필요한 시설
  5. 「노인복지법」 제38조제1항제2호에 따른 주·야간보호서비스를 제공하는 재가노인복지시설과 장애인복지시설(「장애인복지법」 제58조제1항제2호에 해당하는 장애인 지역사회재활시설 중 장애인 주간보호시설을 말한다)

> ### ※ 정비기반시설
>
> 정비기반시설이란 도로·상하수도·공원·공용주차장·공동구, 그 밖에 주민의 생활에 필요한 열·가스 등의 공급시설로서 대통령령으로 정하는 시설을 말한다. 대통령령으로 정하는 시설은

다음 각 호의 시설을 말한다.

1. 녹지

2. 하천

3. 공공공지

4. 광장

5. 소방용수시설

6. 비상대피시설

7. 가스공급시설

8. 지역난방시설

9. 주거환경개선사업을 위하여 지정·고시된 정비구역에 설치하는 공동이용시설로서 사업시행계획서에 해당 특별시장·특별자치도지사·시장·군수 또는 자치구의 구청장이 관리하는 것으로 포함된 시설

공사계약서의 주요내용

• 재개발사업·재건축사업에 있어 조합과 시공자 간에 체결하는 공사계약서에는 다음과 같은 내용이 포함되어야 한다.

1. 공사금액 : 순공사비(철거비 포함), 제경비, 총공사비(부가가치세 포함)

2. 사업비 대여 조건 : 무이자 사업비 대여금, 유이자 사업비 대여금, 사업비 한도금액, 유이자 사업비 금리조건, 사업비 상환조건

3. 이주비 대여 조건 : 이주비 대여금액 총액(평형별 대여금액 포함), 금리조건, 상환조건

4. 조합원 특화계획 : 특화계획의 규격, 수량, 금액, 공사비 포함 여부 및 추가 공사비 유무

5. 조합원 분담금 납부 방법 : 조합원 분담금 납부비율(계약금, 중도금, 잔금), 조합원 환급금 지급 방법 및 비율, 조합원 분담금 선납 조건, 조합원 분담금 대출 조건 및 연체금에 관한 사항

6. 공사도급 조건 : 정부정책 변경, 물가상승 요인 발생, 설계변경에 따른 공사금액 증액 여부, 조합이 제시한 지질조사보고서와 다른 지질여건에 따른 공사금액 증액 여부, 착공시기, 공사기간, 공사비 지급방법(기성불 또는 분양불), 분양책임, 미분양 시 대책(할인분양, 분양촉진 등), 공사 지체에 따른 책임, 계약의 해제·해지 사유와 정산방법 등

공사비 검증

- 재개발사업·재건축사업의 사업시행자(시장·군수등 또는 토지주택공사등이 단독 또는 공동으로 정비사업을 시행하는 경우는 제외한다)는 시공자와 계약 체결 후 다음의 어느 하나에 해당하는 때에는 정비사업 지원기구(한국부동산원, 한국토지주택공사등)에 공사비 검증을 요청하여야 한다.

  1. 토지등소유자 또는 조합원 5분의 1 이상이 사업시행자에게 검증 의뢰를 요청하는 경우

  2. 공사비의 증액 비율(당초 계약금액 대비 누적 증액 규모의 비율로서 생산자물가상승률은 제외한다)이 다음의 어느 하나에 해당하는 경우

     1) 사업시행계획인가 이전에 시공자를 선정한 경우 : 100분의 10 이상

     2) 사업시행계획인가 이후에 시공자를 선정한 경우 : 100분의 5 이상

  3. 제1호 또는 제2호에 따른 공사비 검증이 완료된 이후 공사비의 증액 비율(검증 당시 계약금액 대비 누적 증액 규모의 비율로서 생산자물가상승률은 제외한다)이 100분의 3 이상인 경우

- 2019년 정비사업의 투명성 제고를 위해 「도시 및 주거환경정비법」 개정으로 도입된 공사비 검증제도는 한국부동산원이 주로 업무를 수행하고 있어 공사비 검증기관에 대한 선택의 폭이 좁았던 실정이었으나, 2023년부터는 서울주택도시공사(SH공사)에서 공사비 검증업무에 참여하기로 해서 선택의 폭이 넓어질 전망이다.

※ 공사비 검증 신청서류

1. 공사비 목록 및 사유서

2. 사업개요 및 추진경과, 단계별 도급계약서, 시공자 입찰관련 서류

3. 사업시행계획(변경)인가서등 인·허가 관련 서류

4. 변경 전·후 설계도 및 시방서(특기시방 포함), 지질조사서, 자재설명서 등

   1) 설계도는 국토교통부장관이 고시한 「주택의 설계도서 작성기준」제4조제1항에 따른 내역서 작성이 가능한 실시설계도면 수준으로 한다.

5. 공사비 총괄표, 변경 전·후 공사비 내역서, 물량산출서, 단가산출서(일위대가, 공량산출서, 단가산출서에 준하는 근거서류) 등 공사비 내역을 증빙하는 서류

   1) 일위대가의 경우 각 품목별 표준품셈, 표준시장단가 등을 기초로 작성

   2) 1식성 단가의 경우 견적서 등 산출근거 제출

6. 기타 검증기관이 요구하는 검증에 필요한 서류

공사중단 건축물 정비사업

- 공사중단 건축물이란 「건축법」에 따른 착공신고 후 또는 「주택법」에 따른 공사착수 후 건축 또는 대수선 중인 건축물로서 실태조사를 통하여 공사를 중단한 총 기간이 2년 이상으로 확인된 건축물을 말한다. 관련법은 「공사중단 장기방치 건축물의 정비 등에 관한 특별조치법」이다.
- 국토교통부장관은 3년마다 공사중단 건축물 실태조사를 실시하여야 하며, 이를 전문기관을 지정하여 대행하게 할 수 있다.
- 국토교통부장관 또는 실태조사를 대행하는 전문기관장은 건축주, 건축관계자, 이해관계자에게 실태조사에 필요한 자료 제출을 요구할 수 있으며, 건축물·대지 등 건축공사 현장에 출입하여 실태조사에 필요한 사항을 점검할 수 있다.
- 국토교통부장관은 실태조사 결과를 토대로 3년마다 공사중단 건축물 정비기본계획을 수립하여 관계 중앙행정기관장과의 협의와 중앙건축위원회의 심의를 거쳐 확정하여야 한다.
- 기본계획이 확정되면 이를 지체 없이 관계 중앙행정기관장과 관할 시·도지사에게 통보하고 관보에 고시하여야 한다.
- 통보를 받은 시·도지사는 이를 토대로 지체 없이 공사중단 건축물 정비계획을 수립하여야 한다.
- 시·도지사는 정비계획안을 해당 건축주, 건축관계자 및 이해관계자에게 서면으로 통보한 후 사업설명회를 개최하고, 관할 시장·군수·구청장과의 협의와 지방의회의 의견 청취를 거치고 지방건축위원회의 심의를 거쳐 확정한다.
- 정비계획이 확정되면 시·도지사는 지체 없이 해당 지방자치단체의 공보에 고시하고, 시장·군수·구청장에게 통보하며, 국토교통부장관에게 보고하여야 한다.
- 시·도지사는 공사중단 건축물이 공사현장의 미관을 저해하고 안전을 위해하여 철거가 불가피

하다고 판단하면 정비계획으로 정하는 바에 따라 건축주에게 해당 공사중단 건축물의 철거를 명할 수 있다.

- 이 경우 종전에 받은 건축허가나 신고는 각각 취소되거나 그 효력을 상실한 것으로 본다. 건축주가 철거명령을 이행하지 않는 경우에는 시·도지사가 「행정대집행법」에서 정하는 바에 따라 대집행을 할 수 있다. 이 때 해당 건축주가 예치한 예치금을 대집행 비용으로 사용할 수 있으며, 대집행 비용이 예치금보다 많은 경우에는 그 차액을 추가로 징수할 수 있다.
- 공사중단 건축물의 정비주체는 시·도지사이다. 사업방식은 시·도지사가 직접 시행 또는 위탁과 대행방식이 있다. 위탁 및 대행자는 LH와 지방공사 또는 LH 등의 출자비율 50% 초과 법인이다.
- 공사중단 건축물 정비사업의 유형에는 ①철거·행정대집행, ②철거 후 토지비축, ③취득 후 공사재개, ④취득 후 신축, ⑤공사비 보조·융자, ⑥안전조치 등이 있다.

과밀부담금

- 과밀부담금이란 「수도권정비계획법」상 과밀억제권역에서 인구집중유발시설을 건축할 때 부과하는 부담금을 말한다.
- 과밀부담금이란 1994년 1월 「수도권정비계획법」의 개정으로 최초 도입되어 수도권의 과밀화 현상의 해소 및 지역균형개발을 도모하고, 도시기반시설의 확충을 위한 재원을 마련하기 위해 인구집중유발시설의 신축·증축 또는 용도변경에 대하여 부과하는 부담금을 말한다.
- 2020년 현재 과밀억제권역에 속하는 서울특별시에 적용되고 있으며, 과밀부담금이 부과되는 인구집중유발시설은 다음과 같다.
  1. 업무용건축물 : 연면적 25,000㎡ 이상
  2. 판매용 건축물 : 연면적 15,000㎡ 이상
  3. 복합 건축물 : 연면적 25,000㎡ 이상
  4. 공공청사 : 연면적 1,000㎡ 이상
- 과밀부담금은 표준건축비의 5~10%로 산정되며 사용승인일까지 납부해야 한다. 과밀부담금의 기준이 되는 표준건축비는 매년 국토교통부에서 고시한다.
- 과밀부담금은 국가나 지방자치단체가 건축하는 건축물에는 부담금을 부과하지 아니한다. 「도시 및 주거환경정비법」에 따른 재개발사업으로 건축하는 건축물에는 부담금의 100분의 50을 감면한다.

- 징수된 부담금의 50%는 「국가균형발전 특별법」에 따른 국가균형발전특별회계에 귀속되고, 나머지 50%는 부담금을 징수한 건축물이 위치한 시·도에 귀속된다.

과밀억제권역

- 수도권에 과도하게 집중된 인구와 산업을 적정하게 배치하도록 유도하여, 수도권의 질서를 확보하고 균형 있는 발전을 위한 종합적인 정비계획을 수도권정비계획이라고 한다. 관련법은 「수도권정비계획법」이다.
- 수도권정비계획에서 구분되는 권역은 다음과 같다.
  1. 과밀억제권역 : 인구와 산업이 지나치게 집중되었거나 집중될 우려가 있어 이전하거나 정비할 필요가 있는 지역
  2. 성장관리권역 : 과밀억제권역으로부터 이전하는 인구와 산업을 계획적으로 유치하고 산업의 입지와 도시의 개발을 적정하게 관리할 필요가 있는 지역
  3. 자연보전권역 : 한강 수계의 수질과 녹지 등 자연환경을 보전할 필요가 있는 지역
- 과밀억제권역 및 성장관리권역에서는 대통령령으로 정하는 학교, 공공 청사, 연수 시설, 그 밖의 인구집중유발시설의 신설 또는 증설이 제한되며, 자연보전권역에서는 택지·공업 용지·관광지 등의 조성을 목적으로 하는 사업으로서 대통령령으로 정하는 종류 및 규모 이상의 개발사업과 학교, 공공 청사, 업무용 건축물, 판매용 건축물, 연수 시설, 그 밖의 인구집중 유발시설의 신설 또는 증설이 제한된다.
- 수도권정비계획상의 권역의 구분 및 범위는 다음과 같다.

구분	대상범위
과밀억제권역	서울특별시, 인천광역시(일부 제외), 의정부시, 구리시, 남양주시(일부 해당), 하남시, 고양시, 수원시, 성남시, 안양시, 부천시, 광명시, 과천시, 의왕시, 군포시, 시흥시(일부 제외)
성장관리권역	인천광역시(일부 해당), 동두천시, 안산시, 오산시, 평택시, 파주시, 남양주시(일부 해당), 용인시(일부 해당), 연천군, 포천시, 양주시, 김포시, 화성시, 안성시(일부 해당), 시흥시 중 반월특수지역
자연보전권역	이천시, 남양주시(일부 해당), 용인시(일부 해당), 가평군, 양평군, 여주시, 광주시, 안성시(일부 해당)

과소필지 면적제한 기준

- 공동주택의 분양대상 기준은 지자체별로 다르게 적용하고 있다. 서울시의 경우 종전 토지의 총면적이 90㎡ 이상이어야 분양자격이 있다. 지자체·지역별 과소필지에 대한 면적제한 기준은 다음과 같다.

지자체·지역	토지 총면적
강원도, 충남, 충북, 경남, 경북, 전남, 전북, 전주시	면적제한 없음
서울특별시, 인천광역시, 대구광역시, 울산광역시, 성남시	90㎡
부산광역시, 광주광역시, 대전광역시, 세종자치특별시, 용인시, 수원시, 부천시	60㎡

- 지자체 조례는 수시로 변경될 수 있으므로 조합은 분양신청 전에 반드시 조례를 확인하여야 한다.

관리처분계획

- 관리처분계획이란 사업시행자가 정비사업 시행구역에 있는 종전의 토지 또는 건축물의 소유권과 지상권·전세권·임차권·저당권 등 소유권 이외의 권리를 사업시행계획에 따른 정비사업으로 새로이 조성한 대지와 축조한 건축시설에 관한 권리로 변환하여 배분하는 일련의 계획을 말한다.
- 관리처분계획이란 사업시행계획의 작성·인가 후 사업시행자가 수립하는 것으로서 사업 시행 결과 조성되는 대지 또는 건축물의 권리 귀속에 관한 사항과 조합원의 비용 분담에 관한 사항 등을 정하는 등 조합원의 재산상 권리·의무에 관한 계획이다. 종전의 소유권과 권리를 정비사업 시행 후 대지와 건축물 등에 대한 합리적이고 균형 있는 권리 배분에 관한 사항을 정하는 계획을 말한다.
- 관리처분계획에는 분양대상자 및 종전자산의 가격을 확정하고, 종후자산의 추산액, 정비사업비의 추산액 등이 포함되어야 한다. 관리처분계획이 완료되어야 이주, 철거, 분양 등을 시행할 수 있다.
- 관리처분계획에 따른 방식은 환지방식, 수용방식과 함께 「도시 및 주거환경정비법」에 따른 정비사업의 시행방법 중 하나이다.

관리처분계획의 경미한 변경

- 관리처분계획의 경미한 사항을 변경하려는 경우란 다음의 어느 하나에 해당하는 경우를 말한다.

1. 계산착오·오기·누락 등에 따른 조서의 단순정정인 경우(불이익을 받는 자가 없는 경우에만 해당한다)
2. 정관 및 사업시행계획인가의 변경에 따라 관리처분계획을 변경하는 경우
3. 매도청구에 대한 판결에 따라 관리처분계획을 변경하는 경우
4. 사업시행자의 변경에 따른 권리·의무의 변동이 있는 경우로서 분양설계의 변경을 수반하지 아니하는 경우
5. 주택분양에 관한 권리를 포기하는 토지등소유자에 대한 임대주택의 공급에 따라 관리처분계획을 변경하는 경우
6. 「민간임대주택에 관한 특별법」 제2조 제7호에 따른 임대사업자의 주소(법인인 경우에는 법인의 소재지와 대표자의 성명 및 주소)를 변경하는 경우

- 시장·군수등은 관리처분계획의 경미한 사항의 신고를 받은 날부터 20일 이내에 신고수리 여부를 신고인에게 통지하여야 한다.
- 시장·군수등이 20일 이내에 신고수리 여부 또는 민원 처리 관련 법령에 따른 처리기간의 연장을 신고인에게 통지하지 아니하면 그 기간(민원 처리 관련 법령에 따라 처리기간이 연장 또는 재연장된 경우에는 해당 처리기간을 말한다)이 끝난 날의 다음 날에 신고를 수리한 것으로 본다.

관리처분계획의 공람 · 통지

- 사업시행자는 관리처분계획에 대한 공람을 실시하려는 경우 공람기간·장소 등 공람계획에 관한 사항과 개략적인 공람사항을 미리 토지등소유자에게 통지하여야 한다.
- 사업시행자는 관리처분계획의 고시가 있는 때에는 분양신청을 한 자에게 다음의 사항을 통지하여야 하며, 관리처분계획 변경의 고시가 있는 때에는 변경내용을 통지하여야 한다.
  1. 정비사업의 종류 및 명칭
  2. 정비사업 시행구역의 면적
  3. 사업시행자의 성명 및 주소
  4. 관리처분계획의 인가일
  5. 분양대상자별 기존의 토지 또는 건축물의 명세 및 가격과 분양예정인 대지 또는 건축물의 명세 및 추산가액

관리처분계획의 수립기준

- 관리처분계획의 내용은 다음의 기준에 따른다.

  1. 종전의 토지 또는 건축물의 면적·이용 상황·환경, 그 밖의 사항을 종합적으로 고려하여 대지 또는 건축물이 균형있게 분양신청자에게 배분되고 합리적으로 이용되도록 하여야 한다.

  2. 지나치게 좁거나 넓은 토지 또는 건축물은 넓히거나 좁혀 대지 또는 건축물이 적정 규모가 되도록 한다.

  3. 너무 좁은 토지 또는 건축물이나 정비구역 지정 후 분할된 토지를 취득한 자에게는 현금으로 청산할 수 있다.

  4. 재해 또는 위생상의 위해를 방지하기 위하여 토지의 규모를 조정할 특별한 필요가 있는 때에는 너무 좁은 토지를 넓혀 토지를 갈음하여 보상하거나 건축물의 일부와 그 건축물이 있는 대지의 공유지분을 교부할 수 있다.

  5. 분양설계에 관한 계획은 분양신청기간이 만료하는 날을 기준으로 하여 수립한다.

  6. 1세대 또는 1명이 하나 이상의 주택 또는 토지를 소유한 경우 1주택을 공급하고, 같은 세대에 속하지 아니하는 2명 이상이 1주택 또는 1토지를 공유한 경우에는 1주택만 공급한다.

  7. 제6호에도 불구하고 다음의 경우에는 다음의 방법에 따라 주택을 공급할 수 있다.

     1) 2명 이상이 1토지를 공유한 경우로서 시·도조례로 주택공급을 따로 정하고 있는 경우에는 시·도조례로 정하는 바에 따라 주택을 공급할 수 있다.

     2) 다음 어느 하나에 해당하는 토지등소유자에게는 소유한 주택 수 만큼 공급할 수 있다.

        가. 과밀억제권역에 위치하지 아니한 재건축사업의 토지등소유자. 다만, 투기과열지구 또는 조정대상지역에서 사업시행계획인가를 신청하는 재건축사업의 토지등소유자는 제외한다.

        나. 근로자(공무원인 근로자를 포함한다) 숙소, 기숙사 용도로 주택을 소유하고 있는 토지등소유자

        다. 국가, 지방자치단체 및 토지주택공사등

        라. 「국가균형발전 특별법」에 따른 공공기관지방이전 및 혁신도시 활성화를 위한 시책 등에 따라 이전하는 공공기관이 소유한 주택을 양수한 자

     3) 종전자산 가격의 범위 또는 종전 주택의 주거전용면적의 범위에서 2주택을 공급할 수 있고, 이 중 1주택은 주거전용면적을 60㎡ 이하로 한다.

     4) 과밀억제권역에 위치한 재건축사업의 경우에는 토지등소유자가 소유한 주택수의 범위에서 3주택까지 공급할 수 있다. 다만, 투기과열지구 또는 조정대상지역에서 사업시행계획

인가를 신청하는 재건축사업의 경우에는 그러하지 아니하다.

※ 서울시 관리처분계획의 수립기준

정비사업의 관리처분계획은 다음의 기준에 적합하게 수립하여야 한다.

1. 종전 토지의 소유면적은 관리처분계획기준일 현재 「공간정보의 구축 및 관리 등에 관한 법률」 제2조제19호에 따른 소유토지별 지적공부(사업시행방식전환의 경우에는 환지예정지증명원)에 따른다. 다만, 1필지의 토지를 여러 명이 공유로 소유하고 있는 경우에는 부동산등기부(사업시행방식전환의 경우에는 환지예정지증명원)의 지분비율을 기준으로 한다.

2. 국·공유지의 점유연고권은 그 경계를 기준으로 실시한 지적측량성과에 따라 관계 법령과 정관 등이 정하는 바에 따라 인정한다.

3. 종전 건축물의 소유면적은 관리처분계획기준일 현재 소유건축물별 건축물 대장을 기준으로 하되, 법령에 위반하여 건축된 부분의 면적은 제외한다. 다만, 정관 등이 따로 정하는 경우에는 재산세과세대장 또는 측량성과를 기준으로 할 수 있다.

4. 종전 토지 등의 소유권은 관리처분계획기준일 현재 부동산등기부(사업시행방식전환의 경우에는 환지예정지증명원)에 따르며, 소유권 취득일은 부동산등기부상의 접수일자를 기준으로 한다. 다만, 특정무허가건축물(미사용승인건축물을 포함한다)인 경우에는 구청장 또는 동장이 발행한 기존무허가건축물확인원이나 그밖에 소유자임을 증명하는 자료를 기준으로 한다.

5. 국·공유지의 점유연고권자는 제2호에 따라 인정된 점유연고권을 기준으로 한다.

6. 「건축법」 제2조제1항제1호에 따른 대지부분 중 국·공유재산의 감정평가는 법 제74조제2항제1호를 준용하며, 법 제98조제5항 및 제6항에 따라 평가한다.

관리처분계획의 타당성 검증

- 시장·군수등은 사업시행자의 관리처분계획인가의 신청이 있는 날부터 30일 이내에 인가 여부를 결정하여 사업시행자에게 통보하여야 한다. 다만, 시장·군수등은 관리처분계획의 타당성 검증을 요청하는 경우에는 관리처분계획인가의 신청을 받은 날부터 60일 이내에 인가 여부를 결정하여 사업시행자에게 통지하여야 한다.

- 시장·군수등은 다음의 어느 하나에 해당하는 경우에는 대통령령으로 정하는 공공기관에 관리 처분계획의 타당성 검증을 요청하여야 한다.
- 대통령령으로 정하는 공공기관은 한국부동산원과 토지주택공사등 이다.
  1. 관리처분계획의 정비사업비가 사업시행계획의 정비사업비 기준으로 100분의 10 이상 늘어 나는 경우
  2. 관리처분계획의 조합원 분담규모가 분양통지 시 분양대상자별 분담금의 추산액 총액 기준 으로 100분의 20 이상 늘어나는 경우
  3. 조합원 5분의 1 이상이 관리처분계획인가 신청이 있는 날부터 15일 이내에 시장·군수등에게 타당성 검증을 요청한 경우
  4. 그 밖에 시장·군수등이 필요하다고 인정하는 경우
- 시장·군수등은 타당성 검증 비용을 사업시행자에게 부담하게 할 수 있다.
- 서울시의 경우 구청장은 관리처분계획의 타당성 검증을 공공기관에 요청하기 전에 사업시행자 에게 타당성 검증에 필요한 비용을 미리 예치하도록 통지한다.
- 구청장은 타당성 검증이 끝난 경우 예치된 금액에서 타당성 검증 비용을 공공기관에 직접 지급 한 후 나머지 비용을 사업시행자와 정산하여야 한다.

관리처분계획의 타당성 사전검증제도

- 관리처분계획 타당성 사전검증제도란 관리처분계획총회 전에 관리처분계획의 일부 내용에 대 하여 관리처분계획 타당성 검증기관으로부터 검증을 받는 제도를 말한다. 사전검증은 지자체 를 경유하지 않고 조합이 바로 관리처분계획 타당성 검증기관(한국부동산원 등)에 신청할 수 있다.
- 관리처분계획 타당성 검증(본검증)은 관리처분계획총회 후 분양절차, 분양자격, 사업비·분담 금, 관리처분기준 등을 검증하는 것이고, 관리처분계획 타당성 사전검증은 관리처분계획총회 전에 분양절차, 분양자격 등에 대하여 검증하는 것이다.
- 특히 분양자격 적격성에 대하여 심층 검토(사전검증)함으로써 조합원 간 분쟁을 미리 방지하고 관리처분계획 타당성 검증(본검증) 기간을 단축하는 효과도 있다. 사전검증은 조합원 수가 많 은 조합의 경우 적극 활용할 필요가 있다.

관리처분계획인가

- 정비사업의 시행자는 분양신청기간이 종료되면 분양신청 현황을 기초로 다음의 사항이 포함된 관리처분계획을 수립하여 시장·군수 등의 인가를 받아야 한다. ①분양설계, ②분양대상자의 주소 및 성명, ③분양대상자별 분양예정인 대지 또는 건축물의 추산액, ④일반분양분, 공공지원민간임대주택, 임대주택, 그 밖에 부대시설·복리시설 등에 해당하는 보류지 등의 명세와 추산액 및 처분방법, ⑤분양대상자별 종전의 토지 또는 건축물 명세, 사업시행계획인가 고시일을 기준으로 한 가격, ⑥정비사업비의 추산액(재건축부담금 포함) 및 그에 따른 조합원 분담규모 및 분담시기, ⑦분양대상자의 종전 토지 또는 건축물에 관한 소유권 외의 권리명세, ⑧세입자별 손실보상을 위한 권리명세 및 그 평가액, ⑨그 밖에 정비사업과 관련된 권리 등에 관하여 대통령령으로 정하는 사항.

- 대통령령으로 정하는 사항은 ⓐ현금으로 청산하여야 하는 토지등소유자별 기존의 토지·건축물 또는 그 밖의 권리의 명세와 이에 대한 청산방법, ⓑ보류지 등의 명세와 추산가액 및 처분방법, ⓒ시행령 제63조제1항제4호에 따른 비용의 부담비율에 따른 대지 및 건축물의 분양계획과 그 비용부담의 한도·방법 및 시기(이 경우 비용부담으로 분양받을 수 있는 한도는 정관등에서 따로 정하는 경우를 제외하고는 기존의 토지 또는 건축물의 가격의 비율에 따라 부담할 수 있는 비용의 50%를 기준으로 한다), ⓓ정비사업의 시행으로 인하여 새롭게 설치되는 정비기반시설의 명세와 용도가 폐지되는 정비기반시설의 명세, ⓔ기존 건축물의 철거 예정시기, ⓕ그 밖에 시·도조례로 정하는 사항.

※ 서울시 조례로 정하는 사항

1. 법 제74조제1항제1호의 분양설계에는 다음 각 목의 사항을 포함한다.

   1) 관리처분계획 대상물건 조서 및 도면

   2) 임대주택의 부지명세와 부지가액·처분방법 및 임대주택 입주대상 세입자명부(임대주택을 건설하는 정비구역으로 한정한다)

   3) 환지예정지 도면

   4) 종전 토지의 지적 또는 임야도면

2. 법 제45조제1항제10호에 따른 관리처분계획의 총회의결서 사본 및 법 제72조제1항에 따른 분양신청서(권리신고사항 포함) 사본

3. 법 제74조제1항제8호에 따른 세입자별 손실보상을 위한 권리명세 및 그 평가액과 영 제62조제1호에 따른 현금으로 청산하여야 하는 토지등소유자별 권리명세 및 이에 대한 청산

방법 작성 시 제67조에 따른 협의체 운영 결과 또는 법 제116조 및 제117조에 따른 도시분쟁 조정위원회 조정 결과 등 토지등소유자 및 세입자와 진행된 협의 경과

4. 영 제14조제3항 및 이 조례 제12조제3항에 따른 현금납부액 산정을 위한 감정평가서, 납부방법 및 납부기한 등을 포함한 협약 관련 서류

5. 그 밖의 관리처분계획 내용을 증명하는 서류

- 사업시행자는 관리처분계획의 인가를 받으려는 때에는 관리처분계획신청서에 ①관리처분계획서, ②총회의결서 사본을 첨부하여 시장·군수등에게 제출하여야 한다.
- 사업시행자는 정비사업의 시행으로 건설된 주택을 관리처분계획에 따라 공급하고 남은 주택에 대하여는 「주택법」의 규정에 따라 공급대상자외의 자에게도 공급할 수 있다.
- 관리처분계획의 기준일은 분양신청기간의 종료일을 말한다.

관리처분계획인가의 시기 조정

- 특별시장·광역시장 또는 도지사는 정비사업의 시행으로 정비구역 주변 지역에 주택이 현저하게 부족하거나 주택시장이 불안정하게 되는 등 특별시·광역시 또는 도의 조례로 정하는 사유가 발생하는 경우에는 「주거기본법」 제9조에 따른 시·도 주거정책심의위원회 심의를 거쳐 사업시행계획인가 또는 관리처분계획인가의 시기를 조정하도록 시장, 군수 또는 구청장에게 요청할 수 있다. 이 경우 요청을 받은 시장, 군수 또는 구청장은 특별한 사유가 없으면 그 요청에 따라야 하며, 사업시행계획인가 또는 관리처분계획인가의 조정 시기는 인가를 신청한 날부터 1년을 넘을 수 없다.
- 서울시의 경우 구청장은 심의대상구역의 사업시행자가 사업시행계획인가 또는 관리처분계획인가를 신청하는 경우에는 시기조정자료와 검토의견을 작성하여 서울특별시장에게 심의를 신청하여야 한다.
- 서울특별시장은 심의대상구역의 사업시행계획인가 또는 관리처분계획인가 시기에 대하여 주거정책심의회의 심의를 거쳐 조정여부 및 조정기간 등을 결정한다.
- 서울특별시장은 주거정책심의위원회의 심의에 따른 결정사항을 심의신청일로부터 60일 이내 구청장에게 서면으로 통보하며, 구청장은 특별한 사유가 없으면 결정사항에 따라야 한다.
- 구청장은 시기 조정기간이 경과되면 사업시행계획인가 또는 관리처분계획인가의 인가를 할 수 있다.

• 조정대상구역의 사업시행자는 사업시행계획인가 조정기간 중이라도 공공지원자와 협의하여 시공자를 선정할 수 있다.

※ 서울시의 시기 조정 심의대상구역

  1. 정비구역의 기존 주택 수가 자치구 주택 재고 수의 1%를 초과하는 경우

  2. 정비구역의 기존 주택 수가 2,000호를 초과하는 경우

  3 정비구역의 기존 주택 수가 500호를 초과하고, 같은 법정동에 있는 1개 이상의 다른 정비 구역의 기존 주택 수를 더한 합계가 2,000호를 초과하는 경우

※ 서울시의 시기 조정 대상구역

  1. 주변지역의 주택 멸실량이 공급량을 30%를 초과하는 경우

  2. 주변지역의 주택 멸실량이 공급량을 2,000호를 초과하는 경우

  3. 그 밖에 주택시장 불안정 등을 고려하여 주거정책심의회에서 인가 시기의 조정이 필요하다고 인정하는 경우

관리처분계획총회 1개월 전 통지사항

• 조합은 관리처분계획총회의 개최일부터 1개월 전에 다음에 해당하는 사항을 각 조합원에게 문서로 통지하여야 한다.

  1. 분양대상자별 분양예정인 대지 또는 건축물의 추산액

  2. 일반분양분 등에 해당하는 보류지 등의 명세와 추산액

  3. 분양대상자별 종전의 토지 또는 건축물의 명세 및 사업시행인가의 고시가 있는 날을 기준으로 한 가격

  4. 정비사업비의 추산액

관리처분방법

• 주거환경개선사업 및 재개발사업의 관리처분은 다음의 방법에 따른다.

  1. 시·도 조례로 분양주택의 규모를 제한하는 경우에는 그 규모 이하로 주택을 공급할 것

1) 1개의 건축물의 대지는 1필지의 토지가 되도록 정할 것. 다만, 주택단지의 경우에는 그러하지 아니하다.

2. 정비구역의 토지등소유자(지상권자는 제외한다)에게 분양할 것. 다만, 공동주택을 분양하는 경우 시·도조례로 정하는 금액·규모·취득 시기 또는 유형에 대한 기준에 부합하지 아니하는 토지등소유자는 시·도조례로 정하는 바에 따라 분양대상에서 제외할 수 있다.

3. 1필지의 대지 및 그 대지에 건축된 건축물을 2인 이상에게 분양하는 때에는 기존의 토지 및 건축물의 가격과 시행령 제59조제4항 및 시행령 제62조제3호에 따라 토지등소유자가 부담하는 비용(재개발사업의 경우에만 해당한다)의 비율에 따라 분양할 것

4. 분양대상자가 공동으로 취득하게 되는 건축물의 공용부분은 각 권리자의 공유로 하되, 해당 공용부분에 대한 각 권리자의 지분비율은 그가 취득하게 되는 부분의 위치 및 바닥면적 등의 사항을 고려하여 정할 것

5. 1필지의 대지 위에 2인 이상에게 분양될 건축물이 설치된 경우에는 건축물의 분양면적의 비율에 따라 그 대지소유권이 주어지도록 할 것(주택과 그 밖의 용도의 건축물이 함께 설치된 경우에는 건축물의 용도 및 규모 등을 고려하여 대지지분이 합리적으로 배분될 수 있도록 한다) 이 경우 토지의 소유관계는 공유로 한다.

6. 주택 및 부대시설·복리시설의 공급 순위는 기존의 토지 또는 건축물의 가격을 고려하여 정할 것. 이 경우 그 구체적인 기준은 시·도조례로 정할 수 있다.

※ 서울시 주택의 공급기준

1. 권리가액에 해당하는 분양주택가액의 주택을 분양한다. 이 경우 권리가액이 2개의 분양주택가액의 사이에 해당하는 경우에는 분양대상자의 신청에 따른다.

2. 제1호에도 불구하고 정관등으로 정하는 경우 권리가액이 많은 순서로 분양할 수 있다.

3. 법 제76조제1항제7호다목에 따라 2주택을 공급하는 경우에는 권리가액에서 1주택 분양신청에 따른 분양주택가액을 제외하고 나머지 권리가액이 많은 순서로 60㎡ 이하의 주택을 공급할 수 있다.

4. 동일규모의 주택분양에 경합이 있는 경우에는 권리가액이 많은 순서로 분양하고, 권리가액이 동일한 경우에는 공개추첨에 따르며, 주택의 동·층 및 호의 결정은 주택규모별 공개추첨에 따른다.

※ 서울시 부대·복리시설의 공급기준

1. 제1순위 : 종전 건축물의 용도가 분양건축물 용도와 동일하거나 비슷한 시설이며 사업자 등록(인가·허가 또는 신고 등을 포함한다. 이하 이항에서 같다)을 하고 영업을 하는 건축물의 소유자로서 권리가액(공동주택을 분양받은 경우에는 그 분양가격을 제외한 가액을 말한다. 이하 이항에서 같다)이 분양건축물의 최소분양단위규모 추산액 이상인 자

2. 제2순위 : 종전 건축물의 용도가 분양건축물 용도와 동일하거나 비슷한 시설인 건축물의 소유자로서 권리가액이 분양건축물의 최소분양단위 규모 추산액 이상인 자

3. 제3순위 : 종전 건축물의 용도가 분양건축물 용도와 동일하거나 비슷한 시설이며 사업자 등록을 필한 건축물의 소유자로서 권리가액이 분양 건축물의 최소분양단위규모 추산액에 미달되나 공동주택을 분양받지 않은 자

4. 제4순위 : 종전 건축물의 용도가 분양건축물 용도와 동일하거나 비슷한 시설인 건축물의 소유자로서 권리가액이 분양건축물의 최소분양단위 규모 추산액에 미달되나 공동주택을 분양받지 않은 자

5. 제5순위 : 공동주택을 분양받지 않은 자로서 권리가액이 분양건축물의 최소분양단위규모 추산액 이상인 자

6. 제6순위 : 공동주택을 분양받은 자로서 권리가액이 분양건축물의 최소분양단위규모 추산액 이상인 자

• 재건축사업의 관리처분은 다음의 방법에 따른다.

1. 분양대상자가 공동으로 취득하게 되는 건축물의 공용부분은 각 권리자의 공유로 하되, 해당 공용부분에 대한 각 권리자의 지분비율은 그가 취득하게 되는 부분의 위치 및 바닥면적 등의 사항을 고려하여 정할 것

2. 1필지의 대지 위에 2인 이상에게 분양될 건축물이 설치된 경우에는 건축물 의 분양면적의 비율에 따라 그 대지소유권이 주어지도록 할 것(주택과 그 밖의 용도의 건축물이 함께 설치된 경우에는 건축물의 용도 및 규모 등을 고려하여 대지지분이 합리적으로 배분될 수 있도록 한다) 이 경우 토지의 소유관계는 공유로 한다.

3. 부대시설·복리시설의 소유자에게는 부대시설·복리시설을 공급할 것. 다만, 다음의 어느 하나에 해당하는 경우에는 1주택을 공급할 수 있다(임의규정).

1) 새로운 부대시설·복리시설을 건설하지 아니하는 경우로서 기존 부대시설·복리시설의 가

액이 분양주택 중 최소분양단위규모의 추산액에 정관등으로 정하는 비율(정관등으로 정하지 아니하는 경우에는 1로 한다)을 곱한 가액보다 클 것

　　2) 기존 부대시설·복리시설의 가액에서 새로 공급받는 부대시설·복리시설의 추산액을 뺀 금액이 분양주택 중 최소분양단위규모의 추산액에 정관등으로 정하는 비율(정관등으로 정하지 아니하는 경우에는 1로 한다)을 곱한 가액보다 클 것

　　3) 새로 건설한 부대시설·복리시설 중 최소분양단위규모의 추산액이 분양주택 중 최소분양단위규모의 추산액 보다 클 것

- 재건축사업의 경우에는 반드시 관리처분계획을 수립하여 정비사업을 추진하여야 한다. 다만, 조합이 조합원 전원의 동의를 받아 그 기준을 따로 정하는 경우에는 그에 따른다.

광역교통시설부담금

- 광역교통시설부담금이란 대도시권의 교통문제를 광역적인 차원에서 효율적으로 해결하기 위하여, 대도시권에서 일정규모 이상의 개발사업을 시행하는 자에게 부과하는 부담금을 말한다. 관련법은 「대도시권 광역 교통관리에 관한 특별법」이다.

- 광역교통시설부담금 제도의 취지는 대도시 권역 내의 택지개발사업 등으로 인하여 급증하는 교통수요에 대비하여 원인 제공자 또는 수익자에게 교통시설 설치비의 일부를 부담시켜 대도시권의 교통난을 완화하기 위한 광역 교통시설의 건설 및 개량에 소요되는 재원을 확보하고자 함에 있다.

- 광역교통시설이란 대도시권의 광역적인 교통수요를 처리하기 위한 교통시설로서, 둘 이상의 특별시·광역시·특별자치시·도에 걸치는 광역도로, 광역철도, 광역철도역 인근의 주차장, 공영차고지 등을 말한다.

- 대도시권이란 특별시·광역시 및 그 도시와 같은 교통생활권에 있는 지역으로서 다음의 지역을 말한다.

권역별	범위
수도권	서울특별시, 인천광역시, 경기도
부산·울산권	부산광역시, 울산광역시, 경상북도 경주시 및 경상남도 양산시·김해시·창원시
대구권	대구광역시, 경상북도 구미시·경산시·영천시·군위군·청도군·고령군·성주군·칠곡군 및 경상남도 창녕군
광주권	광주광역시 및 전라남도 나주시·담양군·화순군·함평군·장성군
대전권	대전광역시, 세종특별자치시, 충청남도 공주시·논산시·계룡시·금산군 및 충청북도 청주시·보은군·옥천

• 광역교통시설부담금의 부과대상이 되는 사업의 종류는 다음과 같다.

1. 「택지개발촉진법」에 따른 택지개발사업

2. 「도시개발법」에 따른 도시개발사업

3. 「주택법」에 따른 대지조성사업 및 「주택건설촉진법」 부칙상 종전규정을 따르는 아파트지구 개발사업

4. 「주택법」에 따른 주택건설사업

5. 「도시 및 주거환경정비법」에 따른 재개발사업(20세대 이상 공동주택 건설시) 및 재건축사업

6. 「건축법」에 따라 건축허가를 받아 주택 외의 시설과 20세대 이상 주택을 동일건축물로 건축하는 사업

• 재개발사업·재건축사업의 경우 광역교통시설부담금의 산정기준은 다음과 같다.

※ 광역교통시설부담금 산정기준

산식 : [(1㎡당 표준건축비 X 부과율 X 건축연면적) − 공제액]

1. 표준건축비 : 공공주택특별법에 따른 공공건설임대주택 표준건축비

2. 부과율 : 수도권 4%, 기타 대도시권 2%(시·도조례로 50/100 범위 안에서 조정 가능)

3. 건축연면적 : 다음의 어느 하나에 해당하는 연면적의 합계를 제외한 면적

1) 지하층(주거용인 경우 제외)과 건축물안의 주차장

2) 공용의 청사와 각급학교

3) 부대시설 및 복리시설

4) 주민공동시설(부대·복리시설 제외)

5) 재개발사업·재건축사업의 경우 해당 사업이 시행되는 구역 내 종전 건축물의 연면적

6) 국민주택 규모 이하의 임대주택의 연면적

4. 공제액 : 정비사업이 시행되는 지구·구역 또는 사업지역 밖에서 도로를 설치하거나 그 비용의 전부 또는 일부를 부담하는 경우에는 그 금액을 공제한다.

5. 광역교통시설부담금의 경감 : 재개발사업·재건축사업의 경우 100분의 50이 경감되며, 도시지역에서 시행하는 경우 중복하여 100분의 50이 경감된다.

- 징수된 부담금의 40%는 「국가균형발전 특별법」에 따른 국가균형발전특별회계 중 지역지원계정에 귀속되며, 나머지 60%는 부담금을 징수한 시·도에 설치된 지방광역교통시설 특별회계에 귀속된다. 징수된 부담금은 광역교통시설의 건설·개량 등 「대도시권 광역 교통관리에 관한 특별법」에서 규정하는 용도로만 사용할 수 있다

교육의 실시

- 국토교통부장관, 시·도지사, 시장, 군수 또는 구청장은 추진위원장 및 감사, 조합임원, 전문조합관리인, 정비사업전문관리업자의 대표자 및 기술인력, 토지등소유자 등에 대하여 대통령령으로 정하는 바에 따라 교육을 실시할 수 있다.
- 정비사업 교육의 내용에는 ①주택건설 제도, ②도시 및 주택 정비사업 관련 제도, ③정비사업 관련 회계 및 세무 관련 사항, ④그 밖에 국토교통부장관이 정하는 사항 등이 포함되어야 한다.
- 서울특별시, 광주광역시, 일부 지자체에서 정비사업 관련 교육을 실시하고 있다.

교통영향평가

- 교통영향평가란 해당 사업시행에 따라 발생하는 교통영향을 조사·예측·평가하고, 그와 관련된 각종 문제점을 최소화할 수 있는 방안을 마련하는 행위를 말한다. 정비사업의 시행으로 인해 변화되는 주변의 교통환경 등을 예측하고 교통상의 각종 문제점(차량소통, 주차, 보행안전 등)을 파악하여 개선방안을 마련함으로써 사업을 시행하더라도 큰 문제가 없도록 하기 위하여 시행하는 제도이다.
- 교통영향평가는 1987년 「도시교통정비 촉진법」 제정과 함께 최초로 도입되었다. 이후 2001년 「환경·교통·재해 등에 관한 영향평가법」의 제정으로 다른 영향평가들과 함께 통합되었다가 평가제도 간의 상호중복 문제로 2009년 다시 「도시교통정비 촉진법」의 교통영향분석·개선대책으로 이관되었다. 2016년에는 교통영향평가로 명칭을 복원하였다.
- 교통영향평가의 실시대상 지역은 도시교통정비지역 및 도시교통정비지역의 교통권역을 말한다.
- 도시교통정비지역은 도시교통의 원활한 소통과 교통편의의 증진 및 환경친화적 보전·관리를 위해 국토교통부장관이 인구 10만명 이상의 도시(도농복합시는 읍·면을 제외한 지역 인구가 10만명 이상인 경우), 그 외 국토교통부장관이 직접 또는 시장·군수의 요청에 따라 도시교통 개선을 위해 필요하다고 인정하는 지역에 지정·고시한다.

- 도시교통정비지역의 교통권역은 도시교통정비지역 중 같은 교통생활권에 있는 둘 이상의 인접한 도시교통정비지역 간에 연계된 교통관련 계획을 수립할 수 있도록 지정·고시한다.
- 대상사업은 도시의 개발, 산업입지와 산업단지의 조성, 에너지 개발, 항만의 건설, 도로의 건설, 철도(도시철도 포함)의 건설, 공항의 건설, 관광단지의 개발, 특정지역의 개발, 체육시설의 설치, 대통령령으로 정하는 건축물의 건축·대수선·리모델링·용도변경, 그 밖에 대통령령으로 정하는 교통에 영향을 미치는 사업을 말한다.
- 교통영향평가의 평가항목 및 내용은 다음과 같다.
  1. 대상사업의 시행으로 교통에 미치는 영향의 시간적·공간적 범위
  2. 대상사업별 교통의 문제점에 대한 교통개선대책에 관한 사항
  3. 교통개선대책의 수립사항을 반영한 사업계획의 내용
- 교통영향평가의 합리성과 공정성을 기하기 위하여 「교통영향평가 지침」에서 교통영향평가에 필요한 구체적인 내용 등 세부기준을 정하고 있다.
- 교통영향평가를 통하여 주차대수 확보, 이삿짐 차량 동선, 차량 출입구 위치 선정 등 차량계획과 보행 동선, 자전거, 안전시설 등 보행자계획이 동시에 고려되어야 한다.

교육환경보호구역

- 교육환경보호구역이란 학생의 보건·위생, 안전, 학습과 교육환경 보호를 위하여, 학교경계 또는 학교설립예정지 경계로부터 일정한 행위 및 시설의 설치를 금지하는 구역을 말한다.
- 교육환경이란 학생의 보건·위생, 안전, 학습 등에 영향을 미칠 수 있는 학교·학교 주변의 모든 요소를 말한다.
- 교육환경보호구역은 이러한 교육환경과 학생의 보건·위생, 안전 보호를 위해 일정한 행위나 시설 설치를 금지하기 위하여 「교육환경 보호에 관한 법률」에 따라 교육감이 설정·고시하는 구역을 말한다.
- 종전에는 「학교보건법」에 따른 학교환경위생 정화구역으로 관리하였으나, 2017년 2월 「교육환경 보호에 관한 법률」을 제정하여 학교환경위생 정화구역을 교육환경보호구역으로 변경하였다. 또한, 종전의 「학교보건법」에 따라 고시된 학교환경위생 정화구역은 경과조치에 따라 「교육환경 보호에 관한 법률」에 따른 교육환경보호구역으로 본다.
  1. 절대보호구역 : 학교 출입문으로부터 직선거리로 50m까지인 지역(학교설립 예정지의 경우

학교 경계로부터 직선거리 50m까지인 지역)

2. 상대보호구역 : 학교 경계 등으로부터 직선거리로 200m까지인 지역 중 절대보호구역 제외한 지역

- 학교환경위생 정화구역 내에서는 「교육환경 보호에 관한 법률」 제9조(교육환경보호구역에서의 금지행위)에 따라 일련의 행위 및 시설이 금지된다. 다만, 상대보호구역에서는 규정된 시설 중 교육감이 지역위원회의 심의를 거쳐 학습과 교육환경에 나쁜 영향을 주지 않는다고 인정하는 시설은 제외한다.

교육환경평가

- 교육환경평가란 「교육환경 보호에 관한 법률」에 따라 학교의 학습환경을 근본적으로 확보·보전하기 위하여 학교용지를 선정할 때부터 주변의 유해요인을 평가하여 상대적으로 쾌적한 지역에 학교를 설립하기 위한 방안을 강구하는 것을 말한다.

- 교육환경평가는 학교용지를 선정하고자 하는 자(학교를 설립하려는 자, 도시관리계획의 입안자, 개발사업시행자)가 확보설립계획 수립(학교설립 기준)시 또는 도시개발계획 수립(도시개발 기준)시에 실시하고 부득이한 경우 「국토의 계획 및 이용에 관한 법률」에 따른 도시관리계획으로 결정되기 전까지 실시하여 관할 교육감의 승인을 받아야 한다.

- 교육감은 교통영향평가서를 검토한 후 필요한 사항을 사업시행자에게 권고할 수 있으며, 사업시행자는 특별한 사유가 없으면 그 권고를 따르고 조치결과를 통보하여야 한다.

- 사업시행자가 승인 받은 교통영향평가서의 내용 또는 권고를 이행하지 아니하거나, 예상하지 못한 사유 등으로 교육환경에 나쁜 영향이 발생했거나 발생할 것이 예상되는 경우, 교육감은 사업시행자에게 사후교통영향평가서를 작성해 제출하도록 명하여야 한다.

국·공유지의 무상양여

- 다음의 어느 하나에 해당하는 구역에서 국가 또는 지방자치단체가 소유하는 토지는 사업시행계획인가의 고시가 있은 날부터 종전의 용도가 폐지된 것으로 보며, 「국유재산법」, 「공유재산 및 물품 관리법」 및 그 밖에 국·공유지의 관리 및 처분에 관하여 규정한 관계 법령에도 불구하고 해당 사업시행자에게 무상으로 양여된다. 다만, 「국유재산법」 제6조제2항에 따른 행정재산

또는 「공유재산 및 물품 관리법」 제5조제2항에 따른 행정재산과 국가 또는 지방자치단체가 양도계약을 체결하여 정비구역지정 고시일 현재 대금의 일부를 수령한 토지에 대하여는 그러하지 아니하다.

　1. 주거환경개선구역

　2. 국가 또는 지방자치단체가 도시영세민을 이주시켜 형성된 낙후지역으로서 대통령령으로 정하는 재개발구역(무상양여 대상에서 국유지는 제외하고, 공유지는 시장·군수등 또는 토지주택공사등이 단독으로 사업시행자가 되는 경우로 한정한다)

- 무상양여된 토지의 사용수익 또는 처분으로 발생한 수입은 주거환경개선사업 또는 재개발사업 외의 용도로 사용할 수 없다.
- 시장·군수등은 무상양여의 대상이 되는 국·공유지를 소유 또는 관리하고 있는 국가 또는 지방자치단체와 협의를 하여야 한다.
- 사업시행자에게 양여된 토지의 관리처분에 필요한 사항은 국토교통부장관의 승인을 받아 해당 시·도조례 또는 토지주택공사등의 시행규정으로 정한다.

국유·공유재산의 임대

- 지방자치단체 또는 토지주택공사등은 주거환경개선구역 및 재개발구역에서 임대주택을 건설하는 경우에는 「국유재산법」 제46조제1항 또는 「공유재산 및 물품 관리법」 제31조에도 불구하고 국·공유지 관리청과 협의하여 정한 기간 동안 국·공유지를 임대할 수 있다. 임대하는 국·공유지의 임대료는 「국유재산법」 또는 「공유재산 및 물품 관리법」에서 정한다.
- 시장·군수등은 「국유재산법」 제18조제1항 또는 「공유재산 및 물품 관리법」 제13조에도 불구하고 제1항에 따라 임대하는 국·공유지 위에 공동주택, 그 밖의 영구시설물을 축조하게 할 수 있다. 이 경우 해당 시설물의 임대기간이 종료되는 때에는 임대한 국·공유지 관리청에 기부 또는 원상으로 회복하여 반환하거나 국·공유지 관리청으로부터 매입하여야 한다.

국유·공유재산의 처분

- 시장·군수등은 인가하려는 사업시행계획 또는 직접 작성하는 사업시행계획서에 국유·공유재산의 처분에 관한 내용이 포함되어 있는 때에는 미리 관리청과 협의하여야 한다. 이 경우 관리

청이 불분명한 재산 중 도로·구거(도랑) 등은 국토교통부장관을, 하천은 환경부장관을, 그 외의 재산은 기획재정부장관을 관리청으로 본다. 협의를 받은 관리청은 20일 이내에 의견을 제시하여야 한다.

- 정비구역의 국유·공유재산은 정비사업 외의 목적으로 매각되거나 양도될 수 없다.

- 정비구역의 국유·공유재산은 「국유재산법」 제9조 또는 「공유재산 및 물품 관리법」 제10조에 따른 국유재산종합계획 또는 공유재산관리계획과 「국유재산법」 제43조 및 「공유재산 및 물품 관리법」 제29조에 따른 계약의 방법에도 불구하고 사업시행자 또는 점유자 및 사용자에게 다른 사람에 우선하여 수의계약으로 매각 또는 임대될 수 있다.

- 다른 사람에 우선하여 매각 또는 임대될 수 있는 국유·공유재산은 「국유재산법」, 「공유재산 및 물품 관리법」 및 그 밖에 국·공유지의 관리와 처분에 관한 관계 법령에도 불구하고 사업시행계획인가의 고시가 있는 날부터 종전의 용도가 폐지된 것으로 본다.

- 정비사업을 목적으로 우선하여 매각하는 국·공유지는 사업시행계획인가의 고시가 있는 날을 기준으로 평가하며, 주거환경개선사업의 경우 매각가격은 평가금액의 100분의 80으로 한다. 다만, 사업시행계획인가의 고시가 있는 날부터 3년 이내에 매매계약을 체결하지 아니한 국·공유지는 「국유재산법」 또는 「공유재산 및 물품 관리법」에서 정한다.

권리의 산정 기준일

- 정비사업을 통하여 분양받을 건축물이 다음의 어느 하나에 해당하는 경우에는 정비구역 지정 따른 고시가 있는 날 또는 시·도지사가 투기를 억제하기 위하여 기본계획 수립 후 정비구역 지정·고시 전에 따로 정하는 날의 다음 날을 기준으로 건축물을 분양받을 권리를 산정한다.

  1. 1필지의 토지가 여러 개의 필지로 분할되는 경우
  2. 단독주택 또는 다가구주택이 다세대주택으로 전환되는 경우
  3. 하나의 대지 범위에 속하는 동일인 소유의 토지와 주택 등 건축물을 토지와 주택 등 건축물로 각각 분리하여 소유하는 경우
  4. 나대지에 건축물을 새로 건축하거나 기존 건축물을 철거하고 다세대주택, 그 밖의 공동주택을 건축하여 토지등소유자의 수가 증가하는 경우

- 시·도지사는 권리의산정 기준일을 따로 정하는 경우에는 기준일·지정사유·건축물을 분양받을 권리의 산정 기준 등을 해당 지방자치단체의 공보에 고시하여야 한다.

굴토(흙막이)심의

- 굴토심의란 굴착공사 시 발생할 수 있는 각종 안전사고를 사전에 방지하기 위하여 시행하는 심의를 말한다.
- 깊이 10m 이상의 굴착공사 또는 높이 5m 이상 옹벽 등의 공사를 수반하는 건축물의 설계자 및 공사감리자는 토지 굴착 등에 관하여 토목분야 기술자 또는 국토개발분야의 지질 및 지반기술사의 협력을 받아야 한다.
- 굴토심의 대상은 다음과 같다.
  1. 깊이 10m 이상 또는 지하 2층 이상 굴착공사, 높이 5m 이상 옹벽을 설치하는 공사의 설계에 관한 사항
  2. 굴착영향 범위 내 석축·옹벽 등이 위치하는 지하 2층 미만 굴착공사로서 석축·옹벽 등의 높이와 굴착 깊이의 합이 10m 이상인 공사의 설계에 관한 사항
  3. 굴착 깊이의 2배 범위 내(경사지의 경우 수평투영거리) 노후건축물(RC조 등의 경우 30년 경과, 조적조 등의 경우 20년 경과된 건축물)이 있거나 높이 2m 이상 옹벽·석축이 있는 공사의 설계에 관한 사항
- 서울시의 경우 굴토심의 개최 2주 전에 굴토심의 신청서를 제출하여야 한다.
- 최초에 굴토심의를 받았더라도 흙막이 공법의 변경, 굴착계획의 변경, 옹벽 종류 및 높이의 변경 등이 발생하는 경우에는 변경심의를 받아야 한다.

기성불 공사비 지급방식

- 기성불 공사비 지급방식이란 공사진행률(공정률)에 따라 시공자에게 공사비를 지급하는 방식을 말한다. 분양불과 구별되는 개념이다.
- 정비사업에 있어 기성불 공사비 지급방식은 조합이 공정률에 따라 조합원 분담금과 일반분양 수입금으로 시공자에게 공사비를 지급하는 것을 말한다. 분양 여부 및 분양률과 무관하게 공사비를 지급하는 방식이다.
- 일반적으로 공사 초기에 선급금 10% 정도를 지급하고 나머지 금액은 공사진행에 따라 단계별로 지급한다. '기성고 방식'이라고도 한다.
- 기성불 공사비 지급방식은 시공자가 분양에 대한 부담 없이 공사에만 집중할 수 있기 때문에 분양이 어려운 시기에 선호되는 방식이다.

도시 정비 용어사전

내역입찰

- 내역입찰이란 입찰자가 입찰총액에 대한 산출내역을 포함해 입찰하는 방식을 말한다. 발주자 (조합)는 공사 입찰 시 설계서와 공종별 목적물 물량내역서, 입찰 관련 서류 등을 작성해 입찰에 참가하려는 자에게 열람·교부하여야 한다.
- 입찰자(시공자)는 입찰총액에 대한 물량내역서에 단가를 적은 입찰금액 산출내역서를 발주자에게 제출하여야 한다. 총액입찰과 구별되는 개념이다. 내역입찰의 경우 입찰서 금액과 산출내역서의 총계 금액이 일치하지 아니한 입찰은 무효가 된다.

노후계획도시

- 노후계획도시란 「노후계획도시 정비 및 지원에 관한 특별법」에서 규정하고 있는 도시로서 「택지개발촉진법」 등 관계 법령에 따른 택지조성사업 완료 후 20년 이상 경과한 100만㎡ 이상의 택지를 말한다.
- 통상적인 시설물 노후도 기준인 30년이 아닌 택지조성사업 완료 후 20년 이상으로 기준을 설정하여 도시가 노후화되기 이전에 체계적인 계획 수립과 대응이 가능하도록 하였으며, 면적기준인 100만㎡는 수도권 행정동 크기(인구 2.5만명, 주택 1만호 내외)로 도시 단위 광역적 정비가 필요한 최소 규모에 해당한다.
- 1기 신도시를 비롯하여 수도권 택지지구, 지방 거점 신도시 등이 특별법이 적용되는 주요 노후계획도시들이며, 택지지구를 분할하여 개발한 경우를 고려하여 하나의 택지지구가 100만㎡에 미치지 못하는 경우라도 인접·연접한 2개 이상의 택지 면적의 합이 100만㎡ 이상이거나, 택지지구와 함께 동일한 생활권을 구성하는 연접 노후 구도심 등도 하나의 노후계획도시에 포함될 수 있도록 할 계획이다.
- 국토교통부에 따르면 「노후계획도시 정비 및 지원에 관한 특별법」에 따른 노후계획도시에 해당하는 택지는 전국 49곳에 달한다. 서울에서는 개포, 신내, 고덕, 상계, 중계, 중계2, 목동, 수서 등 8개 지구다. 경기도의 경우 1기 신도시인 성남분당, 고양일산, 안양평촌, 군포산본 등 11개 지구다.

노후계획도시 정비기본계획

- 노후계획도시에 대한 질서 있고 체계적인 정비를 위해 국토부 수립 가이드라인인 「노후계획도시정비기본방침」과 지자체가 수립하는 세부계획인 「노후계획도시정비기본계획」의 근거를 명확화하였다.
- 국토교통부장관이 수립하는 기본방침은 지자체가 수립하는 기본계획의 가이드라인이다. 노후계획도시 정비의 목표와 기본방향, 기본전략, 기반시설 확보와 이주대책 수립, 선도지구 지정의 원칙, 도시 재창조 사업 유형 등이 제시된다.
- 기본계획은 특정 노후계획도시를 대상으로 시장·군수가 수립하는 행정계획으로 기본방침과 같이 10년 주기로 수립하며 5년마다 그 타당성을 검토한다.
- 기본계획에는 노후계획도시의 공간적 범위, 해당 지역 내 특별정비(예정)구역 및 선도지구 지정계획, 기반시설 확충 및 특례 적용 세부 계획 등이 담기며, 시장·군수가 수립한 이후 도지사의 승인(도지사는 국토부장관과 협의)을 받아 최종적으로 확정된다.
- 특별시장·광역시장·특별자치시장·특별자치도지사는 별도 승인 없이 국토부장관과 협의하여 기본계획 수립한다.
- 또한, 기본계획, 기본방침 등을 심의하기 위한 심의기구로 국토교통부에 「노후계획도시정비특별위원회」와 실무위원회, 지자체에 「지방노후계획도시정비위원회」를 설치하기로 하였다.

노후계획도시 특별정비구역

- 「노후계획도시 정비 및 지원에 관한 특별법」의 주요 내용은 대규모 블록 단위로 통합적으로 정비하고, 역세권은 고밀·복합으로 개발한다.
- 대규모 정비가 이루어지므로 광역교통시설 등 기반시설을 확충하는 방안 및 이주단지 조성 등 이주대책도 마련된다. 이를 위해 도시 재창조를 위한 사업이 이루어질 수 있도록 '노후계획도시 특별정비구역'제도가 도입된다.
- 특별정비구역으로 지정되면 재건축 안전진단이 완화된다. 기존 「도시 및 주거환경정비법」에 따른 안전진단 기준보다 완화된 안전진단 기준을 적용할 수 있다. 도시기능 강화를 위한 통합개발을 유도하고, 주민 생활안전과 삶의 질 개선을 위한 목적에서이다.
- 특별정비구역 내에서 자족기능 향상과 대규모 기반시설 확충 등 공공성이 확보되면 안전진단이 생략되고 곧바로 특별정비구역으로 갈 수도 있다.

- 용적률과 건폐율 등 도시·건축규제도 대폭 완화된다. 용적률의 경우 종상향을 통해 역세권 등에서는 최대 500%까지 적용받을 수 있게 된다. 지역 여건에 따라 용도지역 변경이 가능하고, 다양한 용도의 건축물을 건립할 수 있을 전망이다.

노후·불량건축물

- 노후·불량건축물이란 건축물의 훼손, 노후화, 구조적 결함 등으로 인해 안전사고의 우려가 있거나 주거지로서의 기능이 어려워 정비가 필요한 건축물을 말한다.
- 「도시 및 주거환경정비법」에서는 정비사업의 무분별한 추진을 방지하기 위해 정비사업 시행을 위한 정비구역 지정의 기준으로 노후·불량건축물, 호수밀도, 주택접도율, 과소필지 등을 규정하고 있다.
- 노후·불량건축물은 다음의 어느 하나에 해당하는 건축물을 말한다.
  1. 건축물이 훼손되거나 일부가 멸실되어 붕괴, 그 밖의 안전사고의 우려가 있는 건축물
  2. 내진성능이 확보되지 못한 건축물 중 중대한 기능적 결함 또는 부실 설계·시공으로 구조적 결함 등이 있는 건축물로서 대통령령으로 정하는 건축물
     1) 대통령으로 정하는 건축물은 ①급수·배수·오수 설비 등의 설비 또는 지붕·외벽 등 마감의 노후화나 손상으로 그 기능을 유지하기 곤란할 것으로 우려되는 건축물, ②안전진단기관이 실시한 안전진단 결과 건축물의 내구성·내하력 등이 기준에 미치지 못할 것으로 예상되어 구조 안전의 확보가 곤란할 것으로 우려되는 건축물
  3. 주변 토지의 이용 상황 등에 비추어 주거환경이 불량한 곳에 소재하고, 건축물 철거 후 새로운 건축물을 건설하는 경우 그에 소요되는 비용에 비하여 효용의 현저한 증가가 예상되는 다음의 건축물
     1) 대지분할 제한면적에 미달되거나 도시·군계획시설 등의 설치로 인하여 효용을 다할 수 없게 된 대지에 있는 건축물
     2) 공장의 매연·소음 등으로 인하여 위해를 초래할 우려가 있는 지역 안에 있는 건축물
     3) 해당 건축물을 준공일 기준으로 40년까지 사용하기 위하여 보수·보강하는데 드는 비용이 철거 후 새로운 건축물을 건설하는 데 드는 비용보다 클 것으로 예상되는 건축물
  4. 도시미관을 저해하거나 노후화된 건축물로서 대통령령으로 정하는 바에 따라 시·도조례로 정하는 건축물

1) 준공된 후 20년 이상 30년 이하의 범위에서 시·도도 조례로 정하는 기간이 지난 건축물

2) 도시·군기본계획의 경관에 관한 사항에 어긋나는 건축물

※ 용어 정의(서울특별시 도시 및 주거환경정비 조례 기준)

1. 호수밀도란 건축물이 밀집되어 있는 정도를 나타내는 지표로서 정비구역 면적 1헥타르 당 건축되어 있는 건축물의 동수를 말한다.

2. 주택접도율이란 정비기반시설의 부족여부를 판단하기 위한 지표로서 폭 4m 이상 도로에 길이 4m 이상 접한 대지의 건축물의 총수를 정비구역 안의 건축물 총수로 나눈 비율을 말한다. 다만, 연장 35m 이상의 막다른 도로의 경우에는 폭 6m로 한다.

3. 과소필지란 토지면적이 90㎡ 미만인 토지를 말한다.

녹색건축인증제도

- 녹색건축물이란 「기후위기 대응을 위한 탄소중립·녹색성장 기본법」 제31조에 따른 건축물과 환경에 미치는 영향을 최소화하고 동시에 쾌적하고 건강한 거주환경을 제공하는 건축물을 말한다. 관련법은 「녹색건축물 조성 지원법」이다.

- 녹색건축인증제도란 지속 가능한 개발의 실현을 목표로 인간과 자연이 서로 친화하며 공생할 수 있도록 건축의 전 생애를 대상으로 환경에 영향을 미치는 요소에 대한 평가를 통하여 건축물의 환경성능을 인증하는 제도를 말한다.

- 2002년 1월 공동주택을 대상으로 친환경건축물 인증을 시작한 것에서부터 발전해 왔으며, 2012년 녹색건축물 조성지원법의 제정에 따라 녹색건축인증제도로 명명되었다.

- 녹색건축인증제도는 국토교통부와 환경부가 주관하고 있으며, 운영은 한국건설기술연구원이, 인증은 한국토지주택공사 등 10개 기관에서 업무를 위임받아 수행하고 있다. 인증에 관한 정보 제공 및 접수는 녹색건축 인증관리시스템(www.gseed.or.kr)을 통해 할 수 있다.

- 신축 건축물과 기존 건축물에 대한 주거용 및 비주거용 건축물 모두 인증 대상이 되며, 공공기관에서 소유·관리하는 연면적 3,000㎡ 이상 건축물은 인증 의무 대상이다.

- 심사 기준에 따른 평가 결과 점수에 따라 최우수(그린 1등급), 우수(그린 2등급), 우량(그린 3등급), 일반(그린 4등급)의 네 등급으로 나뉜다.

- 녹색건축물로 인증이 되면 등급과 점수에 따라 취득세 등 지방세 감면, 건축물 높이 및 용적률 등 건축물 기준 완화 등의 혜택이 주어진다.
- 주요 인증항목은 다음과 같다.

분야	토지 총면적
토지이용 및 교통	토지의 생태학적 가치, 과도한 지하개발 지양, 대중교통에의 접근성, 자전거주차장 및 자전거도로 적합성, 생활편의시설 접근성
에너지 및 환경오염방지	에너지 성능, 에너지 모니터링 및 관리지원, 신재생에너지 이용저탄소 에너지원 기술 적용, 오존층 보호 및 지구온난화 저감 등
재료 및 자원	저탄소 자재의 사용, 자원순환 자재의 사용, 유해물질 저감 자재 등
물순환관리	빗물관리, 절수형 기기사용, 물사용량 모니터링 등
유지관리	건설현장의 환경관리, 운영 유지관리 문서, 사용자 매뉴얼 제공
생태환경	연계된 녹지축 조성, 자연지반 녹지율, 생태면적률 등
실내환경	실내공기 오염물질 저방출 제품, 자연 환기 성능확보, 경량·중량충격음 차단 등
주택성능분야	내구성, 가변성, 사회적 약자 배려, 세대 내 일조 확보율, 피난설비 등

ㄷ

도시 정비 용어사전

단독주택재건축사업

- 단독주택재건축사업이란 노후 단독·다가구·다세대·연립 주택 등을 허물고 아파트로 재건축하는 정비사업을 말한다. 즉, 공동주택을 대상으로 하는 재건축사업과는 달리, 단독주택 재건축사업은 단독주택 밀집지역에서 시행하는 재건축사업을 말한다. 일반인들이 재건축사업과 재개발사업을 헷갈려하는 것이 바로 단독주택재건축사업 때문이기도 하다. 일반 재개발사업과 비슷하지만 도로와 상하수도 등 기반시설의 추가 설치가 필요 없어 재개발사업과 비교해 주거 여건이 좋은 곳에서 추진되며 임대주택 건설과 세입자에 대한 보상 의무가 없다는 것이 차이점이다.

- 단독주택 재건축사업은 정온한 단독주택지의 무분별한 훼손과 재개발사업과의 형평성 문제가 제기되어 2012년 7월 「도시 및 주거환경정비법 시행령」 개정에 따라 2014년 8월에 폐지되었다. 다만, 당시에 이미 도시·주거환경정비기본계획상에서 정비(예정)구역으로 지정되어 있던 지역은 경과조치에 따라 종전 규정에 따라 사업 추진이 가능하도록 허용하고 있다.

- 경과규정을 적용받는 단독주택재건축사업이 관리처분계획을 수립하는 경우 개정 전 규정을 적용받는 지 개정 후 규정을 적용받는 지에 대해 법제처는 종전의 규정이 적용되는 경우가 아니라고 해석하였다.

대의원의 자격

- 대의원은 조합원 중에서 선출하며, 조합장이 아닌 조합 임원은 대의원이 될 수 없다. 조합장이 대의원회 의장이 되는 경우에는 대의원회으로 본다.

- 대의원의 선출은 조합창립총회일 현재 사업시행구역안에 1년 이상 거주하고 있는 조합원 중에서 선출한다. 다만, 궐위된 대의원의 보선은 대의원 5인 이상의 추천을 받아 대의원회에서 선출한다.

- 대의원은 원칙적으로 조합원이 직접 선출하여야 하나, 조합원 이주로 인하여 소집이 어려울 경우에는 보선에 한하여 대의원회에서 선출할 수 있도록 한 것이다.

- 대의원 자격요건으로의 거주기간은 조합 여건에 따라 달리 정할 수 있다.

대의원회

- 조합원의 수가 100명 이상인 조합은 대의원회를 두어야 한다. 대의원회는 조합원의 10분의 1 이상으로 구성한다. 다만, 조합원의 10분의 1이 100명을 넘는 경우에는 조합원의 10분의 1의 범위에서 100명 이상으로 구성할 수 있다. 조합장이 아닌 조합임원은 대의원이 될 수 없다. 대의원회는 총회의 의결사항 중 대통령령으로 정하는 사항 외에는 총회의 권한을 대행할 수 있다. 대의원의 수, 선임방법, 선임절차 및 대의원회의 의결방법 등은 대통령령으로 정하는 범위에서 정관으로 정한다.

- 대의원은 조합원 중에서 선출한다. 대의원의 선임 및 해임에 관하여는 정관으로 정하는 바에 따른다. 대의원회는 조합장이 필요하다고 인정하는 때에 소집한다. 다만, ①정관으로 정하는 바에 따라 소집청구가 있는 때, ②대의원의 3분의 1 이상(정관으로 달리 정한 경우에는 그에 따른다)이 회의의 목적사항을 제시하여 청구하는 때에는 조합장은 해당일부터 14일 이내에 대의원회를 소집하여야 한다.

- 대의원회 소집청구가 있는 경우로서 조합장이 14일 이내에 정당한 이유 없이 대의원회를 소집하지 아니한 때에는 감사가 지체 없이 이를 소집하여야 하며, 감사가 소집하지 아니하는 때에는 대의원회 소집을 청구한 사람의 대표가 소집한다. 이 경우 미리 시장·군수등의 승인을 받아야 한다.

- 대의원회의 소집은 집회 7일 전까지 그 회의의 목적·안건·일시 및 장소를 기재한 서면을 대의원에게 통지하는 방법에 따른다. 이 경우 정관으로 정하는 바에 따라 대의원회의 소집내용을 공고하여야 한다.

- 대의원회는 재적대의원 과반수의 출석과 출석대의원 과반수의 찬성으로 의결한다. 다만, 그 이상의 범위에서 정관으로 달리 정하는 경우에는 그에 따른다.

- 대의원회는 사전에 통지한 안건만 의결할 수 있다. 다만, 사전에 통지하지 아니한 안건으로서 대의원회의 회의에서 정관으로 정하는 바에 따라 채택된 안건의 경우에는 그러하지 아니하다.

- 특정한 대의원의 이해와 관련된 사항에 대해서는 그 대의원은 의결권을 행사할 수 없다.

대의원회가 총회의 권한을 대행할 수 없는 사항

- 대의원회는 총회의 의결사항 중 대통령령으로 정하는 사항 외에는 총회의 권한을 대행할 수 있다.

• 대의원회가 총회의 권한을 대행할 수 없는 사항이란 다음의 사항을 말한다.

1. 정관의 변경에 관한 사항(법 제40조제4항에 따른 경미한 사항의 변경은 법 또는 정관에서 총회의결사항으로 정한 경우로 한정한다)

2. 자금의 차입과 그 방법·이자율 및 상환방법에 관한 사항

3. 예산으로 정한 사항 외에 조합원에게 부담이 되는 계약에 관한 사항

4. 시공자·설계자 또는 감정평가법인등(시장·군수등이 선정·계약하는 감정평가법인등은 제외한다)의 선정 및 변경에 관한 사항

5. 정비사업전문관리업자의 선정 및 변경에 관한 사항

6. 조합임원의 선임 및 해임과 대의원의 선임 및 해임에 관한 사항. 다만, 정관으로 정하는 바에 따라 임기 중 궐위된 자(조합장은 제외한다)를 보궐선임 하는 경우를 제외한다.

7. 사업시행계획서의 작성 및 변경에 관한 사항(정비사업의 중지 또는 폐지에 관한 사항을 포함하며, 경미한 변경은 제외한다)

8. 관리처분계획의 수립 및 변경에 관한 사항(경미한 변경은 제외한다)

9. 조합원의 동의가 필요하여 총회에 상정하여야 하는 사항

10. 조합의 합병 또는 해산에 관한 사항. 다만, 사업완료로 인한 해산의 경우는 제외한다.

11. 건설되는 건축물의 설계 개요의 변경에 관한 사항

12. 정비사업비의 변경에 관한 사항

대지

• 대지란 정비사업으로 조성된 토지를 말한다.

※ 용어정의

1. 토지(土地) : 땅을 지칭하는 가장 일반적인 용어이다. 공법과 사법을 막론하고 가장 광범위하게 사용되며, 땅에 구조물의 설치 유무와는 관계가 없다.

2. 부지(敷地) : 국토의 계획 및 이용에 관한 법률, 도시공원 및 녹지등에 관한 법률, 하천법 등에서 포괄적으로 사용되고 있으며, 구조물의 지반이 되는 토지를 의미한다. 건축물이 건축되어 있지 않은 빈 땅인 나대지(裸垈地, bare site)와 구분되는 용어로 땅에 건축 목적이 없다면 법에서 이를 부지라고 부르지 않는다.

---

3. 획지(劃地) : 국토의 계획 및 이용에 관한 법률, 도시개발법에서 사용하고 있다. 토지 소유권의 범위를 초월하여 계획 단위로 토지의 경계를 잘라서 정하는 기준이다. 따라서 획지는 한 개 이상의 필지로 구성되며 주로 학문적으로나 계획의 개념으로 사용된다.

4. 대지(垈地) : 도시 및 주거환경정비법에서는 정비사업으로 조성된 토지를 말한다. 건축법에서는 건축물을 건축할 수 있는 땅을 말한다.

5. 필지(筆地) : 공간정보의 구축 및 관리 등에 관한 법률에서 사용되며 땅에 구조물의 설치 유무와 관계없이 토지를 효율적으로 이용하고 관리하기 위한 토지의 등록단위를 말한다.

6. 지목으로서의 대(垈) : 토지의 주된 용도에 따라 토지의 종류를 구분하여 지적 공부에 등록한 것을 말하며 28가지의 지목이 있다. 땅에 구조물의 설치 유무와 관계없이 토지를 효율적으로 이용하고 관리하기 위한 것이다.

대행자

• 사업대행자란 일정한 경우에 조합 또는 토지등소유자를 대신하여 정비사업을 시행하는 시장·군수등, 토지주택공사등 또는 지정개발자를 말한다.

• 시장·군수등은 ①장기간 정비사업이 지연되거나 권리관계에 관한 분쟁 등으로 해당 조합 또는 토지등소유자가 시행하는 정비사업을 계속 추진하기 어렵다고 인정하는 경우, ②토지등소유자(조합을 설립한 경우에는 조합원을 말한다)의 과반수 동의로 요청하는 경우에는 해당 조합 또는 토지등소유자를 대신하여 직접 정비사업을 시행하거나 토지주택공사등 또는 지정개발자에게 해당 조합 또는 토지등소유자를 대신하여 정비사업을 시행하게 할 수 있다.

• 사업대행자는 사업시행자에게 청구할 수 있는 보수 또는 비용의 상환에 대한 권리로써 사업시행자에게 귀속될 대지 또는 건축물을 압류할 수 있다. 정비사업을 대행하는 경우 사업대행의 개시결정, 그 결정의 고시 및 효과, 사업대행자의 업무집행, 사업대행의 완료와 그 고시 등에 필요한 사항은 대통령령으로 정한다.

• 시장·군수등은 사업대행개시결정을 한 경우에는 다음의 사항을 해당 지방자치단체의 공보등에 고시하여야 하며, 토지등소유자 및 사업시행자에게 통지하여야 한다.

1. 정비사업의 종류 및 명칭
2. 사업시행자의 성명 및 주소

3. 정비구역의 위치 및 면적

4. 정비사업의 착수예정일 및 준공예정일

5. 사업대행개시결정을 한 날

6. 사업대행자

7. 대행사항

- 사업대행자는 자기의 이름 및 사업시행자의 계산으로 사업시행자의 업무를 집행하고 재산을 관리한다.
- 사업대행자는 업무를 하는 경우 선량한 관리자로서의 주의의무를 다하여야 하며, 필요한 때에는 사업시행자에게 협조를 요청할 수 있고, 사업시행자는 특별한 사유가 없는 한 이에 응하여야 한다.
- 시장·군수등이 아닌 사업대행자는 재산의 처분, 자금의 차입 그 밖에 사업시행자에게 재산상 부담을 주는 행위를 하려는 때에는 미리 시장·군수등의 승인을 받아야 한다.

도급제 계약방식

- 도급제 계약방식이란 시공자는 도급계약에 따라 공사비를 받고 건축공사만 책임지며, 조합이 전체 사업에 대한 개발이익과 손실을 책임지는 계약방식을 말한다.
- 시공자는 건축공사 등 계약에서 정한 사항 이외의 조합의 사업추진 및 내부 업무에 간여하지 않는 방식이다. 지분제 계약방식과 구별되는 개념이다.
- 도급제 계약방식에서는 시공자는 조합으로부터 도급공사비를 받고 건축 공사에 대해서만 책임을 지면 되는 것이다.
- 도급공사비 외 간접비용, 금융비 등 추가 사업비에 대한 책임은 조합이 지며, 사업으로 발생한 이익도 조합으로 귀속한다. 즉, 도급제 계약방식에서는 사업으로 발생한 개발이익과 개발손실은 모두 조합 및 조합의 구성원인 조합원에게 귀속하는 구조이다. 따라서 조합장 등 조합 집행부의 능력에 따라 사업의 성패가 달라질 수 있다.
- 정비사업에 있어 공사 중 물가상승 요인이 발생하거나 설계변경에 따른 공사비 증가 요인이 발생하는 경우 공사비에 대한 증액 및 조합원 분담금의 증가는 불가피하다.
- 도급제 계약방식과 지분제 계약방식을 비교하면 다음과 같다.

구분	도급제 계약방식	지분제 계약방식
개념	시공자는 도급계약에 따라 공사비를 받고 건축공사만 책임지며, 조합이 전체 사업에 따른 이익과 손실을 책임지는 계약방식	조합은 시공자로부터 일정한 무상지분(율)을 보장받고, 시공자가 전체 사업을 책임지는 계약방식
개발이익 또는 손실의 귀속	조합 및 조합원에게 귀속	시공자에게 귀속
미분양 등 사업 책임	조합 책임	시공자 책임
장점	- 사업성이 좋은 경우에 개발이익이 조합 또는 조합원에게 귀속됨	- 조합원 분양가, 조합원 개발이익 등이 조기에 확정됨
단점	- 사업성 좋지 않을 경우 조합원 분담금 증가 우려 - 공사비 인상 관련 조합과 시공자 간 분쟁이 많음	- 사업성이 좋지 않을 경우 시공자의 부실 시공 우려 - 사업성이 좋은 경우 무상지분 관련 조합과 시공자 간 분쟁이 많음

도시개발사업

- 도시개발사업이란 계획적인 도시개발이 필요한 지역에 주거, 상업, 산업, 유통, 정보통신, 생태, 문화, 보건 및 복지 등의 기능이 있는 단지 또는 시가지를 조성하기 위해 「도시개발법」에 따라 시행하는 사업을 말한다.
- 도시개발사업은 주택용지 및 공장용지 등의 높아진 수요와 복합적인 기능을 하는 도시를 종합적·체계적으로 개발할 필요성에 대응하기 위해, 종전의 「도시계획법」의 도시개발사업부문(일단의 주택지조성사업, 일단의 공업용지조성사업, 대지조성사업)과 「토지구획정리사업법」을 통합하여 2000년 7월 「도시개발법」을 제정하여 최초로 도입되었다. 도시개발사업은 사업시행자가 도시개발구역의 토지 등을 수용 및 사용하거나, 환지 방식으로 시행할 수 있으며 이를 혼용하는 방식으로도 시행 가능하다.
- 도시개발사업 시행에 드는 비용은 규정에 따라 일부를 국고에서 보조하거나 융자할 수 있으며 시행자가 행정청일 경우 전액을 보조하거나 융자할 수 있다.
- 지방자치단체가 도시개발사업을 촉진하고 도시계획시설의 설치를 지원하는데 드는 비용은 도시개발특별회계를 재원으로 한다.
- 특별회계는 일반회계 전입금, 정부 보조금, 도시개발채권 발행 조성 자금, 수익금 및 집행 잔액,

부과·징수된 과태료, 시·도에 귀속되는 과밀부담금 일부, 해당 지자체에 귀속되는 개발부담금 일부, 수익금, 재산세 징수액 중 일부, 차입금, 해당 특별회계자금의 융자회수금·이자수입금 및 그 밖의 수익금 등으로 마련한다.

- 도시개발구역 대상지역 기준은 다음과 같다.

  1. 도시지역

     1) 주거지역 및 상업지역 : 10,000㎡ 이상

     2) 공업지역 : 30,000㎡ 이상

     3) 자연녹지지역 : 10,000㎡ 이상

     4) 생산녹지지역 : 10,000㎡ 이상(생산녹지지역이 도시개발구역 면적 30% 이하인 경우)

  2. 도시지역 외의 지역 : 300,000㎡ 이상(다만, 공동주택 중 아파트 또는 연립주택의 건설계획이 포함되는 경우에 도시개발구역에 초등학교용지를 확보하거나, 규정 도로 또는 주·보조간선 도로와 연결되거나 4차로 이상의 도로를 설치하는 때에는 100,000㎡ 이상)

  3. 자연녹지지역, 생산녹지지역 및 도시지역 외의 지역 : 광역도시계획 또는 도시·군기본계획 에 의하여 개발이 가능한 지역에서만 국토교통부장관이 정하는 기준에 따라 지정

  4. 광역도시계획 및 도시·군기본계획이 수립되지 않은 지역 : 자연녹지지역 및 계획관리지역에 한하여 지정가능

  5. 지정권자가 계획적인 도시개발이 필요하다고 인정하는 다음의 경우 : 규모의 제한 없이 지정 가능

     1) 취락지구 또는 개발진흥지구

     2) 지구단위계획구역

     3) 국토교통부장관이 국가균형발전을 위하여 관계 중앙행정기관의 장과 협의하여 도시개발 구역으로 지정하고자 하는 지역(자연환경보전지역은 제외)

도시·건축공동위원회

- 도시·건축공동위원회는 시·도지사가 지구단위계획 또는 지구단위계획으로 대체하는 용도지 구 폐지에 관한 사항을 결정하기 위해 도시계획위원회와 건축위원회를 공동으로 구성한 위원 회를 말한다.

- 공동위원회의 위원은 도시계획위원회 및 건축위원회 위원 중에서 시·도지사 또는 시장·군수가 임명·위촉한다. 만약, 지방도시계획위원회에 지구단위계획을 심의하기 위한 분과위원회가 설치

되어 있는 경우에는 그 분과위원회의 위원 전원을 공동위원회의 위원으로 임명·위촉해야 한다.

- 공동위원회의 위원 수는 25인 이내이고, 공동위원회의 위원 중 건축위원회 위원이 1/3 이상 되어야 한다. 공동위원회의 위원장은 특별시·광역시·특별자치시의 경우에는 부시장, 도·특별자치도의 경우에는 부지사, 시의 경우에는 부시장, 군의 경우에는 부군수가 맡는다.

도시계획위원회

- 도시계획위원회란 도시기본계획 수립 및 도시관리계획 결정 등 도시계획과 관련된 사항을 심의·자문하는 위원회를 말한다.
- 「국토의 계획 및 이용에 관한 법률」에 근거를 두고 있으며 중앙도시계획위원회와 지방도시계획위원회로 구분된다. 지방도시계획위원회는 특별시·광역시·도·시·군·구 도시계획위원회로 구분한다.
- 중앙도시계획위원회의 심의 및 수행 업무는 다음과 같다.
  1. 광역도시계획, 도시·군계획, 토지거래계약허가구역 등 국토교통부장관의 권한에 속하는 사항의 심의
  2. 「국토의 계획 및 이용에 관한 법률」 또는 다른 법률에서 중앙도시계획위원회의 심의를 거치도록 한 사항의 심의
  3. 도시·군계획에 관한 조사·연구
- 지방도시계획위원회의 심의 및 자문 업무는 다음과 같다.
  1. 시·도지사가 결정하는 도시·군관리계획의 심의 등 시·도지사의 권한에 속하는 사항과 다른 법률에서 시·도도시계획위원회의 심의를 거치도록 한 사항의 심의
  2. 국토교통부장관의 권한에 속하는 사항 중 중앙도시계획위원회의 심의 대상에 해당하는 사항이 시·도지사에게 위임된 경우 그 위임된 사항의 심의
  3. 도시·군관리계획과 관련하여 시·도지사가 자문하는 사항에 대한 조언
  4. 그 밖에 대통령령으로 정하는 사항에 관한 심의 또는 조언

※ 중앙도시계획위원회의 분과위원회의 업무

1. 토지이용계획에 관한 구역 등의 지정

2. 용도지역 등의 변경계획에 관한 사항의 심의

3. 개발행위에 관한 사항의 심의

※ 시·도도시계획위원회 업무

1. 해당 시·도의 도시·군계획조례의 제정·개정과 관련하여 시·도지사가 자문하는 사항에 대한 조언

2. 개발행위허가에 대한 심의

※ 시·군·구도시계획위원회 업무

1. 해당 시·군·구와 관련한 도시·군계획조례의 제정·개정과 관련하여 시장·군수·구청장이 자문하는 사항에 대한 조언

2. 개발행위허가에 대한 심의(대도시에 두는 도시계획위원회에 한정한다)

3. 개발행위허가와 관련하여 시장 또는 군수가 자문하는 사항에 대한 조언

4. 시범도시사업계획의 수립에 관하여 시장·군수·구청장이 자문하는 사항에 대한 조언

도시분쟁조정위원회

- 정비사업의 시행으로 발생한 분쟁을 조정하기 위하여 정비구역이 지정된 특별자치시, 특별자치도, 또는 시·군·구(자치구를 말한다)에 도시분쟁조정위원회를 둔다. 다만, 시장·군수등을 당사자로 하여 발생한 정비사업의 시행과 관련된 분쟁 등의 조정을 위하여 필요한 경우에는 시·도에 조정위원회를 둘 수 있다.

- 도시분쟁조정위원회 위원은 정비사업에 대한 학식과 경험이 풍부한 사람으로서 다음의 어느 하나에 해당하는 사람 중에서 10명 이내로 시장·군수등이 임명 또는 위촉한다.

  1. 해당 특별자치시, 특별자치도 또는 시·군·구에서 정비사업 관련 업무에 종사하는 5급 이상 공무원

  2. 대학이나 연구기관에서 부교수 이상 또는 이에 상당하는 직에 재직하고 있는 사람

3. 판사, 검사 또는 변호사의 직에 5년 이상 재직한 사람

4. 건축사, 감정평가사, 공인회계사로서 5년 이상 종사한 사람

5. 그 밖에 정비사업에 전문적 지식을 갖춘 사람으로서 시·도조례로 정하는 자

- 도시분쟁조정위원회는 정비사업의 시행과 관련하여 다음의 어느 하나에 해당하는 분쟁 사항을 심사·조정한다.

1. 매도청구권 행사 시 감정가액에 대한 분쟁

2. 공동주택 평형 배정방법에 대한 분쟁

3. 그 밖에 대통령령으로 정하는 분쟁

- 대통령령으로 정하는 분쟁은 ①건축물 또는 토지 명도에 관한 분쟁, ②손실보상 협의에서 발생하는 분쟁, ③총회 의결사항에 대한 분쟁, ④그 밖에 시·도조례로 정하는 사항에 대한 분쟁

※ 서울시의 도시분쟁조정위원회 운영

1. 제1분과위원회 : 조합 또는 추진위원회와 조합원 또는 토지등소유자간의 분쟁 조정

2. 제2분과위원회 : 제1분과위원회에 해당하지 않는 그 밖에 분쟁에 관한 사항 조정

도시재생

- 도시재생이란 인구 감소, 산업구조 변화, 무분별한 도시 확장, 주거환경 노후화 등으로 쇠퇴하는 도시를 지역역량 강화, 새로운 기능 도입·창출, 지역자원 활용을 통하여 경제적·사회적·물리적·환경적으로 활성화시키는 것을 말한다.

- 우리나라에서도 도시재생의 필요성이 높아짐에 따라, 2013년 「도시재생 활성화 및 지원에 관한 특별법」을 제정함으로써 도시재생의 법적 근거를 마련되었다.

- 도시재생은 다양한 원인으로 인해 쇠퇴하는 도시의 물리적 측면뿐 아니라 사회적·경제적 측면을 활성화하는 동시에 지역역량을 강화시키는 것을 말하며, 커뮤니티 유지 및 활성화 과정의 활동으로써 이해관계자 간의 합의형성 등 의사결정시스템을 중시하며, 기존 거주자의 지속적인 생활여건 확보, 사회·문화적 기능회복, 도시경제 회복을 동시에 고려하는 통합적 접근방식의 정비개념이라고 할 수 있다.

- 도시재생은 계획적이고 종합적인 도시재생 추진체제를 구축하고, 물리적·비물리적 지원을 통

해 민간과 정부의 관련 사업들이 실질적인 도시재생으로 이어지도록 하는 것을 목표로 한다.

• 도시재생을 추진하기 위한 바탕이 되는 계획에는 국가 차원의 도시재생전략으로서, 도시재생을 종합적·계획적·효율적으로 추진하기 위한 국가도시재생기본방침이 있다.

• 도시 차원에서는 국가도시재생기본방침을 고려하여 도시재생전략계획을 수립하고, 이에 부합하도록 도시재생활성화지역에 대하여 실행계획인 도시재생활성화계획을 수립하여야 한다. 이와 관련한 일련의 사업들을 도시재생사업이라고 한다.

※ 용어정의

1. 도시재생혁신지구란 도시재생을 촉진하기 위하여 산업·상업·주거·복지·행정 등의 기능이 집적된 지역 거점을 우선적으로 조성할 필요가 있는 지역을 말하며, 혁신지구에서 혁신지구계획 및 시행계획에 따라 시행하는 사업을 혁신지구재생사업이라 한다.

2. 도시재생선도지역이란 도시재생을 긴급하고 효과적으로 실시하여야 할 필요가 있고 주변지역에 대한 파급효과가 큰 지역으로, 국가와 지방자치단체의 시책을 중점 시행함으로써 도시재생활성화를 도모하는 지역을 말한다.

3. 특별재생지역이란 「재난 및 안전관리 기본법」에 따른 특별재난지역으로 선포된 지역 중 피해지역의 주택 및 기반시설 정비, 재난 예방 및 대응, 피해지역 주민의 심리적 안정과 공동체 활성화를 위해 국가와 지방자치단체가 긴급하고 효과적으로 도시재생을 실시하여야 할 필요가 있는 지역을 말한다.

도시재생사업

• 도시재생사업이란 도시재생활성화지역과 혁신지구 등 도시재생전략계획이 수립된 지역에서 지역발전 및 도시재생을 위하여 추진하는 일련의 사업을 말한다.

• 도시재생사업에는 ①도시재생활성화지역에서 도시재생활성화계획에 따른 일련의 사업, ②혁신지구에서 혁신지구계획 및 시행계획에 따라 시행하는 사업(혁신지구재생사업), ③도시재생전략계획이 수립된 도시재생활성화지역과 연계하여 시행할 필요가 있는 사업(도시재생 인정사업)의 유형이 해당된다.

• 이들 사업 중 도시재생활성화계획에 포함된 경우에는 해당 사업을 「도시재생 활성화 및 지원에

관한 특별법」에 따른 도시재생사업으로 보며, 이 법에서 정한 사항 외에는 해당 사업의 시행에 관한 관계 법령에 따라 시행한다.

- 국가 또는 지자체는 도시재생 활성화를 위하여 제반 비용 및 조사·연구비, 도시재생기반시설의 설치·정비·운영 등의 비용, 지역활성화사업 사전기획비 및 운영비, 도시재생사업에 필요한 비용 등 관련 비용의 전부 또는 일부를 해당 사업 또는 업무를 수행하는 자에게 보조·융자할 수 있다.

※ 도시재생활성화지역에서 도시재생활성화계획에 따라 시행하는 사업 종류

1. 국가·지자체의 지역발전 및 도시재생 사업
2. 지자체의 지역발전 및 도시재생 사업
3. 주민의 지역 공동체 활성화 사업
4. 정비사업, 재정비촉진사업
5. 도시개발사업, 역세권개발사업
6. 산업단지개발사업 및 산업단지 재생사업
7. 항만재개발사업
8. 상권활성화사업 및 시장정비사업
9. 도시계획시설사업 및 시범도시 지정 사업
10. 경관사업
11. 빈집정비사업 및 소규모주택정비사업
12. 공공주택정비사업
13. 공공지원민간임대주택 공급 사업
14. 사업기반시설 현대화사업
15. 복합환승센터 개발사업
16. 관광지 및 관광단지 조성사업
17. 도시첨단물류단지개발사업
18. 공사중단 건축물의 철거·신축·공사 재개

도시재생인정사업

- 도시재생인정사업이란 도시재생활성화지역 외의 지역에서 점단위 사업에 대해 도시재생활성화계획 수립 없이 재정·기금 등을 지원하는 사업을 말한다. 관련법은 「도시재생 활성화 및 지원에 관한 특별법」이다.

- 이 경우 기준 절차에 따라 도시재생 사업으로 인정하여 사업을 시행할 수 있다. 즉 해당 사업이 도시재생활성화지역과 연계하여 시행할 필요가 있을 때 지방위원회의 심의를 거쳐 해당 사업을 도시재생사업으로 인정할 수 있으며, 도시재생활성화계획 수립 없이 재정·기금 등을 지원할 수 있다.

- 도시재생 인정사업의 대상은 기초생활인프라의 국가적 최저기준에 미달하는 지역 또는 인구감소·산업쇠퇴·노후도 요건 중 2개 이상을 갖춘 지역이며, 대상사업은 아래의 사업 중 그 사업의 내용이 전략계획의 생활권별 재생방향에 부합해야 한다. 국가 또는 지방자치단체는 도시재생 인정사업에 대해 사업비 보조 또는 융자를 지원할 수 있다.

> ※ **도시재생인정사업**
>
> 1. 빈집정비사업 및 소규모주택정비사업
> 2. 공공주택정비사업
> 3. 공공지원민간임대주택사업
> 4. 도시재생기반시설 설치·정비사업
> 5. 도시의 기능을 향상시키고 고용기반을 창출하기 위하여 필요한 건축물의 건축, 리모델링, 대수선
> 6. 국유재산 개발사업
> 7. 공사중단 장기방치 건축물의 철거·신축·공사 재개
> 8. 주거환경개선사업·재개발사업(재개발사업의 경우 토지주택공사등이 단독 또는 공동으로 시행하는 경우로 한정한다) 및 긴급한 정비사업
> 9. 산업단지 재생사업
> 10. 장기공공임대주택 건설·공급사업
> 11. 주택도시기금의 출자·융자 받은 위탁관리 부동산투자회사가 실시하는 부동산 매입사업

도시재생전략계획

- 도시재생전략계획이란 도시재생과 관련한 각종 계획, 사업, 프로그램, 유·무형의 지역자산 조사·발굴, 도시재생활성화지역 지정 등 해당 지역의 도시재생 추진전략을 수립하기 위한 계획을 말한다. 관련법은 「도시재생 활성화 및 지원에 관한 특별법」이다.
- 전략계획수립권자(특별시장·광역시장·특별자치시장·특별자치도지사·시장·군수)는 도시 전체 또는 일부 지역에 대한 도시재생을 추진하기 위한 전략계획을 10년 단위로 수립할 수 있다(필요 시 5년 단위로 정비).
- 지역 여건상 필요한 경우 인접한 지방자치단체의 관할구역 전부 또는 일부를 포함하여 도시재생전략계획을 수립할 수 있으며, 계획 수립시 국가도시재생기본방침 및 도시기본계획의 내용에 부합하도록 하여야 한다. 또한 도시재생전략계획의 수립·변경 시에는 기초조사 실시, 주민·전문가 공청회, 지방의회 의견 수렴을 통해 타당한 의견에 대해서는 도시재생전략계획에 반영하여야 한다.
- 도시재생전략계획에는 도시쇠퇴 진단, 도시재생활성화지역 지정, 주변지역과의 연계방안, 재원조달 계획 등 주요 내용이 포함되어야 하며, 도시재생활성화지역 지정 시에는 인구 감소·산업 쇠퇴·노후화 등의 요건 중 2개 이상에 해당되어야 한다.

도시재생활성화계획

- 도시재생활성화지역이란 국가와 지방자치단체의 자원과 역량을 집중함으로써 도시재생을 위한 사업의 효과를 극대화하려는 전략적 대상지역으로 그 지정 및 해제를 도시재생전략계획으로 결정하는 지역을 말한다. 관련법은 「도시재생 활성화 및 지원에 관한 특별법」이다.
- 도시재생활성화지역 지정의 세부 기준은 다음과 같다.
  1. 인구가 현저히 감소하는 지역 : 다음의 어느 하나 이상에 해당하는 지역
     1) 최근 30년간 인구가 가장 많았던 시기와 비교하여 20% 이상 인구가 감소한 지역
     2) 최근 5년간 3년 이상 연속으로 인구가 감소한 지역
  2. 총사업체 수의 감소 등 산업의 이탈이 발생되는 지역 : 다음의 어느 하나 이상에 해당하는 지역
     1) 최근 10년간 총사업체 수가 가장 많았던 시기와 비교하여 5% 이상 총사업체 수가 감소한 지역

2) 최근 5년간 3년 이상 연속으로 총사업체 수가 감소한 지역 노후주택의 증가 등 주거환경
  이 악화되는 지역 : 전체 건축물 중 준공된 후 20년 이상 지난 건축물이 차지하는 비율이
  50% 이상인 지역

- 도시재생활성화계획이란 도시재생활성화지역에 대한 종합적 실행계획이며, 지역발전과 도시
  재생을 위한 해당 지역의 도시재생사업을 연계하여 수립할 수 있다.

- 대상지역 및 목적에 따라 도시경제기반형(도시계획시설 정비 및 개발과 연계하여 도시의 새로
  운 기능 부여 및 고용 창출 목적)과 근린재생형(생활권 단위의 생활환경 개선, 공동체 및 골목길
  활성화 등 목적)으로 나뉜다.

- 도시재생활성화지역에 대하여는 전략계획수립권자가 도시재생활성화계획을 수립할 수 있으
  며, 구청장 등은 근린재생형 활성화계획을 수립할 수 있다.

- 도시경제기반형 활성화계획을 수립하는 때에는 해당 도시재생활성화지역 내의 산업단지, 항
  만, 공항, 철도, 일반국도, 하천 등 국가의 핵심적인 기능을 담당하는 도시·군계획시설의 정비·
  개발과의 연계방안과 해당 도시재생활성화계획의 도시경제·산업구조에 대한 파급효과 등을
  우선적으로 고려하여야 한다.

- 전략계획수립권자 또는 구청장 등은 도시재생활성화계획을 수립하려면 국가도시재생기본방
  침 및 도시재생전략계획에 부합하도록 하여야 한다.

도시재생혁신지구

- 도시재생혁신지구란 도시재생을 촉진하기 위하여 산업·상업·주거·복지·행정 등의 기능이 집
  적된 지역 거점을 우선적으로 조성할 필요가 있는 지역으로 「도시재생 활성화 및 지원에 관한
  특별법」에 따라 지정·고시되는 지구를 말한다. 관련법은 「도시재생 활성화 및 지원에 관한 특
  별법」이다.

- 특별시장·광역시장·특별자치시장 또는 특별자치도지사는 인구가 현저히 감소하거나, 총 사업
  체 수의 감소 등 산업의 이탈이 발생되거나, 노후주택의 증가 등 주거환경이 악화되는 등의 요
  건을 2가지 이상 갖춘 지역의 전부 또는 일부에 대하여 도시재생사업의 계획(혁신지구계획)을
  확정하거나 승인을 받아 도시재생혁신지구를 지정할 수 있다.

- 도시재생혁신지구 사업시행자는 도시재생혁신지구가 고시된 날부터 3년 이내에 시행계획을
  작성하여 특별시장·광역시장·특별자치시장 또는 특별자치도지사의인가를 받아야 한다.

- 도시재생혁신사업에는 국유재산·공유재산 등의 처분, 공동이용시설 사용료의 감면, 조세 및 부담금의 감면, 건축규제의 완화 등에 관한 특례가 적용된다.

도시·주거환경정비기금

- 도시·주거환경기본계획을 수립하거나 승인하는 특별시장·광역시장·특별자치시장·도지사·특별자치도지사 또는 시장은 정비사업의 원활한 수행을 위하여 도시·주거환경정비기금 설치하여야 한다. 다만, 도시·주거환경기본계획을 수립하지 아니하는 시장 및 군수도 필요한 경우에는 정비기금을 설치할 수 있다.
- 도시·주거환경정비기금은 다음의 어느 하나에 해당하는 금액을 재원으로 조성한다.
  1. 공공시설등의 설치를 대체하기 위해 사업시행자가 현금으로 납부한 금액
  2. 시·도지사, 시장, 군수 또는 구청장에게 공급된 임대주택의 임대보증금 및 임대료
  3. 정비기반시설 관리자에게 부과하는 부담금 및 정비사업으로 발생한 「개발이익 환수에 관한 법률」에 따른 개발부담금 중 지방자치단체 귀속분의 일부
  4. 정비구역(재건축구역은 제외한다) 안의 국·공유지 매각대금 중 대통령령으로 정하는 일정 비율 이상의 금액
  5. 허위·과장된 정보제공 등으로 건설업자등에 부과하는 과징금
  6. 「재건축초과이익 환수에 관한 법률」에 따른 재건축부담금 중 지방자치단체 귀속분
  7. 지방소비세 또는 재산세 중 대통령령으로 정하는 일정 비율 이상의 금액
  8. 그 밖에 시·도조례로 정하는 재원
- 도시·주거환경정비기금은 다음의 어느 하나의 용도 이외의 목적으로 사용하여서는 아니 된다. ①도시·주거환경정비기본계획의 수립, ②안전진단 및 정비계획의 수립, ③추진위원회의 운영자금 대여, ④임대주택의 건설·관리, ⑤임차인의 주거안정 지원, ⑥「재건축초과이익 환수에 관한 법률」에 따른 재건축부담금의 부과·징수, ⑦주택개량의 지원, ⑧정비구역등이 해제된 지역에서의 정비기반시설의 설치 지원, ⑨빈집정비사업 및 소규모주택정비사업에 대한 지원, ⑩「주택법」 제68조에 따른 증축형 리모델링의 안전진단 지원, ⑪금품·향응 수수행위 등에 따른 신고포상금의 지급

도시·주거환경정비기본계획

- 특별시장·광역시장·특별자치시장·특별자치시도지사 또는 시장은 관할구역에 대하여 도시·주거환경기본계획을 10년 단위로 수립하여야 한다. 다만, 도지사가 대도시가 아닌 시로서 기본계획을 수립할 필요가 없다고 인정하는 시에 대하여는 기본계획을 수립하지 아니할 수 있다.

- 특별시장·광역시장·특별자치시장·특별자치시도지사 또는 시장(기본계획의 수립권자)은 기본계획에 대하여 5년마다 타당성 여부를 검토하여 그 결과를 기본계획에 반영하여야 한다.

- 기본계획에는 다음의 사항이 포함되어야 한다.

  1. 정비사업의 기본방향

  2. 정비사업의 계획기간

  3. 인구·건축물·토지이용·정비기반시설·지형 및 환경 등의 현황

  4. 주거지 관리계획

  5. 토지이용계획·정비기반시설계획·공동이용시설계획 및 교통계획

  6. 녹지·조경·에너지공급·폐기물처리 등에 관한 환경계획

  7. 사회복지시설 및 주민문화시설 등의 설치계획

  8. 도시의 광역적 재정비를 위한 기본방향

  9. 정비구역으로 지정할 예정인 구역(정비예정구역)의 개략적 범위

  10. 단계별 정비사업 추진계획(정비예정구역별 정비계획의 수립시기가 포함되어야 한다)

  11. 건폐율·용적률 등에 관한 건축물의 밀도계획

  12. 세입자에 대한 주거안정대책

  13. 그 밖에 주거환경 등을 개선하기 위하여 필요한 사항으로서 대통령령으로 정하는 사항

- 대통령령으로 정하는 사항은 ①도시관리·주택·교통정책 등 도시·군관리계획과 연계된 도시·주거환경정비의 기본방향, ②도시·주거환경정비의 목표, ③도심기능의 활성화 및 도심공동화 방지 방안, ④역사적 유물 및 전통건축물의 보존계획, ⑤정비사업의 유형별 공공 및 민간부문의 역할, ⑥정비사업의 시행을 위하여 필요한 재원조달에 관한 사항

도시·주거환경정비기본방침

- 국토교통부장관은 도시 및 주거환경을 개선하기 위하여 10년마다 다음의 사항을 포함한 기본 방침을 정하고, 5년마다 타당성을 검토하여 그 결과를 기본방침에 반영하여야 한다.

  1. 도시 및 주거환경 정비를 위한 국가 정책 방향
  2. 도시·주거환경정비기본계획의 수립 방향
  3. 노후·불량 주거지 조사 및 개선계획의 수립
  4. 도시 및 주거환경 개선에 필요한 재정지원계획
  5. 그 밖에 도시 및 주거환경 개선을 위하여 필요한 사항으로서 대통령령으로 정하는 사항

도시·주거환경정비기본계획의 경미한 변경

- 도시·주거환경정비기본계획의 경미한 사항을 변경하는 경우란 다음의 경우를 말한다. 경미한 사항을 변경하는 경우에는 주민공람과 지방의회의 의견청취 절차를 거치지 아니할 수 있다.

  1. 정비기반시설(「도시 및 주거환경정비법 시행령」 제3조제9호에 해당하는 시설은 제외한다) 의 규모를 확대하거나 그 면적을 10% 미만의 범위에서 축소하는 경우
  2. 정비사업의 계획기간을 단축하는 경우
  3. 공동이용시설에 대한 설치계획을 변경하는 경우
  4. 사회복지시설 및 주민문화시설 등에 대한 설치계획을 변경하는 경우
  5. 구체적으로 면적이 명시된 정비예정구역의 면적을 20% 미만의 범위에서 변경하는 경우
  6. 단계별 정비사업 추진계획을 변경하는 경우
  7. 건폐율 및 용적률을 각 20% 미만의 범위에서 변경하는 경우
  8. 정비사업의 시행을 위하여 필요한 재원조달에 관한 사항을 변경하는 경우
  9. 도시·군기본계획의 변경에 따라 기본계획을 변경하는 경우

동의서의 검인방법

- 사업시행에 따른 서면동의서를 작성하는 경우 시장·군수등이 검인한 서면동의서를 사용하여 야 하며, 검인을 받지 아니한 서면동의서는 그 효력이 발생하지 아니한다.

- 동의서에 검인(檢印)을 받으려는 자는 동의서에 기재할 사항을 기재한 후 관련 서류를 첨부하여 시장·군수등에게 검인을 신청하여야 한다.
- 검인 신청을 받은 시장·군수등은 동의서 기재사항의 기재 여부 등 형식적인 사항을 확인하고 해당 동의서에 연번(連番)을 부여한 후 검인을 하여야 한다.
- 시장·군수등은 검인 신청을 받은 날부터 20일 이내에 신청인에게 검인한 동의서를 내주어야 한다.

ㄹ

도시 정비 용어사전

리모델링주택조합

- 리모델링이란 건축물의 노후화 억제 또는 기능 향상 등을 위하여 15년 이상 경과된 노후 공동주택을 수직 또는 수평으로 세대수를 증가시키는 증축행위를 말한다. 근거법은 「주택법」이다.
- 공동주택의 입주자, 사용자 또는 관리주체는 리모델링 사업주체가 될 수 있으며, 리모델링 조합원은 ①사업계획승인을 받아 건설한 공동주택의 소유자, ②복리시설을 함께 리모델링하는 경우에는 당해 복리시설의 소유자, ③건축법상 건축허가를 받아 분양을 목적으로 건설한 공동주택 소유자와 그 건축물 중 공동주택 외 시설의 소유자가 된다.
- 소유권이 여러 명의 공유에 속하는 경우에는 수인을 대표하는 1인을 조합원으로 본다. 또한 조합 외에 소유자 전원의 동의를 얻은 입주자대표회의도 시장·군수·구청장의 허가를 받아 리모델링 할 수 있다.
- 주택법상 리모델링은 다음의 어느 하나에 해당하는 행위를 말한다.

  1. 대수선
  2. 사용검사일 또는 사용승인일부터 15년이 경과된 공동주택을 각 세대의 주거전용면적의 10분의 3 이내에서 증축하는 행위(단, 세대의 주거전용면적이 85㎡ 미만인 경우 10분의 4 이내로 증축 행위)
  3. 2에 따른 각 세대의 증축 가능 면적을 합산한 면적의 범위에서 기존 세대수의 100분의 15 이내에서 세대수를 증가하는 증축 행위(세대수 증가형 리모델링). 다만, 수직으로 증축하는 행위(수직증축형 리모델링)는 다음 요건을 모두 충족하는 경우로 한정한다.

     1) 최대 3개층 이하로서 대통령령으로 정하는 범위에서 증축할 것. 대통령령으로 정하는 범위에서 증축이란 수직으로 증축하는 행위는 기존 건축물의 층 수가 15층 이상인 경우에는 3개층, 수직증축형 리모델링의 대상이 되는 기존 건축물의 층수가 14층 이하인 경우는 2개층인 증축행위를 말한다.
     2) 리모델링 대상 건축물의 구조도 보유 등 대통령령으로 정하는 요건을 갖출 것

- 리모델링주택조합의 설립인가를 받으려면, 주택단지 전체를 리모델링 하고자 하는 경우에는 주택단지 전체 및 각 동의 구분소유자와 의결권의 각 3분의 2 이상의 결의 및 각 동의 과반수 결의를 요구하고 있다. 그리고 동을 리모델링 하고자 하는 경우에는 그 동의 구분소유자 및 의결권의 각 3분의 2 이상의 결의를 받아야 한다.

도시 정비 용어사전

매도청구

- 재건축사업의 사업시행자는 사업시행계획인가의 고시가 있은 날부터 30일 이내에 ①조합설립에 동의하지 아니한 자, ②시장·군수등, 토지주택공사등 또는 신탁업자의 사업시행자 지정에 동의하지 아니한 자에게 조합설립 또는 사업시행자의 지정에 관한 동의 여부를 회답할 것을 서면으로 촉구하여야 한다.
- 사업시행자로부터 촉구를 받은 토지등소유자는 촉구를 받은 날부터 2개월 이내에 회답하여야 한다. 2개월 이내에 내에 회답하지 아니한 경우 그 토지등소유자는 조합설립 또는 사업시행자의 지정에 동의하지 아니하겠다는 뜻을 회답한 것으로 본다.
- 2개월의 기간이 지나면 사업시행자는 그 기간이 만료된 때부터 2개월 이내에 조합설립 또는 사업시행자 지정에 동의하지 아니하겠다는 뜻을 회답한 토지등소유자와 건축물 또는 토지만 소유한 자에게 건축물 또는 토지의 소유권과 그 밖의 권리를 매도할 것을 청구할 수 있다.

매몰비용

- 매몰비용이란 이미 발생하여 회수할 수 없는 비용을 말한다. 한자를 그대로 풀이하면 '묻혀 버린 비용'을 말한다.
- 정비구역이 해제되는 경우 중 기속적 해제를 제외한 직권해제의 경우에 한하여, 정비구역의 지정권자는 해당 추진위원회 또는 조합이 사용한 비용(매몰비용)의 일부를 대통령령이 정하는 범위에서 시·도조례로 정하는 바에 따라 보조할 수 있다.
- 정비구역의 지정권자가 보조할 수 있는 매몰비용 항목에는 ①정비사업전문관리용역비, ②설계용역비, ③감정평가비용, ④그 밖에 해당 추진위원회 및 조합이 추진위원회 및 총회의결에 따른 업무를 수행하기 위하여 사용한 비용 등이 있다.
- 서울시의 경우 정비구역이 해제하여 추진위원회의 승인 또는 조합설립인가가 취소되는 경우에 사용한 비용의 70% 이내에서 검증위원회의 검증을 거쳐 보조할 수 있다.

모아주택

- 모아주택이란 모아타운 내에서 이웃한 주택 소유자들이 개별 필지를 모아서 소규모 공동개발을 통해 공급하는 양질의 주택을 말한다. 모아주택에 적용 가능한 법적 사업유형은 자율주택정

비사업, 가로주택정비사업, 소규모재건축, 소규모재개발이 있으며, 간선도로변 등 모아주택 사업 추진이 어려운 존치구역은 건축협정 제도를 활용한 공동개발을 권장하고 있다.

• 모아주택의 사업유형은 다음과 같다.

구분	도급제 계약방식	모아주택 사업유형
단독·다가구주택	2~3필지 단위의 개발이 필요한 경우	자율주택형 모아주택
다세대주택	2만㎡ 미만인 가로구역에서 개발이 필요한 경우	가로주택형 모아주택
연립주택	역세권·준공업지역에서 5,000㎡ 미만의 개발이 필요한 경우	소규모 재개발형 모아주택
아파트	도로 등 기반시설은 양호하나 1만㎡ 미만, 200세대 미만인 공동주택의 재건축이 필요한 경우	소규모 재건축형 모아주택

• 소규모주택정비법에서 제시하는 관리지역 내 소규모주택정비사업의 완화요건을 모두 적용할 수 있으며, 이에 추가하여 사업 시행시 높이, 용적률 등 건축 및 도시관리계획 기준을 완화 받을 수 있다.

• 모아주택은 부족한 주차 및 녹지공간을 확보하고, 기존 가로활성화를 위한 가로대응형 배치, 가로활성화용도 도입 등을 위해 다음과 같이 '사업시행계획 수립 기준'을 설정하고 있다.

1. 대지규모 : 1,500㎡ 이상

2. 주차장 확보 : 주차장은 지하로 확보하고, 지상은 녹지 등을 설치할 것

3. 가로대응형 배치계획 : 전면가로에 대응하는 형태를 기본으로 주변 여건 및 경관을 고려한 중정형, 복합형(저층+고층) 등 창의적이고 입체적인 주동 배치 권장

4. 가로활성화 : 가로활성화가 필요한 주요가로 부분은 대지안의 공지 또는 관리계획 수립 시 설정한 건축후퇴선에 맞춰 건축물의 저층부(1층 이상)를 설치하고, 해당 공간에는 근린생활시설 및 주민공동시설 등을 연도형으로 조성

5. 보행 편의성 확보 : 보차도가 분리되지 않은 6m 이하 도로에 접하는 사업부지는 부지 내에서 확보되는 대지안의 공지(2~3m)를 활용하여 보도로 제공될 수 있도록 계획

6. 과도한 옹벽 지양 : 사업부지 레벨은 주변 레벨과 순응되도록 하고, 주변 레벨과 어울리지 않는 무리한 성토 및 옹벽 계획 지양

7. 기존 가로 유지 방안 : 사업부지내 기존 도로 폐도시 주변 보도(도로)와의 연결 등 도시구조적인 기능에 지장이 없도록 공공보행통로, 도로입체 결정 등 계획

모아타운

- 모아타운이란 서울시 소규모주택정비 관리지역을 말한다.

- 필지 및 가구단위의 개별 주택정비에서 지역 단위로 정비 개념을 확장하여 면적 10만㎡ 미만, 전체 노후도 50% 이상인 지역을 하나의 관리단위로 묶어 중장기적 관리 방향 및 목표를 설정하여 관리계획을 수립함에 따라 모아주택의 계획적·효율적 추진하고자 하는 일련의 소규모주택정비 관리지역을 말한다.

- 대규모 개발이 어려운 노후 저층주거지를 대상으로 정비하는 모아타운의 특성상 ①신속통합기획 민간재개발, ②공공재개발, ③도심공공주택복합사업 등 타 사업방식으로 공모 신청 중이거나 사업이 진행 중인 지역, ④정비 또는 정비예정구역(단, 주거환경개선사업은 신청 가능), ⑤재정비촉진지구(단, 존치지역 신청 가능), ⑥도시재개발구역은 공모대상에서 제외된다.

- 대상지 선정위원회는 ①반지하주택 밀집 및 상습침수로 인한 피해 여부, ②건축물 노후도 등 정비 필요성, ③모아주택 실현 가능성, ④주민 갈등 및 신축 등 투기우려 여부, ⑤기타 지역 여건을 고려한 소규모주택정비사업 추진 합리성 등을 종합적으로 고려해 심사한다.

- 모아타운 대상지로 선정되면, 해당 자치구의 관리계획 수립 및 서울시의 주민공람·통합심의 등 절차를 거쳐 모아타운으로 지정된다. 모아타운은 재개발 등 기존의 저층주거지 정비방식과 달리 정비·재생·존치가 공존하면서 점진적 개선을 유도한다는 점에서 차별화되며, 이를 고려하여 규제 중심이 아닌 모아주택 활성화 취지에 부합하는 관리계획을 수립하여야 한다.

- 관리계획에는 ①토지이용, ②용도지역 종 상향, ③도로·주차장 등 기반시설 조성, ④건폐율·용적률 등 건축물 밀도, ⑤모아타운 현장지원단 운영 등의 내용이 포함된다.

- 모아타운으로 지정되면 모아주택사업 추진 시 ①용도지역 상향(1·2종 일반주거 → 2·3종 일반주거), ②사업시행구역 면적 확대(1만㎡ 이내 → 2만㎡ 이내), ③노후도 완화(67% → 57%), ④층수 완화 등 각종 완화된 혜택을 받게 된다.

- 서울시는 지분 쪼개기 등 투기수요를 원천 차단하기 위해 수시로 '공모 선정 발표일 다음 날을 기준으로 고시 가능한 날'을 권리산정기준일로 지정·고시한다.

- 권리산정 기준일까지 착공신고를 득하지 못한 사업의 토지등소유자는 추후 해당 필지에서 모아주택이 시행될 경우 현금청산 대상자가 된다. 다만 권리산정기준일까지 착공신고를 얻었더라도 모아주택의 조합설립인가 전까지 소유권을 확보해야 분양대상이 될 수 있다. 권리산정시준일로부터 2년 이내에 모아타운으로 지정되지 않거나 모아타운계획(소규모주택정비관리계획) 수립지역에서 제외되는 필지의 권리산정기준일은 자동으로 실효된다.

모아타운 공공관리 시범사업

- 서울시는 2023년 3월 8일 4개 자치구 모아타운 6곳을 SH참여 모아타운 공공관리 시범사업지로 선정하였다.
- 공공관리 시범사업 대상지로 선정된 6곳은 문화재 주변 등 건축규제 및 경관 확보가 필요한 지역이다.
- SH공사는 사업여건을 개선하고 경관향상을 위해 모아타운 내 모아주택 전체에 대한 건축기획 안을 마련해 제공한다.
- 구체적으로 지역현황 분석, 주민 설명 및 안내, 사업성 분석, 사업시행구역 설정, 모아주택 건축 기획, 조합설립 행정지원, 주민이 원할 경우 공동사업 시행등이다.
- SH참여 모아타운 공공관리 시범사업지는 다음과 같다.

연번	자치구	위치	면적(㎡)	추진현황(2023.6월 기준)
1	성북구	석관동 334-69 일대	74,114	관리계획 수립 준비 중
2		석관동 261-22 일대	48,178	
3	도봉구	쌍문동 524-87 일대	82,630	관리계획 수립 중
4		쌍문동 494-69 일대	31,303	
5	노원구	월계1동 534 일대	51,621	관리계획 수립 준비 중
6	송파구	풍납동 483-10 일대	43,339	관리계획 수립 중

모아타운 공모방식

- 모아타운의 공모방식에는 자치구 공모방식과 주민제안방식이 있다.

구분		자치구 공모방식	주민제안방식
공모 및 신청기간		수시	수시
공모 및 주민 제안 요건	면적	3만㎡~10만㎡ 미만 (사업예정지 3만㎡ 이상 포함) *조합·사업예정지 3개소 이상	1만㎡~2만㎡ 미만 *조합 또는 사업시행구역 1개소 2만㎡~10만㎡미만 *조합·사업시행구역 2개소 이상
	동의율	사업시행구역별 토지등소유자 30% 이상 * 조합은 동의서 필요 없음	사업시행구역별 토지면적의 2/3 이상 * 조합은 동의서 필요 없음
	노후도	전체 50% 이상 사업시행지별 57% 이상	전체 50% 이상 사업시행지별 57% 이상
	사전 안내	공모 신청 전 주민설명회 개최	해당없음
권리산정기준일		(개별) 대상지 선정 발표일 기준으로 고시가 가능한 날 *고시일 이전 착공신고 예외	전문가 자문결과 통보일
관리계획수립		공고예산으로 관리계획수립(자치구)	사업비로 관리계획수립(주민)

무상지분율

- 무상지분율이란 정비사업에서 시공자가 대지지분을 기준으로 어느 정도 평형을 추가 분담금 없이 조합원들에게 줄 수 있는지를 나타내는 비율이다.
- 무상지분율은 조합원 소유 대지지분 대비 추가 분담금 없이 무상으로 주는 건축면적의 비율을 말한다. 실무에서 사용하는 용어이다.
- 개발이익(총수입-총지출)을 대지면적 나누어 산정된 지분단위면적당 개발이익을 단위면적당 분양가격으로 나누어 백분율로 표시한 수치를 말한다.
- 예를 들어 한 세대의 대지지분(토지면적)이 20평이고 무상지분율이 150%라고 가정하면 건축면적 30평을 무상으로 배정 받을 수 있는 것이다.

> ## ※ 무상지분율과 조합원 분담금
>
> ·무상지분율 = (지분단위면적당 개발이익/단위면적당분양가격) x 100
>
> ·지분단위면적당 개발이익 = (총수입−총지출)/대지면적
>
> ·무상지분평수 = 소유대지지분 x 무상지분율
>
> ·조합원 분담금
>
>   = (조합원분양신청평수 − 조합원무상지분평수) x 조합원분양가

- 무상지분율은 개발이익과 관련이 있기 때문에 용적률, 분양가격 등이 올라가면 높아진다. 과거 지분제 계약방식에서 많이 사용하던 개념이다.

무허가건축물

- 「건축법」상 무허가건축물이란 시장·군수의 허가를 받고 건축하여야 할 건축물을 관할 시장·군수의 허가를 받지 아니하고 건축한 건축물을 말한다.
- 「도시 및 주거환경정비법」상 특정무허가건축물이란 건설교통부령 제344호 「공익사업을 위한 토지등의 취득 및 보상에 관한 법률 시행규칙」 부칙 제5조에서 규정하고 있는 "1989년 1월 24일 당시의 무허가건축물등"을 말한다. 신발생무허가건축물이란 특정무허가건축물 이외의 무허가건축물을 말한다.
- 미사용승인건축물이란 관계 법령에 따라 건축허가 등을 받았으나 사용승인·준공인가 등을 받지 못한 건축물로서 사실상 준공된 건축물을 말한다.
- '서울특별시 도시 및 주거환경정비 조례'에 따르면 무허가주택 소유자의 분양자격에 관한 사항은 조합 정관에서 정할 사항으로 규정하고 있다.
- 관리처분계획의 수립은 구청장이 발행한 기존 무허가건물 확인원이나 그 밖에 소유자임을 증명하는 자료를 기준으로 한다. 통상 재개발조합의 정관에는 특정무허가건축물을 소유하고 있는 자를 분양대상자로 정하고 있다.
- 구청장이 발행한 무허가건물 확인원이 있다면 그에 따라 재개발조합은 특정무허가건축물 소유자를 분양대상자로 하는 관리처분계획을 수립하게 된다. 만일 무허가건물확인원이 없다면 1981년 촬영한 항공사진에 해당 무허가건축물이 나타나 있으면 된다. 그 밖에 재산세과세대장 등을 제출하면 된다.

- '서울특별시 도시 및 주거환경정비 조례' 제34조에 의거 종전 토지 등의 소유권은 관리처분계획 기준일 현재 부동산등기부에 따르며, 소유권 취득일은 부동산등기부상의 접수일자를 기준으로 한다. 다만, 특정무허가건축물(미사용승인건축물을 포함한다)인 경우에는 구청장 또는 동장이 발행한 기존무허가건축물확인원이나 그 밖에 소유자임을 증명하는 자료를 기준으로 한다.

문화재지표조사

- 문화재지표조사란 특정지역 안에서 건설공사의 시행에 앞서 지표 또는 수중에 노출된 유물이나 유적의 분포 여부를 있는 그대로 조사하는 것을 말한다. 역사·민속·지질 및 자연환경에 관한 문헌조사와 현장조사 내용을 포함한다. 근거법은 「매장문화재 보호 및 조사에 관한 법률」이다.
- 문화재지표조사는 다음의 어느 하나에 해당하는 건설공사의 사업계획 수립 시 해당 공사 지역에 대한 유적의 매장과 분포 여부를 확인하기 위하여 실시한다. 다만, 지표조사가 이미 실시된 지역에서 하는 건설공사 등은 문화재지표조사를 실시하지 아니할 수 있다.
  1. 토지 및 내수면에서 시행하는 건설공사로서 사업면적이 3만㎡ 이상인 경우(다만, 내수면 또는 연안에서 이루어지는 골재 채취사업은 사업면적이 15만㎡ 이상만 해당)
  2. 상기 1에서 정한 사업면적 미만의 경우로서 다음의 어느 하나에 해당하는 건설공사로서 지표조사가 필요하다고 인정하는 경우
     1) 과거에 매장문화재가 출토되었거나 발견된 지역에서 시행되는 건설공사
     2) 역사서, 고증된 기록 또는 관련 학계의 연구결과 등에 따르는 경우 문화재가 매장되어 있을 가능성이 높은 지역에서 시행되는 건설공사
     3) 상기 1) 또는 2)에 준하는 지역으로서 지방자치단체의 조례로 정하는 구역에서 시행되는 건설공사

미분양관리지역

- 미분양관리지역이란 주택도시보증공사가 매월 미분양 주택수가 500세대 이상인 시·군·구 중 미분양 증가, 해소 저조, 미분양 우려, 모니터링 요건 중 1개 이상 충족 지역을 선정하는 지역을 말한다.

- 미분양관리지역의 선정요건은 다음과 같다.
  1. 미분양 증가 : 최근 3개월간 전월보다 미분양세대수가 50% 이상 증가한 달이 있는 지역
  2. 미분양 해소 저조 : 당월 미분양세대수가 1년간 월평균 미분양세대수의 2배 이상인 지역 또는 최근 3개월간 미분양세대수가 500세대 이상이며 최근 3개월간 전월보다 미분양세대수 감소율이 10% 미만인 달이 있는 지역
  3. 미분양 우려 : 다음 중 어느 하나에 해당하는 시·도 중에서 최근 3개월간 전월보다 미분양세대수가 30% 이상 증가한 달이 있거나, 당월 미분양세대수가 1년간 월평균 미분양세대수의 1.5배 이상인 지역
     1) 최근 3개월간 전월보다 인허가실적이 50% 이상 증가한 달이 있는 지역
     2) 당월 인허가실적이 1년간 월평균 인허가실적의 2배 이상인 지역
     3) 당월 청약경쟁률이 최근 3개월간 평균 청약경쟁률보다 10% 이상 증가하고 당월 초기분양률이 최근 3개월간 평균 초기분양률 보다 10% 이상 감소한 지역
     4) 모니터링 필요 : 상기 1 ~ 3의 어느 하나에 해당된 후 6개월 미경과 지역 (미분양주택수 500세대 이상 요건을 요하지 않음)
- 미분양관리지역으로 선정되면 미분양관리지역 내에서 분양보증을 발급받기 위해서는 예비심사 또는 사전심사를 받아야 한다.
- 예비심사는 토지매입단계에서 미분양관리지역으로 선정된 경우 미분양관리지역에서 주택을 공급할 목적으로 최초 또는 추가로 사업부지(본부지)를 매입하려는 사업예정자가 심사대상이며, 토지 매입 후 미분양관리지역으로 지정된 경우에는 미분양관리지역에서 분양보증(PF보증 포함)을 발급 받으려는 사업 예정자가 심사대상이다.

미술장식품 설치

- 미술장식품 설치 제도는 창작기회 확대로 순수문화예술의 진흥과 삭막한 도시환경의 개선을 통하여 국민의 삶의 질을 향상시키기 위해 도입된 제도이다. 관련법은 「문화예술진흥법」이다.
- 건축물의 미술장식품 설치대상 건축물은 다음과 같다.
  1. 공동주택 : 각 동의 연면적의 합계가 1만㎡ 이상인 경우
  2. 주상복합건축물 : 주거부분과 비 주거부분 건축 연면적의 합이 1만㎡ 이상이면 설치(대상 비율을 각각 적용·합산) 주차장, 기계실, 전기실, 변전실, 발전실, 공조실은 연면적 산정에

서 제외한다.
- 미술장식품의 종류는 다음과 같다.
  1. 조형예술물 : 회화, 조각, 공예, 사진, 서예 등
  2. 환경예술물 : 벽화, 분수대, 상징탑 등
- 건축물의 미술장식 설치비용은 공동주택은 건축비용의 1,000분의 1이상 1,000분의 7 이하의 범위에서 지방자치단체의 조례로 정하는 비율에 해당하는 금액이다.

민간임대주택

- 민간임대주택이란 임대사업자가 임대 목적으로 제공하는 주택으로서 「민간임대주택에 관한 특별법」에 따라 등록한 주택을 말한다.
- 민간임대주택으로 운영될 수 있는 주택에는 토지를 임차하여 건설된 주택, 준주택, 일부만을 임대하는 주택이 있다. 여기에서 준주택이란 전용면적이 85㎡ 이하이면서 전용 입식 부엌, 전용 수세식 화장실 및 목욕시설을 갖춘 오피스텔을 말한다.
- 일부만을 임대하는 주택이란 다가구주택으로서 임대사업자 본인이 거주하는 실(한 세대가 독립하여 구분 사용할 수 있도록 구획된 부분)을 제외한 나머지 실 전부를 임대하는 주택을 말한다.
- 민간임대주택의 유형은 다음과 같다.
  1. 공공지원민간임대주택 : 임대사업자가 다양한 방식으로 공공지원을 받아 주택을 건설·매입하는 방식으로서, 임대료 및 임차인의 자격 제한을 두고 10년 이상 임대하는 주택
  2. 장기일반민간임대주택 : 임대사업자가 공공지원민간임대주택이 아닌 주택을 10년 이상 임대할 목적으로 취득하여 임대하는 주택
- 민간임대주택은 상기와 같은 구분 외에도 임대주택을 마련하는 방법에 따라서 임대사업자가 임대를 목적으로 건설하여 임대하는 민간건설임대주택과, 임대사업자가 매매 등으로 소유권을 취득하여 임대하는 민간매입임대주택으로 구분하기도 한다.

도시 정비 용어사전

방재지구에서의 정비사업

- 국토교통부가 2023년 2월 발표한 '기후변화에 따른 도시·주택 재해대응력 강화방안'에 따르면 방재지구가 2분의 1 이상 포함된 곳의 구역지정 요건이 완화된다.
- 방재지구는 풍수해, 산사태, 지반의 붕괴, 그 밖의 재해를 예방하기 위하여 필요한 곳에 「국토의 계획 및 이용에 관한 법률」에 따라 지정하는 용도지구의 하나이다. 방재지구는 지역특성에 따라 다음과 같이 구분된다.
  1. 시가지방재지구 : 건축물·인구가 밀집되어 있는 지역으로서 시설 개선 등을 통하여 재해 예방이 필요한 지구
  2. 자연방재지구 : 토지의 이용도가 낮은 해안변, 하천변, 급경사지 주변 등의 지역으로서 건축 제한 등을 통하여 재해 예방이 필요한 지구
- 방재지구가 2분의 1 이상 포함되는 지역에서 재개발사업이나 소규모주택정비사업, 도심 공공주택 복합사업 등을 추진하는 경우 정비계획 입안 요건이 완화된다.
- 재개발사업의 경우 노후도가 3분의 2 이상으로서 노후연면적 3분의 2 이상이거나 과소토지비율 등의 선택요건을 충족하여야 한다. 이 선택요건에 방재지구 2분의 1 이상 지역이 추가된다.
- 도심 공공주택 복합사업의 경우 노후도가 60% 이상인 곳으로 과소토지 30% 또는 호수밀도 50호 이상 등의 선택요건을 충족해야 한다. 이 선택요건에 방제지구 2분의 1 이상 지역이 추가된다.
- 소규모주택정비사업의 경우 10만㎡ 미만인 지역에서 노후도 2분의 1 이상을 충족해야 한다. 앞으로는 방재지구 2분의 1 이상이 선택요건으로 추가되고 노후도 2분의 1 이상은 필수에서 선택으로 바뀐다.

벌금형의 분리선고

- 「형법」 제38조에도 불구하고 「도시 및 주거환경정비법」 제135조부터 제138조까지에 규정된 죄와 다른 죄의 경합범(競合犯)에 대하여 벌금형을 선고하는 경우에는 이를 분리하여 선고하여야 한다.

※ 형법 제38조(경합범과 처벌례)

① 경합범을 동시에 판결할 때에는 다음 각 호의 구분에 따라 처벌한다.

1. 가장 무거운 죄에 대하여 정한 형이 사형, 무기징역, 무기금고인 경우에는 가장 무거운 죄에 대하여 정한 형으로 처벌한다.

---

2. 각 죄에 대하여 정한 형이 사형, 무기징역, 무기금고 외의 같은 종류의 형인 경우에는 가장 무거운 죄에 대하여 정한 형의 장기 또는 다액(多額)에 그 2분의 1까지 가중하되 각 죄에 대하여 정한 형의 장기 또는 다액을 합산한 형기 또는 액수를 초과할 수 없다. 다만, 과료와 과료, 몰수와 몰수는 병과(倂科)할 수 있다.

3. 각 죄에 대하여 정한 형이 무기징역, 무기금고 외의 다른 종류의 형인 경우에는 병과한다.

② 제1항 각 호의 경우에 징역과 금고는 같은 종류의 형으로 보아 징역형으로 처벌한다.

벌칙 적용에서 공무원 의제

- 추진위원장·조합임원·청산인·전문조합관리인 및 정비사업전문관리업자의 대표자(법인인 경우에는 임원을 말한다)·직원 및 위탁지원자는 「형법」 제129조, 제130조, 제131조의 규정을 적용할 때에는 공무원으로 본다.

※ 형법 제129조(수뢰, 사전수뢰)

① 공무원 또는 중재인이 그 직무에 관하여 뇌물을 수수, 요구 또는 약속한 때에는 5년 이하의 징역 또는 10년 이하의 자격정지에 처한다.

② 공무원 또는 중재인이 될 자가 그 담당할 직무에 관하여 청탁을 받고 뇌물을 수수, 요구 또는 약속한 후 공무원 또는 중재인이 된 때에는 3년 이하의 징역 또는 7년 이하의 자격정지에 처한다.

※ 형법 제130조(제3자뇌물제공)

공무원 또는 중재인이 그 직무에 관하여 부정한 청탁을 받고 제3자에게 뇌물을 공여하게 하거나 공여를 요구 또는 약속한 때에는 5년 이하의 징역 또는 10년 이하의 자격정지에 처한다.

※ 형법 제131조(수뢰후부정처사, 사후수뢰)

① 공무원 또는 중재인이 전2조의 죄를 범하여 부정한 행위를 한 때에는 1년 이상의 유기징역에 처한다.

② 공무원 또는 중재인이 그 직무상 부정한 행위를 한 후 뇌물을 수수, 요구 또는 약속하거나 제삼자에게 이를 공여하게 하거나 공여를 요구 또는 약속한 때에도 전항의 형과 같다.

③ 공무원 또는 중재인이었던 자가 그 재직중에 청탁을 받고 직무상 부정한 행위를 한 후 뇌물을 수수, 요구 또는 약속한 때에는 5년 이하의 징역 또는 10년 이하의 자격정지에 처한다.

④ 전4항의 경우에는 10년 이하의 자격정지를 병과할 수 있다.

※ 형법 제132조(알선수뢰)

공무원이 그 지위를 이용하여 다른 공무원의 직무에 속한 사항의 알선에 관하여 뇌물을 수수, 요구 또는 약속한 때에는 3년 이하의 징역 또는 7년 이하의 자격정지에 처한다.

범죄예방대책

- 시장·군수등은 사업시행계획인가를 한 경우 그 사실을 관할 경찰서장 및 관할 소방서장에게 통보하여야 하며, 정비구역 내 주민 안전 등을 위하여 다음의 사항을 관할 시·도경찰청장 또는 경찰서장에게 요청할 수 있다.

  1. 순찰 강화

  2. 순찰초소의 설치 등 범죄 예방을 위하여 필요한 시설의 설치 및 관리

  3. 그 밖에 주민의 안전을 위하여 필요하다고 인정하는 사항

- 시장·군수등은 사업시행계획인가를 한 경우 정비구역 내 주민 안전 등을 위하여 관할 시·도 소방본부장 또는 소방서장에게 화재예방 순찰을 강화하도록 요청할 수 있다.

- 정비사업의 시행에 따라 조합원의 이주가 진행되고 이에 따라 공가 또는 인적이 드문 지역에서 각종 강력범죄가 발생할 우려가 있다. 따라서 조합은 범죄예방대책 계획을 수립하여 시행하여야 한다.

- 범죄예방대책 계획서에는 ①시간대별 유동인구, ②거주세대의 세대원수, ③기존 CCTV 카메라 및 가로등 위치, 수량 등 현황 파악 및 도면화, ④범죄취약지역의 조사 및 도면화, ⑤관할 경찰서와의 연계체계 구축내용 등이 포함되어야 한다.

보류지

- 보류지란 분양대상자의 누락, 착오, 등으로 인한 관리처분계획의 변경과 소송 등으로 향후 추가 분양이 예상되는 경우 등을 대비하여 정관 또는 사업시행계획이 정하는 목적을 위하여 남겨놓은 것을 말한다.

- 서울시의 경우 사업시행자는 토지등소유자에게 분양하는 공동주택 총 건립세대수의 1% 범위 안의 공동주택과 상가 등 부대·복리시설의 일부를 보류지로 정할 수 있다. 사업시행자는 1%의 범위를 초과하여 보류지로 정하고자 하는 때에는 구청장에게 그 사유 및 증빙서류를 제출하여 인가를 받아야 한다.

- 관리처분계획에는 보류지의 명세와 추산가액 및 처분방법이 포함되고, 보류지의 내용이 포함된 관리처분계획은 총회에서 조합원 과반수의 찬성으로 의결하여야 한다.

- 사업시행자는 공급대상자에게 주택을 공급하고 남은 주택을 공급대상자 외의 자에게 공급할 수 있다. 이 경우 주택의 공급 방법·절차 등은 「주택법」 제54조를 준용한다.

보조 및 융자

- 국가 또는 시·도는 시장, 군수, 구청장 또는 토지주택공사등이 시행하는 정비사업에 관한 기초조사 및 정비사업의 시행에 필요한 시설로서 대통령령으로 정하는 정비기반시설, 임시거주시설 및 주거환경개선사업에 따른 공동이용시설의 건설에 드는 비용의 일부를 보조하거나 융자할 수 있다. 이 경우 국가 또는 시·도는 다음의 어느 하나에 해당하는 사업에 우선적으로 보조하거나 융자할 수 있다.

  1. 시장·군수등 또는 토지주택공사등이 다음의 어느 하나에 해당하는 지역에서 시행하는 주거환경개선사업
     1) 해제된 정비구역등
     2) 재정비촉진지구가 해제된 지역

  2. 국가 또는 지방자치단체가 도시영세민을 이주시켜 형성된 낙후지역으로서 대통령령으로 정하는 지역에서 시장·군수등 또는 토지주택공사등이 단독으로 시행하는 재개발사업

- 대통령령으로 정하는 지역이란 정비구역 지정(변경지정을 포함한다) 당시 다음의 요건에 모두 해당하는 지역을 말한다.

  1. 「공익사업을 위한 토지 등의 취득 및 보상에 관한 법률」 제4조에 따른 공익 사업의 시행으로

다른 지역으로 이주하게 된 자가 집단으로 정착한 지역으로서 이주 당시 300세대 이상의 주택을 건설하여 정착한 지역

2. 정비구역 전체 건축물 중 준공 후 20년이 지난 건축물의 비율이 100분의 50 이상인 지역

- 국가 또는 지방자치단체가 보조하거나 융자할 수 있는 금액은 기초조사비, 정비기반시설 및 임시거주시설의 사업비의 각 80%(법 제23조제1항제1호에 따른 주거환경개선사업을 시행하는 정비구역에서 시·도지사가 시장·군수등에게 보조하거나 융자하는 경우에는 100%) 이내로 한다.

- 시장·군수등은 사업시행자가 토지주택공사등인 주거환경개선사업과 관련하여 정비기반시설 및 공동이용시설, 임시거주시설을 건설하는 경우 건설에 드는 비용의 전부 또는 일부를 토지주택공사등에게 보조하여야 한다.

- 국가 또는 지방자치단체는 시장·군수등이 아닌 사업시행자가 시행하는 정비사업에 드는 비용의 일부를 보조 또는 융자하거나 융자를 알선할 수 있다. 시장·군수등이 아닌 사업시행자가 시행하는 정비사업에 국가 또는 지방자치단체가 보조할 수 있는 금액은 기초조사비, 정비기반시설 및 임시거주시설의 사업비, 조합 운영경비의 각 50% 이내로 한다. 시장·군수등이 아닌 사업시행자가 시행하는 정비사업에 국가 또는 지방자치단체는 다음의 사항에 필요한 비용의 각 80% 이내에서 융자하거나 융자를 알선할 수 있다.

1. 기초조사비
2. 정비기반시설 및 임시거주시설의 사업비
3. 세입자 보상비
4. 주민 이주비
5. 그 밖에 시·도조례로 정하는 사항(지방자치단체가 융자하거나 융자를 알선하는 경우만 해당한다)

- 국가 또는 지방자치단체는 정비사업에 필요한 비용을 보조 또는 융자하는 경우 순환정비방식의 정비사업에 우선적으로 지원할 수 있다. 이 경우 순환정비방식의 정비사업의 원활한 시행을 위하여 국가 또는 지방자치단체는 다음의 비용 일부를 보조 또는 융자할 수 있다.

1. 순환용주택의 건설비
2. 순환용주택의 단열보완 및 창호교체 등 에너지 성능 향상과 효율개선을 위한 리모델링 비용
3. 공가(空家)관리비

- 국가는 다음의 어느 하나에 해당하는 비용의 전부 또는 일부를 지방자치단체 또는 토지주택공사등에 보조 또는 융자할 수 있다.

1. 토지주택공사등이 보유한 공공임대주택을 순환용주택으로 조합에게 제공하는 경우 그 건설비 및 공가관리비 등의 비용

2. 시·도지사, 시장, 군수, 구청장 또는 토지주택공사등이 재개발임대주택을 인수하는 경우 그 인수 비용

- 국가 또는 지방자치단체는 토지임대부 분양주택을 공급받는 자에게 해당 공급비용의 전부 또는 일부를 보조 또는 융자할 수 있다.

본계약

- 본계약이란 예약에 따라 뒷날에 체결하는 정식계약을 말한다.
- 기업의 매각협상의 경우 매각이 성사되려면 의향서(LOI) 이후 양해각서(MOU), 매각대상기업의 실사, 최종 인수 제안서 제출 등을 거쳐 본계약을 맺는다. 의향서(LOI)는 계약에 앞서 참여의사를 표시하는 것을 말한다. 양해각서(MOU)는 서로에게 일정기간 동안 우선협상권을 부여, 배타적인 협상을 한다는 약속을 의미한다. 투자약정서(TOI)는 MOU보다 구체적인 조건에 대한 합의를 명시한 문서이다. 그리고 비로소 법률적인 효력을 발생시키는 계약인 본계약을 맺게 되면 소유권 등을 포함한 모든 권리관계가 계약 내용에 따라 확정된다.
- 정비사업의 경우 본계약이란 가계약 체결 후 사업시행인가와 분양신청 결과에 따라 관리처분계획을 수립하는 단계에서 조합과 시공자가 구체적인 계약조건을 확정하여 체결하는 계약을 말한다. 본계약은 가계약과 구별되는 개념으로서 실무에서 많이 사용하는 개념이다.
- 실무에서는 본계약은 확정계약이라는 의미로 잘못 이해되고 있으나 본계약(변경계약) 이후에도 또다시 계약이 변경될 수 있으므로 확정계약은 아니다. 따라서 가계약도 정식 계약이며, 본계약은 가계약에 대한 변경계약이라고 할 수 있다. 즉, 가계약이든 본계약이든 그 명칭이 무엇이든지 간에 계약이므로 신중하게 내용을 검토하고 결정하여야 한다.

부대·복리시설 공급의 기준

- 관리처분방법으로 시행하는 주거환경개선사업과 재개발사업으로 조성되는 상가 등 부대·복리시설은 관리처분계획기준일 현재 다음의 순위를 기준으로 공급한다.

공급순위	부대·복리시설 공급의 기준			
	종전 건축물과 분양건축물의 용도	사업자등록	권리가액	공동주택분양
1순위	동일하거나 유사	등록 필함	분양건축물의 최소분양단위 규모 추산액 이상	공동주택을 분양받은 경우에는 그 분양가격을 제외
2순위		등록 안함	분양건축물의 최소분양단위 규모 추산액 이상	공동주택을 분양받은 경우에는 그 분양가격을 제외
3순위		등록 필함	분양건축물의 최소분양단위 규모 추산액 미달	공동주택을 분양받지 않은 자
4순위		등록 안함	분양건축물의 최소분양단위 규모 추산액 미달	공동주택을 분양받지 않은 자
5순위	해당 없음	해당 없음	분양건축물의 최소분양단위 규모 추산액 이상	공동주택을 분양받지 않은 자
6순위			분양건축물의 최소분양단위 규모 추산액 이상	공동주택을 분양받지 않은 자

부동산 규제지역

- 부동산 3종 규제(조정대상지역, 투기과열지역, 투기지역)는 지역을 지정하는 방식으로 부동산 시장을 관리하고 있으며, 규제지역에 따라 청약, 금융, 세제, 분양권전매 등에 대한 규제가 조금씩 다르게 적용되고 있다.
- 조정대상지역, 투기과열지역, 투기지역에 대한 규제내용은 다음과 같다.

구분	조정대상지역	투기과열지구	투기지역
청약	재당첨 제한 7년	재당첨 제한 10년	없음
금융	LTV 50% / DTI 50%	LTV 50% / DTI 40%	LTV 50% / DTI 40%
세제	·2주택 이상 취득세 중과 ·다주택자 양도세 중과 ·장기보유특별공제 배제	-	-
분양권 전매제한	최대 3년	최대 5년	-

분양가상한제

- 분양가상한제란 택지비와 건축비에 적정이윤을 고려하여 산정된 분양가격 이하로 주택의 분양가를 결정하여 공급하는 제도를 말한다. 공동주택의 분양가를 산정할 때 정부가 정한 표준건축비와 택지비(감정가)에 가산비를 더하여 분양가를 정하고, 그 가격 이하로 분양하도록 하는 것이다.

- 분양가상한제는 집값 안정화 조치의 일환으로, 분양가 자율화가 집값 상승의 주원인으로 보아 택지비와 건축비에 업체들의 적정이윤을 더한 분양가 책정 방식을 법으로 규정하여 분양가격을 정책적으로 인하·조정하는 제도이다.

- 분양가상한제와 유사한 제도인 분양원가연동제는 1989년 「주택법」에 의해 처음 실행되었으나 1999년 분양가 자율화 조치로 없어졌다. 이후 2005년 8·31 부동산 대책의 후속 조치로 판교신도시부터 다시 적용되었다. 본래 분양원가연동제는 공공택지를 공급받아 건설·공급하는 공동주택에만 실시되었으나 2007년 4월 「주택법」이 개정되어 분양가상한제로 바뀌어 적용되고 있다.

- 개정 시행되는 분양가상한제는 공공택지로 건설·공급하는 공동주택뿐 아니라 공공택지 외의 택지에서 주택가격 상승의 우려가 있을 경우에도 적용되며, 분양가상한제가 적용되는 공동주택의 분양가는 「주택법」 및 「공동주택 분양가격의 산정 등에 관한 규칙」에서 정하는 기준에 따라 산정되는 분양가격의 이하로 공급해야 한다. 분양가상한제에 의한 분양가격의 산정식은 다음과 같다.

> ※ **분양가격** = 건축비(기본형건축비 + 건축비가산비) + 택지비(감정평가액 + 택지비가산비)

- 사업주체는 분양가상한제 적용주택으로서 공공택지에서 공급하는 주택에 대하여 입주자모집 승인을 얻은 때에는 입주자 모집공고에 택지비, 공사비, 간접비, 기본형건축비에 가산되는 비용에 대하여 분양가격을 공시해야 한다. 또한 시장·군수·구청장이 공공택지 외의 택지에서 공급되는 분양가상한제 적용주택에 대해 입주자모집 승인을 하는 경우에는 택지비, 직접공사비, 간접공사비, 설계비, 감리비, 부대비, 기본형건축비에 가산되는 비용에 대하여 분양가격을 공시해야 한다.

분양가상한제 적용지역

- 민간택지 분양가 상한제 적용지역의 지정 기준은 주택가격, 분양가격, 청약경쟁률, 거래량 등을 고려하여 결정한다. 관련법은 「주택법」이다.
- 세부적인 민간택지 분양가 상한제 적용지역의 지정 기준은 다음과 같다.

구 분		세부내용
필수요건	주택가격 (①)	주택가격상승률이 물가상승률보다 현저히 높아 투기과열지구로 지정된 지역
선택요건	분양가격 (②)	직전 12개월 평균 분양가격상승률이 물가상승률의 2배 초과 (단, 분양실적 부재 등으로 분양가격상승률 통계가 없는 경우 주택건설지역의 통계를 사용)
	청약경쟁률 (③)	직전 12개월 모두 5:1(국민주택규모 10:1) 초과
	거래량 (④)	직전 3개월 주택거래량이 전년동기 대비 20% 이상 증가
정량요건 판단		① + [② or ③ or ④]

- 정량요건을 충족한 지역 중 주택가격이 급등하거나 급등할 우려가 있는 지역을 선별하여 주거정책심의위원회의 심의를 거쳐 국토교통부장관이 지정한다.
- 도시형생활주택, 경제자유구역 내 외자유치 관련 주택(경제자유구역위원회 심의·의결 필요), 관광특구내 초고층건축물, 재건축 등 조합원 공급분, 30세대 미만 주택 등은 적용이 제외된다.

분양권

- 분양권이란 「도시 및 주거환경정비법」에 따른 정비사업, 「빈집 및 소규모주택정비에 관한 특례법」에 따른 소규모정비사업의 일반분양분 주택의 입주자로 선정된 권리를 말한다.
- 정비사업이나 소규모정비사업에서 조합원 분양분에 대비되는 개념이다.
- 분양권은 건설사에서 자체 건설 공급하는 주택의 입주자로 선정된 권리를 말하기도 한다. 주택분양권이라고도 한다.

분양불 공사비 지급방식

- 분양불 공사비 지급방식이란 분양률과 공사비 지급을 연계시켜 분양수입금을 공사비로 지급하는 방식을 말한다. 기성불이 공정률에 따라 공사비를 지급하는 것에 반하여 분양불은 공정률과 무관하게 분양률에 의존하여 공사비를 지급하는 방식을 말한다. 기성불과 구별되는 개념이다. 실무에서 사용하는 용어이다.
- 과거 민간도급공사에서 가장 일반적인 공사비 지급방식이었으나, 분양률이 저조하여 공사기간 중 공사비를 지급하지 못하더라도 시공자는 공사를 완료하여야 하는 리스크가 있으므로 최근에는 기성불 공사비 지급방식이 많다.

분양신청 통지 및 공고

- 사업시행자는 사업시행계획인가의 고시가 있은 날(사업시행계획인가 이후 시공자를 선정한 경우에는 시공자와 계약을 체결한 날)부터 120일 이내에 다음의 사항을 토지등소유자에게 통지하고, 분양의 대상이 되는 대지 또는 건축물의 내역 등 대통령령으로 정하는 사항을 해당 지역에서 발간되는 일간신문에 공고하여야 한다. 다만, 토지등소유자 1인이 시행하는 재개발사업의 경우에는 그러하지 아니하다.
  1. 분양대상자별 종전의 토지 또는 건축물의 명세 및 사업시행계획인가의 고시가 있은 날을 기준으로 한 가격
  2. 분양대상자별 분담금의 추산액
  3. 분양신청기간
  4. 사업시행인가의 내용
  5. 정비사업의 종류·명칭 및 정비구역의 위치·면적
  6. 분양신청기간 및 장소
  7. 분양대상 대지 또는 건축물의 내역
  8. 분양신청자격
  9. 분양신청방법
  10. 분양을 신청하지 아니한 자에 대한 조치
  11. 분양신청서
  12. 분양신청 안내문

13. 철거 및 이주 예정일

- 분양신청기간은 통지한 날부터 30일 이상 60일 이내로 하여야 한다. 다만, 사업시행자는 관리처분계획의 수립에 지장이 없다고 판단하는 경우에는 분양신청기간을 20일의 범위에서 한 차례만 연장할 수 있다. 이 경우 분양신청 기간의 연장은 최초 분양신청 기간에 이어서만 가능하다.
- 사업시행자는 분양신청기간 종료 후 사업시행계획인가의 변경(경미한 사항의 변경은 제외한다)으로 세대수 또는 주택규모가 달라지는 경우 분양공고 등의 절차를 다시 거칠 수 있다.
- 사업시행자는 정관등으로 정하고 있거나 총회의 의결을 거친 경우 ①분양신청을 하지 아니한 자, ②분양신청기간 종료 이전에 분양신청을 철회한 자에게 분양신청을 다시 하게 할 수 있다.
- 투기과열지구의 정비사업에서 관리처분계획에 따라 분양대상자 및 그 세대에 속한 자는 분양대상자 선정일(조합원 분양분의 분양대상자는 최초 관리처분계획 인가일을 말한다)부터 5년 이내에는 투기과열지구에서 분양신청을 할 수 없다. 다만, 상속, 결혼, 이혼으로 조합원 자격을 취득한 경우에는 분양신청을 할 수 있다.
- 공공재개발사업 시행자는 따라 건축물 또는 토지를 양수하려는 경우 무분별한 분양신청을 방지하기 위하여 분양공고 시 양수대상이 되는 건축물 또는 토지의 조건을 함께 공고하여야 한다.

※ 일간신문 공고사항

1. 사업시행인가의 내용
2. 정비사업의 종류·명칭 및 정비구역의 위치·면적
3. 분양신청기간 및 장소
4. 분양대상 대지 또는 건축물의 내역
5. 분양신청자격
6. 분양신청방법
7. 토지등소유자외의 권리자의 권리신고방법
8. 분양을 신청하지 아니한 자에 대한 조치
9. 재분양공고 안내
10. 보류지 분양 처분 내용

분양신청을 하지 아니한 자 등에 대한 조치

- 사업시행자는 관리처분계획이 인가·고시된 다음 날부터 90일 이내에 다음에서 정하는 자와 토지, 건축물 또는 그 밖의 권리의 손실보상에 관한 협의를 하여야 한다. 다만, 사업시행자는 분양신청기간 종료일의 다음 날부터 협의를 시작할 수 있다.

  1. 분양신청을 하지 아니한 자
  2. 분양신청기간 종료 이전에 분양신청을 철회한 자
  3. 투기과열지구내 5년간 재당첨 금지에 해당하여 분양신청을 할 수 없는 자
  4. 인가된 관리처분계획에 따라 분양대상에서 제외된 자

- 다수의 물건을 소유한 조합원이 일부 물건만으로 분양신청을 하고, 나머지 물건은 손실보상을 받는 것은 불가능하다. 분양신청을 하여 조합원의 지위를 유지하면서 손실보상을 받는 것은 법리상 타당하지 않기 때문이다.

- 조합원이 현금청산 대상자가 된 경우 청산절차의 종료 여부와 관계없이 조합원으로서의 지위는 상실된다.

- 사업시행자는 90일 이내에 협의가 성립되지 아니하면 그 기간의 만료일 다음 날부터 60일 이내에 수용재결을 신청하거나 매도청구소송을 제기하여야 한다.

- 사업시행자는 60일 넘겨서 수용재결을 신청하거나 매도청구소송을 제기한 경우에는 해당 토지등소유자에게 지연일수(遲延日數)에 따른 이자를 지급하여야 한다. 이 경우 이자는 100분의 15 이하의 범위에서 대통령령으로 정하는 이율을 적용하여 산정한다. 대통령으로 정하는 이율이란 다음을 말한다.

  1. 6개월 이내의 지연일수에 따른 이자의 이율: 100분의 5
  2. 6개월 초과 12개월 이내의 지연일수에 따른 이자의 이율: 100분의 10
  3. 12개월 초과의 지연일수에 따른 이자의 이율: 100분의 15

- 사업시행자가 토지등소유자의 토지, 건축물 또는 그 밖의 권리에 대하여 현금으로 청산하는 경우 청산금액은 사업시행자와 토지등소유자가 협의하여 산정한다. 이 경우 재개발사업의 손실보상액의 산정을 위한 감정평가법인등 선정에 관하여는 「공익사업을 위한 토지 등의 취득 및 보상에 관한 법률」 제68조제1항에 따른다.

> ※ 「공익사업을 위한 토지 등의 취득 및 보상에 관한 법률」 제68조
>
> 제68조(보상액의 산정) ①사업시행자는 토지등에 대한 보상액을 산정하려는 경우에는 감정평가법인등 3인(시·도지사와 토지소유자가 모두 감정평가법인등을 추천하지 아니하거나 시·도지사 또는 토지소유자 어느 한쪽이 감정평가법인등을 추천하지 아니하는 경우에는 2인)을 선정하여 토지등의 평가를 의뢰하여야 한다. 다만, 사업시행자가 국토교통부령으로 정하는 기준에 따라 직접 보상액을 산정할 수 있을 때에는 그러하지 아니하다.
>
> ②제1항 본문에 따라 사업시행자가 감정평가법인등을 선정할 때 해당 토지를 관할하는 시·도지사와 토지소유자는 대통령령으로 정하는 바에 따라 감정평가법인등을 각 1인씩 추천할 수 있다. 이 경우 사업시행자는 추천된 감정평가법인등을 포함하여 선정하여야 한다.

분양보증

- 분양보증이란 분양사업자가 파산 등의 사유로 분양계약을 이행할 수 없게 되는 경우 당해 건축물의 분양(사용승인을 포함)의 이행 또는 납부한 분양대금 중 계약금 및 중도금의 환급(수분양자가 원하는 경우에 한함)을 책임지는 보증을 말한다. 대표적인 예가 주택을 건설하던 회사가 부도나는 경우 분양받은 주택의 완공을 보증해 주는 것이다.
- 주택건설사업자가 보증회사에 보증료를 지급하고 보증을 받으며 주택도시보증공사등이 분양을 책임져준다. 1997년 말에 발생한 외환위기 이후 대량의 주택건설사업자 부도·파산 등으로 아파트 분양자의 피해가 커지자 정부가 출연금을 지원하여 제도화한 것이다.

비례율

- 비례율이란 정비사업을 추진하는 경우 발생하는 총수입에서 총사업비를 뺀 금액을 출자된 종전자산의 총가액으로 나눈 비율을 말한다. 출자된 종전자산의 총가액 대비 정비사업으로 인한 개발이익이 얼마나 발생하였는가를 나타내는 지표라고 할 수 있다. 비례율을 개발이익률 이라고도 하다.
- 일반적으로 비례율이 100%를 초과하면 사업성이 있다고 판단하고, 비례율이 100% 미만이면 사업성이 떨어진다고 알려져 있다. 그러나 비례율이 100% 미만이라고 하더라도 사업성이 좋은 경우도 많다.

- 서울시의 강남지역의 경우 분양가 상한제 적용 등으로 일반분양가가 주변 아파트 시세보다 현저히 낮은 경우 비례율이 100% 미만이면서도 실제 사업성이 양호한 경우도 많다. 비례율이 100% 미만이라서 조합원 권리가액이 종전자산평가액 대비 감액되더라도 신축아파트의 시가와 조합원 분양가의 차액이 더 크면 조합원 개인의 수익은 오히려 좋아질 수 있기 때문이다.
- 정비사업으로 인한 이익은 ①사업추진에 따른 종전자산의 가격 상승, ②일반분양가와 조합원 분양가의 차이에 따른 이익, ③아파트 시세와 일반분양가의 차이에 따른 이익, ④분양 이후 아파트 입주 시 까지의 프리미엄, ⑤ 입주 후의 시세 상승에 따른 이익 등을 종합적으로 고려하여 판단하여야 할 것이다.
- 비례율은 정비사업의 수익을 합리적으로 산정하고 공정하게 배분할 수 있도록 계산식을 통해 산출된 비율이다. 비례율의 공식은 다음과 같다.

비례율(%) = [(총수입 − 총사업비) / 출자된 종전자산의 총가액] x 100

- 총수입은 사업완료 후의 대지 및 건축물의 총수입을 말한다. 일반분양 아파트, 조합원분양 아파트, 임대아파트, 상가 등의 분양수입금을 말한다. 총사업비는 공사비, 설계비, 감리비, 금융비 등을 말한다.
- 출자된 종전자산의 총가액은 조합원의 토지 및 건축물의 출자액, 즉 종전자산 감정평가금액의 총액을 말한다.
- 비례율을 산출하는 이유는 다음과 같다.
  1. 정비사업 추진으로 예상되는 개발이익을 추정하고 개발에 따른 사업 타당성과 경제성을 미리 판단하여 사업추진 여부를 결정하기 위해서이다.
  2. 사업 초기에 사업수지를 개략적으로 분석하고 추정 비례율에 따른 분담금 규모를 확인한 후 토지등소유자가 사업에 대한 동의 여부를 결정하게 하기 위해서이다.
  3. 분담금 규모를 알지 못한 상황에서 동의를 한 후 나중에 분담금이 많이 증가하는 경우 조합원 간 갈등, 분쟁, 소송으로 사업이 지연하는 사태를 미연에 방지하기 위해서이다.
- 그럼에도 불구하고 비례율을 검토하는 시점에서는 수입과 지출항목에 대하여 추정에 의해 검토할 수 밖에 없기 때문에 관리처분계획 단계에서 산출되는 비례율과 차이가 발생할 수 밖에 없다.
- 특히 향후 물가상승, 분양여건, 부동산 경기 등의 외부적인 요인까지 정확히 예측하여 반영하기 어려운 한계가 있다.

비용부담의 원칙

- 정비사업비는 「도시 및 주거환경정비법」 또는 다른 법령에 특별한 규정이 있는 경우를 제외하고는 사업시행자가 부담한다.

- 시장·군수등은 시장·군수등이 아닌 사업시행자가 시행하는 정비사업의 정비계획에 따라 설치되는 ①도로, ②상·하수도, ③공원, ④공용주차장, ⑤공동구, ⑥녹지, ⑦하천, ⑧공공공지, ⑨광장, ⑩임시거주시설에 대하여는 그 건설에 드는 비용의 전부 또는 일부를 부담할 수 있다.

- 사업시행자는 토지등소유자로부터 비용과 정비사업의 시행과정에서 발생한 수입의 차액을 부과금으로 부과·징수할 수 있다.

- 사업시행자는 토지등소유자가 부과금의 납부를 게을리한 때에는 연체료를 부과·징수할 수 있다. 부과금 및 연체료의 부과·징수에 필요한 사항은 정관등으로 정한다.

- 시장·군수등이 아닌 사업시행자는 부과금 또는 연체료를 체납하는 자가 있는 때에는 시장·군수등에게 그 부과·징수를 위탁할 수 있다.

- 시장·군수등은 부과·징수를 위탁받은 경우에는 지방세 체납처분의 예에 따라 부과·징수할 수 있다. 이 경우 사업시행자는 징수한 금액의 100분의 4에 해당하는 금액을 해당 시장·군수등에게 교부하여야 한다.

- 시장·군수등은 자신이 시행하는 정비사업으로 현저한 이익을 받는 정비기반시설의 관리자가 있는 경우에는 대통령령으로 정하는 방법 및 절차에 따라 해당 정비사업비의 일부를 그 정비기반시설의 관리자와 협의하여 그 관리자에게 부담시킬 수 있다.

- 시장·군수등은 정비사업비의 일부를 정비기반시설의 관리자에게 부담시키려는 때에는 정비사업에 소요된 비용의 명세와 부담 금액을 명시하여 해당 관리자에게 통지하여야 한다.

- 정비기반시설 관리자가 부담하는 비용의 총액은 해당 정비사업에 소요된 비용(정비사업의 조사·측량·설계 및 감리에 소요된 비용을 제외한다)의 3분의 1을 초과해서는 아니 된다. 다만, 다른 정비기반시설의 정비가 그 정비사업의 주된 내용이 되는 경우에는 그 부담비용의 총액은 해당 정비사업에 소요된 비용의 2분의 1까지로 할 수 있다.

- 사업시행자는 정비사업을 시행하는 지역에 전기·가스 등의 공급시설을 설치하기 위하여 공동구를 설치하는 경우에는 다른 법령에 따라 그 공동구에 수용될 시설을 설치할 의무가 있는 자에게 공동구의 설치에 드는 비용을 부담시킬 수 있다.

빈집밀집구역

- 빈집밀집구역이란 빈집이 밀집한 지역으로서 정비기반시설이 현저히 부족하여 안전사고나 범죄발생의 우려가 높아 시장·군수등이 지정·고시된 지역을 말한다. 관련법은 「빈집 및 소규모주택정비에 관한 특례법」이다.

- 빈집이 증가하고 있거나 빈집 비율이 높은 지역, 노후·불량건축물이 증가하고 있거나 기반시설이 부족하여 주거환경이 열악한 지역을 대상으로 한다.

- 빈집밀집구역은 빈집의 밀집으로 인하여 안전, 경관, 범죄 등 물리적, 사회적, 경제적 문제를 유발하는 구역을 시급히 정비하기 위한 구역이지 규제지역이나 개발사업 구역은 아니다. 빈집 및 주변 지역을 면단위로 체계적으로 관리하기 위하여 지정하는 구역이다.

- 시장·군수등은 빈집정비계획을 수립하는 경우 빈집밀집구역에 대하여 빈집정비사업을 우선적으로 시행하도록 계획할 수 있다. 시장·군수등은 필요한 경우 빈집 소유자, 사업시행 예정자, 지역 주민, 사회적기업 등의 의견을 수렴하여 소규모주택정비사업의 시행을 제안할 수 있다.

- 빈집밀집구역은 세부적으로 다음의 기준을 만족하여야 한다.

  1. 해당 구역의 면적이 1만㎡ 미만으로서 다음 각 목의 어느 하나에 위치하지 않을 것

     1) 「농어촌정비법」에 따른 농어촌 또는 준농어촌

     2) 「도시 및 주거환경정비법」에 따른 정비구역(주거환경개선사업이 시행되는 정비구역은 제외)

     3) 「도시재정비 촉진을 위한 특별법」에 따른 재정비촉진지구

  2. 빈집의 수가 10호 이상이거나 빈집의 면적이 해당 구역 전체 토지 면적의 20% 이상일 것

  3. 노후·불량건축물의 수가 해당 구역 내 전체 건축물 수의 3분의 2 이상이거나 정비기반시설이 현저히 부족하여 재해발생 시 피난 및 구조 활동이 곤란한 지역일 것

- 빈집밀집구역 안에서 빈집을 개축 또는 용도변경할 때에는 해당 빈집이 대지나 건축물이 법령에 맞지 않더라도 기존 빈집의 범위 안에서 지방건축위원회의 심의를 거쳐 「건축법」에 따른 대지의 조경기준, 건축선, 건폐율, 용적률 기준 등과 「민법」에 따른 건축물과 경계선 간의 거리 등을 완화 받을 수 있다.

빈집실태조사

- 빈집정비계획을 수립하기 위해서는 먼저 빈집에 대한 실태조사가 선행되어야 하며, 다음의 사항을 조사하여야 한다. 관련법은 「빈집 및 소규모주택정비에 관한 특례법」이다.
  1. 빈집 여부의 확인
  2. 빈집의 관리 현황 및 방치기간
  3. 빈집 소유권 등의 권리관계
  4. 빈집 및 그 대지에 설치된 시설 및 또는 인공구조물 등의 현황
  5. 그 밖에 빈집발생 사유 등 대통령령으로 정하는 사항
- 실무적으로 빈집실태조사는 사전조사 단계와 현장조사 단계로 나눌수 있다. 사전 조사단계에서는 ①국가건축물에너지통합정보DB, ②상수도DB, ③토지·건물특성 및 주택가격DB 등을 활용하여 조사한다. 현장조사 단계에서는 ①빈집판정조사, ②등급산정조사(1~4등급)를 실시한다.

빈집실태조사 대행기관

- 빈집실태조사 대행기관은 다음과 같다. 관련법은 「빈집 및 소규모주택정비에 관한 특례법」이다.
  1. 「국가공간정보 기본법」에 따라 설립된 한국국토정보공사
  2. 「정부출연연구기관 등의 설립·운영 및 육성에 관한 법률」에 따라 설립된 국토연구원
  3. 「지방공기업법」에 따라 설립된 지방공사
  4. 「지방자치단체출연 연구원의 설립 및 운영에 관한 법률」에 따라 설립된 지방연구원
  5. 「한국부동산원법」에 따른 한국부동산원
  6. 「한국토지주택공사법」에 따른 한국토지주택공사

빈집정비계획

- 빈집을 효율적으로 정비 또는 활용하기 위하여 특별자치시장·특별자치도지사·시장·군수·구청장은 다음의 사항을 포함하는 빈집정비계획을 수립·시행할 수 있다. 관련법은 「빈집 및 소규모주택정비에 관한 특례법」이다.

1. 빈집정비의 기본방향

2. 빈집정비사업의 추진계획 및 시행방법

3. 빈집정비사업에 필요한 재원조달계획

4. 빈집의 매입 및 활용에 관한 사항

5. 그 밖에 빈집정비를 위하여 필요한 사항으로서 대통령령으로 정하는 사항

• 대통령령으로 정하는 사항은 ①빈집이나 빈집으로 추정되는 주택에 대한 실태조사 결과, ②빈집의 철거 등 필요한 조치에 관한 계획, ③비용의 보조 또는 출자·융자 등 빈집정비사업의 지원 대상·기준 및 내용, ④그 밖에 시장·군수 등이 빈집정비사업 추진에 필요하다고 인정하는 사항

※ 빈집정비계획의 수립기준

1. 빈집정비의 시급성, 주변지역에 미치는 파급효과 등

2. 빈집정비계획의 목표와 빈집정비사업의 개수 및 규모, 우선순위 등

3. 해당 도시지역의 정비역량 및 재정여건 등

4. 해당 지역 내의 각종 계획, 사업, 프로그램, 유형·무형의 지역자산과의 상호 연계 방안

5. 해당 지역의 물리적·사회적·경제적·문화적 현황 자료의 수집·분석을 통한 지역의 잠재력과 개발 수요 등

6. 소유자, 사업자 등에 대한 빈집정비사업 지원 방안

7. 빈집 발생 억제 방안

빈집정비사업의 시행방법

• 저출산, 고령화로 인한 인구감소와 사회적 인구이동의 영향으로 빈집이 지속적으로 증가, 확산되고 있으며 이로 인하여 사회 전반의 부정적인 문제가 촉발되어 정책적인 대책 마련이 시급한 상황이다.

• 빈집은 붕괴위험, 정주환경 악화, 미관 및 경관 훼손 등 물리적·환경적 문제를 유발시켜 지역사회의 몰락, 침체의 원인이 되기도 하여 도시정책의 일환으로 그 대책이 절실한 시점이다.

• 빈집정비사업이란 「빈집 및 소규모주택 정비에 관한 특례법」에 따라 빈집의 개량·철거 및 효율적 관리·활용을 위해 시행하는 사업을 말한다.

- 빈집이란 특별자치시장·특별자치도지사·시장·군수·구청장이 거주·사용 여부를 확인한 날부터 1년 이상 아무도 거주·사용하지 않는 주택을 말한다. 다만, 공공임대주택, 5년이 경과하지 아니한 미분양주택, 별장 등 일시적 거주·사용을 목적으로 하는 주택은 제외한다.
- 빈집정비사업의 시행방법에는 다음의 방법 등이 있다.
  1. 빈집의 내부 공간을 칸막이로 구획하거나 벽지·천장재·바닥재 등을 설치하는 방법
  2. 빈집을 철거하지 않고 개축·증축·대수선·용도 변경하는 방법
  3. 빈집을 철거하는 방법
  4. 빈집을 철거한 후 주택 등 건축물을 건축하거나 정비기반시설 및 공동이용시설 등을 설치하는 방법 등이 있다.

※ 타 법률상 빈집의 정의

1. 통계청 : 사람이 거주하지 않는 주택(미분양, 미입주, 공사 중 주택도 포함)
2. 농어촌정비법 : 시장·군수·구청장이 거주 확인한 일로부터 1년 이상 아무도 거주, 사용하지 아니하는 농어촌 주택이나 건축물
3. 건축법 : 시장·도지사, 시장·군수·구청장이 거주 또는 사용 여부를 확인한 날부터 1년 이상 아무도 거주하지 아니하거나 사용하지 아니하는 주택이나 건축물
4. 인구주택총조사 : 사람이 살지 않는 주택을 말하며, 신축되어 아직 입주하지 않은 주택도 포함(주택:단독주택, 공동주택, 비거주용 건물내 주택)

ㅅ

도시 정비 용어사전

사업시행자

- 주거환경개선사업은 시장·군수등이 직접 시행하거나 다음에서 정한 자에게 시행하게 할 수 있다.

  1. 시장·군수등이 ①토지주택공사등, ②주거환경개선사업을 시행하기 위하여 국가, 지방자치단체, 토지주택공사등 또는 공공기관이 총지분의 100분의 50을 초과하는 출자로 설립한 법인을 사업시행자로 지정하는 경우

  2. 시장·군수등이 제1호에 해당하는 자와 ①건설업자, ②등록사업자를 공동시행자로 지정하는 경우

- 시장·군수등이 직접 시행하거나 토지주택공사등을 사업시행자로 지정하여 시행하게 하려는 경우에는 공람공고일 현재 해당 정비예정구역의 토지 또는 건축물의 소유자 또는 지상권자의 3분의 2 이상의 동의와 세입자(공람공고일 3개월 전부터 해당 정비예정구역에 3개월 이상 거주하고 있는 자를 말한다) 세대수의 과반수의 동의를 각각 받아야 한다. 다만, 세입자의 세대수가 토지등소유자의 2분의 1 이하인 경우 등 대통령령으로 정하는 사유가 있는 경우에는 세입자의 동의절차를 거치지 아니할 수 있다.

- 시장·군수등은 천재지변, 그 밖의 불가피한 사유로 건축물이 붕괴할 우려가 있어 긴급히 정비사업을 시행할 필요가 있다고 인정하는 경우에는 토지등소유자 및 세입자의 동의 없이 자신이 직접 시행하거나 토지주택공사등을 사업시행자로 지정하여 시행하게 할 수 있다. 이 경우 시장·군수등은 지체 없이 토지등소유자에게 긴급한 정비사업의 시행 사유·방법 및 시기 등을 통보하여야 한다.

- 재개발사업은 다음의 어느 하나에 해당하는 방법으로 시행할 수 있다.

  1. 조합이 시행하거나 조합이 조합원의 과반수의 동의를 받아 시장·군수등, 토지주택공사등, 건설업자, 등록사업자 또는 대통령령으로 정하는 요건을 갖춘 자와 공동으로 시행하는 방법

  2. 토지등소유자가 20인 미만인 경우에는 토지등소유자가 시행하거나 토지등소유자가 토지등소유자의 과반수의 동의를 받아 시장·군수등, 토지주택공사등, 건설업자, 등록사업자 또는 대통령령으로 정하는 요건을 갖춘 자와 공동으로 시행하는 방법

- 재건축사업은 조합이 시행하거나 조합이 조합원의 과반수의 동의를 받아 시장·군수등, 토지주택공사등, 건설업자 또는 등록사업자와 공동으로 시행할 수 있다.

사용비용검증위원회

- 서울시의 경우 구청장은 추진위원회 및 조합의 사용비용을 검증하기 위해 사용비용검증위원회를 구성·운영할 수 있다.
- 검증위원회는 부구청장을 위원장으로 한 15명 이내의 위원으로 구성하며, 위원은 다음의 사람 중에서 구청장이 임명 또는 위촉한다. 다만, 제1호에 해당하는 사람은 각각 1명 이상 위촉하며 제2호에 해당하는 사람은 전체 위원의 3분의 2 이상으로 한다.
  1. 정비사업에 관하여 학식과 경험이 풍부한 변호사 및 공인회계사
  2. 도시계획기술사, 건축사, 감정평가사, 세무사 등 정비사업에 관한 학식과 경험이 풍부한 전문가 및 정비사업 관련 업무에 종사하는 5급 이상 공무원
- 검증위원회 위원에 대해서는 예산의 범위에서 수당과 여비 등을 지급하되, 조사 및 현황 확인을 위한 출장비용 등은 실제 비용으로 지급할 수 있다.
- 위원장은 효율적이고 공정한 검증을 위하여 사용비용 보조를 받고자 하는 자와 그 밖의 이해관계자에게 검증위원회에 출석하여 해당 추진위원회 및 조합 운영 실태와 자금 조달 및 지출 등에 대하여 설명하거나 관련 자료를 제출하도록 할 수 있으며, 위원에게 현장조사를 하게 하거나 검증위원회에서 관련 전문가의 의견을 들을 수 있다.
- 검증위원회에 제출하는 증명 자료는 계약서, 국세청에서 인정하는 영수증과 해당 업체에서 국세청에 소득 신고한 자료 등으로 한다.
- 구청장은 보조금에 이의신청이 있는 경우 이를 재검증하기 위해 사용비용재검증위원회를 구성·운영할 수 있다.
- 재검증위원회는 부구청장을 위원장으로 한 10명 이내의 위원으로 구성하며, 위원은 검증위원회 위원이 아닌 사람(공무원은 제외한다)으로서 다음의 사람 중에서 구청장이 임명 또는 위촉한다. 다만, 제1호에 해당하는 자는 각각 1명 이상 위촉하며 제2호에 해당하는 사람은 전체 위원의 3분의 2 이상으로 한다.
  1. 정비사업에 관한 학식과 경험이 풍부한 변호사 및 공인회계사
  2. 도시계획기술사, 건축사, 감정평가사, 세무사 등 정비사업에 관한 학식과 경험이 풍부한 전문가 및 정비사업 관련 업무에 종사하는 5급 이상 공무원
- 그 밖에 재검증위원회 운영에 관한 사항은 검증위원회의 운영 규정을 준용한다.

사업시행계획

- 사업시행계획이란 사업시행자가 추진하는 정비사업에 관한 일체의 내용, 즉 토지이용계획, 주택이나 부대·복리시설의 규모·배치와 배분 기준, 정비사업비, 철거계획, 정비기반시설의 설치계획 등을 말한다.

사업시행계획서의 작성

- 사업시행자는 정비계획에 따라 다음의 사항을 포함하는 사업시행계획서를 작성하여야 한다.
  1. 토지이용계획(건축물배치계획을 포함한다)
  2. 정비기반시설 및 공동이용시설의 설치계획
  3. 임시거주시설을 포함한 주민이주대책
  4. 세입자의 주거 및 이주 대책
  5. 사업시행기간 동안 정비구역 내 가로등 설치, 폐쇄회로 텔레비전 설치 등 범죄예방대책
  6. 임대주택의 건설계획(재건축사업의 경우는 제외한다)
  7. 「도시 및 주거환경정비법」 제54조제4항, 법 제101조의5 및 법 제101조의6에 따른 국민주택규모 주택의 건설계획(주거환경개선사업의 경우는 제외한다)
  8. 공공지원민간임대주택 또는 임대관리 위탁주택의 건설계획(필요한 경우로 한정한다)
  9. 건축물의 높이 및 용적률 등에 관한 건축계획
  10. 정비사업의 시행과정에서 발생하는 폐기물의 처리계획
  11. 교육시설의 교육환경 보호에 관한 계획(정비구역부터 200m 이내에 교육시설이 설치되어 있는 경우로 한정한다)
  12. 정비사업비
  13. 그 밖에 사업시행을 위한 사항으로서 대통령령으로 정하는 바에 따라 시·도조례로 정하는 사항
- 대통령령으로 정하는 바에 따라 시·도조례로 정하는 사항이란 다음의 사항 중 시·도조례로 정하는 사항을 말한다.
  1. 정비사업의 종류·명칭 및 시행기간
  2. 정비구역의 위치 및 면적
  3. 사업시행자의 성명 및 주소

4. 설계도서

5. 자금계획

6. 철거할 필요는 없으나 개·보수할 필요가 있다고 인정되는 건축물의 명세 및 개·보수계획

7. 정비사업의 시행에 지장이 있다고 인정되는 정비구역의 건축물 또는 공작물 등의 명세

8. 토지 또는 건축물 등에 관한 권리자 및 그 권리의 명세

9. 공동구의 설치에 관한 사항

10. 정비사업의 시행으로 용도가 폐지되는 정비기반시설의 조서·도면과 새로 설치할 정비기반
    시설의 조서·도면

11. 정비사업의 시행으로 용도가 폐지되는 정비기반시설의 조서·도면 및 그 정비기반시설에 대
    한 둘 이상의 감정평가법인등의 감정평가서와 새로 설치할 정비 기반시설의 조서·도면 및
    그 설치비용 계산서

12. 사업시행자에게 무상으로 양여되는 국·공유지의 조서

13. 「물의 재이용 촉진 및 지원에 관한 법률」에 따른 빗물처리계획

14. 기존주택의 철거계획서

15. 정비사업 완료 후 상가세입자에 대한 우선 분양 등에 관한 사항

사업시행계획인가

- 사업시행계획인가란 사업시행자가 작성·제출한 사업시행계획을 시장·군수·구청장이 최종적
  으로 확정하여 인가하는 행정처분을 말한다.
- 사업시행자는 정비사업을 시행하려는 경우에는 사업시행계획서에 정관등과 그 밖에 국토
  교통부령으로 정하는 서류를 첨부하여 시장·군수등에게 제출하고 사업시행계획인가를 받
  아야 하고, 인가받은 사항을 변경하거나 정비사업을 중지 또는 폐지하려는 경우에도 또한
  같다. 다만, 대통령령으로 정하는 경미한 사항을 변경하려는 때에는 시장·군수등에게 신고
  하여야 한다.
- 시장·군수등은 신고를 받은 날부터 20일 이내에 신고수리 여부를 신고인에게 통지하여야 한
  다. 시장·군수등이 정한 기간 내에 신고수리 여부 또는 민원 처리 관련 법령에 따른 처리기간
  의 연장을 신고인에게 통지하지 아니하면 그 기간이 끝난 날의 다음 날에 신고를 수리한 것으
  로 본다.

- 시장·군수등은 특별한 사유가 없으면 사업시행계획서의 제출이 있은 날부터 60일 이내에 인가 여부를 결정하여 사업시행자에게 통보하여야 한다.

- 사업시행자는 사업시행계획인가를 신청하기 전에 미리 총회의 의결을 거쳐야 하며, 인가받은 사항을 변경하거나 정비사업을 중지 또는 폐지하려는 경우에도 또한 같다. 다만, 경미한 사항의 변경은 총회의 의결을 필요로 하지 아니한다. 토지등소유자가 재개발사업을 시행하려는 경우에는 사업시행계획인가를 신청하기 전에 사업시행계획서에 대하여 토지등소유자의 4분의 3 이상 및 토지면적의 2분의 1 이상의 토지소유자의 동의를 받아야 한다. 다만, 인가받은 사항을 변경하려는 경우에는 규약으로 정하는 바에 따라 토지등소유자의 과반수의 동의를 받아야 하며, 경미한 사항의 변경인 경우에는 토지등소유자의 동의를 필요로 하지 아니한다.

- 지정개발자가 정비사업을 시행하려는 경우에는 사업시행계획인가를 신청하기 전에 토지등소유자의 과반수의 동의 및 토지면적의 2분의 1 이상의 토지소유자의 동의를 받아야 한다. 다만, 경미한 사항의 변경인 경우에는 토지등소유자의 동의를 필요로 하지 아니한다.

- 시장·군수등은 사업시행계획인가를 하거나 정비사업을 변경·중지 또는 폐지하는 경우에는 국토교통부령으로 정하는 방법 및 절차에 따라 그 내용을 해당 지방자치단체의 공보에 고시하여야 한다. 다만, 따른 경미한 사항을 변경하려는 경우에는 그러하지 아니하다.

사업시행계획인가의 경미한 변경

- 사업시행계획인가의 경미한 사항을 변경하려는 때란 다음의 어느 하나에 해당하는 때를 말한다.
  1. 정비사업비를 10%의 범위에서 변경하거나 관리처분계획의 인가에 따라 변경하는 때. 다만, 「주택법」 제2조제5호에 따른 국민주택을 건설하는 사업인 경우에는 「주택도시기금법」에 따른 주택도시기금의 지원금액이 증가되지 아니하는 경우만 해당한다.
  2. 건축물이 아닌 부대시설·복리시설의 설치규모를 확대하는 때(위치가 변경되는 경우는 제외한다)
  3. 대지면적을 10%의 범위에서 변경하는 때
  4. 세대수와 세대당 주거전용면적을 변경하지 않고 세대당 주거전용면적의 10%의 범위에서 세대 내부구조의 위치 또는 면적을 변경하는 때
  5. 내장재료 또는 외장재료를 변경하는 때
  6. 사업시행계획인가의 조건으로 부과된 사항의 이행에 따라 변경하는 때

7. 건축물의 설계와 용도별 위치를 변경하지 아니하는 범위에서 건축물의 배치 및 주택단지 안의 도로선형을 변경하는 때

8. 「건축법 시행령」 제12조제3항 각 호의 어느 하나에 해당하는 사항을 변경하는 때

9. 사업시행자의 명칭 또는 사무소 소재지를 변경하는 때

10. 정비구역 또는 정비계획의 변경에 따라 사업시행계획서를 변경하는 때

11. 조합설립변경 인가에 따라 사업시행계획서를 변경하는 때

12. 그 밖에 시·도조례로 정하는 사항을 변경하는 때

- 시장·군수등은 사업시행계획의 경미한 사항 변경의 신고를 받은 날부터 20일 이내에 신고수리 여부를 신고인에게 통지하여야 한다.

- 시장·군수등이 20일 이내에 신고수리 여부 또는 민원 처리 관련 법령에 따른 처리기간의 연장을 신고인에게 통지하지 아니하면 그 기간(민원 처리 관련 법령에 따라 처리기간이 연장 또는 재연장된 경우에는 해당 처리기간을 말한다)이 끝난 날의 다음 날에 신고를 수리한 것으로 본다.

사업시행계획인가의 특례

- 사업시행자는 일부 건축물의 존치 또는 리모델링에 관한 내용이 포함된 사업시행계획서를 작성하여 사업시행계획인가를 신청할 수 있다.

- 시장·군수등은 존치 또는 리모델링하는 건축물 및 건축물이 있는 토지가 「주택법」 및 「건축법」에 따른 다음의 건축 관련 기준에 적합하지 아니하더라도 대통령령으로 정하는 기준에 따라 사업시행계획인가를 할 수 있다.

1. 「주택법」 제2조제12호에 따른 주택단지의 범위

2. 「주택법」 제35조제1항제3호 및 제4호에 따른 부대시설 및 복리시설의 설치 기준

3. 「건축법」 제44조에 따른 대지와 도로의 관계

4. 「건축법」 제46조에 따른 건축선의 지정

5. 「건축법」 제61조에 따른 일조 등의 확보를 위한 건축물의 높이 제한

- 사업시행자가 사업시행계획서를 작성하려는 경우에는 존치 또는 리모델링하는 건축물 소유자의 동의(「집합건물의 소유 및 관리에 관한 법률」에 따른 구분소유자가 있는 경우에는 구분소유자의 3분의 2 이상의 동의와 해당 건축물 연면적의 3분의 2 이상의 구분소유자의 동의로 한다)

를 받아야 한다. 다만, 정비계획에서 존치 또는 리모델링하는 것으로 계획된 경우에는 그러하지 아니한다.

- 대통령령으로 정하는 기준이란 다음의 기준을 말한다.

  1) 「건축법」 제44조에 따른 대지와 도로의 관계는 존치 또는 리모델링되는 건축물의 출입에 지장이 없다고 인정되는 경우 적용하지 아니할 수 있다.

  2) 「건축법」 제46조에 따른 건축선의 지정은 존치 또는 리모델링되는 건축물에 대해서는 적용하지 아니할 수 있다.

  3) 「건축법」 제61조에 따른 일조 등의 확보를 위한 건축물의 높이 제한은 리모델링되는 건축물에 대해서는 적용하지 아니할 수 있다.

  4) 「주택법」 제2조제12호에도 불구하고 존치·리모델링되는 건축물도 하나의 주택단지에 있는 것으로 본다.

  5) 「주택법」 제35조에 따른 부대시설·복리시설의 설치기준은 존치 또는 리모델링되는 건축물을 포함하여 적용할 수 있다.

사전재해영향성검토

- 사전재해영향성검토란 자연재해에 영향을 미치는 각종 행정계획 및 개발사업으로 인한 재해 유발 요인을 예측·분석하고 이에 대한 대책을 마련하는 것을 말한다.
- 사전재해영향성검토 협의제도는 1996년부터 시행되어 오고있던 재해영향평가의 한계점을 보완하고자 2005년 1월 27일 개정된 「자연재해대책법」에 마련되었다.
- 재해영향평가제도와 사전재해협의제도가 병행 운영됨에 따라 대국민 부담 가중과 비효율적인 행정처리 해소를 위하여 2009년 1월 1일부터 재해영향평가제도를 폐지하고 사전재해영향성검토 협의제도로 일원화하여 운영하고 있다.
- 사전재해영향성검토는 국토·지역계획 및 도시의 개발 등의 행정계획과 개발사업을 대상으로 실시한다.
- 「도시 및 주거환경정비법」에 따른 부지면적이 5,000㎡ 이상인 구역의 경우 사업시행계획인가 전에 사전재해영향성검토를 받아야 한다.

사전투표

- 정비사업조합 선거관리위원회는 선거인의 투표율 제고를 위해 선거일 이전 사전투표를 할 수 있다.
- 사전투표 장소는 사업시행구역 내 일정한 장소나 인접 지역의 적당한 장소에 투표소를 설치하여 운영하여야 한다.
- 사전투표 기간은 조합 총회 개최 공고일부터 선거일 7일 전까지 1일 이상의 기간을 따로 정하여 시행한다.
- 사전투표한 선거인은 선거인명부에 사전투표자로 표시한다.
- 사전투표함은 선거관리위원회가 제작한 투표함으로 하되, 후보자 또는 참관인들이 확인한 후 시건·봉인한다.
- 사전투표함의 개봉은 투표일 선거기간이 종료되고 개표가 개시된 이후 개봉한다.

삼십오층 룰 폐지

- 35층 룰 이란 2014년 서울시가 '2030 도시기본계획'에서 정한 아파트의 층고 상한선을 말한다. 서울시의 '2030 도시기본계획'에 따르면 아파트는 35층, 주상복합은 50층이 층고의 상한이다.
- 한 층을 2.4m~2.6m로 짓는 것을 감안하면 35층은 90m, 50층은 125m 정도 된다. 서울의 35층 룰은 한강변 주요지점에서 먼 산이 보이는 높이로 정해졌다.
- 35층 룰은 2022년 3월 서울시가 '2040 서울도시기본계획'을 통해 높이 제한을 폐지하면서 없어졌다. 층고제한이 사라지자 고층화를 추진하는 재건축 단지들이 늘고 있다. 여의도 시범아파트 (65층), 대치 미도아파트(50층), 신반포2차(50층), 대치쌍용1차(49층) 등이 35층 룰을 깨고 고층화를 추진하고 있다. 향후 한강변 일대의 스카이라인이 혁신적으로 바뀔 것으로 보인다.

상가 독립정산제

- 상가 독립정산제란 재건축사업에 있어 정비사업을 시행하는 대외적인 사업주체는 정비사업조합으로 하되, 내부적으로는 공동주택과 상가를 구분하여 각각 개발이익과 비용을 별도로 정산하는 방식을 말한다. 상가 독립채산제 방식이라고도 한다.
- 상가 독립정산제의 경우 상가 조합원들로 구성된 별도의 기구(상가협의회 등)가 상가에 관한

관리처분계획 내용을 자율적으로 수립할 수 있도록 보장하는 방식이다.

- 재건축사업의 경우 공동주택 조합원의 숫자에 비해 상가 조합원의 숫자가 적어 상가 조합원이 상대적으로 피해를 볼 수 있으므로 상가의 독립성을 보장하기 위해 재건축사업 현장에서 실무적으로 만들어진 방식이다.
- 통상 재건축조합과 상가협의회 간 합의서를 작성하여 추진한다.
- 상가 독립정산제를 채택하더라도 상가협의회는 사업시행자는 아니며 합의서에서 정한 범위 내에서 상가소유자를 대표할 뿐이다.
- 정비사업조합은 상가협의회와의 합의 내용에 대해 조합원 총회의 의결을 받아야 하며, 관리처분계획에 반영하여야 한다. 또한 상가협의회의 운영비 및 사업비 예산안에 대해서도 조합원 총회의 의결을 받아야 한다.

상가 지분쪼개기

- 재건축사업의 경우 아파트 조합원과 상가 조합원 간의 이해충돌로 상가 조합원의 동의를 받지 못해 사업이 장기간 표류하는 경우가 많은 것이 현실이다. 그래서 상가 조합원의 동의를 이끌어 내기 위하여 상가 조합원에게 재건축 후 아파트를 분양받을 수 있게 해주는 조합이 많이 생겨나고 있다.
- 재건축사업의 경우 상가 조합원은 원칙적으로 상가를 분양받고 아파트는 분양받을 수 없으나, 조합 정관에 따라 상가 조합원에게 아파트를 분양받을 수 있게 할 수도 있다.
- 현행 「도시 및 주거환경정비법」에서 주택이나 토지의 지분 쪼개기는 규제하고 있으나 상가 분할을 통한 지분 쪼개기는 아무런 제재가 없다. 상가 지분 쪼개기는 상가 조합원의 수를 늘리기 때문에 가뜩이나 어려운 아파트 조합원과 상가 조합원 간의 협의를 더욱 어렵게 만든다.
- 일부 지차체에서는 상가 지분쪼개기 문제를 해결하기 위해 「국토의 계획 및 이용에 관한 법률」에 따른 개발행위허가 제한조치를 시행하고 있다.
- 개발행위허가 제한지역은 고시일부터 3년간 건축 및 토지분할이 제한되며, 건축 및 토지분할이 제한에는 집합건축물의 전유부 분할 및 건축물대장 전환도 포함되어 상가 지분쪼개기가 금지된다.
- 향후 「도시 및 주거환경정비법」에서 상가 지분쪼개기를 제한하는 규정을 만들 필요성이 대두되고 있다.

서면결의서

- 서면결의서란 본인이 직접 총회에 출석하지 아니하고 당해 회의의 안건에 대해 자신의 의사표시를 한 서면양식을 말한다.

- 조합원은 총회에 참석하지 않고 서면으로 의결권을 행사할 수 있고, 이 경우 정족수 산정에 관하여 출석한 것으로 본다.

- 서면결의서에는 총회의 안건별 결의사항에 대하여 찬성과 반대의 표시를 분명히 기재할 수 있도록 하여야 하며, 조합원이 각 안건별로 의사표시를 할 수 없도록 만들어진 서면결의서는 위법하다.

- 조합원은 조합에서 보낸 서면결의서에 찬성 또는 반대의 의사표시를 하여 조합에 제출하여야 한다.

- 통상 서면결의서는 조합총회 전일까지 도착하여야 하며, 총회 당일에 도착한 서면결의서는 의사정족수 및 의결정족수에서 제외하도록 하고 있으나, 정관으로 달리 정할 수 있다.

- 시공자 선정을 위한 총회의 경우에는 조합이 지정한 기간·시간 및 장소에서 서면결의서를 배부받아 제출하여야 한다.

- 시공자 선정을 위한 총회는 조합원 과반수 이상이 직접 참석하여 의결권을 행사하여야 하고, 이 경우 정관이 정한 대리인이 참석한 때에는 직접 참석한 것으로 본다. 조합원은 서면으로 의결권을 행사할 수 있으나, 서면결의서를 철회하고 시공자선정 총회에 직접 출석하여 의결하지 않는 한 직접 참석자에는 포함되지 않는다.

석면조사

- 석면조사란 해당 건축물이나 설비에 석면이 함유되어 있는지 여부, 함유된 석면의 종류 및 함유량, 석면함유제품의 위치 및 면적 등에 대하여 조사하는 것을 말한다. 관련법은 「산업안전보건법」이다.

- 석면조사의 대상은 건축물의 철거, 멸실, 리모델링, 대수선, 증축, 개축, 보수 등의 모든 작업이 대상이다.

- 일정규모 이상의 건축물 또는 설비를 해체·제거하고자 하려는 건축물 소유주 등은 지정 석면조사기관을 통해 석면조사를 한 후 그 결과를 기록·보존하여야 한다.

- 지정석면조사기관을 통한 석면조사 대상은 다음과 같다.

1. 건축물 : 일반 건축물은 연면적의 합이 50㎡ 이상이면서 철거·해체하려는 부분의 면적 합계가 50㎡ 이상

2. 주택(그 부속건축물 포함) : 연면적의 합이 200㎡ 이상이면서, 철거·해체하려는 부분의 면적 합계가 200㎡ 이상

3. 설비

   1) 단열재, 보온재, 분무재, 내화피복재, 개스킷(GASKET), 패킹(PACKING)재, 실링(SEALING)재, 그 밖의 유사용도의 물질이나 자재의 면적의 합이 15㎡ 또는 부피의 합이 1㎡ 이상

   2) 파이프보온재 길이의 합이 80m 이상이면서, 철거·해체하려는 부분의 합이 80m 이상 석면조사의 의무주체는 건축물의 소유주, 관리자, 임차인, 사업시행자 등이다. 정비사업의 경우 재개발·재건축조합 등이 석면조사의 의무주체가 된다. 위반시 5,000만원 이하의 과태료에 부과될 수 있다.

석면해체·제거공사

- 석면이란 내화, 단열, 절연성 등이 우수하여 방직업, 건설업, 조선업 등에서 주로 사용되며, 각종 건축 재료 및 방음 물질로도 사용되는 1급 발암물질을 말한다. 관련법은 「석면안전관리법」이다.
- 석면해체·제거공사는 석면으로 구성되어 있는 구조물들을 해체, 분리하는 것을 말하며, 미리 석면해체작업계획서를 작성하여야 한다.
- 석면해체작업계획서는 석면의 해체 및 제거 작업에 대한 세부 계획이 포함되어 있는데 사전조사 및 시료채취, 해체도구 및 보호구 등의 선정, 공기 측정 계획 등의 항목들로 구성이 되어 있다.
- 정비사업의 경우 석면을 제거한 후에 일반 철거공사가 진행되기 때문에 석면조사 및 해체 등을 미리 준비하여야 한다.

석면해체·제거작업 감리인

- 석면해체작업감리인이란 석면해체·제거작업이 석면해체·제거작업계획 및 관계 법령에 따라 수행되는지 여부를 확인하는 자를 말한다. 감리인에 소속되어 감리 업무를 직접 수행하는 사람을 말한다. 관련법은 「석면안전관리법」이다.

- 석면해체작업 감리인은 해당 석면해체·제거 작업장을 안전하게 관리함으로써 석면의 비산 방지 및 석면해체제거 작업자 및 주변 거주자의 석면으로 인한 건강 피해 및 환경 피해를 예방하고 최소화하도록 노력해야 한다.
- 석면해체·제거작업 감리인 지정 및 배치기준은 다음과 같다.
  1. 철거 또는 해체하려는 건축물이나 설비에 석면이 함유된 분무재 또는 내화피복재가 사용된 사업장
  2. 철거 또는 해체하려는 건축물이나 설비에 사용된 1호 이외의 석면건축자재 면적이 800㎡ 이상인 사업장
- 감리자의 업무는 다음과 같다.
  1. 해체계획서의 적정성 검토
  2. 해체계획서에 따라 적합하게 시공하는지 검토·확인
  3. 구조물의 위치·규격 등에 관한 사항의 검토·확인
  4. 사용자재의 적합성 검토·확인
  5. 재해예방 및 시공 안전관리
  6. 환경관리 및 폐기물 처리 등의 확인

선거관리위원회

- 현행 「도시 및 주거환경정비법」에서는 선거관리규정에 관한 명문규정은 없고, 서울특별시의 경우 '서울특별시 정비사업 표준선거관리규정'을 제정하여 운영하고 있다.
- 조합은 공정한 임원 및 대의원 선출을 위해 자치적으로 선거관리규정을 두고 있다.
- 조합은 임원의 임기만료 60일전까지 조합 선거관리위원회 구성을 위해 선거관리위원 후보자 등록을 조합 홈페이지에 공고하고, 대의원회의에서 후보자를 등록받아 대의원회 의결을 통해 선거관리위원을 선임한다.
- 선거관리위원회는 5인 이상 9인 이내의 선거관리위원으로 구성한다.
- 선거관리위원장은 조합 선거관리위원회를 대표하고, 총회 등의 임시의장이 된다.
- 선거관리위원회는 다음의 업무를 수행한다.
  1. 선거관리계획의 수립
  2. 선거인 명부 작성

3. 후보자 등록 접수·자격심사 및 확정공고

4. 투표용지 작성

5. 투표 및 개표 관리

6. 투표지의 유·무효 심사

7. 당선자 공고

8. 선거 위반사항에 대한 조사, 심사

- 선거관리위원회의 임기는 당선자 공고와 동시에 종료된다.

선분양

- 선분양이란 착공과 동시에 조합원에게 분양하고 남은 일반분양 아파트를 분양하는 것을 말한다. 후분양과 구별되는 개념이다. 관련법은 「주택법」이다.
- 사업주체는 다음 각호의 요건을 모두 갖춘 경우에는 착공과 동시에 입주자를 모집할 수 있다.

  1. 주택이 건설되는 대지의 소유권을 확보할 것

  2. 다음의 어느 하나에 해당하는 기관으로부터 분양보증을 받을 것

    1) 「주택도시기금법」 제16조에 따른 주택보증공사

    2) 「보험업법」 제2조제5호에 따른 보험회사 중 국토교통부장관이 지정하는 보험회사

설명의무

- 토지등소유자는 자신이 소유하는 정비구역 내 토지 또는 건축물에 대하여 매매·전세·임대차 또는 지상권 설정 등 부동산 거래를 위한 계약을 체결하는 경우 다음의 사항을 거래 상대방에게 설명·고지하고, 거래 계약서에 기재 후 서명·날인하여야 한다.

  1. 해당 정비사업의 추진단계

  2. 퇴거예정시기(건축물의 경우 철거예정시기를 포함한다)

  3. 행위제한

  4. 조합원의 자격

  5. 계약기간

  6. 주택 등 건축물을 분양받을 권리의 산정 기준일

7. 그 밖에 거래 상대방의 권리·의무에 중대한 영향을 미치는 사항으로서 대통령령으로 정하는 사항

- 대통령령으로 정하는 사항이란 ①분양대상자별 분담금의 추산액, ②정비사업비의 추산액(재건축사업의 경우에는 「재건축초과이익 환수에 관한 법률」에 따른 재건축부담금에 관한 사항을 포함한다) 및 그에 따른 조합원 분담규모 및 분담시기를 말한다.

소규모주택정비사업

- 소규모주택정비사업이란 노후·불량건축물의 밀집 등 일정 요건에 해당하는 지역 또는 가로구역에서 스스로 주택을 개량하거나 소규모로 주거환경을 개선하는 방식으로 시행하는 사업을 말한다.
- 소규모주택정비사업은 노후·불량건축물의 밀집 등 일정요건에 해당하는 지역 또는 가로구역에서 「빈집 및 소규모주택 정비에 관한 특례법」에서 정한 절차에 따라 시행하는 다음의 사업을 말한다.
  1. 자율주택정비사업 : 단독주택, 다세대주택 및 연립주택을 스스로 개량 또는 건설하기 위한 사업
  2. 가로주택정비사업 : 가로구역에서 종전 가로를 유지하면서 소규모로 주거환 경을 개선하기 위한 사업
  3. 소규모재건축사업 : 정비기반시설이 양호한 지역에서 소규모로 공동주택을 재건축하기 위한 사업
  4. 소규모재개발사업 : 면적 5,000㎡ 미만 지역을 대상으로 역세권이나 준공업지역을 정비하는 사업
- 기존의 「도시 및 주거환경정비법」은 대규모 정비사업 위주로 주요 내용이 구성되어 있고, 가로주택정비사업 등 소규모 정비사업과 관련된 사항이 일부 존재했으나, 사업 활성화를 위한 지원 규정은 미흡한 수준이었다.
- 특히 저소득층의 60% 이상이 단독·다세대주택에 거주하고 있다는 점에서 소규모주택 정비에 대한 공공의 다각적 지원이 요구되었다. 이에 따라 2018년 2월, 빈집 및 소규모주택 정비를 위해 「빈집 및 소규모주택 정비에 관한 특례법」을 새로이 제정하여, 현행 「도시 및 주거환경정비법」에서 규정하고 있는 가로주택정비사업 등을 이 법으로 이관하여 사업절차를 간소화

하였다. 더불어 소규모주택정비사업의 활성화를 위하여 건축규제 완화, 임대주택건설 등의 특례규정과 정비지원기구 지정, 임대관리업무 지원, 기술지원 및 정보제공 등의 지원규정도 신설하였다.

소규모재건축사업

- 소규모재건축사업이란 정비기반시설이 양호한 지역에서 소규모로 공동주택을 재건축하기 위한 사업이다. 관련법은 「빈집 및 소규모주택 정비에 관한 특례법」이다.
- 가로주택정비사업, 자율주택정비사업, 소규모재개발사업과 함께 「빈집 및 소규모주택 정비에 관한 특례법」에 따른 소규모주택정비사업의 유형 중 하나이다.
- 사업대상 지역은 「도시 및 주거환경정비법」의 주택단지로서 면적이 1만㎡ 미만이고, 노후·불량 건축물의 수가 전체 건축물의 2/3 이상이고 기존주택의 세대수가 200세대 미만인 지역에 해당한다.
- 소규모재건축사업은 조합이 직접 시행하거나, 토지등소유자가 20명 미만인 경우에는 토지등소유자가 직접 시행할 수 있다. 만약 조합 또는 토지등소유자의 과반수의 동의를 받으면 시장·군수, 토지주택공사, 건설업자, 등록사업자, 신탁업자, 부동산투자회사 등과 각각 공동으로 시행할 수 있다.
- 조합을 구성하는 경우에는 주택단지의 공동주택의 각 동(복리시설의 경우에는 주택단지의 복리시설 전체를 하나의 동으로 본다)별 구분소유자의 과반수 동의(공동주택의 각 동별 구분소유자가 5명 이하인 경우는 제외한다)와 주택단지의 전체 구분소유자의 4분의 3 이상 및 토지면적의 4분의 3 이상의 토지소유자 동의를 받아야 하며, 주택단지가 아닌 지역이 사업시행구역에 포함된 경우 주택단지가 아닌 지역의 토지 및 건축물 소유자의 4분의 3 이상 및 토지면적의 3분의 2 이상의 토지소유자 동의를 받아야 한다.
- 소규모재건축사업은 사업시행계획에 따라 주택, 부대·복리시설, 오피스텔을 건설하여 공급하는 방법으로 시행한다.
- 소규모주택정비사업구역 안의 건축물 또는 대지의 일부에 정비기반시설, 공동이용시설, 「주택법」에 따른 복리시설을 설치하는 경우에는 해당 용도지역에 적용되는 용적률에 그 시설에 해당하는 용적률을 더한 범위 안에서 조례로 따로 정하는 용적률을 적용할 수 있다.

소규모재개발사업

- 소규모재개발사업이란 역세권 또는 준공업지역에서 소규모로 주거환경 또는 도시환경을 개선하기 위한 사업을 말한다. 관련법은 「빈집 및 소규모주택 정비에 관한 특례법」이다.
- 소규모재개발사업의 대상지역은 다음과 같다.
  1. 소규모재개발사업을 시행하려는 지역의 면적 과반이 「철도의 건설 및 철도 유지관리에 관한 법률」, 「철도산업발전기본법」 또는 「도시철도법」에 따라 건설·운영되는 철도역(개통 예정인 역을 포함한다)의 승강장 경계로부터반경 350m 이내인 지역으로서 다음의 기준을 모두 충족하는 지역. 다만, 승강장 경계로부터의 반경은 지역 여건을 고려해 100분의 30 범위에서 시·도조례로 정하는 비율로 증감할 수 있다.
     1) 해당 사업시행구역의 면적이 5,000㎡ 미만일 것
     2) 노후·불량건축물의 수가 해당 사업시행구역의 전체 건축물 수의 3분의 2 이상일 것. 다만, 지역 여건 등을 고려해 100분의 25 범위에서 시·도조례로 정하는 비율로 증감할 수 있다.
     3) 해당 사업시행구역이 국토교통부령으로 정하는 도로에 접할 것
  2. 「국토의 계획 및 이용에 관한 법률 시행령」 제30조제1항제3호다목의 준공업지역으로서 상기 1의 1)부터 3)까지에서 규정한 기준을 모두 충족하는 지역
- 소규모재개발사업은 다음 어느 하나에 해당하는 방법으로 시행할 수 있다.
  1. 토지등소유자가 20명 미만인 경우에는 토지등소유자가 직접 시행하거나 해당 토지등소유자가 ①시장·군수등, ②토지주택공사등, ③건설업자, ④등록사업자, ⑤신탁업자, ⑥부동산투자회사 등과 공동으로 시행하는 방법
  2. 조합이 직접 시행하거나 해당 조합이 조합원 과반수의 동의를 받아 ①시장·군수등, ②토지주택공사등, ③건설업자, ④등록사업자, ⑤신탁업자, ⑥부동산투자회사 등과 공동으로 시행하는 방법
- 소규모재개발사업은 인가받은 사업시행계획에 따라 주택 등 건축물을 건설하여 공급하는 방법으로 시행한다.

소규모주택정비관리지역

- 소규모주택정비 관리지역이란 노후·불량건축물에 해당하는 단독주택 및 공동주택과 신축건축물이 혼재하여 광역적 개발이 곤란한 지역에서 정비기반시설과 공동이용시설의 확충을 통하여

소규모주택 정비사업을 계획적·효율적으로 추진하기 위하여 소규모주택정비 관리계획이 승인·고시된 지역을 말한다. 관련법은 「빈집 및 소규모주택 정비에 관한 특례법」이다.

- 소규모주택정비 관리계획은 소규모주택정비사업을 실현할 수 있는 기반을 마련하는 동시에 민간주도 소규모주택정비사업의 체계적 추진을 위하여 지역별 소규모주택정비 활성화를 위한 전략 및 구상에 기반하여 건축물의 밀도 상향을 통한 사업성 확보, 건축규제 완화를 통한 창의적 설계 등이 가능하도록 수립하여야 한다.

- 소규모주택정비관리계획 수립대상 지역은 다음의 요건을 모두 갖춘 지역을 말한다.

  1. 대상 지역의 면적이 10만㎡ 미만일 것

  2. 노후·불량건축물 수가 해당 지역의 전체 건축물 수의 2분의 1 이상일 것

  3. 다음 각 목에 따른 구역·지구에 해당하지 않을 것

     1) 「도시 및 주거환경정비법」 제2조제1호의 정비구역과 같은 법 제5조제9호의 정비구역으로 지정할 예정인 구역. 다만, 같은 법 제23조제1항제1호에 해당하는 방법으로 시행하는 주거환경개선사업의 정비구역과 정비구역으로 지정할 예정인 구역은 제외한다.

     2) 「도시재정비 촉진을 위한 특별법」 제2조제1호의 재정비촉진지구. 다만, 같은 법 제2조제6호의 존치지역은 제외한다.

     3) 「도시개발법」 제2조제1항제1호의 도시개발구역

     4) 그 밖에 광역적 개발이 필요한 구역·지구로서 시·도조례로 정하는 구역·지구

- 소규모주택정비 관리계획에 따라 가로주택정비사업 등의 인정기준 완화, 건축규제 완화, 정비기반시설 및 공동이용시설 설치지원 등 특례적용이 가능하다.

- 소규모주택정비 관리계획은 시장·군수등이 수립하는 것이 원칙이지만, 이해관계자를 포함한 주민과 토지주택공사등이 국토교통부령에 따라 수립을 제안할 수 있게 된다. 시장·군수등이 관리계획을 수립하려는 경우 14일 이상 주민공람을 통한 의견 청취를 하여야 한다. 공람 시 제시된 의견이 타당하다고 인정되는 경우에는 관리계획에 반영하여야 한다.

- 소규모주택정비 관리계획에는 다음 각 호의 사항이 포함되어야 한다. 다만, 제6호부터 제9호까지의 사항은 필요한 경우로 한정한다.

  1. 관리지역의 규모와 정비방향

  2. 토지이용계획, 정비기반시설·공동이용시설 설치계획 및 교통계획

  3. 소규모주택정비사업에 대한 추진계획

  4. 삭제<2023. 4. 18.>

5. 건폐율·용적률 등 건축물의 밀도계획

6. 임대주택의 공급 및 인수 계획

7. 용도지구·용도지역의 지정 및 변경에 관한 계획

8. 「건축법」 제69조에 따른 특별건축구역 및 같은 법 제77조의2에 따른 특별가로구역에 관한 계획

9. 그 밖에 대통령령으로 정하는 사항

- 시·도지사는 다음과 같은 경우 심의를 거쳐 소규모주택정비 관리계획을 해제할 수도 있다.

  1. 소규모주택정비 사업의 추진상황으로 보아 관리계획의 수립 목적을 달성했다고 인정되는 경우

  2. 관리계획을 고시한 날부터 3년 이내에 사업시행자의 지정, 주민합의체 구성의 신고, 조합설립인가의 신청이 없는 경우 등 관리계획의 수립 목적을 달성할 수 없다고 인정하는 경우

  3. 시장·군수등이 일몰기간 도래에 따라 관리지역의 해제를 요청한 경우

- 시·도지사가 관리지역을 해제하려는 때에는 심의 전에 14일 이상 지역 주민에게 공람과 의견청취를 하여야 한다.

- 관리지역이 해제된 경우에는 관리계획 결정의 효력이 상실된 것으로 처리된다. 다만, 관리지역을 해제하더라도 주민합의체 구성이나 조합의 설립, 사업시행자 지정에 동의한 토지등소유자 과반수가 소규모정비사업을 계속 추진하길 원하는 경우에는 종전의 인·허가 등이 유효한 것으로 한다. 이 경우 시장·군수 또는 사업시행자는 종전의 인가 등을 변경하여야 한다.

소규모환경영향평가

- 소규모 환경영향평가란 환경보전이 필요한 지역이나 난개발(亂開發)이 우려되어 계획적 개발이 필요한 지역에서 개발사업을 시행할 때에 입지의 타당성과 환경에 미치는 영향을 미리 조사·예측·평가하여 환경보전방안을 마련하는 것을 말한다. 관련법은 「환경영향평가법」이다.

- 소규모 환경영향평가의 대상사업의 종류 및 규모는 다음과 같다. 이 경우 협의요청 시기는 사업의 허가·인가·승인·면허·결정 또는 지정 등 前 이다.

  1. 「국토의 계획 및 이용에 관한 법률」 제6조제1호에 따른 도시지역의 경우 사업계획 면적이 6만㎡(녹지지역의 경우 1만㎡) 이상인 다음의 어느 하나에 해당하는 사업

     1) 「체육시설의 설치·이용에 관한 법률」 제12조에 따른 사업계획에 따라 시행하는 체육시설의 설치사업

     2) 「골재채취법」 제21조의2에 따른 골재채취 예정지에서 골재를 채취하는 사업

3)「어촌·어항법」제19조제2항제1호에 따른 어항시설기본계획에 따라 시행하는 개발사업

4)「국토의 계획 및 이용에 관한 법률」제2조제4호다목에 따른 기반시설 설치·정비 또는 개량에 관한 계획에 따라 시행하는 사업

5)「국토의 계획 및 이용에 관한 법률」제2조제5호의 지구단위계획에 따라 시행하는 사업

2.「국토의 계획 및 이용에 관한 법률」제6조제2호에 따른 관리지역의 경우 사업계획 면적이 다음의 면적 이상인 것

1) 보전관리지역 : 5,000㎡

2) 생산관리지역 : 7,500㎡

3) 계획관리지역 : 10,000㎡

3.「국토의 계획 및 이용에 관한 법률」제6조제3호에 따른 농림지역의 경우 사업계획 면적이 7,500㎡ 이상인 것

4.「국토의 계획 및 이용에 관한 법률」제6조제4호에 따른 자연환경보전지역의 경우 사업계획 면적이 5,000㎡ 이상인 것

• 승인등을 받아야 하는 사업자는 소규모 환경영향평가 대상사업에 대한 승인등을 받기 전에 소규모 환경영향평가서를 작성하여 승인기관의 장에게 제출하여야 한다.

• 소규모 환경영향평가의 평가항목은 다음과 같다.

평가항목	세부 평가항목
사업개요 및 지역 환경현황	1. 사업개요 2. 지역개황 3. 자연생태환경 4. 생활환경 5. 사회·경제환경
환경에 미치는 영향 예측·평가 및 환경보전방안	1. 자연생태환경(동·식물상 등) 2. 대기질, 악취 3. 수질(지표, 지하), 해양환경 4. 토지이용, 토양, 지형·지질 5. 친환경적 자원순환, 소음·진동 6. 경관 7. 전파장해, 일조장해 8. 인구, 주거, 산업

- 승인기관장등은 소규모 환경영향평가 대상사업에 대한 승인등을 하거나 대상사업을 확정하기 전에 환경부장관에게 소규모 환경영향평가서를 제출하고 소규모 환경영향평가에 대한 협의를 요청하여야 한다.
- 환경부장관은 협의를 요청받은 경우에는 협의 요청 절차의 적합성과 소규모 환경영향평가서의 내용 등을 검토한 후 협의를 요청받은 날부터 대통령령으로 정하는 기간(30일) 이내에 협의 내용을 승인기관장등에게 통보하여야 한다.
- 환경부장관은 소규모 환경영향평가서를 검토한 결과 소규모 환경영향평가서 또는 사업계획 등을 보완·조정할 필요가 있는 경우에는 승인기관장등에게 소규모 환경영향평가서 또는 해당 사업계획의 보완·조정을 요청하거나 보완·조정을 사업자 등에게 요구할 것을 요청할 수 있다. 이 경우 보완·조정의 요청은 두 차례만 할 수 있으며, 요청을 받은 승인기관장등은 특별한 사유가 없으면 이에 따라야 한다.
- 환경부장관은 보완·조정의 요청을 하였음에도 불구하고 요청한 내용의 중요한 사항이 누락되는 등 소규모 환경영향평가서 또는 해당 사업계획이 적정하게 작성되지 아니하여 협의를 진행할 수 없다고 판단되는 경우에는 소규모 환경영향평가서를 반려할 수 있다.

소유자의 확인이 곤란한 건축물등에 대한 처분

- 사업시행자는 다음 각 호에서 정하는 날 현재 건축물 또는 토지의 소유자의 소재 확인이 현저히 곤란한 때에는 전국적으로 배포되는 둘 이상의 일간신문에 2회 이상 공고하고, 공고한 날부터 30일 이상이 지난 때에는 그 소유자의 해당 건축물 또는 토지의 감정평가액에 해당하는 금액을 법원에 공탁하고 정비사업을 시행할 수 있다.
  1. 조합이 사업시행자가 되는 경우에는 조합설립인가일
  2. 토지등소유자가 시행하는 재개발사업의 경우에는 사업시행계획인가일
  3. 시장·군수등, 토지주택공사등이 정비사업을 시행하는 경우에는 사업시행자 고시일
  4. 지정개발자를 사업시행자로 지정하는 경우에는 지정개발자 고시일
- 재건축사업을 시행하는 경우 조합설립인가일 현재 조합원 전체의 공동소유인 토지 또는 건축물은 조합 소유의 토지 또는 건축물로 본다. 조합 소유로 보는 토지 또는 건축물의 처분에 관한 사항은 관리처분계획에 명시하여야 한다.

소형주택(국민주택규모 주택)의 건설비율

- 사업시행자는 다음의 어느 하나에 해당하는 정비사업을 시행하는 경우 정비계획으로 정하여진 용적률에도 불구하고 지방도시계획위원회의 심의를 거쳐 법적상한용적률까지 건축할 수 있다.

  1. 과밀억제권역에서 시행하는 재개발사업 및 재건축사업(주거지역으로 한정)

  2. 시·도조례로 정하는 지역에서 시행하는 재개발사업 및 재건축사업

- 사업시행자가 정비계획으로 정하여진 용적률을 초과하여 건축하려는 경우에는 「국토의 계획 및 이용에 관한 법률」 제78조에 따라 특별시·광역시·특별자치시·특별자치도·시 또는 군의 조례로 정한 용적률 제한 및 정비계획으로 정한 허용세대수의 제한을 받지 아니한다.

- 용적률의 상한은 다음의 어느 하나에 해당하여 건축행위가 제한되는 경우 건축이 가능한 용적률을 말한다.

  1. 「국토의 계획 및 이용에 관한 법률」 제76조에 따른 건축물의 층수제한

  2. 「건축법」 제60조에 따른 높이제한

  3. 「건축법」 제61조에 따른 일조 등의 확보를 위한 건축물의 높이제한

  4. 「공항시설법」 제34조에 따른 장애물 제한표면구역 내 건축물의 높이제한

  5. 「군사기지 및 군사시설 보호법」 제10조에 따른 비행안전구역 내 건축물의 높이제한

  6. 「문화재보호법」 제12조에 따른 건설공사 시 문화재 보호를 위한 건축제한

  7. 그 밖에 시장·군수등이 건축 관계 법률의 건축제한으로 용적률의 완화가 불가능하다고 근거를 제시하고, 지방도시계획위원회 또는 건축위원회가 심의를 거쳐 용적률 완화가 불가능하다고 인정한 경우

- 사업시행자는 초과용적률(법적상한용적률에서 정비계획으로 정하여진 용적률을 뺀 용적률)의 다음에 따른 비율에 해당하는 면적에 국민주택규모 주택을 건설하여야 한다.

  1. 과밀억제권역에서 시행하는 재건축사업은 초과용적률의 100분의 30 이상 100분의 50 이하로서 시·도조례로 정하는 비율

  2. 과밀억제권역에서 시행하는 재개발사업은 초과용적률의 100분의 50 이상 100분의 75 이하로서 시·도조례로 정하는 비율

  3. 과밀억제권역 외의 지역에서 시행하는 재건축사업은 초과용적률의 100분의 50 이하로서 시·도조례로 정하는 비율

  4. 과밀억제권역 외의 지역에서 시행하는 재개발사업은 초과용적률의 100분의 75 이하로서 시·도조례로 정하는 비율

소형주택(국민주택규모 주택)의 공급방법

- 사업시행자는 「도시 및 주거환경정비법」 제54조제4항에 따라 건설한 국민주택규모 주택을 국토교통부장관, 시·도지사, 시장, 군수, 구청장 또는 토지주택공사등에 공급하여야 한다. 국민주택규모 주택의 공급가격은 국토교통부장관이 고시하는 공공건설임대주택의 표준건축비로 하며, 부속 토지는 인수자에게 기부채납한 것으로 본다.
- 인수된 국민주택규모 주택은 장기공공임대주택으로 활용하여야 한다. 다만, 토지등소유자의 부담 완화 등 대통령령으로 정하는 요건에 해당하는 경우에는 인수된 국민주택규모 주택을 장기공공임대주택이 아닌 임대주택으로 활용할 수 있다.
- 대통령령으로 정하는 요건에 해당하는 경우란 다음의 어느 하나에 해당하는 경우를 말한다.
  1. 아래 1)의 가액을 2)의 가액으로 나눈 값이 100분의 80 미만인 경우
     1) 정비사업 후 대지 및 건축물의 총 가액에서 총사업비를 제외한 가액
     2) 정비사업 전 토지 및 건축물의 총 가액
  2. 시·도지사가 정비구역의 입지, 토지등소유자의 조합설립 동의율, 정비사업비의 증가규모, 사업기간 등을 고려하여 토지등소유자의 부담이 지나치게 높다고 인정하는 경우
- 국민주택규모 주택을 장기공공임대주택이 아닌 임대주택으로 활용하는 경우 임대주택의 인수자는 임대의무기간에 따라 감정평가액의 100분의 50 이하의 범위에서 대통령령으로 정하는 가격으로 부속 토지를 인수하여야 한다.
- 대통령령으로 정하는 가격이란 다음의 구분에 따른 가격을 말한다.
  1. 임대의무기간이 10년 이상인 경우 : 감정평가액의 100분의 30에 해당하는 가격
  2. 임대의무기간이 10년 미만인 경우 : 감정평가액의 100분의 50에 해당하는 가격
- 사업시행자가 국민주택규모 주택을 공급하는 경우에는 시·도지사, 시장·군수·구청장 순으로 우선하여 인수할 수 있다. 다만, 시·도지사 및 시장·군수·구청장이 국민주택규모 주택을 인수할 수 없는 경우에는 시·도지사는 국토교통부장관에게 인수자 지정을 요청해야 한다.
- 국토교통부장관은 시·도지사로부터 인수자 지정 요청이 있는 경우에는 30일 이내에 인수자를 지정하여 시·도지사에게 통보해야 하며, 시·도지사는 지체 없이 이를 시장·군수·구청장에게 보내어 그 인수자와 국민주택규모 주택의 공급에 관하여 협의하도록 해야 한다.

수용 또는 사용 및 손실보상

- 사업시행자는 정비구역에서 정비사업(재건축사업의 경우에는 천재지변 등 불가피한 사유로 긴급하게 정비사업을 시행하는 경우로 한정한다)을 시행하기 위하여 「공익사업을 위한 토지 등의 취득 및 보상에 관한 법률」 제3조에 따른 토지·물건 또는 그 밖의 권리를 취득하거나 사용할 수 있다.

- 정비구역에서 정비사업의 시행을 위한 토지 또는 건축물의 소유권과 그 밖의 권리에 대한 수용 또는 사용은 이 법에 규정된 사항을 제외하고는 「공익사업을 위한 토지 등의 취득 및 보상에 관한 법률」을 준용한다. 따라서 「도시 및 주거환경정비법」에 따른 사업시행계획인가 고시가 있은 때에는 「공익사업을 위한 토지 등의 취득 및 보상에 관한 법률」에 따른 사업인정 및 그 고시가 있은 것으로 본다. 다만, 정비사업의 시행에 따른 손실보상의 기준 및 절차는 대통령령으로 정할 수 있다.

- 수용 또는 사용에 대한 재결의 신청은 「공익사업을 위한 토지 등의 취득 및 보상에 관한 법률」 제23조 및 같은 법 제28조제1항에도 불구하고 사업시행계획인가를 할 때 정한 사업시행기간 이내에 하여야 한다.

- 대지 또는 건축물을 현물보상하는 경우에는 「공익사업을 위한 토지 등의 취득 및 보상에 관한 법률」 제42조에도 불구하고 제83조에 따른 준공인가 이후에도 할 수 있다.

- 공람공고일부터 계약체결일 또는 수용재결일까지 계속하여 거주하고 있지 아니한 건축물의 소유자는 「공익사업을 위한 토지 등의 취득 및 보상에 관한 법률 시행령」 제40조제5항제2호에 따라 이주대책대상자에서 제외한다.

- 정비사업으로 인한 영업의 폐지 또는 휴업에 대하여 손실을 평가하는 경우 영업의 휴업기간은 4개월 이내로 한다. 다만, 다음의 어느 하나에 해당하는 경우에는 실제 휴업기간으로 하되, 그 휴업기간은 2년을 초과할 수 없다.

  1. 해당 정비사업을 위한 영업의 금지 또는 제한으로 인하여 4개월 이상의 기간동안 영업을 할 수 없는 경우

  2. 영업시설의 규모가 크거나 이전에 고도의 정밀성을 요구하는 등 해당 영업의 고유한 특수성으로 인하여 4개월 이내에 다른 장소로 이전하는 것이 어렵다고 객관적으로 인정되는 경우

순환정비방식의 정비사업

- 사업시행자는 정비구역의 안과 밖에 새로 건설한 주택 또는 이미 건설되어 있는 주택의 경우 그 정비사업의 시행으로 철거되는 주택의 소유자 또는 세입자(정비구역에서 실제 거주하는 자로 한정)를 임시로 거주하게 하는 등 그 정비구역을 순차적으로 정비하여 주택의 소유자 또는 세입자의 이주대책을 수립하여야 한다.

- 사업시행자는 순환정비방식으로 정비사업을 시행하는 경우에는 임시로 거주하는 주택(순환용주택)을 임시거주시설로 사용하거나 임대할 수 있으며, 대통령령으로 정하는 방법과 절차에 따라 토지주택공사등이 보유한 공공임대주택을 순환용주택으로 우선 공급할 것을 요청할 수 있다.

- 사업시행자는 순환용주택에 거주하는 자가 정비사업이 완료된 후에도 순환용주택에 계속 거주하기를 희망하는 때에는 대통령령으로 정하는 바에 따라 분양하거나 계속 임대할 수 있다. 이 경우 사업시행자가 소유하는 순환용주택은 인가받은 관리처분계획에 따라 토지등소유자에게 처분된 것으로 본다.

- 사업시행자는 관리처분계획의 인가를 신청한 후 다음의 서류를 첨부하여 토지주택공사등에 토지주택공사등이 보유한 공공임대주택을 순환용주택으로 우선 공급할 것을 요청할 수 있다.

  1. 사업시행계획인가 고시문 사본
  2. 관리처분계획의 인가 신청서 사본
  3. 정비구역 내 이주대상 세대수
  4. 주택의 소유자 또는 세입자로서 순환용주택 이주 희망 대상자
  5. 이주시기 및 사용기간
  6. 그 밖에 토지주택공사등이 필요하다고 인정하는 사항

- 토지주택공사등은 사업시행자로부터 공공임대주택의 공급 요청을 받은 경우에는 그 요청을 받은 날부터 30일 이내에 사업시행자에게 다음의 내용을 통지하여야 한다.

  1. 해당 정비구역 인근에서 공급 가능한 공공임대주택의 주택 수, 주택 규모 및 공급가능 시기
  2. 임대보증금 등 공급계약에 관한 사항
  3. 그 밖에 토지주택공사등이 필요하다고 인정하는 사항

- 토지주택공사등은 세대주로서 해당 세대 월평균 소득이 전년도 도시근로자 월평균 소득의 70% 이하인 거주자(해당 정비구역에 2년 이상 거주한 사람에 한정한다)에게 순환용주택을 공급한다.

시공보증

- 시공보증이란 시공자가 공사의 계약상 의무를 이행하지 못하거나 의무이행을 하지 아니할 경우 보증기관에서 시공자를 대신하여 계약이행 의무를 부담하거나 총 공사금액의 100분의 50 이하 100분의 30 이상의 범위에서 사업시행자가 정하는 금액을 납부할 것을 보증하는 것을 말한다.
- 조합이 정비사업의 시행을 위하여 시장·군수등 또는 토지주택공사등이 아닌 자를 시공자로 선정(공동사업시행자가 시공하는 경우를 포함)한 경우 그 시공자는 공사의 시공보증을 위하여 국토교통부령으로 정하는 기관의 시공보증서를 조합에 제출하여야 한다. 국토교통부령으로 정하는 기관의 시공보증서란 조합원에게 공급되는 주택에 대한 다음의 어느 하나에 해당하는 보증서를 말한다.
  1. 「건설산업기본법」에 따른 공제조합이 발행한 보증서
  2. 「주택도시기금법」에 따른 주택도시보증공사가 발행한 보증서
  3. 「은행법」 제2조제1항제2호에 따른 금융기관, 「한국산업은행법」에 따른 한국산업은행, 「한국수출입은행법」에 따른 한국수출입은행 또는 「중소기업은행법」에 따른 중소기업은행이 발행한 지급보증서
  4. 「보험업법」에 따른 보험사업자가 발행한 보증보험증권
- 시장·군수등은 「건축법」 제21조에 따른 착공신고를 받은 경우에는 시공보증서의 제출 여부를 확인하여야 한다.

시공자의 선정 및 계약

- 조합은 조합설립인가를 받은 후 조합총회에서 경쟁입찰 또는 수의계약(2회 이상 경쟁입찰이 유찰된 경우로 한정)의 방법으로 건설업자 또는 등록사업자를 시공자로 선정하여야 한다. 다만, 대통령령으로 정하는 규모 이하의 정비사업은 조합총회에서 정관으로 정하는 바에 따라 선정할 수 있다. 대통령령으로 정하는 규모 이하의 정비사업이란 조합원이 100인 이하인 정비사업을 말한다.
- 토지등소유자가 재개발사업을 시행하는 경우에는 사업시행계획인가를 받은 후 규약에 따라 건설업자 또는 등록사업자를 시공자로 선정하여야 한다.
- 시장·군수등이 직접 정비사업을 시행하거나 토지주택공사등 또는 지정개발자를 사업시행자로

지정한 경우 사업시행자는 사업시행자 지정·고시 후 경쟁입찰 또는 수의계약의 방법으로 건설업자 또는 등록사업자를 시공자로 선정하여야 한다.

- 공공시행자가 시공자를 선정하거나 관리처분의 방법으로 시행하는 주거환경개선사업의 사업시행자가 시공자를 선정하는 경우 주민대표회의 또는 토지등소유자 전체회의는 대통령령으로 정하는 경쟁입찰 또는 수의계약(2회 이상 경쟁입찰이 유찰된 경우로 한정)의 방법으로 시공자를 추천할 수 있다. 대통령령으로 정하는 경쟁입찰이란 다음의 요건을 모두 갖춘 입찰방법을 말한다.
  1. 일반경쟁입찰·제한경쟁입찰 또는 지명경쟁입찰 중 하나일 것
  2. 해당 지역에서 발간되는 일간신문에 1회 이상 입찰을 위한공고를 하고, 입찰참가자를 대상으로 현장 설명회를 개최할 것
  3. 해당 지역 주민을 대상으로 합동홍보설명회를 개최할 것
  4. 토지등소유자를 대상으로 제출된 입찰서에 대한 투표를 실시하고 그 결과를 반영할 것
- 주민대표회의 또는 토지등소유자 전체회의가 시공자를 추천한 경우 사업시행자는 추천받은 자를 시공자로 선정하여야 한다.
- 사업시행자(사업대행자를 포함)는 시공자와 공사에 관한 계약을 체결할 때에는 기존 건축물의 철거 공사(「석면안전관리법」에 따른 석면 조사·해체·제거를 포함)에 관한 사항을 포함시켜야 한다.
- 시공자의 업무범위 및 관련사업비의 부담 등 사업시행 전반에 대한 내용을 협의한 후 미리 총회의 인준을 받아 별도의 계약을 체결하여야 하며, 그 계약내용에 따라 상호 간의 권리와 의무가 부여된다. 계약내용을 변경하는 경우도 같다.
- 조합은 시공자와 체결한 계약서를 조합해산일까지 조합사무소에 비치하여야 하며, 조합원의 열람 또는 복사 요구에 응하여야 한다. 이 경우 복사에 드는 비용을 복사를 원하는 조합원이 부담한다.
- 시공자와의 계약내용에는 대지 및 건축물의 사용, 처분, 공사비 및 부대비용 등 사업비의 부담, 시공보증, 시공상의 책임, 공사기간, 하자보수 책임 등에 관한 사항을 포함하여야 한다.

시공자의 선정 시기

- 조합은 조합설립인가를 받은 후 조합총회에서 경쟁입찰 또는 수의계약(2회 이상 경쟁입찰이 유찰된 경우로 한정)의 방법으로 건설업자 또는 등록사업자를 시공자로 선정하여야 한다. 다만,

대통령령으로 정하는 규모 이하의 정비사업은 조합총회에서 정관으로 정하는 바에 따라 선정할 수 있다. 대통령령으로 정하는 규모 이하의 정비사업이란 조합원이 100인 이하인 정비사업을 말한다.

- 토지등소유자가 재개발사업을 시행하는 경우에는 사업시행계획인가를 받은 후 규약에 따라 건설업자 또는 등록사업자를 시공자로 선정하여야 한다.
- 2010년 7월 공공지원 대상사업인 경우에는 사업시행인가를 받은 사업시행계획서를 반영한 설계도서를 작성하여 경쟁입찰로 시공자를 선정하는 것으로 변경되었다. 따라서 공공지원을 시행하던 서울시의 경우는 시공자 선정을 사업시행인가 후에 하게 되었다.
- 그후 2022년 12월 신통기획 적용 사업장의 경우에는 조합설립인가 후 시공자를 선정할 수 있도록 조례를 개정하였고, 2023년 7월 모든 사업장의 시공자 선정시기를 조합설립인가 후에 할 수 있는 것으로 조례를 또다시 바꾸었다.
- 이로서 공공지원 대상 유무와 관계 없이 모든 조합의 시공자 선정시기가 조합설립인가 후로 통일되었다.
- 「도시 및 주거환경정비법」 시행 이후 시공자 선정시기에 대한 변천 과정은 다음과 같다.

연월	재개발사업	재건축사업	비고
2003.7.	사업시행인가 후	사업시행인가 후	정관이 정하는 경쟁입찰 방법
2005.3.	사업시행인가 후 (조합설립인가 후 공동시행자 형식으로 시공자 선정 가능)	·사업시행인가 후	·재개발사업 : 건설산업기본법에 의한 건설업자, 주택법에 의한 등록사업자 또는 대통령이 정하는 요건을 갖춘 자와 공동으로 사업을 시행할 수 있도록 함
2006.5.	조합설립인가 후	사업시행인가 후	재개발사업 선정시기 변경
2009.2.	조합설립인가 후		·시공자 선정시기 통일 ·건설교통부장관이 정하는 경쟁 입찰방법
2010.7.	(공공지원대상) 사업시행인가 후 (공공지원대상외) 조합설립인가 후		공공지원제도 도입 (내역입찰제도 도입)
2022.12.	(공공지원대상) 사업시행인가 후 단, 신통기획적용 사업장은 조합설립인가 후 (공공지원대상외) 조합설립인가 후		서울특별시 조례 개정 (신통기획 활성화 조치)
2023.7.	조합설립인가 후		·서울특별시 조례 개정 ·시공자 선정시기 통일

시공자의 선정 시기별 장·단점 비교

- 시공자의 선정 시기별 장·단점은 다음과 같다.

구분	조합설립인가 후 시공자 선정	사업시행인가 후 시공자 선정
지역	서울특별시를 제외한 전국	서울특별시(2023.7.1.일 전)
장점	·시공자 브랜드에 맞는 설계로 설계 및 인·허가를 추진하여 사업추진 속도 향상 및 비용 절감 가능 ·시공자로부터 사업비 대여를 받아 사업추진이 빨라짐	·시공자 선정 당시 시공자 제안 입찰조건에 대한 비교가 용이함 ·사업시행계획인가 후 시공자를 선정하므로 설계 변경에 따른 공사비 증액 규모가 비교적 적음 ·내역입찰로 공사비 증액의 적정성 검토 비교적 쉬움
단점	·시공자 선정 당시 시공자 제안 입찰조건에 대한 비교가 어려움 ·사업시행계획인가 단계에서 공사비증액 규모가 큼 ·사업 시행 초기에 상세 내역 없이 시공자를 선정하므로 공사비 증액의 적정성 검토 어려움	·시공자 선정 후 시공자 브랜드에 맞는 설계 및 인·허가 변경에 따른 사업 지연·비용 증가 야기 ·시공자 선정 시기가 늦어져 사업비 조달에 어려움이 많고 사업추진이 느림

시공자의 선정 취소 명령

- 시·도지사(해당 정비사업을 관할하는 시·도지사를 말한다)는 건설업자 또는 등록사업자가 다음의 어느 하나에 해당하는 경우 사업시행자에게 건설업자 또는 등록사업자의 해당 정비사업에 대한 시공자 선정을 취소할 것을 명하거나 그 건설업자 또는 등록사업자에게 사업시행자와 시공자 사이의 계약서상 공사비의 100분의 20 이하에 해당하는 금액의 범위에서 과징금을 부과할 수 있다. 이 경우 시공자 선정 취소의 명을 받은 사업시행자는 시공자 선정을 취소하여야 한다.

1. 건설업자 또는 등록사업자가 제132조제1항 또는 제2항을 위반한 경우
2. 건설업자 또는 등록사업자가 제132조의2를 위반하여 관리·감독 등 필요한 조치를 하지 아니한 경우로서 용역업체의 임직원(건설업자 또는 등록사업자가 고용한 개인을 포함한다)이 제132조제1항을 위반한 경우

제132조(조합임원 등의 선임·선정 및 계약 체결 시 행위제한) ①누구든지 추진위원, 조합임원의 선임 또는 제29조에 따른 계약 체결과 관련하여 다음 각 호의 행위를 하여서는 아니 된다.

1. 금품, 향응 또는 그 밖의 재산상 이익을 제공하거나 제공의사를 표시하거나 제공을 약속하는 행위

2. 금품, 향응 또는 그 밖의 재산상 이익을 제공받거나 제공의사 표시를 승낙하는 행위

3. 제3자를 통하여 제1호 또는 제2호에 해당하는 행위를 하는 행위

② 건설업자와 등록사업자는 제29조에 따른 계약의 체결과 관련하여 시공과 관련 없는 사항으로서 다음 각 호의 어느 하나에 해당하는 사항을 제안하여서는 아니 된다.

1. 이사비, 이주비, 이주촉진비, 그 밖에 시공과 관련 없는 사항에 대한 금전이나 재산상 이익을 제공하는 것으로서 대통령령으로 정하는 사항

2. 「재건축초과이익 환수에 관한 법률」에 따른 재건축부담금의 대납 등 이 법 또는 다른 법률을 위반하는 방법으로 정비사업을 수행하는 것으로서 대통령령으로 정하는 사항

제132조의2(건설업자와 등록사업자의 관리·감독 의무) 건설업자와 등록사업자는 시공자 선정과 관련하여 홍보 등을 위하여 계약한 용역업체의 임직원이 제132조제1항을 위반하지 아니하도록 교육, 용역비 집행 점검, 용역업체 관리·감독 등 필요한 조치를 하여야 한다.

시장정비구역

- 시장정비구역이란 시장정비사업을 추진하기 위하여 「전통시장 및 상점가 육성을 위한 특별법」에 따라 특별시장·광역시장·도지사 또는 특별자치도지사가 승인·고시한 구역을 말한다.
- 시장정비사업은 시장의 현대화를 촉진하기 위하여 상업기반시설 및 정비기반시설을 정비하고, 대규모점포가 포함된 건축물을 건설하기 위하여 「전통시장 및 상점가 육성을 위한 특별법」과 「도시 및 주거환경정비법」 등에서 정하는 바에 따라 시장을 정비하는 모든 행위를 말한다.
- 시장정비사업은 유통구조와 소비자 구매형태의 변화에 따라 상권이 급격히 위축되고 매출이 감소하고 있는 전통시장을 서민생활과 밀착된 자생력을 갖춘 지방 중소유통업의 핵심축으로 육성될 수 있도록 시장의 시설과 환경을 개선하고, 경영기법과 상거래의 현대화 및 시장혁신을

주도할 상인조직의 육성 등 소프트웨어에 대한 지원을 강화함으로써 전통시장을 종합적으로 육성·발전시켜 영세상인을 보호하는 한편, 소비자의 편익을 높여 유통산업간 균형있는 성장을 도모하고자 시행하는 사업이다.

- 시장정비구역이 승인·고시된 경우에는 「도시 및 주거환경정비법」에 따른 정비구역으로 지정된 것으로 본다.

시장정비사업

- 시장정비사업이란 시장의 현대화를 촉진하기 위하여 상업기반시설 및 정비기반시설을 정비하고, 대규모점포가 포함된 건축물을 건설하기 위하여 「전통시장 및 상점가 육성을 위한 특별법」과 「도시 및 주거환경정비법」 등에서 정하는 바에 따라 시장을 정비하는 모든 행위를 말한다.
- 시장정비사업 추진계획이란 시장정비사업 사업시행자가 시장정비사업을 추진하기 위하여 수립한 계획을 말한다.
- 시장정비구역이란 시장정비사업을 추진하기 위하여 특별시장·광역시장·도지사 또는 특별자치도지사가 승인·고시한 구역을 말한다.
- 시장정비사업조합이란 토지등 소유자가 시장정비사업을 추진하기 위하여 「도시 및 주거환경정비법」제35조에 따라 설립한 조합을 말한다.
- 시장정비사업은 유통구조와 소비자 구매형태의 변화에 따라 상권이 급격히 위축되고 매출이 감소하고 있는 전통시장을 서민생활과 밀착된 자생력을 갖춘 지방 중소유통업이 핵심축으로 육성될 수 있도록 시장의 시설과 환경을 개선하고, 경영기법과 상거래의 현대화 및 시장혁신을 주도할 상인조직의 육성 등 소프트웨어에 대한 지원을 강화함으로써 전통시장을 종합적으로 육성·발전시켜 영세상인을 보호하는 한편, 소비자의 편익을 높여 유통산업간 균형있는 성장을 도모하고자 시행하는 사업이다.
- 시장정비사업은 다음의 어느 하나에 해당하는 시장을 대상으로 시행한다.
  1. 상업기반시설이 매우 오래되고 낡아 시설물의 안전에 결함이 있거나 경쟁력이 없어진 시장
  2. 화재나 홍수, 태풍, 폭설 등 자연재해로 인하여 상업기반시설 등이 훼손되어 시장의 기능을 정상적으로 수행할 수 없거나 수리하는 것만으로는 그 기능을 회복할 수 없는 시장
  3. 그 밖에 시장·군수·구청장이 상권활성화와 도시개발을 위하여 필요하다고 인정하는 시장

4. 시장이 아닌 경우에도 5년 이상 시장기능을 유지하고 허가가 취소되거나 폐업한 곳, 시장 재개발·재건축사업시행구역 또는 시장정비사업시행구역으로 선정된 후 그 효력이 상실된 곳

시행규정

- 시장·군수등, 토지주택공사등 또는 신탁업자가 단독으로 정비사업을 시행하는 경우 다음의 사항을 포함하는 시행규정을 작성하여야 한다.
  1. 정비사업의 종류 및 명칭
  2. 정비사업의 시행연도 및 시행방법
  3. 비용부담 및 회계
  4. 토지등소유자의 권리·의무
  5. 정비기반시설 및 공동이용시설의 부담
  6. 공고·공람 및 통지의 방법
  7. 토지 및 건축물에 관한 권리의 평가방법
  8. 관리처분계획 및 청산(분할징수 또는 납입에 관한 사항을 포함한다). 다만, 수용의 방법으로 시행하는 경우는 제외한다.
  9. 시행규정의 변경
  10. 사업시행계획서의 변경
  11. 토지등소유자 전체회의(신탁업자가 사업시행자인 경우로 한정한다)
  12. 그 밖에 시·도조례로 정하는 사항

시행방법

- 주거환경개선사업은 다음의 어느 하나에 해당하는 방법 또는 이를 혼용하는 방법으로 한다.
  1. 사업시행자가 정비구역에서 정비기반시설 및 공동이용시설을 새로 설치하거나 확대하고 토지등소유자가 스스로 주택을 보전·정비하거나 개량하는 방법
  2. 사업시행자가 정비구역의 전부 또는 일부를 수용하여 주택을 건설한 후 토지등소유자에게 우선 공급하거나 대지를 토지등소유자 또는 토지등소유자 외의 자에게 공급하는 방법

3. 사업시행자가 환지로 공급하는 방법

4. 사업시행자가 정비구역에서 인가받은 관리처분계획에 따라 주택 및 부대시설·복리시설을 건설하여 공급하는 방법

• 재개발사업은 정비구역에서 인가받은 관리처분계획에 따라 건축물을 건설하여 공급하거나 환지로 공급하는 방법으로 한다.

• 재건축사업은 정비구역에서 인가받은 관리처분계획에 따라 주택, 부대시설·복리시설 및 오피스텔을 건설하여 공급하는 방법으로 한다. 다만, 주택단지에 있지 아니하는 건축물의 경우에는 지형여건·주변의 환경으로 보아 사업 시행상 불가피한 경우로서 정비구역으로 보는 사업에 한정한다.

• 오피스텔을 건설하여 공급하는 경우에는 「국토의 계획 및 이용에 관한 법률」에 따른 준주거지역 및 상업지역에서만 건설할 수 있다. 이 경우 오피스텔의 연면적은 전체 건축물 연면적의 100분의 30 이하이어야 한다.

신고포상금

• 시·도지사 또는 대도시의 시장은 금품·향응 수수행위 등 행위사실을 신고한 자에게 시·도조례로 정하는 바에 따라 포상금을 지급할 수 있다. 서울시의 경우 시·도조례로 정하는 신고포상금의 지급한도액은 2억원 이하이다.

• 누구든지 추진위원, 조합임원의 선임 또는 계약 체결과 관련하여 다음의 행위를 하여서는 아니 된다.

1. 금품, 향응 또는 그 밖의 재산상 이익을 제공하거나 제공의사를 표시하거나 제공을 약속하는 행위

2. 금품, 향응 또는 그 밖의 재산상 이익을 제공받거나 제공의사 표시를 승낙하는 행위

3. 제3자를 통하여 제1호 또는 제2호에 해당하는 행위를 하는 행위

• 서울시의 경우 시장은 금품·향응 수수행위 등 행위 사실을 시장 또는 수사기관에게 신고 또는 고발한 자에게 그 신고 또는 고발사건에 대해 기소유예, 선고유예·집행유예 또는 형의 선고 등이 확정되는 경우 신고포상금 심사위원회의 의결을 거쳐 포상금을 지급할 수 있다.

• 금품·향응 수수행위 등 행위를 하는 자를 신고하려는 자는 금품·향응 수수행위 등에 관한 신고서에 신고내용을 증명할 수 있는 자료를 첨부하여 시장에게 제출하여야 한다. 다만, 동일한

사항에 대하여 이미 신고 되어 진행 중이거나 종료된 경우에는 신고내용을 조사하지 않는다.

- 포상금은 포상금 지급이 결정된 그 해 예산의 범위에서 지급한다. 포상금 지급에 따른 심사위원회 구성 및 지급기준 등에 관한 세부적인 사항은 조례규칙으로 정할 수 있다.

신속통합기획

- 신속통합기획이란 민간이 주도하는 재개발·재건축 초기 단계부터 서울시가 주민과 함께 사업성과 공공성이 적절히 결합된 정비계획안을 짜서 빠른 사업을 지원하는 제도를 말한다.
- 정비계획 수립단계에서 서울시가 공공성과 사업성의 균형을 이룬 가이드라인을 제시하고, 신속한 사업추진을 지원하는 공공지원계획을 말한다. 즉, 민간의 계획과 절차를 지원하는 서울시 정비지원계획이 신속통합기획이라 할 수 있다. 계획 수립기간 및 심의기간이 줄어들게 된다.
- 서울시는 매년 한 차례 공모로 진행했던 서울시 내 재개발 후보지 선정방식을 2023년 5월 8일부터 '수시 신청'으로 전환하였다.
- 신속통합기획의 신청요건은 재개발정비구역 지정요건에 맞으면서 토지등소유자 30% 이상이 구역지정에 동의하여야 한다.
- 재개발 구역지정을 위한 법적 요건은 필수항목(노후도 동수 3분의 2 이상, 구역면적 1만㎡ 이상)을 충족하고, 선택항목(노후도 연면적 3분의 2 이상, 주택접도율 40% 이하, 과소필지 40% 이상, 호수밀도 60동/ha 이상) 중 1개 이상 충족하면 된다.
- 서울시는 신속통합기획으로 추진할 경우 다음과 같은 인센티브가 제공된다고 발표했다.

  1. 더 유연한 도시계획 기준 적용

     1) 지역별 특성에 따른 감성적 높이기준을 적용하여 주변 여건에 순응한 스카이라인을 적용함. 따라서 아파트 최고 높이 35층 규제는 35층±α로, 한강변 첫주동 15층 규제는 15층±α로 변경함.

     2) 2종 7층지역지역의 경우 기준용적률 170%, 층수완화시 공공시설 10% 이상 부담하던 것을, 층수는 7~25층으로 완화하고 기준용적률은 190%, 층수완화시 공공시설 부담이 없는 것으로 변경함.

     3) 기존 역세권 주거단지의 개발가능용적률 300%에서 역세권 상업, 업무, 주거 고밀복합개발로 용적률을 300~700%로 변경함.

4) 개발 소외지역 정비(모아주택 등) 지원하여 자연경관지구의 경우 기존 건폐율 30%, 4층이 던 것을 건폐율 50%, 5층으로 변경함.

5) 공공시설의 입체적 활용으로 공공시설 상하부를 효율적으로 활용으로 사업여건 개선(ex. 입체적 연결통로)

6) 기존의 개별 사업단위 공공시설(도로, 공원 중심)에서 주민 니즈를 고려한 지역에 필요한 다양한 생활SOC(공공보행통로, 키움센터, 체육시설, 주차장 등) 설치

2. 더 신속한 심의와 사업기간 절반으로 단축

1) 기존에는 정비계획과 지구단위계획을 별도로 수립하였으나, 재난위험지역, 정책적 필요가 인정되는 지역은 지구단위계획이 포함된 정비계획을 수립하여 기간을 단축함.

2) 도시계획위원회를 정비사업 특별(수권) 분과위원회를 운영하고 쟁점별로 집중 검토함.

3) 도시, 건축, 교통, 환경 관련 각 위원회를 하나로 통합하여 통합적 의견 제시 및 일괄된 사업추진이 되도록 함.

3. 더 혁신적인 디자인을 추구

1) 미래세대를 위한 주거유형 도입, 모두를 위한 경계 허물기, 가슴으로 경험하는 감성 디자인, 수변 중심구조로 도시문화 더하기, 쉼터로서의 3영역 만들기 등 아파트 디자인 혁신을 지원함.

• 서울시는 신청구역의 재개발 추진의 적정성, 정비 시급성, 실현 가능성 등 현황 검토를 위해 이루어지는 구청 사전검토 및 시 선정위원회 개최 등을 통해 후보지를 선정한다. 침수 등 재난에 취약한 주거지역의 개선을 위해 침수 이력이 있거나 반지하주택이 밀집한 지역에 가점을 부여하고 있으며, 재개발사업의 경우 추진 의지가 높은 구역을 후보지로 우선 검토하기로 했다.

신탁업자의 시공자 선정방법

• 신탁업자는 사업시행자 지정·고시 후 경쟁입찰 또는 수의계약의 방법으로 건설업자 또는 등록업자를 시공자로 선정하여야 한다. 토지등소유자전체회의는 경쟁입찰 또는 수의계약의 방법으로 시공자를 추천할 수 있다. 수의계약은 2회 이상 경쟁입찰이 유찰된 경우이어야 한다.

• 시공자 추천 시 경쟁입찰의 방법은 다음과 같다.

1. 일반경쟁입찰·제한경쟁입찰 또는 지명경쟁입찰로 할 것

2. 입찰을 위한 입찰공고는 1회 이상 해당 지역에서 발간되는 일간신문에 하여야 하고 현장 설명회를 개최할 것

3. 입찰자로부터 제출받은 입찰제안서에 대하여 토지등소유자를 대상으로 투표를 실시할 것

• 신탁업자는 토지등소유자전체회의가 시공자를 추천하는 경우 추천받은 자를 시공자로 선정하여야 한다.

• 신탁업자는 공사에 관한 계약을 체결할 때에는 기존 건축물의 철거 공사에 관한 사항을 포함시켜야 한다. 철거공사에는 「석면안전관리법」에 따른 석면 조사·해체·제거를 포함시켜야 한다.

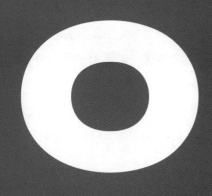

도시 정비 용어사전

안전진단

- 정비계획의 입안권자는 재건축사업 정비계획의 입안을 위하여 정비예정구역별 정비계획의 수립시기가 도래한 때에 안전진단을 실시하여야 한다.

- 정비계획의 입안권자는 다음의 어느 하나에 해당하는 경우에는 정비예정구역별 정비계획의 수립시기가 도래하기 전이라도 안전진단을 실시하여야 한다. 이 경우 정비계획의 입안권자는 안전진단에 드는 비용을 해당 안전진단의 실시를 요청하는 자에게 부담하게 할 수 있다.

  1. 정비계획의 입안을 제안하려는 자가 입안을 제안하기 전에 해당 정비예정구역에 위치한 건축물 및 그 부속토지의 소유자 10분의 1 이상의 동의를 받아 안전진단의 실시를 요청하는 경우

  2. 정비예정구역을 지정하지 아니한 지역에서 재건축사업을 하려는 자가 사업예정구역에 있는 건축물 및 그 부속토지의 소유자 10분의 1 이상의 동의를 받아 안전진단의 실시를 요청하는 경우

  3. 「도시 및 주거환경정비법」 제2조제3호나목에 해당하는 건축물의 소유자로서 재건축사업을 시행하려는 자가 해당 사업예정구역에 위치한 건축물 및 그 부속토지의 소유자 10분의 1 이상의 동의를 받아 안전진단의 실시를 요청하는 경우

- 재건축사업의 안전진단은 주택단지의 건축물을 대상으로 한다. 다만, 대통령령으로 정하는 주택단지의 건축물인 경우에는 안전진단 대상에서 제외할 수 있다.

- 정비계획의 입안권자는 현지조사 등을 통하여 해당 건축물의 구조안전성, 건축마감, 설비노후도 및 주거환경 적합성 등을 심사하여 안전진단의 실시 여부를 결정하여야 하며, 안전진단의 실시가 필요하다고 결정한 경우에는 대통령령으로 정하는 안전진단기관에 안전진단을 의뢰하여야 한다.

- 안전진단을 의뢰받은 안전진단기관은 국토교통부장관이 정하여 고시하는 기준(건축물의 내진성능 확보를 위한 비용을 포함)에 따라 안전진단을 실시하여야 하며, 국토교통부령으로 정하는 방법 및 절차에 따라 안전진단 결과보고서를 작성하여 정비계획의 입안권자 및 안전진단의 실시를 요청한 자에게 제출하여야 한다.

- 정비계획의 입안권자는 안전진단의 결과와 도시계획 및 지역여건 등을 종합적으로 검토하여 정비계획의 입안 여부를 결정하여야 한다.

안전진단 대상의 제외

- 정비계획의 입안권자는 안전진단의 요청이 있는 때에는 그 요청일부터 30일 이내에 국토교통부장관이 정하는 바에 따라 안전진단의 실시여부를 결정하여 요청인에게 통보하여야 한다. 이 경우 정비계획의 입안권자는 안전진단 실시 여부를 결정하기 전에 단계별 정비사업 추진계획 등의 사유로 재건축사업의 시기를 조정할 필요가 있다고 인정하는 경우에는 안전진단의 실시 시기를 조정할 수 있다.
- 정비계획의 입안권자는 현지조사 등을 통하여 안전진단의 요청이 있는 공동주택이 노후·불량건축물에 해당하지 아니함이 명백하다고 인정하는 경우에는 안전진단의 실시가 필요하지 아니하다고 결정할 수 있다.
- 재건축사업의 안전진단은 주택단지의 건축물을 대상으로 한다. 다만, 대통령령으로 정하는 주택단지의 건축물인 경우에는 안전진단 대상에서 제외할 수 있다.
- 대통령령으로 정하는 주택단지의 건축물이란 다음의 어느 하나를 말한다.
  1. 정비계획의 입안권자가 천재지변 등으로 주택이 붕괴되어 신속히 재건축을 추진할 필요가 있다고 인정하는 것
  2. 주택의 구조안전상 사용금지가 필요하다고 정비계획의 입안권자가 인정하는 것
  3. 「도시 및 주거환경정비법 시행령」 별표 1 제3호라목에 따른 노후·불량건축물 수에 관한 기준을 충족한 경우 잔여 건축물
  4. 정비계획의 입안권자가 진입도로 등 기반시설 설치를 위하여 불가피하게 정비구역에 포함된 것으로 인정하는 건축물
  5. 「시설물의 안전 및 유지관리에 관한 특별법」 제2조제1호의 시설물로서 같은 법 제16조에 따라 지정받은 안전등급이 D (미흡) 또는 E (불량)인 건축물

안전진단기관

- 정비계획의 입안권자는 안전진단의 실시가 필요하다고 결정한 경우에는 대통령령으로 정하는 안전진단기관에 안전진단을 의뢰하여야 한다. 대통령령으로 정하는 안전진단기관이란 다음의 기관을 말한다.
  1. 「과학기술분야 정부출연연구기관 등의 설립·운영 및 육성에 관한 법률」 제8조에 따른 한국건설기술연구원

2. 「시설물의 안전 및 유지관리에 관한 특별법」 제28조에 따른 안전진단전문기관

3. 「국토안전관리원법」에 따른 국토안전관리원

- 정비계획의 입안권자는 현지조사의 전문성 확보를 위하여 한국건설기술연구원 또는 국토안전관리원에 현지조사를 의뢰할 수 있다. 이 경우 현지조사를 의뢰받은 기관은 의뢰를 받은 날부터 20일 이내에 조사결과를 정비계획의 입안권자에게 제출하여야 한다.

- 재건축사업의 안전진단은 다음의 구분에 따른다.

  1. 구조안전성 평가 : 노후·불량건축물을 대상으로 구조적 또는 기능적 결함 등을 평가하는 안전진단

    1) 구조안전성에 관한 사항

    가. 기울기·침하·변형에 관한 사항

    나. 콘크리트 강도·처짐 등 내하력(耐荷力)에 관한 사항

    다. 균열·부식 등 내구성에 관한 사항

    2) 종합평가의견

- 구조안전성평가 안전진단이란 재건축 연한 도래와 관계없이 내진성능이 확보되지 않은 구조적 결함 또는 기능적 결함이 있는 노후·불량건축물을 대상으로 구조안전성을 평가하여 재건축 여부를 판정하는 안전진단을 말한다.

- 구조안전성을 평가하여 유지보수, 조건부재건축, 재건축으로 판정한다.

  2. 구조안전성 및 주거환경 중심 평가 : 제1호 외의 노후·불량건축물을 대상으로 구조적·기능적 결함 등 구조안전성과 주거생활의 편리성 및 거주의 쾌적성 등 주거환경을 종합적으로 평가하는 안전진단

    1) 주거환경에 관한 사항

    가. 도시미관·재해위험도

    나. 일조환경·에너지효율성

    다. 층간 소음 등 사생활침해

    라. 노약자와 어린이의 생활환경

    마. 주차장 등 주거생화의 편리성

    2) 건축마감 및 설비노후도에 관한 사항

    가. 지붕·외벽·계단실·창호의 마감상태

    나. 난방·급수급탕·오배수·소화설비 등 기계설비에 관한 사항

    다. 수변전(受變電), 옥외전기 등 전기설비에 관한 사항

3) 비용분석에 관한 사항

  가. 유지관리비용

  나. 보수·보강비용

  다. 철거비·이주비 및 신축비용

4) 구조안전성에 관한 사항

  가. 기울기·침하·변형에 관련된 사항

  나. 콘크리트 강도·처짐 등 내하력(耐荷力)에 관한 사항

  다. 균열·부식 등 내구성에 관한 사항

5) 종합평가의견

• 주거환경중심 평가 안전진단이란 구조안전성평가 안전진단 대상 외에 노후·불량건축물을 대상으로 주거환경을 중심으로 평가하여 재건축 여부를 판정하는 안전진단을 말한다.

• 2003년 7월 1일「도시 및 주거환경정비법」시행 이후 재건축사업 안전진단 평가의 가중치 변화과정은 다음과 같다.

구분	2003년	2006년	2009년	2015년	2018년	2023년 (1월 5일)
구조안전성	45	50	40	20	50	30
주거환경	10	10	15	40	15	30
건축마감 및 설비노후도	30	30	30	30	25	30
비용편익	15	10	15	10	10	10

• 주거환경, 건축마감 및 설비노후도, 구조안전성 및 비용분석으로 구분하여 평가하여 유지보수, 조건부 재건축, 재건축으로 판정한다.

• 판정기준이 2023년 1월 5일부로 다음과 같이 변경되었다.

구분	기존	변경
유지보수	55점 초과	55점 초과
조건부재건축(적정성 검토)	30 ~ 55점	45 ~ 55점
재건축	30점 이하	30 ~ 45점

안전진단 결과의 적정성 검토

- 정비계획의 입안권자(특별자치시장 및 특별자치도지사는 제외)는 정비계획의 입안 여부를 결정한 경우에는 지체 없이 특별시장·광역시장·도지사에게 결정내용과 해당 안전진단 결과보고서를 제출하여야 한다.
- 시·도지사는 필요한 경우 「국토안전관리원법」에 따른 국토안전관리원 또는 「과학기술분야 정부출연연구기관 등의 설립·운영 및 육성에 관한 법률」에 따른 한국건설기술연구원에 안전진단 결과의 적정성에 대한 검토를 의뢰할 수 있다.
- 안전진단 결과의 적정성 여부에 따른 검토를 의뢰받은 기관은 적정성 여부에 따른 검토를 의뢰받은 날부터 60일 이내에 그 결과를 시·도지사에게 제출하여야 한다. 다만, 부득이한 경우에는 30일의 범위에서 한 차례만 연장할 수 있다.
- 국토교통부장관은 시·도지사에게 안전진단 결과보고서의 제출을 요청할 수 있으며, 필요한 경우 시·도지사에게 안전진단 결과의 적정성에 대한 검토를 요청할 수 있다.
- 이 경우 안전진단 결과의 적정성 여부에 따른 검토 비용은 적정성 여부에 대한 검토를 의뢰 또는 요청한 국토교통부장관 또는 시·도지사가 부담한다.
- 시·도지사는 검토결과에 따라 정비계획의 입안권자에게 정비계획 입안결정의 취소 등 필요한 조치를 요청할 수 있으며, 정비계획의 입안권자는 특별한 사유가 없으면 그 요청에 따라야 한다. 다만, 특별자치시장 및 특별자치도지사는 직접 정비계획의 입안결정의 취소 등 필요한 조치를 할 수 있다.
- 조건부 재건축의 적정성 검토는 2023년 1월 5일부로 다음과 같이 변경되었다.

구분	기존	변경
대상	30 ~ 55점 의무적 시행	45 ~ 55점 선택적 시행
절차	지자체 재량 없이 공공기관 수행	지자체가 기본사항 확인 결과에 중대한 영향을 미칠 우려가 있다고 판단하는 경우 요청
검토범위	1차 정밀안전진단 전체 항목 재검토	지자체가 요청한 확인이 필요한 평가 항목에 한정하여 검토

안전진단 재실시

- 시장·군수등은 정비구역이 지정·고시된 날부터 10년이 되는 날까지 사업시행계획인가를 받지 아니하고 다음의 어느 하나에 해당하는 경우에는 안전진단을 다시 실시하여야 한다.
  1. 재난이 발생할 위험이 높거나 재난예방을 위하여 계속적으로 관리할 필요가 있다고 인정하여 특정관리대상지역으로 지정하는 경우
  2. 재해 및 재난 예방과 시설물의 안전성 확보 등을 위하여 정밀안전진단을 실시하는 경우
  3. 공동주택의 구조안전에 중대한 하자가 있다고 인정하여 안전진단을 실시하는 경우

에너지절약계획서 적정성검토

- 에너지절약계약서 적정성 검토란 일정규모(연면적 500㎡) 이상 신축건물의 건축허가 신청 시에 건축물 에너지절약설계기준(국토교통부 고시) 및 「녹색건축물 조성 지원법」에 의거 에너지절약계획서를 제출하게 하여 적정성을 검토하는 것을 말한다. 이 제도는 건축물의 효율적인 에너지 관리를 위하여 열손실 방지, 에너지절약형 설비사용 등을 비롯하여 에너지절약 설계에 대한 의무사항 및 에너지성능지표를 규정한다.
- 에너지절약계획서의 주요 검토내용은 다음과 같다.
  1. 건축부문 : 평균열관류율, 기밀성 창호, 옥상 조경 등 에너지절약적 설계
  2. 기계, 전기부문 : 고효율 인증제품 및 에너지절약적 제어기법 채택
  3. 신·재생부문 : 냉난방, 급탕 부하 및 전기용량을 신·재생에너지로 담당
- 에너지 절약계획서의 적정성 여부를 검토하여 의무사항 전 항목 채택 및 EPI 65점 이상 취득(공공기관은 74점 이상)하여야 건축허가를 받을 수 있다.

에너지절약형 친환경주택성능 평가제도

- 에너지절약형 친환경주택성능평가제도란 에너지소비절감 및 탄소배출량 감소를 위한 친환경적인 주택을 건설하기 위한 제도로 주택사업계획 관련 도서에 첨부된 친환경주택 증빙자료를 평가·확인하는 제도를 말한다. 관련법은 「주택법」이다.
- 의무대상은 주택법 시행령 제27조에 따른 사업계획승인 대상 공동주택(30세대 이상의 공동주택, 50세대 이상의 도시형생활주택, 300세대 이상의 주상복합아파트)이다. 신청시기는 사업계

획승인 신청 시, 사업시행인가 신청 시 이다.

- 친환경주택의 성능수준은 평가기준단지 대비 평가대상단지의 총 에너지절감률 또는 총 이산화탄소저감률로 한다.
- 친환경주택의 평가항목은 다음과 같다.

  1. 난방부문의 평가항목은 외기에 직·간접으로 면한 벽, 지붕, 바닥, 창호 등 외피의 단열성능, 창호의 일사 취득, 난방기기의 효율 및 용량 등을 포함한다.
  2. 냉방부문의 평가항목은 냉방기기의 효율 및 용량 등을 포함한다.
  3. 급탕부문의 평가항목은 급탕기기의 효율 및 용량 등을 포함한다.
  4. 조명부문의 평가항목은 조명기구의 용량, 종류 등을 포함한다.
  5. 환기부문의 평가항목은 환기장치의 팬동력, 팬효율, 외기도입 풍량 등을 포함한다.
  6. 신·재생에너지부문의 평가항목은 태양열, 태양광 및 지열시스템 등의 용량 및 효율 등을 포함한다.
  7. 기타 이 고시에서 정하는 의무사항의 이행여부를 평가한다.

역세권개발구역

- 역세권개발구역이란 역세권개발사업을 시행하기 위하여 「역세권의 개발 및 이용에 관한 법률」에 따라 지정·고시된 구역을 말한다.
- 역세권개발구역은 역세권의 개발을 활성화하고 역세권과 인접한 도시환경의 개선이 필요한 지역을 대상으로 국토교통부장관 또는 시·도지사가 지정하며, 역세권개발구역의 지정대상은 다음과 같다.

  1. 철도역이 신설되어 역세권의 체계적·계획적인 개발이 필요한 경우
  2. 철도역의 시설 노후화 등으로 철도역을 증축·개량할 필요가 있는 경우
  3. 노후·불량 건축물이 밀집한 역세권으로서 도시환경 개선을 위하여 철도역과 주변지역을 동시에 정비할 필요가 있는 경우
  4. 철도역으로 인한 주변지역의 단절 해소 등을 위하여 철도역과 주변지역을 연계하여 개발할 필요가 있는 경우
  5. 도시의 기능 회복을 위하여 역세권의 종합적인 개발이 필요한 경우

역세권개발사업

- 역세권개발사업이란 역세권개발구역에서 철도역 및 주거·교육·보건·복지·관광·문화·상업·체육 등의 기능을 가지는 단지조성과 시설설치를 위하여 시행하는 사업을 말한다. 관련법은 「역세권의 개발 및 이용에 관한 법률」이다.

- 역세권개발은 도시의 기능과 공간 구조가 복잡해짐에 따라 역세권에 대한 체계적인 개발이 필요하나 현재 대부분의 역세권개발은 주변지역과의 상호 연계성을 고려하지 못하고 개별적으로 추진되고 있어 철도역과 주변지역 간의 부조화가 발생하고 있으며, 역세권의 특성이 반영된 지원이 부족하여 역세권 중심의 고밀도 복합단지 개발의 추진이 어려움에 따라 철도시설과 도시·군계획을 종합적으로 고려한 체계적인 역세권 개발이 가능하도록 역 중심의 생활문화공간을 조성하고 도시환경을 개선하고자 도입된 제도이다.

- 역세권개발구역은 역세권개발사업을 시행하기 위하여 「역세권의 개발 및 이용에 관한 법률」에 따라 지정·고시된 구역을 말한다.

- 역세권개발구역은 역세권의 개발을 활성화하고 역세권과 인접한 도시환경의 개선이 필요한 지역을 대상으로 국토교통부장관 또는 시·도지사가 지정한다.

- 역세권이란 대중교통이용이 편리한 역 주변 지역으로서 보행으로 쉽게 접근할수 있어 도시활동이 집중되었거나 집중시킬 필요가 있는 일단의 범역으로 지하철, 국철 및 경전철 등의 역(사업계획 또는 실시계획 승인 받아 개통이 예정된역을 포함한다)의 승강장 경계로부터 반경 250m 이내 지역을 중심으로 한 가로구역(도로로 둘러싸인 일단의 지역)을 말한다

- 사업 대상지는 역세권 내를 원칙으로 한다. 승강장 경계로부터 반경 250m 이내에 가로구역의 2분의 1 이상이 걸치는 경우에는 가로구역 전체를 사업 대상지로 보며, 가로구역의 2분의 1 미만(일부)이 걸치는 경우에는 간선도로(폭 20m 이상도로)에 접한 경우나 구역 정형화 등의 필요성이 인정되는 경우를 사업 대상지로 볼 수 있다.

- 사업 대상지는 「국토계획법 시행령」제30조에 따른 용도지역 중 다음의 지역으로 한다.

  1. 주거지역 중 제2종일반주거지역(7층이하 포함), 제3종일반주거지역 및 준주거지역

  2. 상업지역 중 근린상업지역 및 일반상업지역

  3. 상기 1 또는 2에 해당하는 지역 중 다음에 해당하는 대상지는 제외한다.

     1) 「서울특별시 역사도심 기본계획」상 특성관리지구

     2) 「도시정비법」에 의한 정비구역 및 정비예정구역(다만, 도시정비형 재개발사업의 정비예정구역은 예외로 한다)

3) 「국토계획법」에 의한 도시·군계획시설(다만, 시설계획(관리)부서에서 시설의 조정(복합 또는 해제)이 가능한 것으로 검토된 시설부지 제외)

4) 「도시재정비 촉진을 위한 특별법」에 따른 재정비촉진지구

5) 「빈집 및 소규모주택 정비에 관한 특례법」에 따른 소규모주택정비사업의 시행을 위해 주민합의체 구성 또는 조합설립인가를 받은 지역 사업 대상지는 아래 요건을 모두 충족하여야 한다.

　가. 도로 요건 : 2면 이상이 폭 4m 이상 도로에 접하면서 최소 한 면은 폭 8m 이상 도로에 접할 것

　나. 면적 요건 : 가로구역의 1/2 이상으로서 1,500㎡ 이상 10,000㎡이하 (다만, 부지면적이 10,000㎡를 초과하는 경우는 위원회가 인정하는 경우 사업 대상지로 볼 수 있다)

　다. 노후도 요건 : 사업유형별 각각의 노후건축물 기준을 따른다.(지구단위계획 수립 대상인 경우 「도시계획조례 시행규칙」 별표 1을 따르며, 도시정비형 재개발사업 정비계획 수립 대상인 경우 「도시 및 주거환경정비법 시행령」 별표1과 「서울특별시 도시 및 주거환경정비조례」 제4조 및 별표1에 따른다.)

• 역세권 활성화사업은 역세권 활성화사업 계획을 수립하여 도시관리계획 결정(변경) 또는 정비계획 결정(변경)을 통해 아래 사업 유형으로 시행할 수 있다.

　1. 「건축법」에 따른 건축허가

　2. 「주택법」에 따른 사업계획승인(개별법에 따라 건축허가 및 사업계획승인이 의제되는 경우를 포함한다)

　3. 「도시 및 주거환경정비법」에 따른 사업시행인가

• 사업대상지 선정 신청 시 대상 토지면적의 3분의 2 이상 토지소유자의 동의를 받아야 한다. 다만, 도시정비형 재개발사업 방식은 토지 등 소유자의 30% 이상의 동의를 받아야 한다.

• 결정된 사업계획이 아래 각호에 해당하는 경우 입안권자(자치구청장)는 지구단위계획 결정의 실효를 고시하거나, 정비구역을 해제하여야 한다.

　1. 「국토의 계획 및 이용에 관한 법률」 제53조 제2항에 해당하는 경우

　2. 「도시 및 주거환경정비법」 제20조 제1항 각 호의 어느 하나에 해당하는 경우

영업손실보상

- 정비사업으로 인한 영업의 폐지 또는 휴업에 대하여 손실을 평가하는 경우 영업의 휴업기간은 4개월 이내로 한다. 다만, 다음 각 호의 어느 하나에 해당하는 경우에는 실제 휴업기간으로 하되, 그 휴업기간은 2년을 초과할 수 없다.

  1. 해당 정비사업을 위한 영업의 금지 또는 제한으로 인하여 4개월 이상의 기간동안 영업을 할 수 없는 경우

  2. 영업시설의 규모가 크거나 이전에 고도의 정밀성을 요구하는 등 해당 영업의 고유한 특수성으로 인하여 4개월 이내에 다른 장소로 이전하는 것이 어렵다고 객관적으로 인정되는 경우

- 영업손실을 보상하는 경우 보상대상자의 인정시점은 정비구역 지정을 위한 공람공고일로 본다.

- 이 경우 영업은 다음 각 호 모두에 해당하는 영업이어야 한다.

  1. 사업인정고시일등 전부터 적법한 장소(무허가건축물 등, 불법 형질변경토지, 그 밖에 다른 법령에서 물건을 쌓아놓는 행위가 금지되는 장소가 아닌 곳을 말한다)에서 인적·물적시설을 갖추고 계속적으로 행하고 있는 영업. 다만, 무허가건축물 등에서 임차인이 영업하는 경우에는 그 임차인이 사업인정고시일 등 1년 이전부터 부가가치세법 제8조에 따른 사업자등록을 하고 행하고 있는 영업을 말한다.

  2. 영업을 행함에 있어서 관계 법령에 의한 허가 등을 필요로 하는 경우에는 사업인정고시일 등 전에 허가 등을 받아 그 내용대로 행하고 있는 영업

- 재개발사업의 경우 공공성이 있어 영업손실에 대한 보상을 받을 수 있으나, 재건축사업의 경우 수용권이 없어 원칙적으로 영업손실에 대한 보상을 받을 수 없다.

오염토의 정화기술

- 오염토란 인간 활동으로 인한 화학 물질 및 토양 환경 교란으로 인해 토지에 오염이 발생한 토지를 말한다. 토양 오염은 사람이나 생태계에 피해를 주는 폐기물 및 대기 오염 물질들이 토양에 유입되었을 때 발생한다.

- 탄화수소나 농약과 같은 유기 화학물질, 셀레늄, 카드뮴, 니켈, 납과 같은 중금속을 포함하는 물질들이 토양 오염물로 작용한다. 세립 점토 입자를 가진 토양은 환경 오염을 발생시키는 독성 물질을 끌어당기고 흡착, 고정할 수 있는 능력을 가지고 있다. 토양은 오염물질을 자연저감 시킬 수 있는 유기물 또한 포함하고 있기 때문에 스스로 환경오염을 줄일 수 있는 기회를 제공하

기도 한다. 하지만 토양 내의 오염물질과 토양의 생화학적 과정에 의해 분해되었던 물질들이 식물 안에 농축되거나 대기 또는 지하수계로 이동한다면 생태계와 인간에 독성물질로 작용할 수 있다. 관련법은 「토양환경보전법」이다.

- 대기 중의 오염물질이 지상에 떨어져 토양오염을 야기하기도 한다. 대표적으로 황산염과 질산염이 비와 반응하여 내리는 산성비가 있다. 이들은 이산화황 또는 질산화황물이 태양광선을 받아 대기 중의 다른 기체와 광화학 반응을 할 때 발생한다. 황산과 질산 형태의 황산염은 이런 과정으로 비가 내릴 때 산성비를 만드는 성분이 된다.

- 주요 토양오염물질은 다음과 같다.

토양오염물질	내용
카드뮴(Cd)	· 1군 발암물질(WHO IARC) · 제련공장, 도금공정, 화학공업 · 이타이이타이병(일본·1910), 온산병(한국 울산·1980)
비소(As)	· 1군 발암물질(WHO IARC) · 살충제, 방부제, 도료 · 공기 중 노출 시 산소화 결합하여 산화비소(독극물)
BTEX	· 1군 발암물질 : 벤젠 · 톨루엔(Toluen), 에틸벤젠(Ethylbenzen), 크실렌(Xylen) · 휘발유
석유계총탄화수소(TPH)	· 경유, 등유, 윤활유 등 석유류 물질 · 토양오염의 가장 대표적인 사례

- 오염된 토양 위에 집이나 학교와 같은 건물이 세워질 수 있는 위험성이 있다. 한번 오염된 토양에서 오염물을 제거하는 복원작업에는 매우 큰 비용이 소비된다. 토양 정화기술에는 생물학적 처리방법, 물리화학적 처리방법, 열적 처리방법이 있다.

- 생물학적 처리방법은 무독한 부산물을 생성시키기 때문에 후처리 시설이 필요하지 않아 타 기술에 비해 경제적이다. 그러나 물리·화학적 기술에 비하여 처리기간이 긴 단점을 가지고 있기 때문에 긴급히 오염지역을 정화해야 하는 경우에는 적용이 용이하지 않다. 생물학적 분해법은 미생물에 의하여 분해가 가능한 할로겐 및 비할로겐 VOCs, 유류 등으로 오염된 토양을 처리할 수 있으나, 클로로포름, 살충제와 같은 할로겐 SVOCs, 금속과 같은 무기물질 및 방사성 물질은

분해가 불가능하기 때문에 적용이 용이하지 않다.

- 오염토의 정화기술은 다음과 같이 요약할 수 있다.

구분	생물학적 처리방법	물리·화학적 처리방법	열적 처리방법
대상물질	유기오염물질 TPH, BTEX 등	유기, 무기오염물질 중금속류, TPH 등	비소, 다이옥신 고농도 유기오염물질
공법	생물학적 분해 생물학적 통풍 토양경작법 퇴비화공법 식물정화법	토양증기추출법 토양세척법 토양세정법 화학적산화·환원법 동전기법	열탈착법 소각법 유리화법 열분해법

오염토의 정화방법

- 오염토양을 정화할 때에는 오염이 발생한 해당 부지에서 정화하여야 한다. 다만, 부지의 협소 등 환경부령으로 정하는 불가피한 사유로 그 부지에서 오염토양의 정화가 곤란한 경우에는 토양정화업자가 보유한 시설로 환경부령이 정하는 바에 따라 오염토양을 반출하여 정화할 수 있다. 관련법은 「토양환경보전법」이다.
- 환경부령으로 정하는 불가피한 사유는 도시지역 안의 건설공사 과정에서 발견되어 부지 안에서 정화가 곤란한 경우를 말한다.
- 당해 건설공사가 착공되어 진행하는 과정에서 이전에 확인되지 않았던 오염토양이 발견된 경우나 당해 공사의 진행으로 물리적으로 현장 내에 토양오염시설의 설치가 곤란하거나 정화시설의 설치로 인해 진행 중인 당해 공사에 지장을 주는 것을 말한다.
- 정비사업의 경우 오염토양을 반출하여 정화하는 것이 공사기간 단축에 도움이 될 것이다.

오염토의 처리절차

- 토양 오염은 사람이나 생태계에 피해를 주는 폐기물 및 대기 오염 물질들이 토양에 유입되었을 때 발생한다.
- 정비사업의 경우 철거 및 착공 후에 오염토가 발견되어 오염토에 대한 조사, 정화활동 등에 많

은 비용과 시간이 소요된다. 한번 오염된 토양에서 오염물을 제거하는 복원작업에는 매우 큰 비용이 소비된다.

- 다음 각 호의 어느 하나에 해당하는 경우에는 지체 없이 관할 특별자치시장·특별자치도지사·시장·군수·구청장에게 신고하여야 한다. 관련법은 「토양환경보전법」이다.

  1. 토양오염물질을 생산·운반·저장·취급·가공 또는 처리하는 자가 그 과정에서 토양오염물질을 누출·유출한 경우

  2. 토양오염관리대상시설을 소유·점유 또는 운영하는 자가 그 소유·점유 또는 운영 중인 토양오염관리대상시설이 설치되어 있는 부지 또는 그 주변지역의 토양이 오염된 사실을 발견한 경우

  3. 토지의 소유자 또는 점유자가 그 소유 또는 점유 중인 토지가 오염된 사실을 발견한 경우

- 특별자치시장·특별자치도지사·시장·군수·구청장은 토양오염에 따른 신고를 받거나, 토양오염물질이 누출·유출된 사실을 발견하거나 그 밖에 토양오염이 발생한 사실을 알게 된 경우에는 소속 공무원으로 하여금 해당 토지에 출입하여 오염 원인과 오염도에 관한 조사를 하게 할 수 있다.

- 토양오염에 대한 조사를 한 결과 오염도가 우려기준을 넘는 토양(오염토양)에 대하여는 기간을 정하여 정화책임자에게 토양관련전문기관에 의한 토양정밀조사의 실시, 오염토양의 정화 조치를 할 것을 명할 수 있다.

- 토양관련전문기관은 토양정밀조사를 하였을 때에는 조사 결과를 관할 특별자치시장·특별자치도지사·시장·군수·구청장에게 지체 없이 통보하여야 한다.

- 특별자치시장·특별자치도지사·시장·군수·구청장은 소속 공무원으로 하여금 해당 토지에 출입하여 오염 원인과 오염도에 관한 조사를 하게 한 경우에는 그 사실을 지방환경관서의 장에게 지체 없이 알려야 한다.

- 다음 각 호의 어느 하나에 해당하는 자는 정화책임자로서 토양정밀조사, 오염토양의 정화 또는 오염토양 개선사업의 실시를 하여야 한다.

  1. 토양오염물질의 누출·유출·투기(投棄)·방치 또는 그 밖의 행위로 토양오염을 발생시킨 자

  2. 토양오염의 발생 당시 토양오염의 원인이 된 토양오염관리대상시설의 소유자·점유자 또는 운영자

  3. 합병·상속이나 그 밖의 사유로 제1호 및 제2호에 해당되는 자의 권리·의무를 포괄적으로 승계한 자

  4. 토양오염이 발생한 토지를 소유하고 있었거나 현재 소유 또는 점유하고 있는 자

- 다음 각 호의 어느 하나에 해당하는 경우에는 정화책임자로 보지 아니한다. 다만, 1996년 1월 6

일 이후에 상기 제1호 또는 제2호에 해당하는 자에게 자신이 소유 또는 점유 중인 토지의 사용을 허용한 경우에는 그러하지 아니하다.

1. 1996년 1월 5일 이전에 양도 또는 그 밖의 사유로 해당 토지를 소유하지 아니하게 된 경우

2. 해당 토지를 1996년 1월 5일 이전에 양수한 경우

3. 토양오염이 발생한 토지를 양수할 당시 토양오염 사실에 대하여 선의이며 과실이 없는 경우

4. 해당 토지를 소유 또는 점유하고 있는 중에 토양오염이 발생한 경우로서 자신이 해당 토양오염 발생에 대하여 귀책 사유가 없는 경우

- 다음 각 호의 어느 하나에 해당하는 자는 2년 이하의 징역 또는 2,000만원 이하의 벌금에 처한다.

1. 토양정밀조사, 오염토양의 정화조치 등 명령을 이행하지 아니한 자

2. 오염토양을 토양정화업자에게 위탁하여 정화하지 아니한 자

3. 오염토양을 버리거나 매립하는 행위를 한 자

4. 토양관련전문기관 지정(등록)을 받지 아니하고 업무를 한 자

- 정비사업의 경우 환경영향평가 또는 소규모환경영향평가 시 토지환경 또는 토양에 대한 조사를 실시하여 미리 오염토 존재 유무 파악 및 오염정도에 따른 대책을 마련하여야 한다.

용적률 완화를 위한 현금납부 방법

- 정비계획을 통한 토지의 효율적 활용을 위하여 「국토의 계획 및 이용에 관한 법률」 제52조제3항에 따른 건폐율·용적률 등의 완화규정은 정비계획에 준용한다. 이 경우 "지구단위계획구역"은 "정비구역"으로, "지구단위계획"은 "정비계획"으로 본다.

- 용적률이 완화되는 경우로서 사업시행자가 정비구역에 있는 대지의 가액 일부에 해당하는 금액을 현금으로 납부한 경우에는 대통령령으로 정하는 공공시설 또는 기반시설의 부지를 제공하거나 공공시설 등을 설치하여 제공한 것으로 본다.

- "대통령령으로 정하는 공공시설 또는 기반시설"이란 「국토의 계획 및 이용에 관한 법률 시행령」 제46조제1항에 따른 공공시설 또는 기반시설을 말한다.

- 「국토의 계획 및 이용에 관한 법률 시행령」 제46조제1항에 따른 공공시설 또는 기반시설이란 설치하면 건폐율, 용적률 및 높이제한을 완화할 수 있는 시설로서 공공시설 또는 기반시설 중 학교와 해당 시·도 또는 대도시의 도시·군계획조례로 정하는 기반시설을 말한다.

- 서울특별시 도시계획조례에 따르면 상기 기반시설을 공공청사, 문화시설, 체육시설, 도서관, 연구시설, 사회복지시설, 공공직업훈련시설, 청소년수련시설, 종합의료시설 및 폐기물처리시설로 규정하고 있다.
- 사업시행자는 현금납부를 하려는 경우에는 토지등소유자(법 제35조에 따라 조합을 설립한 경우에는 조합원을 말한다) 과반수의 동의를 받아야 한다. 이 경우 현금으로 납부하는 토지의 기부면적은 전체 기부면적의 2분의 1을 넘을 수 없다.
- 현금납부액은 시장·군수등이 지정한 둘 이상의 감정평가법인등(「감정평가 및 감정평가사에 관한 법률」에 따른 감정평가법인등을 말한다. 이하 같다)이 해당 기부토지에 대하여 평가한 금액을 산술평균하여 산정한다.
- 현금납부액 산정기준일은 사업시행계획인가(현금납부에 관한 정비계획이 반영된 최초의 사업시행계획인가를 말한다) 고시일로 한다. 다만, 산정기준일부터 3년이 되는 날까지 법 제74조에 따른 관리처분계획인가를 신청하지 아니한 경우에는 산정기준일부터 3년이 되는 날의 다음 날을 기준으로 제3항에 따라 다시 산정하여야 한다.
- 사업시행자는 착공일부터 준공검사일까지 현금납부액을 특별시장, 광역시장, 특별자치시장, 특별자치도지사, 시장 또는 군수(광역시의 군수는 제외한다)에게 납부하여야 한다.
- 특별시장 또는 광역시장은 납부받은 금액을 사용하는 경우에는 해당 정비사업을 관할하는 자치구의 구청장 또는 광역시의 군수의 의견을 들어야 한다.
- 현금납부액의 구체적인 산정 기준, 납부 방법 및 사용 방법 등에 필요한 세부사항은 시·도조례로 정할 수 있다.

의사록의 작성·관리

- 주민총회 및 추진위원회의 의사록에는 위원장·부위원장 및 감사가 기명날인하여야 한다.
- 위원의 선임과 관련된 의사록을 관할 시장·군수등에게 송부하고자 할 때에는 위원의 명부와 그 피선자격을 증명하는 서류를 첨부하여야 한다.
- 총회·대의원회 및 이사회의 의사록의 작성기준 및 관리 등은 다음과 같다.
  1. 의사록에는 의사의 경과, 요령 및 결과를 기재하고 의장 및 출석한 기명날인 하여야 한다. 다만, 속기사의 속기록일 경우에는 그러하지 아니하다.
  2. 의사록은 조합사무소에 비치하여 조합원이 항시 열람할 수 있도록 하여야 한다.

3. 임원의 선임 또는 대의원의 선출과 관련된 총회의 의사록을 관할 시장·군수에게 송부하고자 할 때에는 임원 또는 대의원 명부와 그 피선자격을 증명하는 서류를 첨부하여야 한다.

이사

- 조합에는 이사를 두어야 하고, 이사의 수는 3인 이상으로 하되 토지등소유자 수가 100명을 초과하는 경우에는 5인 이상으로 한다.
- 조합의 이사는 조합장을 보좌하여 조합의 사무를 분장하고 조합 사무를 집행하는 이사회의 의결권을 갖는다.
- 조합장이 아닌 조합임원은 대의원이 될 수 없으므로 이사는 대의원이 될 수 없다.

이사비(동산이전비)

- 공익사업의 원활한 추진과 공익사업으로 주거를 이전하게 되는 거주자를 보호하기 위하여 이사비를 지급하고 있다.
- 공익사업시행지구에 편입되는 주거용 건축물의 거주자에 대하여는 이사비를 보상하여야 한다. 세입자가 사업시행인가 고시일 후에 재개발사업의 시행으로 인하여 이주하게 되었다면 이사비 보상대상자에 해당된다.
- 공익사업을 위한 「토지 등의 취득 및 보상에 관한 법률 시행규칙」 [별표 4] 에 규정된 이사비 보상기준(2023. 1분기 기준)은 다음과 같다.

주택연면적 기준	이사비용 (단위:원)
33㎡ 미만	770,510
33㎡ 이상 49.5㎡ 미만	1,187,580
49.5㎡ 이상 66㎡ 미만	1,484,480
66㎡ 이상 99㎡ 미만	1,781,370
99㎡ 이상	2,375,170

- 이사비는 임금, 차량운임, 포장비를 계산하여 산출한다. 임금은 「통계법」 제3조제3호에 따른 통

계작성기관이 같은 법 제18조에 따른 승인을 받아 작성·공표한 공사부문 보통인부의 임금을 기준으로 한다.

- 차량운임은 한국교통연구원이 발표하는 최대적재량이 5톤인 화물자동차의 1일 8시간 운임을 기준으로 한다.
- 한 주택에서 여러 세대가 거주하는 경우 주택연면적기준은 세대별 점유면적에 따라 각 세대별로 계산·적용한다.

이사회

- 조합은 조합의 사무를 집행하기 위하여 조합장과 이사로 구성하는 이사회를 설치하고, 조합의 사무집행을 이사회의 결의에 따라 하고 있다.
- 이사회는 다음의 사무를 집행한다.
  1. 조합의 예산 및 통상업무의 집행에 관한 사항
  2. 총회 및 대의원회의 상정안건의 심의·결정에 관한 사항
  3. 업무규정 등 조합 내부규정의 제정 및 개정안 작성에 관한 사항
  4. 그 밖에 조합의 운영 및 사업시행에 관하여 필요한 사항
- 이사회는 조합장이 소집한다. 이사회는 구성원 과반수 출석으로 개의하고, 출석 구성원 과반수의 찬성으로 의결한다.
- 이사회 결의에 관하여 특별한 이해관계가 있는 이사는 의결권을 행사하지는 못한다.
- 표준정관은 서면으로 이사회에 출석하거나 의결권을 행사할 수 잇도록 규정하고 있다. 표준정관은 이사는 대리인을 통한 출석을 할 수 없도록 규정하고 있다.
- 감사는 이사회에 출석하여 의견을 진술할 수 있다. 그러나 감사는 이사회의 구성원이 아니므로 결의에 참여하지 못한다.
- 조합은 이사회의 의사록에 의사의 경과, 요령 및 결과를 기재하고 의장 및 출석한 이사가 기명날인하여야 한다. 속기사의 속기록일 경우에는 이를 적용하지 아니한다.
- 조합은 이사회를 개최한 경우 이사회 회의록 및 관련 자료를 청산시까지 보관하여야 한다.
- 조합임원은 이사회의 의사록을 조합원이 알 수 있도록 인터넷과 그 밖의 방법을 병향하여 공개하여야 하며, 조합원 또는 토지등소유자의 열람·등사 요청이 있는 경우 15일 이내에 그 요청에 따라야 한다. 이 경우 등사에 필요한 비용은 실비의 범위 안에서 청구인의 부담으로 한다.

이전고시

- 이전고시란 사업시행이 완료된 이후에 관리처분계획에서 정한 바에 따라 정비사업으로 조성된 대지 및 건축물 등의 소유권을 분양받을 자에게 이전하는 행정처분으로서 관리처분계획에서 정한 구체적인 사항을 집행하는 행위를 말한다.
- 이전고시는 공사의 완료 고시로 종전의 구 도시개발법의 '분양처분'과 유사한 성질의 것이다.
- 사업시행자는 준공인가에 따른 고시가 있은 때에는 지체 없이 대지확정측량을 하고 토지의 분할절차를 거쳐 관리처분계획에서 정한 사항을 분양받을 자에게 통지하고 대지 또는 건축물의 소유권을 이전하여야 한다. 다만, 정비사업의 효율적인 추진을 위하여 필요한 경우에는 해당 정비사업에 관한 공사가 전부 완료되기 전이라도 완공된 부분은 준공인가를 받아 대지 또는 건축물별로 분양받을 자에게 소유권을 이전할 수 있다.
- 사업시행자는 대지 및 건축물의 소유권을 이전하려는 때에는 그 내용을 해당 지방자치단체의 공보에 고시한 후 시장·군수등에게 보고하여야 한다. 이 경우 대지 또는 건축물을 분양받을 자는 고시가 있은 날의 다음 날에 그 대지 또는 건축물의 소유권을 취득한다.
- 이전고시의 효과는 다음과 같다.
  1. 소유권 취득 : 대지 또는 건축물을 분양받을 자에게 이전고시가 있은 날의 다음 날에 그 대지 또는 건축물에 대한 소유권을 취득한다.
  2. 등기절차 및 권리변동의 제한 : 사업시행자는 이전고시가 있은 때에는 지체없이 대지 및 건축물에 관한 등기를 지방법원지원 또는 등기소에 촉탁 또는 신청하여야 한다. 정비사업에 관하여 이전의 고시가 있은 날부터 등기가 있을 때까지는 저당권 등의 다른 등기를 하지 못한다.
  3. 대지 및 건축물에 대한 권리의 확정 : 대지 또는 건축물을 분양받을 자에게 소유권을 이전한 경우 종전의 토지 또는 건축물에 설정된 지상권·전세권·저당권·임차권·가등기담보권·가압류 등 등기된 권리 및 「주택임대차보호법」 제3조제1항의 요건을 갖춘 임차권은 소유권을 이전받은 대지 또는 건축물에 설정된 것으로 본다.
- 소유권 이전고시에 따라 취득하는 대지 또는 건축물 중 토지등소유자에게 분양하는 대지 또는 건축물은 「도시개발법」 제40조의 규정에 의하여 행하여진 환지로 보며, 보류지와 일반에게 분양하는 대지 또는 건축물은 「도시개발법」 제34조의 규정에 의한 보류지 또는 체비지로 본다.

이주관리

- 사업추진 단계 중 중요한 단계가 바로 조합원 이주단계이다. 이주가 늦어지면 철거 및 착공이 늦어지게 되기 때문이다. 사업이 지연되면 그 동안 투입된 사업비와 이주비 등에 대한 금융비용이 늘어나기 때문에 조합 및 조합원에게 손해를 끼칠 수 있다. 이는 곧 조합원 분담금과도 연결이 된다. 따라서 조합은 철저한 이주관리 계획 수립 및 이주 촉진을 위해 노력해야 한다. 실무에서는 조합이 이주 관리 및 이주 촉진을 위해 대행업체를 선정하고 있다.
- 시장·군수등은 사업시행자가 기존의 건축물을 철거하거나 철거를 위하여 점유자를 퇴거시키려는 경우 다음의 어느 하나에 해당하는 시기에는 건축물을 철거하거나 점유자를 퇴거시키는 것을 제한할 수 있다.
  1. 일출 전과 일몰 후
  2. 호우, 대설, 폭풍해일, 지진해일, 태풍, 강풍, 풍랑, 한파 등으로 해당 지역에 중대한 재해발생이 예상되어 기상청장이 「기상법」 제13조에 따라 특보를 발표한 때
  3. 「재난 및 안전관리 기본법」 제3조에 따른 재난이 발생한 때
  4. 제1호부터 제3호까지의 규정에 준하는 시기로 시장·군수등이 인정하는 시기
- 서울시의 경우 시장·군수등이 인정하는 시기란 동절기(12월 1일부터 다음 해 2월 말일까지를 말한다)를 말하며, 이 경우 건축물의 철거는 기존 점유자에 대한 퇴거행위를 포함한다. 다만, 손실보상 협의 대상자 또는 세입자와 사업시행자 간의 이주대책 및 손실보상 협의 등으로 인한 분쟁을 조정하기 위하여 협의체가 구성된 경우에는 그 협의체 운영 결과 또는 조정위원회 조정 결과에 따라 합의된 경우의 이주 시에는 예외로 한다.
- 서울시의 경우 사업시행자는 정비구역 내 토지 또는 건축물의 소유권과 그 밖의 권리에 대하여 매도청구, 수용 또는 사용에 대한 재결의 결과, 명도소송의 청구가 있는 경우 그 결과 및 집행법원에 인도집행을 신청하거나 집행일시 지정을 통보받은 경우 그 내용을 구청장에게 지체 없이 보고하여야 한다. 이 경우 구청장은 소속 공무원에게 인도집행 과정을 조사하게 할 수 있다.

이주정착금

- 재개발조합은 재개발사업의 시행으로 인하여 주거용 건축물을 제공함에 따라 생활의 근거를 상실하는 자를 위하여 이주대책을 수립하여야 하고, 이주대책의 내용에는 주택단지의 조성 및 주택의 건설이 포함된다. 이주대책을 수립하지 않는 경우 재개발조합은 주거용 건축물 소유자

들에게 이주정착금을 지급해야 한다.

- 이주정착금은 보상대상인 주거용 건축물에 대한 평가액의 30%에 해당하는 금액으로 하되, 그 금액이 1,200만원 미만인 경우에는 1,200만원으로 하고, 2,400만원을 초과하는 경우에는 2,400만원으로 한다.

- 주민이주대책 대상자는 현금청산자 중 주택소유자에 한정되고 주택 이외의 건축물 소유자는 제외된다.

- 주거용건축물을 소유한 현금청산자는 주거용 건축물에서 정비구역의 지정을 위한 주민공람공고일부터 계약체결일 또는 수용재결일까지 계속하여 거주하고 있어야 한다. 다만, 질병으로 인한 요양, 징집으로 인한 입영, 공무, 취학 그 밖에 이에 준하는 부득이한 사유로 인하여 거주하지 아니한 경우에는 이주대책대상자에 포함된다.

일반분양

- 조합원 및 임대주택 등 공급대상자에게 주택을 공급하고 남은 주택에 대하여는 일반분양을 할 수 있다.

- 일반분양에 관하여는 「주택법」을 준용한다. 다만, 매도청구소송을 통해 법원의 승소판결을 받은 후 입주예정자에게 피해가 없도록 손실보상금을 공탁하고 분양예정인 건축물을 담보한 경우에는 법원의 승소 판결 전이라도 입주자를 모집할 수 있으나 준공인가 신청 전까지 해당 주택 건설대지의 소유권을 확보하여야 한다.

임대주택 및 주택규모별 건설비율

- 정비계획의 입안권자는 주택수급의 안정과 저소득 주민의 입주기회 확대를 위하여 정비사업으로 건설하는 주택에 대하여 다음의 구분에 따른 범위에서 국토교통부장관이 정하여 고시하는 임대주택 및 주택규모별 건설비율 등을 정비계획에 반영하여야 한다.
  1. 「주택법」 제2조제6호에 따른 국민주택규모의 주택이 전체 세대수의 100분의 90 이하에서 대통령령으로 정하는 범위
  2. 임대주택(공공임대주택 및 「민간임대주택에 관한 특별법」에 따른 민간임대주택을 말한다)이 전체 세대수 또는 전체 연면적의 100분의 30 이하에서 대통령령으로 정하는 범위

- 대통령령으로 정하는 범위란 각각 다음의 범위를 말한다.
  1. 주거환경개선사업의 경우 다음의 범위

1) 국민주택규모의 주택 : 건설하는 주택 전체 세대수의 100분의 90 이하

2) 공공임대주택 : 건설하는 주택 전체 세대수의 100분의 30 이하로 하며, 주거전용면적이 40㎡ 이하인 공공임대주택이 전체 공공임대주택 세대수의 100분의 50 이하

2. 재개발사업의 경우 다음의 범위

1) 국민주택규모의 주택 : 건설하는 주택 전체 세대수의 100분의 80 이하

2) 임대주택 : 건설하는 주택 전체 세대수 또는 전체 연면적(「도시 및 주거환경정비법」 제54조제1항 또는 같은 법 제101조의5제1항에 따라 정비계획으로 정한 용적률을 초과하여 건축함으로써 증가된 세대수 또는 면적은 제외)의 100분의 20 이하

• 다만, 특별시장·광역시장·특별자치시장·특별자치도지사·시장·군수 또는 자치구의 구청장이 정비계획을 입안할 때 관할 구역에서 시행된 재개발사업에서 건설하는 주택전체 세대수에서 세입자가 입주하는 임대주택 세대수가 차지하는 비율이 시·도지사가 정하여 고시하는 임대주택 비율보다 높은 경우 등 관할 구역의 특성상 주택수급안정이 필요한 경우에는 다음 계산식에 따라 산정한 임대주택 비율 이하의 범위에서 임대주택 비율을 높일 수 있다.

해당 시·도지사가 고시한 임대주택 비율 + (건설하는 주택 전체 세대수 x 10/100)

3. 재건축사업의 경우 국민주택규모의 주택이 건설하는 주택 전체 세대수의 100분의 60 이하. 다만, 재건축사업의 경우 과밀억제권역에서 다음의 요건을 모두 갖춘 경우에는 국민주택규모의 주택 건설 비율을 적용하지 아니한다.

1) 재건축사업의 조합원에게 분양하는 주택은 기존 주택(재건축하기 전의 주택을 말한다)의 주거전용면적을 축소하거나 30%의 범위에서 그 규모를 확대할 것

2) 조합원 이외의 자에게 분양하는 주택은 모두 85㎡ 이하 규모로 건설할 것

임시거주시설 · 임시상가

• 사업시행자는 주거환경개선사업 및 재개발사업의 시행으로 철거되는 주택의 소유자 또는 세입자에게 해당 정비구역 안과 밖에 위치한 임대주택 등의 시설에 임시로 거주하게 하거나 주택자금의 융자를 알선하는 등 임시거주에 상응하는 조치를 하여야 한다.

• 사업시행자는 임시거주시설의 설치 등을 위하여 필요한 때에는 국가·지방자치단체, 그 밖의 공

공단체 또는 개인의 시설이나 토지를 일시 사용할 수 있다.

- 국가 또는 지방자치단체는 사업시행자로부터 임시거주시설에 필요한 건축물이나 토지의 사용 신청을 받은 때에는 대통령령으로 정하는 사유가 없으면 이를 거절하지 못한다. 이 경우 사용료 또는 대부료는 면제한다.
- 대통령령으로 정하는 사유는 다음과 같다.
  1. 임시거주시설의 설치를 위하여 필요한 건축물이나 토지에 대하여 제3자와 이미 매매계약을 체결한 경우
  2. 사용신청 이전에 임시거주시설의 설치를 위하여 필요한 건축물이나 토지에 대한 사용계획 이 확정된 경우
  3. 제3자에게 이미 임시거주시설의 설치를 위하여 필요한 건축물이나 토지에 대한 사용허가를 한 경우
- 사업시행자는 정비사업의 공사를 완료한 때에는 완료한 날부터 30일 이내에 임시거주시설을 철거하고, 사용한 건축물이나 토지를 원상회복하여야 한다.
- 재개발사업의 사업시행자는 사업시행으로 이주하는 상가세입자가 사용할 수 있도록 정비구역 또는 정비구역 인근에 임시상가를 설치할 수 있다.
- 사업시행자는 공공단체(지방자치단체는 제외한다) 또는 개인의 시설이나 토지를 일시 사용함 으로써 손실을 입은 자가 있는 경우에는 손실을 보상하여야 하며, 손실을 보상하는 경우에는 손 실을 입은 자와 협의하여야 한다.
- 사업시행자 또는 손실을 입은 자는 손실보상에 관한 협의가 성립되지 아니하거나 협의할 수 없 는 경우에는 「공익사업을 위한 토지 등의 취득 및 보상에 관한 법률」 제49조에 따라 설치되는 관할 토지수용위원회에 재결을 신청할 수 있다. 손실보상은 이 법에 규정된 사항을 제외하고는 「공익사업을 위한 토지 등의 취득 및 보상에 관한 법률」을 준용한다.

입찰보증금

- 입찰보증금이란 입찰참가자에게 보증금을 미리 내도록 하여 낙찰자가 계약의 체결을 거절할 경우 그 보증금을 몰수하여 부실업자의 응찰을 방지하기 위하여 받는 금원을 말한다. 즉, 경쟁 입찰에의 참가자에 대해 성실한 의무이행 확보하기 위한 수단의 하나이다.
- 국가나 지방자치단체가 계약을 체결하는 경우에는 국가 또는 지방자치단체가 계약의 상대방이 되 는 계약에서 경쟁 입찰의 결과 낙찰자가 계약을 체결하지 않을 경우 국가나 지방자치단체가 입은

손해의 배상을 용이하게 하기 위하여 입찰자로부터 입찰 실시 전에 징수하는 물적 담보를 말한다.

- 입찰 보증금은 입찰 금액의 5/100 이상에 해당하는 금액으로 한다. 단, 국외 조달계약의 경우에는 입찰 금액의 2/100 이상의 입찰 보증금을 징수한다.
- 정비사업에 있어서도 시공자 선정 등 입찰을 진행하는 경우 입찰보증금을 납부하도록 하고 있다.
- 시공자를 선정하는 과정에서 사업참여제안서를 제출한 회사가 입찰을 포기하는 경우 등 조합에 손해를 끼친 경우 손해배상금을 몰수하여 조합에 귀속한다는 다음과 같은 입찰지침을 두고 있다.
  1. 시공자의 담합 또는 홍보지침 미준수, 입찰무효 사유의 발생, 입찰 후 합동홍보설명회에 참여하지 않는 등 중도 포기 시 등 관련 규정을 위반한 경우
  2. 낙찰자가 정당한 사유 없이 정하여진 기간 내에 계약을 체결하지 않아 선정이 무효로 된 경우
  3. 조합이 요구하는 공사시방서, 공종별 물량산출내역서 등 공사비산출내역서를 제출하지 않아 조합이 계약을 체결하지 못한 경우
  4. 기타 조합에 손해를 끼친 경우
- 입찰보증금은 손해배상금 예정의 성질을 가진다.

입찰지침서

- 입찰지침서란 정비사업에서 시공자 등을 선정하는 입찰에서 입찰서 작성 방법, 제출서류, 접수 방법, 입찰 시 유의사항 등을 명시하여 놓은 지침서를 말한다.
- 일반적으로 입찰지침서에 포함되어야 하는 내용은 다음과 같다.
  1. 조합운영비 대여금 한도액 및 유·무이자 여부
  2. 정비사업비 대여금 한도액 및 유·무이자 여부
  3. 공사의 범위(철거공사 포함)
  4. 입찰보증금의 반환 및 대여금 처리 여부
  5. 입찰보증금 몰수 규정
  6. 입찰무효 사유
  7. 계약해제 사유
  8. 계약 시 조합임원의 연대보증 유무
  9. 기타 조합이 요구하는 사항
- 입찰지침서는 향후 시공자의 선정 및 계약 등에 있어서 중요한 근거가 되므로 신중히 작성하여야 한다.

ㅈ

도시 정비 용어사전

자금의 차입

- 조합이 자금을 차입하려는 경우에는 사전에 총회에서 차입의 목적과 차입금의 액수·이율·차입 기간 등 차입의 내용을 구체적으로 밝히고 그에 관하여 총회의 의결을 거치거나, 적어도 조합원 들이 자금 차입으로 인해 조합이 부담하게 될 부담의 정도를 예측하고 그에 대한 찬성·반대의 의사를 표시할 수 있을 정도로 개략적으로 그 차입에 대해서 밝히고 그에 관하여 총회의 의결을 거쳐야 한다.
- 추진위원회 또는 사업시행자(시장·군수등과 토지주택공사등은 제외한다)는 자금을 차입한 때 에는 대통령령으로 정하는 바에 따라 자금을 대여한 상대방, 차입일, 차입액, 이자율, 상환기한 및 상환방법을 기재한 자금차입계약서의 사본을 관할 시장·군수 등에게 제출하여야 한다. 미제 출 시에는 500만원 이하의 과태료 부과 처분을 받을 수 있다.

자료의 공개·통지

- 추진위원장 또는 사업시행자(조합의 경우 청산인을 포함한 조합임원, 토지등소유자가 단독으 로 시행하는 재개발사업의 경우에는 그 대표자를 말한다)는 정비사업의 시행에 관한 다음의 서 류 및 관련 자료가 작성되거나 변경된 후 15일 이내에 이를 조합원, 토지등소유자 또는 세입자가 알 수 있도록 인터넷과 그 밖의 방법을 병행하여 공개하여야 한다.
  1. 추진위원회 운영규정 및 정관등
  2. 설계자·시공자·철거업자 및 정비사업전문관리업자 등 용역업체의 선정계약서
  3. 추진위원회·주민총회·조합총회 및 조합의 이사회·대의원회의 의사록
  4. 사업시행계획서
  5. 관리처분계획서
  6. 해당 정비사업의 시행에 관한 공문서
  7. 회계감사보고서
  8. 월별 자금의 입금·출금 세부내역
  8의2. 자금차입에 관한 사항
  9. 결산보고서
  10. 청산인의 업무 처리 현황
  11. 그 밖에 정비사업 시행에 관하여 대통령령으로 정하는 서류 및 관련 자료

- 대통령령으로 정하는 서류 및 관련 자료란 다음의 자료를 말한다.
  1. 분양공고 및 분양신청에 관한 사항
  2. 연간 자금운용 계획에 관한 사항
  3. 정비사업의 월별 공사 진행에 관한 사항
  4. 설계자·시공자·정비사업전문관리업자 등 용역업체와의 세부 계약 변경에 관한 사항
  5. 정비사업비 변경에 관한 사항
- 공개의 대상이 되는 서류 및 관련 자료의 경우 분기별로 공개대상의 목록, 개략적인 내용, 공개 장소, 열람·복사 방법 등을 대통령령으로 정하는 방법과 절차에 따라 조합원 또는 토지등소유자에게 서면으로 통지하여야 한다.
- 추진위원장 또는 사업시행자(조합의 경우 조합임원, 재개발사업을 토지등소유자가 시행하는 경우 그 대표자를 말한다)는 매 분기가 끝나는 달의 다음 달 15일까지 다음의 사항을 조합원 또는 토지등소유자에게 서면으로 통지하여야 한다.
  1. 공개 대상의 목록
  2. 공개 자료의 개략적인 내용
  3. 공개 장소
  4. 대상자별 정보공개의 범위
  5. 열람·복사 방법
  6. 등사에 필요한 비용
- 추진위원장 또는 사업시행자는 공개 및 열람·복사 등을 하는 경우에는 주민등록번호를 제외하고 국토교통부령으로 정하는 방법 및 절차에 따라 공개하여야 한다.
- 조합원, 토지등소유자가 제1항에 따른 서류 및 다음을 포함하여 정비사업 시행에 관한 서류와 관련 자료에 대하여 열람·복사 요청을 한 경우 추진위원장이나 사업시행자는 15일 이내에 그 요청에 따라야 한다.
  1. 토지등소유자 명부
  2. 조합원 명부
  3. 그 밖에 대통령령으로 정하는 서류 및 관련 자료
- 복사에 필요한 비용은 실비의 범위에서 청구인이 부담한다. 열람·복사를 요청한 사람은 제공받은 서류와 자료를 사용목적 외의 용도로 이용·활용하여서는 아니 된다.

자료의 보관·인계

- 추진위원장·정비사업전문관리업자 또는 사업시행자(조합의 경우 청산인을 포함한 조합임원, 토지등소유자가 단독으로 시행하는 재개발사업의 경우에는 그 대표자를 말한다)는 서류 및 관련 자료와 총회 또는 중요한 회의(조합원 또는 토지등소유자의 비용부담을 수반하거나 권리·의무의 변동을 발생시키는 경우로서 대통령령으로 정하는 회의를 말한다)가 있은 때에는 속기록·녹음 또는 영상자료를 만들어 청산 시까지 보관하여야 한다.
- 대통령령으로 정하는 회의란 다음을 말한다.
  1. 용역 계약(변경계약을 포함한다) 및 업체 선정과 관련된 대의원회·이사회
  2. 조합임원·대의원의 선임·해임·징계 및 토지등소유자(조합이 설립된 경우에는 조합원을 말한다) 자격에 관한 대의원회·이사회
- 시장·군수등 또는 토지주택공사등이 아닌 사업시행자는 정비사업을 완료하거나 폐지한 때에는 시·도조례로 정하는 바에 따라 관계 서류를 시장·군수등에게 인계하여야 한다.
- 시장·군수등 또는 토지주택공사등인 사업시행자와 관계 서류를 인계받은 시장·군수등은 해당 정비사업의 관계 서류를 5년간 보관하여야 한다.

자수자에 대한 특례

- 「도시 및 주거환경정비법」 제132조제1항 각 호의 어느 하나를 위반하여 금품, 향응 또는 그 밖의 재산상 이익을 제공하거나 제공의사를 표시하거나 제공을 약속하는 행위를 하거나 제공을 받거나 제공의사 표시를 승낙한 자가 자수하였을 때에는 그 형벌을 감경 또는 면제한다.

※ 도시 및 주거환경정비법 제132조제1항

제132조(조합임원 등의 선임·선정 및 계약 체결 시 행위제한) ①누구든지 추진위원, 조합임원의 선임 또는 제29조에 따른 계약 체결과 관련하여 다음 각 호의 행위를 하여서는 아니 된다.

1. 금품, 향응 또는 그 밖의 재산상 이익을 제공하거나 제공의사를 표시하거나 제공을 약속하는 행위
2. 금품, 향응 또는 그 밖의 재산상 이익을 제공받거나 제공의사 표시를 승낙하는 행위
3. 제3자를 통하여 제1호 또는 제2호에 해당하는 행위를 하는 행위

자율주택정비사업

- 자율주택정비사업이란 단독주택, 다세대주택 및 연립주택을 스스로 개량 또는 건설하기 위한 정비사업을 말한다.

- 자율주택정비사업은 「빈집 및 소규모주택 정비에 관한 특례법」에 따른 소규모주택정비사업의 유형 중 하나로서, 단독주택, 다세대주택 및 연립주택을 스스로 개량 또는 건설하기 위한 사업 이다.

- 사업대상 지역은 빈집밀집구역, 소규모주택정비관리지역, 도시활력증진지역 개발사업의 시행 구역(국가균형발전 특별법), 지구단위계획구역(국토의 계획 및 이용에 관한 법률), 정비예정구 역·정비구역해제지역·주거환경개선사업구역(도시 및 주거환경정비법), 도시재생활성화지역 (도시재생 활성화 및 지원에 관한 특별법) 등에 해당하면서, 노후·불량건축물 수가 전체 건축물 의 2/3 이상이고, 기존주택이 모두 단독주택이면 10호 미만, 연립주택·다세대주택이면 20세대 미만(혼합인 경우 20채 미만)이어야 한다. 다만, 지역 여건 등을 고려하여 해당 기준의 1.8배 이 하의 범위에서 시·도조례로 그 기준을 달리 정할 수 있다.

- 자율주택정비사업은 2명 이상의 토지등소유자가 직접 시행하거나 시장·군수, 토지주택공사, 건설업자, 등록사업자, 신탁업자, 부동산투자회사 등과 공동으로 시행할 수 있다. 다만, 자율주 택정비사업으로 임대주택을 공급하는 경우에는 토지등소유자 1명이 사업을 시행할 수 있으며, 동법 시행령에 따른 정비사업 대상 지역의 요건에 해당하지 않는 지역에서도 사업을 시행할 수 있다. 또한, 사업시행계획인가를 받은 후에 사업시행자가 스스로 주택을 개량 또는 건설하는 방 법으로 시행한다.

- 자율주택정비사업으로 건설하는 건축물은 지방건축위원회의 심의를 거쳐 「건축법」에 따른 대 지의 조경기준, 건폐율 산정기준, 대지안의 공지기준, 건축물의 높이 제한, 부대시설 및 복리시 설의 설치기준 등을 완화하여 적용할 수 있다.

장수명주택인증제도

- 장수명 주택이란 우리나라 주택의 짧은 평균수명의 대안으로 제시된 개념으로 오랫동안 살 수 있도록 내구성과 가변성·수리 용이성의 3대 특징을 지닌 공동주택을 말한다.

- 우리나라 주택의 평균수명(약27년)은 미국(71년), 프랑스(80년), 독일(121년) 등에 비해 매우 짧다. 이는 콘크리트 건물의 내구연한은 물론 벽식 구조, 콘크리트 벽체에 매립한 내부 배선·배관 등으

로 주택의 노후화가 앞당겨진 데 따른 것이다. 장수명 주택은 콘크리트의 강도를 높이거나 철근의 피복두께를 두껍게 하는 방법 등으로 콘크리트의 품질을 높이고, 설계 단계에서부터 기존 벽식 구조 대신 기둥식 구조를 적용하는 것이 일반적이다. 또한 수도·전기·가스 부분도 콘크리트 벽체에 매립하는 것이 아니라 경량 벽체 내부에 매립하여 교체 및 수리가 쉽도록 시공한다.

- 장수명주택인증제도란 구조적으로 내구성을 갖추고, 다양한 수요 및 요구 변화에 대응하여 내부 구조를 쉽게 변경할 수 있는 가변성과 수리 용이성 등이 우수한 주택을 건설하기 위한 제도를 말한다. 우리나라는 2014년부터 장수명 주택의 인증제도를 시행해 오고 있으며 1,000세대 이상 규모의 공동주택을 건설할 경우 장수명주택 인증을 의무적으로 받도록 했다. 장수명 주택 우수등급 이상을 얻을 경우 건폐율과 용적률을 10% 이내에서 늘려주는 인센티브를 주고 있다.
- 인증 등급은 최우수, 우수, 양호, 일반 등 4단계로 구분되는데 현재까지 최우수나 우수 등급을 받은 주택은 없다. 99%가 일반등급을 취득하였다.

재개발사업

- 재개발사업이란 정비기반시설이 열악하고 노후·불량건축물이 밀집한 지역의 주거환경을 개선하거나, 상업지역 또는 공업지역 등에서 도시기능을 회복하거나 상권을 활성화하기 위해 도시환경을 개선하는 정비사업을 말한다.
- 재개발사업은 정비기반시설이 열악하고 노후·불량건축물이 밀집한 지역의 주거환경을 개선하거나, 상업지역 또는 공업지역 등에서 도시기능 회복 및 상권 활성화를 목적으로 도시환경을 개선하기 위해 「도시 및 주거환경정비법」에 따라 시행되는 정비사업 유형의 하나이다. 즉, 재개발사업은 노후한 주거지역을 대상으로 하는 사업과 도심의 상업 및 공업지역을 대상으로 하는 사업으로 구분된다.
- 재개발사업은 「(구)도시재개발법」에 의해 도시재개발사업, 주택재개발사업, 공장재개발사업으로 각각 시행되다가, 2003년 제정된 「도시 및 주거환경정비법」에서 도시환경정비사업 및 주택재개발사업으로 개편되었다. 그 후 2018년 「도시 및 주거환경정비법」의 전부개정에 따라 도시환경정비사업과 주택재개발사업은 하나로 통합되어 현재의 재개발사업이 되었다.
- 정비구역은 특별시장·광역시장·특별자치시장·특별자치도지사·시장·군수가 법령에서 정하는 요건에 부합하는 지역 중에서 도시·주거환경정비기본계획 내용을 고려하여 지정한다. 필요한 경우 법령의 범위 안에서 조례로 요건을 따로 정할 수 있다.

- 재개발사업을 추진할 수 있는 정비구역의 요건은 다음과 같다.
  1. 정비기반시설의 정비에 따라 토지가 대지로서의 효용을 다할 수 없게 되거나 과소토지로 되어 도시의 환경이 현저히 불량하게 될 우려가 있는 지역
  2. 노후·불량건축물의 연면적의 합계가 전체 건축물의 연면적의 합계의 2/3 이상(시·도 조례로 비율의 10%p 범위에서 증감 가능)이거나 건축물이 과도하게 밀집되어 있어 그 구역 안의 토지의 합리적인 이용과 가치의 증진을 도모하기 곤란한 지역
  3. 인구·산업 등이 과도하게 집중되어 있어 도시기능의 회복을 위해 토지의 합리적 이용이 요청되는 지역
  4. 해당 지역의 최저고도지구의 토지면적(정비기반시설용지 제외)이 전체 토지면적의 50%를 초과하고, 그 최저고도에 미달하는 건축물이 해당 지역 건축물의 바닥면적 합계의 2/3 이상인 지역
  5. 공장의 매연·소음 등으로 인접지역에 보건위생상 위해를 초래할 우려가 있는 공업지역 또는 「산업집적활성화 및 공장설립에 관한 법률」에 따른 도시형공장이나 공해발생 정도가 낮은 업종으로 전환하려는 공업지역
  6. 역세권 등 양호한 기반시설을 갖추고 있어 대중교통 이용이 용이한 지역으로서 「주택법」에 따라 토지의 고도이용과 건축물의 복합개발을 통한 주택 건설·공급이 필요한 지역
  7. 철거민이 50세대 이상 규모로 정착한 지역이거나 인구가 과도하게 밀집되어 있고 기반시설의 정비가 불량하여 주거환경이 열악하고 그 개선이 시급한 지역 또는 정비기반시설이 현저히 부족하여 재해발생 시 피난 및 구조 활동이 곤란한 지역
- 재개발사업은 관리처분계획에 따른 방식 또는 환지로 공급하는 방식으로 사업을 시행한다. 일반적으로 재개발사업은 조합이 시행하나, 조합원의 과반수의 동의를 받아 시장·군수, 토지주택공사 등과 조합이 공동으로 시행할 수 있다. 만약 토지등소유자가 20명 미만일 경우에는 조합을 설립하지 않고 토지등소유자가 직접 시행하거나 토지등소유자 과반의 동의를 받아 시장·군수, 토지주택공사 등과 공동으로 시행할 수 있다. 천재지변 등 특별한 사유가 있는 경우에는 시장·군수, 토지주택공사 등이 직접 시행할 수도 있다.
- 정비사업을 시행할 때에는 주택수급의 안정과 저소득 주민의 입주기회 확대를 위해 법령에서 정하는 임대주택과 주택규모별 건설비율 등을 준수해야 한다.
- 정비계획의 입안권자는 주택수급의 안정과 저소득 주민의 입주기회 확대를 위하여 정비사업으로 건설하는 주택에 대하여 다음 각 호의 구분에 따른 범위에서 국토교통부장관이 정하여 고시

하는 임대주택 및 주택규모별 건설비율 등을 정비계획에 반영하여야 한다.

1. 국민주택규모의 주택: 건설하는 주택 전체 세대수의 100분의 80 이하

2. 임대주택(「민간임대주택에 관한 특별법」에 따른 민간임대주택과 공공임대주택을 말한다. 이하 같다) : 건설하는 주택 전체 세대수 또는 전체 연면적(「도시 및주거 환경정비법」 제54조제1항 또는 같은 법 제101조의5제1항에 따라 정비계획으로 정한 용적률을 초과하여 건축함으로써 증가된 세대수 또는 면적은 제외한다)의 100분의 20 이하 「도시 및 주거 환경정비법」 제55조제1항 또는 같은 법 제101조의5제2항 본문에 따라 공급되는 임대주택은 제외하며, 해당 임대주택 중 주거전용면적이 40㎡ 이하인 임대주택이 전체 임대주택 세대수(「도시 및주거 환경정비법」 제55조제1항 또는 법 제101조의5제2항 본문에 따라 공급되는 임대주택은 제외한다)의 100분의 40 이하여야 한다. 다만, 특별시장·광역시장·특별자치시장·특별자치도지사·시장·군수 또는 자치구의 구청장이 정비계획을 입안할 때 관할 구역의 특성상 주택수급안정이 필요한 경우에는 임대주택 비율을 높일 수 있다.

재개발사업의 구분

- 서울시의 경우 재개발사업을 다음과 같이 구분한다.

1. 주택정비형 재개발사업 : 정비기반시설이 열악하고 노후·불량건축물이 밀집한 지역에서 주거환경을 개선하기 위하여 시행하는 재개발사업

2. 도시정비형 재개발사업 : 사업지역·공업지역 등에서 도시 기능의 회복 및 상권 활성화 등 도시환경을 개선하기 위하여 시행하는 재개발사업

재개발표준정관(안)

- 재개발·재건축조합 표준정관은 지난 2003년 7월 1일 「도시 및 주거환경정비법」이 시행된 후 국토교통부가 보급했지만, 수차례 관련 법령이 개정됐음에도 불구하고 이를 반영하지 않아 일선 정비사업 현장에서 정관 제정 및 운영의 어려움에 따른 불만의 목소리가 컸다.

- 2019년 한국도시정비협회와 한국주택정비사업조합협회가 각계의 의견을 수렴해 공동으로 표준정관(안) 제정하여 유관단체에 배포하였다. 이 표준정관(안)은지방자치단체의 표준정관(안)과 다를 수 있다.

제1장 총칙

제1조(명칭) ① 본 조합의 명칭은 ○○○ 재개발정비사업조합(이하 '조합'이라 한다)이라 한다.
② 본 조합이 시행하는 정비사업의 명칭은 ○○○ 재개발정비사업(이하 '사업'이라 한다)이라
한다.

【해설】

사업진행방식에 따라 '재건축' 또는 '재개발'로 표현하면 된다. 2018.2.9. 시행 이전에는 '주택재개발', '주택재건축'이라고 하여 '주택'이라는 문구가 붙었는데, 개정법 시행으로 삭제되었다.

도시재정비촉진을 위한 특별법'에 의하여 진행되는 재정비촉진사업의 경우에는 '○○○ 재정비촉진구역 재건축정비사업조합'등으로 표기하게 된다.

주로 정비구역이나 재정비촉진구역 명칭을 따라서 기재하여야 한다.

그 명칭대로 조합설립인가가 나기 때문이다.

법 제38조(조합의 법인격 등)에는 "③ 조합은 명칭에 "정비사업조합"이라는 문자를 사용하여야 한다."라고 규정되어 있어, 조합의 명칭에 정비사업조합이라는 문자가 들어가도록 하였다.

제2조(목적 및 효력) ① 조합은 도시 및 주거환경정비법(이하 '법'이라고 한다) 등 관련 법령과 이 정관이 정하는 바에 따라 제3조의 사업시행구역(이하 "사업시행구역"이라 한다)에서 기존 건축물을 철거하고 그 토지 위에 법에서 정하는 새로운 건축물을 건설하여 도시 및 주거환경을 개선하고 조합원의 주거안정 및 주거생활의 질적 향상에 이바지함을 목적으로 한다.
② 본 정관은 조합 내부 규범으로서, 본정관의 내용이 도시 및 주거환경정비법령 등 관계법령, 지방자치단체의 조례, 국토교통부 고시, 훈령 등 상위 법령에 위배되는 경우에는 상위 법령이 우선하여 적용된다.
③ 본 정관의 제정 후 법령의 내용이 개정된 경우 본 정관의 개정 없이 개정된 법령에 따른다.

【해설】

정관에 규정한 내용 중 사업시행계획, 관리처분계획등에 관한 조문은 대부분 상위법령에 있는 강행규정을 인용하게 된다.

정관이 상위법령에 위반될 수 없다는 점, 그리고 정관에 위배된 업무규정은 효력이 없다는 점, 정관에 인용된 법령이 개정되면 정관 개정 없이도 개정된 법령에 따른다는 점 등을 규정하였다.

이렇게 함으로써 상위법령이 개정되어 정관과 충돌하여 해석에 대한 논쟁이 발생하는 일을 줄이고, 상위 법령의 내용에 따라 업무를 추진하도록 하였다.

제3조(사업시행구역) 조합의 사업시행구역은 ○○ (시·도) ○○ (시·군·구) ○○ (읍·면) ○○ (리·동) ○○번지 외 ○○필지로서 토지의 총면적은 ○○㎡(○○평)으로 한다. 다만, 사업시행 상 관계 법령 및 이 정관이 정하는 바에 따라 정비계획변경, 총회 또는 대의원회 결의를 얻어 사업시행구역 면적이 변경될 경우에는 본 조항의 개정 없이 사업시행구역 총 면적이 변경된 것으로 본다.

【해설】

사업진행 도중에 추가 토지편입 또는 제척 등이 불가피하게 발생할 수 있는데, 이에 대하여 본 조항의 변경없이 사업을 진행할 수 있도록 하였다.

제4조(사무소) ① 조합의 주된 사무소는 ○○ (시·도) ○○ (시·군·구) ○○ (읍·면) ○○ (리·동) ○○ 번지 ○○호에 둔다.

② 조합사무소를 이전하는 경우 이사회의 의결을 거쳐 인근지역으로 이전할 수 있으며, 이전일 7일 전에 조합원에게 서면 및 문자로 통지하여 조합원들이 조합 사무실의 이전을 명확히 알 수 있도록 하여야 한다.

【해설】

사무실 이전은 보통 이주시기 전후 이전을 하게 되는데, 이사회 의결만으로 할 수 있도록 간소화 하였고, 미리 조합원에게 통지하여 혼란이 없도록 하였다.

제5조(시행방법) ① 조합은 도시 및 주거환경정비법(이하 '법'이라고 한다) 등 관련 법령과 이 정관이 정하는 바에 따라 제3조의 사업시행구역(이하 "사업시행구역"이라 한다)에서 법 제74조에 따라 인가받은 관리처분계획에 따라 주택, 부대시설·복리시설 및 오피스텔(「건축법」 제2조 제2항에 따른 오피스텔을 말한다. 이하 같다)을 건설하여 공급하는 방법으로 사업을 시행한다.

② 조합은 사업시행을 위하여 필요한 경우 정비사업비 일부를 금융기관 등으로부터 대여 받아 사업을 시행할 수 있다.

③ 조합은 인·허가 등 행정업무지원, 사업성 검토, 설계자·시공자 등의 선정에 관한 업무의 지

원, 관리처분계획의 수립 및 분양업무 등을 지원하는 정비사업전문관리업자를 선정 또는 변경할 수 있다.

④ 조합은 재개발사업을 조합이 단독으로 시행하거나 조합이 조합 총회에서 조합원의 과반수의 동의를 받아 시장·군수등, 토지주택공사등, 건설업자 또는 등록사업자와 공동으로 시행할 수 있다.

【해설】

법 제23조 및 제25조 규정에 따라 사업시행방법을 구체적으로 명시

제6조(사업기간) 사업기간은 조합설립법인등기일로부터 해산 후 청산종결등기를 하는 날까지로 한다.

【해설】

법 제38조(조합의 법인격 등)의 규정에 따라 법인설립등기 및 해산등기의 시점을 사업 기간으로 판단함.

제7조(권리·의무에 관한 사항의 고지·공고방법) ① 조합은 조합원의 권리·의무에 관한 사항을 조합원에게 성실히 고지·공고하여야 한다.

② 제1항의 고지·공고방법은 이 정관에서 따로 정하는 경우를 제외하고는 다음 각 호의 방법에 따른다.

1. 조합원에게 고지 시에는 등기우편(또는 우체국택배)으로 개별 고지 및 휴대폰 문자발송(조합에 휴대폰번호를 신고한 조합원에 한한다)을 병행하여 개별 고지하여야 하며, 등기우편(또는 우체국택배)이 주소불명, 수취거절 등의 사유로 반송되는 경우에는 1회에 한하여 일반우편으로 추가 발송한다.

2. 조합원이 쉽게 접할 수 있는 일정한 장소의 게시판(이하 '게시판'이라 한다)에 14일 이상 공고하고 게시판에 게시한 날부터 3월 이상 조합사무소에 관련서류와 도면 등을 비치하여 조합원이 열람할 수 있도록 한다.

3. 조합의 인터넷 홈페이지에도 고지·공고문을 공개하여야 한다.

4. 제1호의 등기우편(또는 우체국택배)이 발송되고, 제2호의 게시판 또는 인터넷 홈페이지(카페 등)에 공고가 된 날부터 조합원에게 고지·공고된 것으로 본다.

5. 조합원이 조합사무실 등에서 직접 수령한 경우에는 수령한 일시에 고지·공고 된 것으로 본다.

【해설】

조합원명부를 최신 주소지로 업데이트 되도록 하였고, 서면발송이외에 문자로도 통보하도록 하였다.

직접 수령한 경우도 고지·공고 된 것으로 봄.

제8조(정관의 변경) ① 정관을 변경하고자 할 때에는 조합장의 발의 또는 조합원 5분의 1 이상, 대의원 3분의 2 이상의 요구로 조합장이 소집하는 총회에서 변경하여야 한다.

② 정관을 변경하고자 하는 경우에는 조합원 과반수(법 제40조제1항제2호 내지 제3호·제4호·제8호·제13호 또는 제16호의 경우에는 3분의 2 이상을 말한다)의 동의를 얻어 시장·군수의 인가를 받아야 한다. 다만, 도시 및 주거환경정비법시행령(이하 "시행령"이라 한다) 제39조에서 정하는 경미한 사항을 변경하고자 하는 때에는 대의원회 의결로 변경하며 시장·군수 등에게 신고하여야 한다.

【해설】

법에서 정하는 경미한 정관변경사항은 총회결의 없이 대의원회에서 개정할 수 있도록 하였다.

③ 조합원 또는 대의원이 정관개정과 관련하여 조합 총회 또는 대의원회 소집을 요구할 경우에는 소집요구 대표자, 개정대상 조문에 대한 개정 전·후 비교표 및 개정사유를 기재한 총회소집요구서 또는 대의원회 소집요구서를 서면으로 작성하여 소집요구 대표자가 조합장에게 소집을 요구하여야 하며, 정관개정안의 내용이 특정되도록 하여야 한다. 이때 총회 또는 대의원회 소집절차는 본 정관이 정하는 총회 또는 대의원회 소집 규정에 따른다.

【해설】

정관변경은 조합원 또는 대의원들이 요구하여 할 수 있는데, 이때 그 절차 등을 잘 몰라서 진행을 하지 못하는 경우가 많이 있다. 따라서 그 절차 및 방법을 구체적으로 기재하였다.

④ 정관이 개정되어 시장·군수 등의 인가를 받거나 경미한 변경으로 시장·군수 등에게 신고를 한 경우에는 인가 또는 신고를 한 날로부터 2주일 이내에 개정사항 및 개정된 정관 전문을 조합 홈페이지에 게재하여야 한다.

제2장 조합원

제9조(조합원의 자격 및 상실) ① 조합원은 정비구역에 위치한 토지 또는 건축물의 소유자 또는 그 지상권자(토지 및 건축물 소유자 포함)(이하 '토지등소유자'라 한다)로 한다.

【해설】

 재건축사업의 조합원은 조합설립에 동의한 토지등소유자만 조합원이 될 수 있고, 재개발사업은 조합설립에 동의하지 않더라도 강제적으로 조합원이 되기 때문에 그 차이점을 달리 규정하게 된다.

② 제1항의 규정에 의한 소유권, 지상권 등의 권리는 민법에서 규정한 권리를 말한다. 다만, 건축물이 무허가인 경우에는 법에 의하여 제정된 시·도조례(이하 '시·도조례'라 한다)에서 정하는 기존무허가 건축물로서 자기 소유임을 입증하는 경우에 한하여 그 무허가건축물 소유자를 조합원으로 인정한다.

③ 1세대 또는 동일인이 2개 이상의 토지 또는 건축물의 소유권 또는 지상권을 소유하는 경우에는 그 수에 관계없이 1인의 조합원으로 본다.

④ 제3항 규정을 준용함에 있어 다음 각 호의 어느 하나에 해당하는 때에는 수인을 대표하는 1인을 조합원으로 본다.

  1. 1세대로 구성된 세대원이 각각 주택 등을 소유하고 있는 경우 및 하나의 (구분)소유권이 수인의 공유에 속하는 때에는 그 수인을 대표하는 1인을 조합원으로 본다. 이 경우 그 수인은 대표자 1인을 대표조합원으로 지정하고 별지의 대표조합원선임동의서를 작성하여 조합에 신고하여야 하며, 조합원으로서의 벌률 행위는 그 대표조합원이 행한다. 이 경우 신고하지 아니하여 발생되는 불이익 등에 대하여 해당 조합원은 조합에 이의를 제기할 수 없다.

  2. 수인의 토지등소유자가 1세대에 속하는 때(이 경우 동일한 세대별 주민등록표 상에 등재되어 있지 아니한 배우자 및 미혼인 20세 미만의 직계비속은 1세대로 보며 1세대로 구성된 수인의 토지등소유자가 조합설립인가 후 분리하여 동일한 세대에 속하지 아니하는 때에도 이혼 및 20세 이상 자녀의 분가를 제외하고는 1세대로 본다).

  3. 조합설립인가 후 1인의 토지등소유자로부터 토지 또는 건축물의 소유권이나 지상권을 양수하여 수인이 소유하게 된 때.

⑤ 사업시행자는 제4항 각호의 규정에 의하여 조합설립인가 후 당해 정비사업의 건축물 또는 토지를 양수한 자로서 조합원의 자격을 취득할 수 없는 자에 대하여는 법 제73조의 규정을 준용하여 현금 청산하여야 한다.

【해설】

법 제39조에 있는 내용 및 경과조치를 정리하였다.

⑥ 양도·상속·증여 및 판결 등으로 조합원의 권리가 이전된 때에는 조합원의 권리를 취득한 자로 조합원이 변경된 것으로 보며, 권리를 양수받은 자는 조합원의 권리와 의무 및 종전의 권리자가 행하였거나 조합이 종전의 권리자에게 행한 처분, 청산 시 권리·의무에 관한 범위 등을 포괄승계 한다.

⑦ 당해 정비사업의 건축물 또는 토지를 양수한 자라 하더라도 법 제39조제2항 본문에 해당하는 경우 조합원이 될 수 없고, 조합원이 될 수 없는 자는 법 제39조제3항이 정하는 바에 따른다.

⑧ 조합원이 조합원 분양신청기간 내에 분양신청을 하지 않았을 경우에는 분양신청기간 종료일 다음 날에, 분양계약을 체결하지 않은 조합원의 경우 관리처분계획이 정하는 바에 따른 분양계약기간 종료일 다음 날에 조합원 지위를 상실한다.

【해설】

조합원분양신청기간내에 분양신청을 하지 않는 경우

관리처분계획이 정하는 바에 따라 분양계약기간내에 분양계약을 하지 않는 등 현금청산자가 되는 경우

조합원지위를 상실하게 됨을 명시함.

제10조(조합원의 권리·의무) ① 조합원은 다음 각 호의 권리와 의무를 갖는다.

1. 토지 또는 건축물의 분양신청권
2. 총회 출석권·발언권 및 의결권
3. 임원·대의원의 선출권 및 피선출권
4. 손실보상 청구권
5. 정비사업비, 청산금, 부과금과 이에 대한 연체료 및 지연손실금(이주지연, 계약지연, 조합원 분쟁으로 인한 지연 등을 포함함) 등의 비용납부의무
6. 조합원이 조합원 분양신청기간 내에 분양신청을 하지 않았거나 분양계약기간 내에 분양

계약을 체결하지 않아 조합원지위를 상실하고 현금청산자가 되는 경우, 조합원으로서의 지위가 유지된 기간의 공통 사업비에 대하여 본인 소유지분에 해당하는 비율을 제외한 금원으로 정산한다.

7. 사업시행계획에 의한 철거 및 이주 의무

8. 그 밖에 관계법령 및 이 정관, 총회 등의 의결사항 준수의무

② 조합원의 권한은 평등하며, 권한의 대리행사는 원칙적으로 인정하지 아니하되, 다음 각 호에 해당하는 경우에는 권한을 대리할 수 있다. 이 경우 조합원의 자격은 변동되지 아니한다.

1. 조합원이 권한을 행사할 수 없어 배우자, 직계존비속 또는 형제자매 중에서 성년자를 대리인으로 정하여 위임장을 제출하는 경우

2. 해외 거주자가 대리인을 지정하는 경우. 이 경우 1호와 같은 대리인의 자격제한은 없다.

3. 법인인 토지등소유자가 대리인을 지정하는 경우. 이 경우 법인의 대리인은 조합임원 또는 대의원으로 선임될 수 있다.

③ 조합원이 그 권리를 양도하거나 주소와 연락처가 변경된 경우에는 해당 조합원은 변경된 주소 또는 연락처를 변경일로부터 14일 이내에 조합에 신고하여야 한다. 이 경우, 신고하지 아니하여 발생되는 불이익 등에 대하여 해당 조합원은 조합에 이의를 제기할 수 없다.

④ 조합원은 조합이 사업시행에 필요한 서류를 요구하는 경우 이를 제출할 의무가 있으며 조합의 승낙이 없는 한 이를 회수할 수 없다. 이 경우 조합은 요구서류에 대한 용도와 수량을 명확히 하여야 하며, 조합의 승낙이 없는 한 회수할 수 없다는 것을 미리 고지하여야 한다.

제11조(조합원 자격의 상실) ① 조합원이 건축물의 소유권이나 입주자로 선정된 지위 등을 양도하였을 때에는 조합원의 자격을 즉시 상실한다.

② 관계법령 및 이 정관에서 정하는 바에 따라 조합원의 자격에 해당하지 않게 된 자의 조합원 자격은 자동 상실된다.

③ 조합원으로서 고의 또는 중대한 과실 및 의무불이행 등으로 조합에 대하여 막대한 손해를 입힌 경우에는 총회의 의결에 따라 조합원을 제명할 수 있다. 이 경우 제명 전에 해당 조합원에 대해 청문 등 소명기회를 부여하여야 하며, 청문 등 소명기회를 부여하였음에도 이에 응하지 아니한 경우에는 소명기회를 부여한 것으로 본다.

④ 조합원은 임의로 조합을 탈퇴할 수 없다. 다만, 부득이한 사유가 발생한 경우 총회 또는 총회의 위임을 받은 대의원회의 의결에 따라 탈퇴할 수 있다.

제3장 시공자, 설계자 및 정비사업전문관리업자의 선정

제12조(시공자 등 협력업체 선정 및 계약) ① 조합은 정비사업진행을 위하여 필요한 시공자, 정비사업전문관리업자, 설계자, 변호사, 법무사, 세무사 등 각종 협력업체를 선정하여 계약할 수 있다.

② 협력업체 선정 절차 및 계약체결은 관련 법령 및 국토교통부 고시 "정비사업 계약업무 처리기준" 그리고 정관이 정하는 바에 따른다.

③ 총회에서 선정하도록 법에 규정되어 있는 시공자·정비사업전문관리업자·설계자 또는 감정평가업자(법 제74조제2항에 따라 시장·군수 등이 선정·계약하는 감정평가업자, 총회 의결로 시장·군수 등에게 위탁한 경우는 제외)를 제외한 나머지 협력업체는 대의원회에서 선정 및 계약체결을 할 수 있다.

④ 조합은 제1항 내지 제3항에 의한 협력업체를 선정하는 경우 일반경쟁에 부쳐야 한다. 다만, 도시 및 주거환경정비법 시행령 제24조제1항에 해당하는 경우에는 지명경쟁이나 수의계약으로 할 수 있다.

⑤ 제4항에 따라 일반경쟁 또는 지명경쟁입찰을 하는 경우 2인 이상의 유효한 입찰참가 신청이 있어야 한다.

⑥ 조합은 제2항의 규정에 의하여 시공자등의 협력업체와 체결한 계약서를 조합해산일까지 조합사무소에 비치하여야 하며, 조합원의 열람 또는 복사요구에 응하여야 한다. 이 경우 복사에 드는 비용은 복사를 원하는 조합원이 부담한다.

【해설】

국토교통부 고시 '정비사업 계약업무 처리기준'에 의하면, 시공자의 경우에는 제출된 입찰서를 모두 대의원회에 상정하도록 규정하고 있고, 대의원회는 총회에 상정할 6인 이상을 선정하고(6인 미만 업체의 경우에는 모두)(제33조), 시공자를 제외한 나머지 협력업체의 경우에도 총회에서 상정할 업체의 경우에는 4인 이상을 대의원에서 선정하도록 규정하고 있다(제15조).

기존 표준정관에 시공자, 설계자, 정비사업전문관리업자 선정 조항이 별도로 있었던 것을 이 조항에 모두 포함시켰다.

제13조(임원) ① 조합에는 다음 각 호의 임원을 둔다.

  1. 조합장 1인

  2. 이사 _인

  3. 감사 _인

【해설】

시행령 제40조(조합임원의 수)에 "법 제41조 제1항에 따라 조합에 두는 이사의 수는 3명 이상으로 하고, 감사의 수는 1명 이상 3명 이하로 한다. 다만, 토지등소유자의 수가 100인을 초과하는 경우에는 이사의 수를 5명 이상으로 한다."라고 규정되어 있기 때문에 이 범위 내에서 숫자를 특정하여 기재하여야 한다.

② 조합임원은 총회에서 조합원 과반수 출석과 출석 조합원 과반수의 동의를 얻어 다음 각 호의 1에 해당하는 조합원 중에서 선임한다. 다만, 임기 중 궐위된 경우에는 다음 각호의 1에 해당하는 조합원 중에서 대의원회가 이를 보궐 선임한다.

  1. 정비구역에서 거주하고 있는 자로서 선임일 직전 3년 동안 정비구역 내 거주 기간이 1년 이상일 것(관리처분계획인가 후에는 '거주하는 자로서'를 적용하지 아니한다).

  2. 정비구역에 위치한 건축물 또는 토지를 5년 이상 소유하고 있을 것

  3. 조합장의 경우 선임일부터 법 제74조에 따른 관리처분계획인가를 받을 때까지는 해당 정비구역에서 거주(영업을 하는 자의 경우 영업을 말한다)하여야 한다.

③ 임원의 임기는 선임된 날부터 3년까지로 하되, 총회의 의결을 거쳐 연임할 수 있다.

④ 제2항 단서의 규정에 따라 보궐 선임된 임원의 임기는 전임자의 잔임 기간으로 한다.

⑤ 임기가 만료된 임원은 그 후임자가 선임될 때까지 그 직무를 수행한다.

제14조(임원의 직무 등) ① 조합장은 조합을 대표하고 그 사무를 총괄하며, 총회 또는 대의원회의 및 이사회의 의장이 된다.

② 제1항에 따라 조합장이 대의원회의 의장이 되는 경우에는 해당 대의원회의 대의원으로 본다.

③ 이사는 조합장을 보좌하고, 이사회에 부의된 사항을 심의·의결하며, 이 정관이 정하는 바에 의하여 조합의 사무를 분장한다.

④ 조합장 또는 이사가 자기를 위하여 조합과 계약이나 소송을 할 때에는 감사가 조합을 대표한다.

⑤ 감사는 조합의 사무 및 재산 상태와 회계에 관하여 감사하여 정기총회에 감사결과보고서를 제출하여야 하며, 조합원 5분의 1 이상의 요청이 있을 때에는 공인회계사에게 회계감사를 의뢰하여 공인회계사가 작성한 감사보고서를 총회 또는 대의원회에 제출하여야 한다.

⑥ 감사는 조합의 재산관리 또는 조합의 업무집행이 공정하지 못하거나 부정이 있음을 발견하였을 때에는 대의원회 또는 총회에 보고하여야 하며, 조합장은 보고를 위한 대의원회 또는 총회를 소집하여야 한다. 이 경우 감사의 요구에도 조합장이 소집하지 아니하는 경우에는 감사가 직접 대의원회를 소집할 수 있으며 대의원회 의결에 의하여 총회를 소집할 수 있다. 회의소집 절차와 의결방법 등은 제18조, 제20조 및 제22조, 제24조의 규정을 준용한다.

⑦ 감사는 직무위배행위 및 비리행위로 인해 감사가 필요한 경우 조합임원 또는 외부전문가로 구성된 감사위원회를 구성하여 1개월 이내의 기간 동안 해당사항에 대한 감사를 할 수 있다.

⑧ 다음 각 호의 경우에는 당해 안건에 관해 (상근)이사 중에서 연장자 순으로 조합을 대표한다.

1. 조합장이 유고 등으로 인하여 그 직무를 수행할 수 없을 경우

2. 조합장이 자기를 위한 조합과의 계약이나 소송 등에 관련되었을 경우

3. 조합장의 해임에 관한 사항

⑨ 조합은 그 사무를 집행하기 위하여 필요하다고 인정하는 때에는 조합 업무규정을 정할 수 있고, 업무규정이 정하는 바에 따라 상근하는 임원 또는 유급직원을 둘 수 있다. 조합 업무규정의 제·개정은 총회의 의결을 받아야 한다.

⑩ 조합임원은 재건축, 재개발사업을 하는 다른 추진위원회, 조합의 임원 또는 본 조합 사업과 관련된 시공자·설계자·정비사업전문관리업자 등 협력업체의 임원 또는 직원을 겸할 수 없다.

제15조(임원의 결격사유 및 자격상실 등) ① 다음 각 호의 자는 조합의 임원 및 대의원이 될 수 없다.

1. 미성년자·피성년 후견인 또는 피한정후견인

2. 파산선고를 받고 복권되지 아니한 자

3. 금고 이상의 실형을 선고받고 그 집행이 종료(종료된 것으로 보는 경우를 포함한다)되거나 집행이 면제된 날부터 2년이 경과되지 아니한 자

4. 금고 이상의 형의 집행유예를 받고 그 유예기간 중에 있는 자

5. 이 법을 위반하여 벌금 100만원 이상의 형을 선고받고 10년이 지나지 아니한 자

6. 소유자에게 신축건축물 분양신청권이 주어지는 정비구역내의 부동산을 공유지분으로 소

유한 경우에 공유재산 중 1/2 미만의 지분을 가진 자(신축건축물 분양신청권이 주어지는 부동산을 단독으로 소유하고 있고, 이와 별개로 공유재산도 있는 경우에는 제외)

【해설】

6호의 경우에는 1/100, 1/1,000 등 적은 지분 공유를 통해 조합 임원으로 활동하는 것을 방지

② 조합임원이 제13조제2항에 따른 자격요건을 갖추지 못한 경우 또는 위 제1항 각 호의 어느 하나에 해당하게 되거나 선임 당시 그에 해당하는 자이었음이 판명된 때에는 당연 퇴임한다.

③ 제2항에 따라 퇴임된 임원이 퇴임 전에 관여한 행위는 그 효력을 잃지 아니한다.

【해설】

법 제43조에 있는 내용을 인용하였다.

④ 임원으로 선임된 후 직무위배행위로 인한 형사사건으로 기소된 경우에는 그 내용에 따라 확정판결이 있을 때까지 제16조제6항의 절차에 따라 직무정지 여부를 결정할 수 있다.

제16조(임원의 해임 등) ① 조합임원은 조합원 10분의 1 이상의 요구로 직접(대표자가 있는 경우에는 대표자에 의하여) 소집된 총회에서 조합원 과반수의 출석과 출석 조합원 과반수의 동의를 받아 해임할 수 있다. 이 경우 요구자 대표로 선출된 자가 해임총회의 소집 및 진행을 할 때에는 조합장의 권한을 대행한다.

【해설】

법 제43조에 있는 내용을 인용하였다.

1항의 경우에는 조합장에게 소집 요구할 필요가 없이 바로 소집할 수 있음을 기재했다.

② 제1항에 의한 해임절차 이외에도 임원이 직무유기 및 태만 또는 관계법령 및 이 정관을 위반하여 조합에 부당한 손해를 초래한 경우에는 조합장이 직권으로 소집하거나 조합원 5분의 1 이상 또는 대의원 3분의 2 이상의 요구로 조합장이 소집한 총회의 의결에 따라 해임할 수 있다. 이 경우 총회소집에 관하여는 제18조제5항을 준용한다.

【해설】

보궐선거를 하여야 하는 기간을 정하여 공백 기간이 장기화 되지 않도록 했다.

임원변경의 대외적 효력에 관하여 규정하였다.

③ 임원이 자의로 사임하거나 제1항, 제2항의 규정에 의하여 해임되는 경우에는 2개월 이내에 보궐선임을 하여야 한다. 이 경우 새로 선임된 임원의 자격은 시장·군수의 조합설립변경인가 및 법인의 임원변경등기를 하여야 대외적으로 효력이 발생한다.

④ 제1항 및 제2항에 의한 해임의 경우에 사전에 해당 임원에 대해 청문 등 소명기회를 부여하여야 하며, 청문 등 소명기회를 부여하였음에도 이에 응하지 아니한 경우에는 소명기회를 부여한 것으로 본다.

⑤ 임원 및 대의원의 사임은 사임서를 조합사무실에 제출함으로써 효력을 발휘한다.

⑥ 임원이 사임하거나 해임 의결된 경우, 새로운 임원이 선임, 취임할 때까지 직무를 수행하는 것이 적합하지 아니하다고 인정될 때에는 대의원회의 의결에 따라 그의 직무수행을 정지하고 조합장이 임원의 직무를 수행할 자를 임시로 선임할 수 있다. 다만, 조합장이 사임하거나 퇴임·해임되는 경우에는 제14조제8항을 준용하여 조합장 직무대행자를 정한다.

【해설】

사임서 제출의 효력발생일도 구체적으로 정하였다.

제17조(임직원의 보수 등) ① 조합은 상근임원 외의 임원에 대하여는 보수를 지급하지 아니한다. 다만, 임원의 직무수행으로 발생되는 경비 및 회의참석비, 업무 수당 등은 업무규정이 정하는 바에 따라 지급할 수 있다.

② 조합은 상근하는 임원 및 유급직원에 대하여 업무규정이 정하는 바에 따라 보수를 지급하여야 한다.

③ 유급직원은 조합의 업무규정이 정하는 바에 따라 조합장이 임명하고 우선 근무하도록 할 수 있다. 이 경우 임명결과에 대하여 2개월 이내에 대의원회의 인준을 받아야 하며, 인준을 받지 못하면 즉시 해직된다.

【해설】

보수지급 등은 업무규정에서 정하도록 하였다.

유급직원에 대한 임명은 조합장이 가지며, 우선 근무토록 한 뒤 2개월 이내에 대의원회 인준을 받도록 하였다.

제5장 기관

제18조(총회의 설치 및 소집) ① 조합에는 조합원으로 구성되는 총회를 둔다.

② 총회는 정기총회·임시총회로 구분하며 조합장이 소집한다.

③ 정기총회는 매년 1회, 회계연도 종료일로부터 3월 이내에 개최하여야 한다. 다만, 부득이한 사정이 있는 경우에는 5월 범위 내에서 연기 사유와 기간을 명시하여 개최할 수 있다.

【해설】

정기총회 개최를 연기할 수 있는 기한을 구체적으로 정하였다.

④ 임시총회는 조합장이 필요하다고 인정하는 경우에 개최한다. 다만, 다음 각 호의 1에 해당하는 때에는 조합장은 해당일로부터 2월 이내에 총회를 개최하여야 한다.

1. 조합원 5분의 1 이상(정관의 기재사항 중 법 제40조제1항제6호에 따른 조합임원의 권리·의무·보수·선임방법·변경 및 해임에 관한 사항을 변경하기 위한 총회의 경우는 10분의 1 이상으로 한다)이 총회의 목적사항을 제시하여 요구하는 때

2. 대의원 3분의 2 이상이 총회의 목적사항을 제시하여 요구하는 때

⑤ 제4항의 각호의 규정에 의한 청구 또는 요구가 있는 경우로서 조합장이 2월 이내에 정당한 이유 없이 총회를 소집하지 아니하는 때에는 감사가 지체 없이 총회를 소집하여야 하며, 감사가 소집하지 아니하는 때에는 제4항 각호의 규정에 의하여 소집을 청구한 자의 공동명의로 이를 소집한다.

⑥ 제2항 내지 제5항의 규정에 의하여 총회를 개최하거나 일시를 변경할 경우에는 총회의 목적·안건·일시·장소·변경사유 등에 관하여 미리 이사회 의결을 거쳐야 한다. 다만, 제4항, 제5항의 규정에 의하여 소집요구에 의하여 조합장 또는 감사 또는 소집청구한 자의 대표자가 총회를 소집하는 경우에는 이사회 결의를 거치지 아니한다.

⑦ 총회장소를 사용할 수 없는 사정이 발생하는 경우 이사회 및 대의원회의 의결 없이 조합장이 장소를 변경할 수 있다. 이 경우 변경된 장소를 조합원에게 문자 등의 방법으로 고지하여야 하며, 최초 고지된 총회 장소에 안내인력 등을 배치해야 한다.

【해설】

총회장소를 갑자기 변경하여야 할 경우의 절차 등을 구체적으로 규정하였다.

⑧ 제2항 내지 제5항의 규정에 의하여 총회를 소집하는 경우에는 회의개최 14일 전까지 회의목적·안건·일시 및 장소 등을 게시판에 게시하여야 하며 각 조합원에게는 회의개최 10일전까지 등기우편으로 총회자료를 발송하여야 하며, 반송된 경우에는 1회에 한하여 일반우편으로 즉시 발송한다.

【해설】

총회일정을 여유 있게 사전에 통지함으로써 총회당일 직접 참석자 수를 늘리고, 등기우편의 반송기간, 총회 개최금지가처분결정 등의 시한을 고려하여 회의개최 14일전에 게시판 게시 및 자료발송을 동시에 하도록 하였다.

⑨ 총회는 제8항에 의하여 통지한 안건에 대해서만 의결할 수 있다.

⑩ 조합임원의 사임, 해임 또는 임기만료 후 6개월 이상 조합임원이 선임되지 아니한 경우에는 시장·군수 등이 조합임원 선출을 위한 총회를 소집할 수 있다.

【해설】

시장·군수 등이 개최할 경우에 총회경비는 당연히 조합이 부담하도록 하였다.

제19조(총회의 의결사항) ① 다음 각 호의 사항은 총회의 의결을 거쳐야 한다.

1. 정관의 변경(법 제40조제4항에 따른 경미한 사항의 변경은 이 법 또는 정관에서 총회의결 사항으로 정한 경우로 한정한다)
2. 자금의 차입과 그 방법·이자율 및 상환방법
3. 정비사업비의 항목별 내용의 사용계획이 포함된 예산안 및 예산의 사용계획
4. 예산으로 정한 사항 외에 조합원에게 부담이 되는 계약
5. 시공자·설계자 또는 감정평가업자(법 제74조제2항에 따라 시장·군수 등이 선정·계약하는 감정평가업자는 제외한다)의 선정 및 변경. 다만, 감정평가업자 선정 및 변경은 총회의 의결을 거쳐 시장·군수 등에게 위탁할 수 있다.
6. 정비사업전문관리업자의 선정 및 변경
7. 조합임원의 선임 및 해임
8. 정비사업비의 조합원별 분담내역
9. 법 제52조에 따른 사업시행계획서의 작성 및 변경(법 제50조 제1항 본문에 따른 정비사업의 중지 또는 폐지에 관한 사항을 포함하며, 같은 항 단서에 따른 경미한 변경은 제외한다)

10. 법 제74조에 따른 관리처분계획의 수립 및 변경(법 제74조제1항 각 호 외의 부분 단서에 따른 경미한 변경은 제외한다)

11. 법 제89조에 따른 청산금의 징수·지급(분할징수·분할지급을 포함한다)과 조합 해산 시의 회계보고

12. 법 제93조에 따른 비용의 금액 및 징수방법

13. 조합의 합병 또는 해산에 관한 사항

14. 대의원의 선임 및 해임에 관한 사항

15. 정비사업비의 변경

② 제1항 각 호의 사항 중 이 법 또는 정관에 따라 조합원의 동의가 필요한 사항은 총회에 상정하여야 한다.

제20조(총회의 의결방법) ① 총회의 의결은 법 또는 정관에서 특별히 정한 경우를 제외하고는 조합원 과반수의 출석과 출석 조합원의 과반수 찬성으로 한다. 단, 제19조제1항제9호 및 제10호의 경우에는 조합원 과반수의 찬성으로 의결한다. 다만, 정비사업비가 100분의 10(생산자 물가상승률분, 법 제73조에 따른 손실보상금액은 제외한다) 이상 늘어나는 경우에는 조합원 3분의 2 이상의 찬성으로 의결하여야 한다.

【해설】

정비사업의 10% 이상 증가여부에 대한 기준을 정하였다.

② 총회의 의결은 조합원의 100분의 10 이상이 직접 출석하여야 한다. 다만, 창립총회, 사업시행계획서의 작성 및 변경을 위하여 개최하는 총회, 관리처분계획의 수립 및 변경을 위하여 개최하는 총회, 정비사업비의 사용 및 변경을 위하여 개최하는 총회의 경우에는 조합원의 100분의 20 이상이 직접 출석하여야 한다.

③ 조합원은 서면으로 의결권을 행사하거나 다음 각호의 어느 하나에 해당하는 경우에는 대리인을 통하여 의결권을 행사할 수 있다. 이 경우 제1항 및 제2항의 규정에 의한 출석으로 본다.

1. 조합원이 권한을 행사할 수 없어 배우자, 직계존비속 또는 형제자매 중에서 성년자를 대리인으로 정하여 위임장을 제출하는 경우

2. 해외에 거주하는 조합원이 대리인을 지정하는 경우. 이 경우 제1호와 같은 대리인의 자격 제한은 없다.

3. 법인인 토지등소유자가 대리인을 지정하는 경우. 이 경우 법인의 대리인은 조합임원 또는 대의원으로 선임될 수 있다.

④ 조합원이 서면결의서를 제출하는 경우에는 안건내용에 대한 의사를 표시하여 총회 전일○○시까지 조합에 도착되도록 하여야 한다.

⑤ 조합원은 제3항의 규정에 의하여 출석을 대리인으로 하고자 하는 경우에는 위임장 및 대리인 관계를 증명하는 서류를 조합에 제출하여야 한다.

⑥ 총회 소집결과 개의정족수에 미달되는 때에는 재소집하여야 하며, 재소집의 경우에도 정족수에 미달되는 때에는 대의원회로 총회를 갈음할 수 있다. 단, 조합임원의 해임을 위한 총회가 개의정족수에 미달될 경우에는 해당 임원에 대한 해임총회소집은 같은 사유로는 1년 이내에 재소집할 수 없다.

【해설】

총회와 관련하여 발생할 수 있는 여러 가지 문제점들을 구체적으로 정함으로써 분쟁발생을 방지하였다.

제21조(총회운영 등) ① 총회는 이 정관 및 의사진행의 일반적인 규칙에 따라 운영한다.

② 의장은 총회의 안건의 내용 등을 고려하여 다음 각 호에 해당하는 자 등 조합원이 아닌 자의 총회참석을 허용하거나 발언하도록 할 수 있다.

1. 조합직원

2. 정비사업전문관리업자·시공자 또는 설계자의 임직원

3. 그 밖에 의장이 총회운영을 위하여 필요하다고 인정하는 자

③ 의장은 총회의 질서를 유지하고 의사를 정리하며, 고의로 의사진행을 방해하는 발언·행동 등으로 총회질서를 문란하게 하는 자에 대하여 그 발언의 정지·제한 또는 퇴장을 명할 수 있다.

④ 제1항과 제3항의 의사규칙은 대의원회에서 정하여 운영할 수 있다.

제22조(대의원회의 설치) ① 조합에는 대의원회를 둔다.

② 대의원의 수는 조합원 1/10이상 ○○인 이내로 한다. 이때 필요한 경우에는 정수의 20% 범위 내에서 예비대의원을 선출하여 필요시 순차적으로 충원할 수 있다.

【해설】

대의원이 궐위되었을 경우에 법정 대의원수보다 적게 되는 것을 방지하고, 또 보궐선거의 번거로움을 막기 위하여 예비대의원을 선출하여 대의원보궐시 자동적으로 충원되도록 하였다.

③ 대의원의 임기는 3년으로 하고, 피선출자격 등은 조합장 외의 임원과 동일하게 한다.

④ 대의원은 조합원 중에서 총회에서 선출하며, 조합장이 아닌 조합 임원은 대의원이 될 수 없다.

⑤ 궐위된 대의원의 보선은 대의원 5인 이상의 추천을 받아 대의원회가 이를 보궐 선임한다.

⑥ 대의원 해임은 임원해임규정을 준용하되, 사임 또는 해임된 대의원은 그 즉시 대의원직을 상실한다.

제23조(대의원회의 개최) ① 대의원회는 조합장이 필요하다고 인정하는 때에 소집한다. 다만, 다음 각 호의 어느 하나에 해당하는 때에는 조합장은 소집청구를 받은 날로부터 14일 이내에 대의원회를 소집하여야 한다.

  1. 조합원 10분의 1 이상이 회의의 목적사항을 제시하여 소집청구를 한 경우

  2. 대의원의 3분의 1 이상이 회의의 목적사항을 제시하여 소집청구를 한 경우

② 제1항 각 호에 따라 소집청구가 있는 경우로서 조합장이 14일 이내에 대의원회를 소집하지 아니한 때에는 감사가 지체 없이 소집하여야 하며, 감사가 소집하지 아니하는 때에는 제1항 각 호에 따라 소집을 청구한 자의 대표가 소집한다. 이 경우 미리 시장·군수 등의 승인을 받아야 한다.

③ 제2항에 따라 대의원회를 소집하는 경우에는 소집주체에 따라 감사 또는 제1항 각 호에 따라 소집을 청구한 자의 대표가 의장의 직무를 대행한다.

【해설】

  조합원의 대의원회 개최권한도 규정하였다.

④ 대의원회 소집은 회의개최 7일 전에 회의목적·안건·일시 및 장소를 기재한 통지서를 대의원에게 송부하고, 게시판에 게시하여야 한다. 다만, 사업추진상 시급히 대의원회 의결을 요하는 사안이 발생한 경우에는 회의 개최 3일 전에 통지하고 대의원회에서 안건상정여부를 묻고 의결할 수 있다.

제24조(대의원회 의결사항) ① 대의원회는 다음 각 호의 사항을 의결한다.

  1. 궐위된 임원 및 대의원의 보궐선임

  2. 예산 및 결산의 승인에 관한 방법

  3. 총회 부의안건의 사전심의 및 총회로부터 위임받은 사항

  4. 총회에서 선출하여야 하는 협력업체를 제외한 업체에 대하여 총회 의결로 정한 예산의 범위 내에서의 선정 및 계약체결

5. 사업완료로 인한 해산결의

② 이사·감사는 대의원회에 참석하여 의견을 진술할 수 있되, 대의원회에서 거부하는 경우에는 참석할 수 없다.

제25조(대의원회 의결방법) ① 대의원회는 재적대의원 과반수의 출석과 출석대의원 과반수의 찬성으로 의결한다.

② 대의원회는 사전에 통지한 안건만 의결할 수 있다. 다만, 통지 후 시급히 의결할 사항이 발생한 경우, 의장의 발의와 출석대의원 과반수 동의를 얻어 안건으로 채택한 경우에는 그 사항을 의결할 수 있다.

③ 특정한 대의원의 이해와 관련된 사항에 대해서 그 대의원은 의결권을 행사할 수 없다.

④ 대의원은 대리인을 통한 출석을 할 수 없다. 다만, 서면으로 대의원회에 출석하거나 의결권을 행사할 수 있다. 이 경우 제1항의 규정에 의한 출석으로 본다.

제26조(이사회의 설치) ① 조합에는 조합의 사무를 집행하기 위하여 조합장과 이사로 구성하는 이사회를 둔다.

② 이사회는 조합장이 소집하며, 조합장은 이사회의 의장이 된다.

제27조(이사회의 사무) ① 이사회는 다음 각 호의 사무를 집행한다.

1. 조합의 예산 및 통상업무의 집행에 관한 사항

2. 총회 및 대의원회의 상정안건의 심의에 관한 사항

3. 조합정관, 업무규정 제·개정안 작성에 관한 심의

4. 그 밖에 조합의 운영 및 사업시행에 관하여 필요한 사항 심의

② 대의원회 또는 총회결의 안건에 대하여 이사회에서 심의가 부결 된 경우, 조합장은 직권으로 대의원회에 상정할 수 있으며, 이때 이사회에서 부결된 안건임을 대의원들에게 고지하여야 한다. 이사회가 개의정족수가 부족하여 2회 이상 무산된 경우에도 동일하다.

【해설】

이사회는 의결기관이 아닌 심의기관임에도 불구하고 이사회에서 상정 부결된 안건을 대의원회 또는 총회에 상정하지 못한다면 이는 대의원 및 조합원의 의결권을 침해하게 되는 것이다. 따라서 위와 같이 규정하였다.

제28조(이사회의 의결방법) ① 이사회는 대리인 참석이 불가하며, 구성원 과반수 출석으로 개의하고 출석 구성원 과반수 찬성으로 의결한다. 이 경우 조합장도 의결권을 가진다.

② 구성원 자신과 관련된 사항에 대하여는 그 구성원은 의결권을 행사할 수 없다.

③ 이사는 대리인을 통한 출석을 할 수 없다. 다만, 서면으로 이사회에 출석하거나 의결권을 행사할 수 있다. 이 경우 제1항의 규정에 의한 출석으로 본다.

제29조(감사의 이사회 출석권한 및 감사요청) ① 감사는 이사회 출석하여 의견을 진술할 수 있다. 다만, 의결권은 가지지 아니한다.

② 이사회는 조합운영상 필요하다고 인정될 때에는 감사에게 조합의 업무에 대하여 감사를 실시하도록 요청할 수 있다.

제30조(의사록의 작성 및 관리) ① 조합은 총회·대의원회 및 이사회의 의사록을 작성하여 청산 시까지 보관하여야 하며, 그 작성기준 및 관리 등은 다음 각 호와 같다.

1. 총회 및 용역계약, 업체선정과 관련된 대의원회는 속기록을 작성한다.

2. 이사회 및 대의원회 등을 개최하는 경우 일시·장소·안건·참석자 등과 결과를 기재한 의사록을 작성하고 의장 및 감사가 기명날인 하여야 한다. 다만 감사가 회의에 참석하지 않거나 서명을 거부하는 경우에는 그 취지를 기재하고 의장이 서명날인 한다.

3. 의사록은 회의종료 일로부터 15일 내에 작성하여 조합사무실에 비치하고 조합홈페이지(카페)에 게시하고 조합원이 열람할 수 있도록 하여야 한다.

【해설】

법 제125조(관련 자료의 보관 및 인계) 에 따라 제1항과 같이 기재하였다.

제6장 재정

제31조(조합의 회계) ① 조합의 회계는 매년 1월 1일(설립인가를 받은 당해 연도는 인가일)부터 12월말일까지로 한다.

② 조합의 예산·회계는 기업회계의 원칙에 따르되 조합은 필요하다고 인정하는 때에는 다음 각 호의 사항에 관하여 업무규정에 회계 관련 사항을 정하여 운영할 수 있다.

  1. 예산의 편성과 집행기준에 관한 사항

  2. 세입·세출예산서 및 결산보고서의 작성에 관한 사항

  3. 수입의 관리·징수방법 및 수납기관 등에 관한 사항

  4. 지출의 관리 및 지급 등에 관한 사항

  5. 계약 및 채무관리에 관한 사항

  6. 그 밖에 회계문서와 장부에 관한 사항

③ 조합은 매 회계 연도 종료일부터 60일내에 결산 보고서를 작성한 후 감사의 의견서를 첨부하여 대의원회에 제출하여 의결을 거쳐야 하며, 대의원회 의결을 거친 결산 보고서를 작성 후 15일 이내에 조합홈페이지에 게재하여 공개하여야 하고, 차기 총회에 서면으로 보고하고 조합 사무소에 이를 3월 이상 비치하여 조합원들이 열람할 수 있도록 하여야 한다.

④ 조합은 다음 각 호의 1에 해당하는 시기에 주식회사의 외부감사에 관한 법률 제3조 규정에 의한 감사인의 회계감사를 받아야 하며, 그 감사결과를 회계감사보고서가 조합에 제출된 때로부터 15일 이내에 조합홈페이지에 게재하여 공개하여야 하고, 시장·군수 및 차기 총회에 서면으로 보고하고 조합원이 공람할 수 있도록 하여야 한다.

  1. 추진위원회에서 사업시행자로 인계되기 전까지 납부 또는 지출된 금액과 계약 등으로 지출될 것이 확정된 금액의 합이 3억5,000만원 이상인 경우에는 추진위원회에서 조합으로 인계되기 전 7일 이내

  2. 사업시행계획인가 고시일 전까지 납부 또는 지출된 금액이 7억원 이상인 경우에는 사업시행계획인가의 고시일로부터 20일 이내

  3. 준공인가 신청일까지 납부 또는 지출된 금액이 14억원 이상인 경우에는 준공인가의 신청일로부터 7일 이내

⑤ 제4항에 따라 회계감사가 필요한 경우 조합은 시장·군수 등에게 회계감사기관의 선정·계약을 요청하여야 하며, 시장·군수 등은 요청이 있는 경우 즉시 회계감사기관을 선정하여 회계

감사가 이루어지도록 하여야 한다.

⑥ 조합은 제5항에 따라 회계감사기관의 선정·계약을 요청하려는 경우 시장·군수 등에게 회계감사에 필요한 비용을 미리 예치하여야 한다. 시장·군수 등은 회계감사가 끝난 경우 예치된 금액에서 회계감사비용을 직접 지불한 후 나머지 비용은 사업시행자와 정산하여야 한다.

⑦ 정기총회에는 매년 예산안을 상정하여야 하며, 매년 1월 1일부터 정기총회에서 예산안이 의결될 때까지는 전년도 예산에 준하여 집행한다.

【해설】

회계감사보고서는 법 제124조에 의하여 자료공개 대상이기 때문에 이 내용을 추가하였고, 나머지 조항은 법 제112조에 규정된 내용들이다.

제32조(재원) 조합의 운영 및 사업시행을 위한 자금은 다음 각 호에 의하여 조달한다.

1. 조합원이 현물로 출자한 토지 및 건축물
2. 조합원이 납부하는 정비사업비 등 부과금
3. 건축물 및 부대·복리시설의 분양 수입금
4. 조합이 시장·군수, 금융기관, 시공자, 정비사업전문관리업자 등으로부터 조달하는 차입금
5. 대여금의 이자 및 연체료 등 수입금
6. 청산금
7. 그 밖에 조합재산의 사용수익 또는 처분에 의한 수익금

【해설】

자금 차입처가 여러 곳일 수 있기 때문에 제4호에 추가하였다.

제33조(정비사업비의 부과 및 징수) ① 조합은 사업시행에 필요한 비용을 충당하기 위하여 조합원에게 공사비 등 주택사업에 소요되는 비용(이하 "정비사업비"라 한다)을 부과징수 할 수 있다.

② 제1항의 규정에 의한 정비사업비는 총회의결을 거쳐 부과할 수 있으며, 추후 사업시행구역 안의 토지 및 건축물 등의 위치·면적·이용 상황·환경 등 제반여건을 종합적으로 고려하여 관리처분계획에 따라 공평하게 금액을 조정하여야 한다.

③ 조합은 납부기한 내에 정비사업비를 납부하지 아니한 조합원에 대하여는 금융기관에서 적용하는 연체 금리의 범위 내에서 연체료를 부과할 수 있으며 법 제123조제4항의 규정에 따라 시장·군수에게 정비사업비의 징수를 위탁할 수 있다.

제7장 사업시행

제34조(이주대책) ① 사업시행으로 주택이 철거되는 조합원은 사업을 시행하는 동안 조합이 대의원회 결의로 정하는 이주 기간 내에 자신의 부담으로 이주하여야 한다.

② 조합은 이주비(금융기관 등으로부터 대여 받아 입주 시 상환하는 대출금을 말함)의 지원을 희망하는 조합원에게 조합이 직접 금융기관과 약정을 체결하거나, 시공자와 약정을 체결하여 지원하도록 알선할 수 있다. 이 경우 이주비를 지원받은 조합원은 자신의 명의로 대출을 받으며, 사업시행구역 안의 소유 토지 및 건축물을 담보로 제공하여야 한다.

【해설】

　이주기간은 대의원회 결의로 정할 수 있도록 하였고, 나머지 대출관련 내용을 구체화 하였다,

③ 제2항의 규정에 의하여 이주비를 지원받은 조합원 또는 그 권리를 승계한 조합원은 지원받은 이주비를 주택 등에 입주 시까지 시공자(또는 금융기관)에게 상환하여야 한다.

④ 조합원은 조합이 정하여 통지하는 이주기한 내에 당해 건축물에서 퇴거하여야 하며, 세입자 또는 임시거주자 등이 있을 때에는 당해 조합원의 책임으로 함께 퇴거하도록 조치하여야 한다.

⑤ 조합원은 본인 또는 세입자 등이 당해 건축물에서 퇴거하지 아니하여 기존 주택 등의 철거 등 사업시행에 지장을 초래하는 때에는 그에 따라 발생되는 모든 손해에 대하여 변상할 책임을 진다.

⑥ 제5항의 규정에 의하여 조합원이 변상할 손해금액과 징수방법 등은 대의원회에서 정하여 총회의 승인을 얻어 당해 조합원에게 부과하며, 이를 기한 내에 납부하지 아니한 때에는 당해 조합원의 권리물건을 환가 처분하여 그 금액으로 충당할 수 있다.

⑦ 사업시행으로 철거되는 주택의 세입자는 해당 시·도조례에서 정하는 바에 따라 임대주택을 공급하거나, 공익사업을 위한 토지의 취득 및 손실보상에 관한 법률 시행규칙 제54조제2항 및 제55조제2항 규정의 기준에 해당하는 세입자에 대하여는 동 규칙이 정한 바에 따라 주거이전비를 지급한다.

제35조(지장물 철거 등) ① 조합은 관리처분계획인가 후 조합원 소유 및 기타 철거가 필요한 사업시행구역 안의 건축물을 철거할 수 있다.

② 조합은 제1항의 규정에 의하여 건축물을 철거하고자 하는 때에는 30일 이상의 기간을 정하여 구체적인 철거계획에 관한 내용을 미리 조합원 등에게 통지하여야 한다.

③ 사업시행구역 안의 통신시설·전기시설·급수시설·도시가스시설 등 공급시설에 대하여는 당해 시설물 관리권자와 협의하여 철거기간이나 방법 등을 따로 정할 수 있다.

④ 조합원의 이주 후 건축법 제27조의 규정에 의한 철거 및 멸실 신고는 조합이 일괄 위임받아 처리하도록 한다.

⑤ 제2항의 규정에 의하여 철거 기간 중 철거하지 아니한 자는 행정대집행관련 법령에 따라 강제 철거할 수 있다.

【해설】

조합이 인도받은 조합원 소유 부동산에 대한 철거는 당연한 것이나, 이 근거를 명확하게 기재하였다.

제36조(손실보상) ① 사업시행에 따른 손실보상에 관하여는 도시 및 주거환경정비법령 및 공익사업을 위한 토지 등의 취득 및 보상에 관한 법률을 준용한다.

② 조합 또는 손실을 받은 자는 손실보상의 협의가 성립되지 아니하거나 협의할 수 없는 경우에는 조합이 공익사업을 위한 토지 등의 취득 및 보상에 관한 법률 제49조의 규정에 의하여 설치되는 관할 토지수용위원회에 재결을 신청한다.

제37조(토지 등의 수용 또는 사용) 조합은 정비구역에서 정비사업을 시행하기 위하여 법 제63조(토지 등의 수용 또는 사용), 법 제65조(「공익사업을 위한 토지 등의 취득 및 보상에 관한 법률」의 준용) 등에서 정하는 바에 따라 토지 등의 수용 또는 사용, 그리고 보상을 하여야 한다.

제38조(재개발임대주택의 부지 등) ① 조합은 제40조의 규정에 해당하는 세입자에게 공급될 재개발임대주택(이하 '임대주택'이라 한다)의 건립에 필요한 임대주택부지를 당해 사업시행구역내 구획할 수 있으며, 관할 시·도지사의 요청에 따라 처분할 수 있다.

② 제1항의 임대주택부지의 확보는 당해 사업시행구역내 국·공유지 중 점유연고권자에게 매각하고 남은 면적으로 충당한다. 임대주택 부지면적이 부족한 경우에는 시·도조례가 정하는 바에 따라 산정한 부지가격으로 관할 시·도지사에게 매각한다.

③ 조합은 제2항의 규정에 의한 임대주택부지의 확보, 임대주택 대지조성계획 등을 법 제52

조의 규정에 의한 사업시행계획서의 내용에 포함하여야 하며, 임대주택부지의 대지조성비 및 제2항의 매각시기·방법 등을 법 제50조의 규정에 의한 사업시행인가 신청 내용에 포함하여야 한다.

제39조(재개발임대주택의 입주자격 등) ① 임대주택을 건설하는 경우 당해 임대주택의 입주자격은 다음 각 호와 같다.

1. 당해 정비구역 안에 거주하는 세입자로서 정비구역지정에 대한 공람·공고일 3월 전부터 사업시행으로 인한 이주 시까지 당해 정비구역에 주민등록을 등재하고 실제로 거주하고 있는 자
2. 토지등소유자로서 주택의 분양에 관한 권리를 포기하는 자
3. 국토의 계획 및 이용에 관한 법률에 의한 도시계획사업으로 인하여 주거지를 상실하여 이주하게 되는 자로서 당해 시장·군수가 인정하는 자
4. 그 밖에 시·도조례가 정하는 자

② 주택의 규모 및 규모별 입주자선정방법 등에 대하여는 시·도조례가 정하는 바에 따른다.
③ 제1항 및 제2항의 규정에 의한 임대주택 공급은 관리처분계획인가로서 확정한다.

【해설】

임대주택의 공급은 도시 및 주거환경정비법 제50조제3항 및 동법 시행령 제55조제2항과 시행령 별표3의 규정에 따른다.

제40조(지상권 등 계약의 해지) ① 정비사업의 시행으로 지상권·전세권 또는 임차권의 설정목적을 달성할 수 없는 때에는 그 권리자는 계약을 해지할 수 있다. 이 경우 지상권·전세권 또는 임차권의 설정목적을 달성할 수 없는 권리자가 계약상 금전의 반환청구권을 조합에 행사할 경우 조합은 당해 금전을 지급할 수 있다.

② 조합은 제1항에 의하여 금전을 지급하였을 경우 당해 조합원에게 이를 구상할 수 있으며, 구상이 되지 아니 한 때에는 당해 조합원에게 귀속될 건축물을 압류할 수 있다. 이 경우 압류한 권리는 저당권과 동일한 효력을 가진다.

③ 관리처분계획의 인가를 받은 경우 지상권·전세권설정계약 또는 임대차계약의 계약기간은 「민법」 제280조·제281조 및 제312조제2항, 「주택임대차보호법」 제4조제1항, 「상가건물 임대차보호법」 제9조제1항을 적용하지 아니한다.

제41조(소유자의 확인이 곤란한 건축물 등에 대한 처분) 조합은 사업을 시행함에 있어 조합설립인가일 현재 토지 또는 건축물의 소유자의 소재확인이 현저히 곤란한 경우 전국적으로 배포되는 2 이상의 일간신문에 2회 이상 공고하고, 그 공고한 날부터 30일 이상이 지난 때에는 그 소유자의 소재확인이 현저히 곤란한 토지 또는 건축물의 감정평가액에 해당하는 금액을 법원에 공탁하고 사업을 시행할 수 있다. 이 경우 그 공탁금은 시장·군수가 추천하는 지가공시 및 토지 등의 평가에 관한 법률에 의한 감정평가업자(이하 '감정평가업자'라 한다) 2인 이상이 평가한 금액을 산술평균하여 산정한다.

제8장 관리처분계획

제42조(분양통지 및 공고 등) 조합은 제50조 제7항에 따른 사업시행계획인가의 고시가 있은 날(사업시행계획인가 이후 시공자를 선정하는 경우에는 시공자와 계약을 체결한 날)부터 120일 이내에 다음 각 호의 사항을 토지등소유자에게 통지하고, 해당지역에서 발간되는 일간신문에 공고하여야 한다. 이 경우 제11호의 사항은 통지하지 아니하고, 제1호, 제2호 및 제4호의 사항은 공고하지 아니한다.

1. 분양대상자별 종전의 토지 또는 건축물의 명세 및 사업시행인가의 고시가 있은 날을 기준으로 한 가격
2. 분양대상자별 분담금의 추산액
3. 분양신청기간
4. 분양신청서
5. 사업시행인가의 내용
6. 정비사업의 종류·명칭 및 정비구역의 위치·면적
7. 분양신청기간 및 장소
8. 분양대상 대지 또는 건축물의 내역
9. 분양신청자격
10. 분양신청방법
11. 토지등소유자 외의 권리자의 권리신고방법
12. 분양을 신청하지 아니한 자에 대한 조치
13. 그 밖에 시·도 조례가 정하는 사항

제43조(분양신청 등) ① 제42조 제3호의 분양신청기간은 그 통지한 날부터 30일 이상 60일 이내로 한다. 다만, 조합은 관리처분계획의 수립에 지장이 없다고 판단되는 경우에는 분양신청기간을 20일 범위 이내에서 연장할 수 있다.

② 토지 또는 건축물을 분양받고자 하는 조합원은 분양신청서에 소유권의 내역을 명시하고, 그 소유의 토지 및 건축물에 관한 등기부등본 등 그 권리를 입증할 수 있는 증명서류를 조합에 제출하여야 한다.

③ 제1항 및 제2항의 규정에 의한 분양신청서를 우편으로 제출하고자 할 경우에는 그 신청서가 분양신청기간 내에 발송된 것임을 증명할 수 있도록 등기우편 등으로 제출하여야 한다.

④ 조합은 제1항에 따른 분양신청기간 종료 후 법 제50조제1항에 따른 사업시행계획인가의 변경(경미한 사항의 변경은 제외한다)으로 세대수 또는 주택규모가 달라지는 경우 분양공고 등의 절차를 다시 거칠 수 있다.

제44조(분양신청을 하지 아니한 자 등에 대한 조치) ① 조합은 관리처분계획이 인가·고시된 다음 날부터 90일 이내에 다음 각 호에서 정하는 자와 토지, 건축물 또는 그 밖의 권리의 손실보상에 관한 협의를 하여야 한다. 다만 조합은 분양신청기간 종료일의 다음 날부터 협의를 시작할 수 있으며, 그 금액은 시장·군수가 추천하는 감정평가업자 2 이상이 평가한 금액을 산술평균하여 산정한다.

  1. 분양신청을 하지 아니한 자

  2. 분양신청기간 종료 이전에 분양신청을 철회한 자

  3. 법 제72조제6항 본문에 따라 분야신청을 할 수 없는 자

  4. 법 제74조에 따라 인가된 관리처분계획에 따라 분양대상에서 제외된 자

② 조합은 제1항에 따른 협의가 성립되지 아니하면 그 기간의 만료일 다음 날부터 60일 이내에 수용재결을 신청하여야 한다.

③ 조합원은 관리처분계획인가 후 ○일 이내에 분양계약체결을 하여야 하며 분양계약체결을 하지 않는 경우 제2항의 규정을 준용한다.

제45조(관리처분계획의 기준) 조합원의 소유재산에 관한 관리처분계획은 제43조 및 제44조에 따른 분양신청기간의 종료 및 공사비가 확정된 후 분양신청의 현황을 기초로 법 제74조 내지 제77조의 기준에 따라 수립하며 다음 각 호의 기준에 따라 수립하여야 한다.

  1. 종전토지의 소유면적은 관리처분계획 기준일 현재 지적법 제2조제1호 규정에 의한 소유토지별 지적공부에 의한다. 다만, 사업시행구역 안의 국·공유지 점유자는 관계법령과 이 정관이 정하는 바에 따라 점유연고권이 인정되어 그 경계를 실시한 지적측량성과를 기준으로 한다.

  2. 종전건축물의 소유면적은 관리처분계획 기준일 현재 소유 건축물별 건축물대장을 기준으로 한다. 다만, 건축물 관리대장에 등재되어 있지 아니한 종전 건축물에 대하여는 재산세 과세대장 또는 측량성과를 기준으로 할 수 있다. 이 경우 위법하게 건축된 부분의 면적(무

허가 건축물의 경우에는 기존 무허가 건축물에 추가된 면적을 말한다)은 제외한다.

3. 분양설계의 기준이 될 종전 토지 등의 소유권은 관리처분계획 기준일 현재 부동산등기부에 의하며, 무허가건축물일 경우에는 관할 동장이 발행한 무허가건물확인원 또는 소유자임을 입증하는 자료를 기준으로 한다. 다만, 권리자의 변동이 있을 때에는 변동된 부동산등기부 및 무허가건물확인원에 의한다.

4. 조합원이 출자한 종전의 토지, 건축물의 가격/면적을 기준으로 새로이 건설되는 주택 등을 분양함을 원칙으로 한다.

5. 사업시행 후 분양받을 건축물의 면적은 분양면적(전용면적+공유면적)을 기준으로 하며, 1필지의 대지 위에 2인 이상에게 분양될 건축물이 설치된 경우에는 건축물의 분양면적의 비율에 의하여 그 대지소유권이 주어지도록 하여야 한다. 이 경우 토지의 소유관계는 공유로 한다.

6. 조합원에게 분양하는 주택의 규모는 건축계획을 작성하여 사업시행인가를 받은 후 평형별로 확정한다.

7. 조합원에 대한 신축건축물의 평형별 배정에 있어 조합원 소유 종전건축물의 가격·면적·유형·규모 등에 따라 우선순위를 정할 수 있다.

8. 조합원이 출자한 종전의 토지 및 건축물의 면적을 기준으로 산정한 주택의 분양대상면적과 사업시행 후 조합원이 분양받을 주택의 규모에 차이가 있을 때에는 당해 사업시행계획서에 의하여 산정하는 평형별 가격을 기준으로 환산한 금액의 부과 및 지급은 제58조(청산금 및 청산기준가격의 평가) 및 제59조(청산금의 징수방법 등)의 규정을 준용한다.

9. 조합원에게 공급하고 남는 잔여주택이 30세대 이상인 경우에는 일반에게 분양하며, 그 잔여주택의 공급시기와 절차 및 방법 등에 대하여는 주택공급에 관한 규칙이 정하는 바에 따라야 한다. 잔여주택이 30세대 미만인 경우에는 그러하지 아니하다.

10. 1세대가 1 이상의 주택을 소유한 경우 1주택을 공급하고 2인 이상이 1주택을 공유한 경우에는 1주택만 공급한다. 다만 다음 각목의 어느 하나에 해당하는 토지등소유자에 대하여는 소유한 주택 수만큼 공급할 수 있다.

    1) 근로자(공무원인 근로자를 포함한다) 숙소, 기숙사 용도로 주택을 소유하고 있는 토지등소유자

    2) 국가, 지방자치단체 및 토지주택공사 등

    3) 「국가균형발전 특별법」 제18조에 따른 공공기관 지방이전 및 혁신도시 활성화를 위한 시책 등에 따라 이전하는 공공기관이 소유한 주택을 양수한자

4) 법 제74조제1항제5호에 따른 가격의 범위 또는 종전 주택의 주거전용면적의 범위에서 2주택을 공급할 수 있고, 이중 1주택은 주거전용면적을 60㎡ 이하로 한다. 다만, 60㎡ 이하로 공급받은 1주택은 법 제86조제2항에 따른 이전고시일 다음 날부터 3년이 지나기 전에는 주택을 전매(매매·증여나 그 밖에 권리의 변동을 수반하는 모든 행위를 포함하되 상속의 경우에는 제외한다)하거나 전매를 알선할 수 없다.

11. 그 밖에 관리처분계획을 수립하기 위하여 필요한 세부적인 사항은 관계규정 등에 따라 조합장이 정하여 대의원회의 의결을 거쳐 시행한다.

제46조(국·공유지의 점유연고권 인정기준 등) ① 법 제98조의 규정에 의하여 사업시행구역 안의 국·공유지의 매각의 방법 등에 대하여는 시·도조례에 의한다.

② 국공유지의 매수 및 사용에 관하여 필요한 사항은 도시 및 주거환경정비법령에서 규정한 것을 제외하고는 국유재산법·지방재정법 등 관련법령이 정하는 바에 의한다.

제47조(토지 평가 등) ① 분양대상자별 분양예정인 대지 또는 건축물의 추산액은 시·도의 조례가 정하는 바에 의하여 산정하되, 시장· 군수가 추천하는 2인 이상의 감정평가업자의 감정의견을 참작한다.

② 분양대상자별 종전의 토지 또는 건축물의 가격은 시장· 군수가 추천하는 감정평가업자 2인 이상이 사업시행인가의 고시가 있는 날을 기준으로 평가한 금액을 산술평균하여 산정한다.

③ 제1호 및 제2호의 규정에 불구하고 관리처분계획을 변경·중지 또는 폐지하고자 하는 경우에는 분양예정인 대지 또는 건축물의 추산액과 종전의 토지 또는 건축물의 가격은 사업시행자 및 토지 등의 소유자 전원이 합의하여 이를 산정할 수 있다.

제48조(조합원 분양) 주택 및 부대복리시설의 분양대상자와 분양기준은 법 및 시·도의 조례가 정하는 기준에 적합한 범위 안에서 총회의 의결로 결정한다.

제49조(일반분양) ① 대지 및 건축물 중 제48조의 조합원 분양분과 제50조 규정에 의한 보류지를 제외한 잔여대지 및 건축물은 이를 체비지(건축물을 포함한다)로 정하여야 한다.

② 체비지 중 공동주택은 주택공급에 관한 규칙이 정하는바에 따라 일반에게 분양하여야 하며, 그 공급가격은 제47조 규정에 의하여 산정된 가격을 참작하여 따로 정할 수 있다.

③ 체비지 중 분양대상 부대·복리시설은 제47조(토지 등의 평가)의 가격을 기준으로 주택공급에 관한 규칙이 정하는 바에 따라 공개경쟁에 의하여 분양하여야 한다.

제50조(보류지) ① 분양대상의 누락, 착오 등의 사유로 인한 관리처분계획의 변경과 소송 등의 사유로 향후 추가분양이 예상되거나 공급하는 주택의 총세대수의 _% 이내와 공급하는 부대복리 시설면적의 _% 이내는 보류지(건축물을 포함한다)로 정할 수 있다.

② 보류지의 분양가격은 제47조의 규정을 준용한다.

③ 제1항 내지 제2항 규정에 따라 보류지를 처분한 후 잔여 보류지가 있는 경우에는 제49조 제2항 및 제3항의 규정에 따라 처분하여야 한다.

제51조(분양받을 권리의 양도 등) ① 조합원은 조합원의 자격이나 권한, 입주자로 선정된 지위 등을 양도한 경우에는 조합에 변동 신고를 하여야 하며, 양수자에게는 조합원의 권리와 의무, 자신이 행하였거나 조합이 자신에게 행한 처분·절차, 청산시 권리의무에 범위 등이 포괄승계 됨을 명확히 하여 양도하여야 한다.

② 제1항의 규정에 의하여 사업시행구역 안의 토지 또는 건축물에 대한 권리를 양도받은 자는 등기부등본 등 증명서류를 첨부하여 조합에 신고하여야 하며, 신고하지 아니하면 조합에 대항할 수 없다.

③ 조합은 조합원의 변동이 있는 경우 변경의 내용을 증명하는 서류를 첨부하여 시장·군수의 조합원 변경인가를 받아야 한다.

【해설】

조합설립인가 당시의 제출서류에 변동이 있을 때에는 반드시 변경인가를 받아야 하는 점을 감안하여, 이를 정확히 숙지토록 하기 위하여 동 내용을 추가로 규정한 것임.

제52조(관리처분계획의 공람 등) ① 조합은 법 제74조에 따른 관리처분계획 인가를 신청하기 전에 관계서류의 사본을 30일 이상 토지등소유자에게 공람하고 다음 각 호의 사항을 각 조합원에게 통지하여야 한다. 다만, 법 제74조제1항 각호 외의 부분단서에 따라 대통령령으로 정하는 경미한 사항을 변경하려는 경우에는 공람 및 의견청취 절차를 거치지 아니할 수 있다.

  1. 관리처분계획의 개요

  2. 주택 및 토지지분면적 등 분양대상 물건의 명세

3. 그 밖에 조합원의 권리·의무와 이의신청 등에 관한 사항

4. 관리처분계획을 의결하기 위한 총회개최 일부터 1개월 전에 법 제73조제1항제3호부터 제6호까지의 규정에 해당하는 사항을 각 조합원에게 문서로 통지하여야 한다.

② 조합원은 제1항의 규정에 의한 통지를 받은 때에는 조합에서 정하는 기간 안에 관리처분계획에 관한 이의신청을 조합에 제출할 수 있다.

③ 조합은 제2항의 규정에 의하여 제출된 조합원의 이의신청내용을 검토하여 합당하다고 인정되는 경우에는 관리처분계획의 수정 등 필요한 조치를 취하고, 그 조치 결과를 공람·공고 마감일부터 10일 안에 당해 조합원에게 통지하여야 하며, 이의신청이 이유 없다고 인정되는 경우에도 그 사유를 명시하여 당해 조합원에게 통지하여야 한다.

【해설】

관리처분계획의 수립에 있어서 합당한 의견일 경우에는 조합원의 의사가 최대한 반영될 수 있도록 한 것임.

④ 조합은 제3항의 규정에 따라 관리처분계획을 수정한 때에는 총회의 의결을 거쳐 확정한 후 그 내용을 각 조합원에게 통지하여야 한다.

⑤ 조합원의 동·호수추첨은 OO은행 전산추첨을 원칙으로 공정하게 실시하여야 하며 추첨결과는 시장·군수에게 통보하여야 한다.

제53조(관리처분계획의 통지 등) ① 조합은 관리처분계획인가의 고시가 있은 때에는 다음 각호의 사항을 분양신청을 한 각 조합원에게 통지하여야 한다.

1. 정비사업의 종류 및 명칭

2. 정비사업 시행구역의 면적

3. 사업시행자의 성명 및 주소

4. 관리처분계획의 인가일

5. 분양대상자별로 기존의 토지 또는 건축물의 명세 및 가격과 분양예정인 대지 또는 건축물의 명세 및 추산가액

② 관리처분계획의 인가고시가 있은 때에는 종전의 건축물의 소유자·지상권자·전세권자·임차권자 등 권리자는 법 제86조의 규정에 의한 이전고시가 있는 날(이하 "이전고시일"이라 한다)까지 종전의 토지 또는 건축물을 사용하거나 수익할 수 없다. 다만, 조합의 동의를 얻은 경우에는 그러하지 아니한다.

제9장 완료조치

제54조(정비사업의 준공인가) ① 조합이 정비사업 공사를 완료한 때에는 시장·군수 등의 준공인가를 받아야 한다.

② 조합은 관할 시장·군수로부터 준공인가증을 교부 받은 때에는 지체 없이 조합원에게 입주하도록 통지하여야 한다.

③ 조합은 제2항의 규정에 의하여 입주통지를 한 때에는 통지된 날부터 1월 이내에 소유자별로 통지내용에 따라 등기신청을 할 수 있도록 필요한 조치를 하여야 하며, 토지 및 건축물 중 일반분양분에 대해서는 조합명의로 등기한 후 매입자가 이전등기절차를 이행하도록 하여야 한다.

【해설】

법에 규정된 내용 중 일부를 인용하였는데, 이 내용은 조합원들이 널리 알고 있는 것이 좋다고 생각하여 인용하였다.

제55조(이전고시 등) ① 조합은 준공인가고시가 있는 때에는 지체 없이 대지확정측량을 하고 토지의 분할절차를 거쳐 관리처분계획에서 정한 사항을 분양받을 자에게 통지하고 대지 또는 건축물의 소유권을 이전하여야 한다. 다만, 정비사업의 효율적인 추진을 위하여 필요한 경우에는 해당 정비사업에 관한 공사가 전부 완료되기 전이라도 완공된 부분은 준공인가를 받아 대지 또는 건축물별로 분양받을 자에게 소유권을 이전할 수 있다.

② 조합은 제1항에 따라 대지 및 건축물의 소유권을 이전하려는 때에는 그 내용을 해당 지방자치단체의 공보에 고시한 후 시장·군수 등에게 보고하여야 한다. 이 경우 대지 또는 건축물을 분양받을 자는 고시가 있는 날의 다음 날에 그 대지 또는 건축물의 소유권을 취득한다.

【해설】

법에 규정된 내용 중 일부를 인용하였는데, 이 내용은 조합원들이 알고 있는 것이 좋다고 생각하여 인용하였다.

제56조(대지 및 건축물에 대한 권리의 확정) ① 대지 또는 건축물을 분양받을 자에게 이전고시에 따라 소유권을 이전한 경우 종전의 토지 또는 건축물에 설정된 지상권·전세권·저당권·

임차권·가등기담보권·가압류 등 등기된 권리 및 「주택임대차보호법」 제3조제1항의 요건을 갖춘 임차권은 소유권을 이전받은 대지 또는 건축물에 설정된 것으로 본다.

② 제1항에 따라 취득하는 대지 또는 건축물 중 토지등소유자에게 분양하는 대지 또는 건축물은 「도시개발법」 제40조에 따라 행하여진 환지로 본다.

③ 법 제79조제4항에 따른 보류지와 일반에게 분양하는 대지 또는 건축물은 「도시개발법」 제34조에 따른 보류지 또는 체비지로 본다.

제57조(등기절차 및 권리변동의 제한) ① 조합은 이전고시가 있은 때에는 지체 없이 대지 및 건축물에 관한 등기를 지방법원지원 또는 등기소에 촉탁 또는 신청하여야 한다.

② 제1항의 등기에 필요한 사항은 대법원규칙으로 정한다.

③ 정비사업에 관하여 이전고시가 있은 날부터 제1항에 따른 등기가 있을 때까지는 저당권 등의 다른 등기를 하지 못한다.

제58조(청산금 및 청산기준가격의 평가) ① 대지 또는 건축물을 분양받은 자가 종전에 소유하고 있던 토지 또는 건축물의 가격과 분양받은 대지 또는 건축물의 가격 사이에 차이가 있는 경우 관리처분계획인가 후 조합원 분담금 납부 비율과 동일하게 그 차액에 상당하는 금액(이하 "청산금"이라 한다)을 분양받은 자로부터 징수하거나 분양받은 자에게 지급하여야 한다. 다만, 분할징수 및 분할지급에 대하여 총회의 의결을 거쳐 따로 정한 경우에는 관리처분계획인가후부터 이전고시일까지 일정기간별로 분할징수하거나 분할 지급할 수 있다.

② 조합은 제1항을 적용하기 위하여 종전에 소유하고 있던 토지 또는 건축물의 가격과 분양받은 대지 또는 건축물의 가격을 평가하는 경우 그 토지 또는 건축물의 규모·위치·용도·이용 상황·정비사업비 등을 참작하여 평가하여야 하며, 이 경우 법 제74조제2항제1호 나목의 기준에 따른다.

③ 제2항에 따른 평가를 할 때 다음 각호의 비용을 가산하여야 하며, 법 제95조에 따른 보조금은 공제하여야 한다.

  1. 정비사업의 조사·측량·설계 및 감리에 소요된 비용

  2. 공사비

  3. 정비사업의 관리에 소요된 등기비용·인건비·통신비·사무용품비·이자 그 밖에 필요한 경비

4. 법 제95조에 따른 융자금이 있는 경우에는 그 이자에 해당하는 금액

5. 정비기반시설 및 공동이용시설의 설치에 소요된 비용(법 제95조제1항에 따라 시장·군수 등이 부담한 비용은 제외한다)

6. 안전진단의 실시, 정비사업전문관리업자의 선정, 회계감사, 감정평가, 그 밖에 정비사업 추진과 관련하여 지출한 비용으로서 정관 등에서 정한 비용

④ 제2항 및 제3항에 따른 건축물의 가격평가를 할 때 층별·위치별 가중치를 참작할 수 있다.

제59조(청산금의 징수방법 등) ① 조합은 청산금을 납부할 자가 이를 납부하지 아니하는 경우 청산금 납부요청을 2회 이상 최고하고 최고최종일로부터 1월 이내에 시장·군수 등에게 청산금의 징수를 위탁할 수 있다.

② 청산금을 지급받을 자가 받을 수 없거나 받기를 거부한 때에는 조합은 그 청산금을 공탁할 수 있다.

③ 청산금을 지급(분할지급을 포함한다)받을 권리 또는 이를 징수할 권리는 이전고시일의 다음 날부터 5년간 행사하지 아니하면 소멸한다.

【해설】

법에 규정된 내용 중 일부를 인용하였는데, 이 내용은 조합원들이 알고 있는 것이 좋다고 생각하여 인용하였다.

제60조(조합의 해산) ① 조합은 준공인가를 받은 날로부터 1년 이내에 이전고시 및 건축물 등에 대한 등기절차를 완료하고 총회를 소집하여 해산 의결을 하여야 하며, 해산을 의결한 경우 시장·군수에게 신고하여야 한다.

② 조합이 해산의결을 한 때에는 해산의결 당시의 임원이 청산인이 되고 해결의결 당시 조합장이 대표청산인이 된다.

③ 조합이 해산하는 경우에 청산에 관한 업무와 채권의 추심 및 채무의 변제 등에 관하여 필요한 사항은 본 정관이 정하는 것 이외에는 민법의 관계규정에 따른다.

제61조(조합해산결의 정족수) 조합은 총 조합원 과반수 동의로 해산 결의한다.

제62조(잔여재산의 귀속) 해산한 법인의 재산은 청산위원회에서 지정한 자에게 귀속한다.

제63조(청산법인) 해산한 조합은 청산의 목적범위 내에서만 권리가 있고 의무를 부담한다.

제64조(해산등기) 청산인은 파산의 경우를 제하고는 그 취임 후 3주간 내에 해산의 사유 및 년월일, 청산인의 성명 및 주소와 청산인의 대표권을 제한한 때에는 그 제한을 주된 사무소 및 분사무소 소재지에서 등기하여야 한다.

제65조(해산신고) ① 청산인은 파산의 경우를 제하고는 그 취임 후 3주간 내에 제64조 사항을 주무관청에 신고하여야 한다.
② 청산 중에 취임한 청산인은 그 성명 및 주소를 신고하면 된다.

제66조(청산인의 임무) 청산인은 다음 각 호의 업무를 성실히 수행하여야 한다.
   1. 현존하는 조합의 사무종결
   2. 채권의 추심 및 채무의 변제
   3. 잔여재산의 처분
   4. 그 밖에 청산에 필요한 사항

제67조(채무변제 및 잔여재산의 처분) 청산 종결 후 조합의 채무 및 잔여재산이 있을 때에는 해산 당시의 조합원에게 분양받은 토지 또는 건축물의 부담비용 등을 종합적으로 고려하여 형평이 유지되도록 공정하게 배분하여야 한다.

제68조(채권신고의 공고) ① 청산인은 취임한 날로부터 2월내에 3회 이상의 공고로 채권자에 대하여 일정한 기간 내에 그 채권을 신고할 것을 최고하여야 한다. 그 기간은 2월 이상이어야 한다.
② 전항의 공고에는 채권자가 기간 내에 신고하지 아니하면 청산으로부터 제외될 것을 표시하여야 한다.
③ 제1항의 공고는 법원의 등기사항의 공고와 동일한 방법으로 하여야 한다.

제69조(채권신고의 최고) 청산인은 알고 있는 채권자에게 대하여는 각각 그 채권신고를 최고하여야 한다. 알고 있는 채권자는 청산으로부터 제외하지 못한다.

제70조(채권신고기간내의 변제금지) 청산인은 제68조제1항의 채권신고기간 내에는 채권자에 대하여 변제하지 못한다.

제71조(채권변제의 특례) ① 청산 중의 조합은 변제기에 이르지 아니한 채권에 대하여도 변제할 수 있다.

② 전항의 경우에는 조건 있는 채권, 존속기간의 불확정한 채권 기타 가액의 불확정한 채권에 관하여는 법원이 선임한 감정인의 평가에 의하여 변제하여야 한다.

제72조(청산으로부터 제외된 채권) 청산으로부터 제외된 채권자는 조합의 채무를 완제한 후 귀속권리자에게 인도하지 아니한 재산에 대하여서만 변제를 청구할 수 있다.

제73조(청산중의 파산) ① 청산 중 조합의 재산이 그 채무를 완제하기에 부족한 것이 분명하게 된 때에는 청산인은 지체 없이 파산선고를 신청하고 이를 공고하여야 한다.

② 청산인은 파산관재인에게 그 사무를 인계함으로써 그 임무가 종료한다.

제74조(청산종결의 등기와 신고) 청산이 종결한 때에는 청산인은 3주간 내에 이를 등기하고 주무관청에 신고하여야 한다.

제75조(관계 서류의 이관) 조합은 사업을 완료하거나 폐지한 때에는 법령이 정하는 바에 따라 관계서류를 시장·군수에게 인계하여야 한다.

제10장 보칙

제76조(관련 자료의 공개 등) ① 조합은 정비사업의 시행에 관한 다음 각호의 서류 및 관련 자료가 작성되거나 변경된 후 15일 이내에 이를 조합원, 토지등소유자 또는 세입자가 알 수 있도록 인터넷과 그 밖의 방법을 병행하여 공개하여야 한다.

 1. 제34조1항에 따른 추진위원회 운영규정 및 정관 등

 2. 설계자·시공자·철거업자 및 정비사업전문관리업자 등 용역업체의 선정계약서

 3. 추진위원회·주민총회·조합 총회 및 조합의 이사회·대의원회의 의사록

 4. 사업시행계획서

 5. 관리처분계획서

 6. 해당 정비사업의 시행에 관한 공문서

 7. 회계감사보고서

 8. 월별 자금의 입금·출금 세부내역

 9. 결산보고서

 10. 청산인의 업무 처리 현황

 11. 법 제72조1항에 따른 분양공고 및 분양신청에 관한 사항

 12. 연간 자금운용 계획에 관한 사항

 13. 정비사업의 월별 공사 진행에 관한 사항

 14. 설계자·시공자·정비사업전문관리업자 등 용역업체와의 세부 계약 변경에 관한 사항

 15. 정비사업비 변경에 관한 사항

② 제1항에 따라 공개의 대상이 되는 서류 및 관련 자료의 경우 분기별로 공개 대상의 목록, 개략적인 내용, 공개장소, 열람·복사 방법 등을 매 분기가 끝나는 달의 다음 달 15일까지 다음 각호의 사항을 조합원 또는 토지등소유자에게 서면으로 통지하여야 한다.

 1. 공개 대상의 목록

 2. 공개 자료의 개략적인 내용

 3. 공개 장소

 4. 대상자별 정보공개의 범위

 5. 열람·복사 방법

6. 등사에 필요한 비용

③ 조합은 제1항 및 제4항에 따라 공개 및 열람·복사 등을 하는 경우에는 주민등록번호를 제외하고 국토교통부령으로 정하는 방법 및 절차에 따라 공개하여야 한다.

④ 조합원, 토지등소유자가 제1항에 따른 서류 및 다음 각 호를 포함하여 정비사업 시행에 관한 서류와 관련 자료에 대하여 열람·복사 요청을 한 경우 조합은 15일 이내에 그 요청에 따라야 한다.

 1. 토지등소유자 명부

 2. 조합원 명부

⑤ 제4항의 복사에 필요한 비용은 실비의 범위에서 청구인이 부담한다. 이 경우 비용납부의 방법, 시기 및 금액 등에 필요한 사항은 시·도조례로 정하는 바에 따른다.

⑥ 제4항에 따라 열람·복사를 요청한 사람은 제공받은 서류와 자료를 사용목적 외의 용도로 이용·활용하여서는 아니 된다.

제77조(관련 자료의 보관 및 인계) ① 청산인을 포함한 조합임원은 제68조에 따른 서류 및 관련 자료와 총회 또는 아래에서 정하는 중요한 회의가 있는 때에는 속기록·녹음 또는 영상자료를 만들어 청산 시까지 보관하여야 한다.

 1. 용역 계약(변경계약을 포함한다) 및 업체 선정과 관련된 대의원회·이사회

 2. 조합임원·대의원의 선임·해임·징계 및 토지등소유자(조합이 설립된 경우에는 조합원을 말한다) 자격에 관한 대의원회·이사

② 조합은 정비사업을 완료하거나 폐지한 때에는 시·도조례로 정하는 바에 따라 관계 서류를 시장·군수 등에게 인계하여야 한다.

③ 시장·군수 등 또는 토지주택공사등인 사업시행자와 제2항에 따라 관계 서류를 인계받은 시장·군수 등은 해당 정비사업의 관계 서류를 5년간 보관하여야 한다.

제78조(약정의 효력) 조합이 사업시행에 관하여 시공자 및 설계자, 정비사업전문관리업자와 체결한 약정은 관계법령 및 이 정관이 정하는 범위 안에서 조합원에게 효력을 갖는다.

제79조(주택재개발정비사업조합설립추진위원회 행위의 효력) 조합설립인가일 전에 조합의 설립과 사업시행에 관하여 추진위원회가 행한 행위는 관계법령 및 이 정관이 정하는 범위 안에서 조합이 이를 승계한 것으로 본다.

제80조(정관의 해석) 이 정관의 해석에 대하여 이견이 있을 경우 일차적으로 이사회에서 해석하고, 그래도 이견이 있을 경우는 대의원회에서 해석한다.

제81조(소송 관할 법원) 조합과 조합원간에 법률상 다툼이 있는 경우 소송관할 법원은 조합 소재지 관할 법원으로 한다.

제82조(민법의 준용 등) ① 조합에 관하여는 도시 및 주거환경정비법에 규정된 것을 제외하고는 민법 중 사단법인에 관한 규정을 준용한다.

② 법, 민법, 이 정관에서 정하는 사항 외에 조합의 운영과 사업시행 등에 관하여 필요한 사항은 관계법령 및 관련행정기관의 지침·지시 또는 유권해석 등에 따른다.

③ 이 정관이 법령의 개정으로 변경하여야 할 경우 정관의 개정절차에 관계없이 변경되는 것으로 본다. 그러나 관계법령의 내용이 임의규정인 경우에는 그러하지 아니하다.

부칙

이 정관은 조합설립등기를 받은 날로부터 시행한다.

재건축사업

- 재건축사업이란 정비기반시설은 양호하나 노후·불량건축물에 해당하는 공동주택이 밀집한 지역에서 주거환경을 개선하는 정비사업을 말한다.
- 재건축사업은 정비기반시설은 양호하나 노후·불량건축물에 해당하는 공동주택이 밀집한 지역에서 주거환경을 개선하기 위해 「도시 및 주거환경정비법」에 따라 시행되는 정비사업 유형의 하나이다.
- 재건축사업은 「(구)주택건설촉진법」에 근거하여 민간에서 자율적으로 시행해오다가, 2003년 제정된 「도시 및 주거환경정비법」의 정비사업의 한 유형으로서 주택재건축사업이 포함되었다. 그 후 2018년 「도시 및 주거환경정비법」의 전부개정에 따라 재건축사업으로 명칭이 변경되었으며, 정비구역이 아닌 구역에서 시행하던 소규모 재건축사업은 「빈집 및 소규모주택 정비에 관한 특례법」으로 이관되었다.
- 정비구역은 특별시장·광역시장·특별자치시장·특별자치도지사·시장·군수가 법령에서 정하는 요건에 부합하는 지역 중에서 도시·주거환경정비기본계획 내용을 고려하여 지정한다. 필요한 경우 법령의 범위 안에서 조례로 요건을 따로 정할 수 있다.
- 재건축사업을 추진할 수 있는 정비구역의 요건은 다음과 같다.
  1. 건축물의 일부가 멸실되어 붕괴나 그 밖의 안전사고의 우려가 있는 지역
  2. 재해 등이 발생할 경우 위해의 우려가 있어 신속히 정비사업을 추진할 필요가 있는 지역
  3. 노후·불량건축물로서 기존 세대수가 200세대 이상이거나 그 부지면적이 1만㎡ 이상인 지역
  4. 셋 이상의 아파트 또는 연립주택이 밀집되어 있는 지역으로서 안전진단 결과 전체 주택의 2/3 이상이 재건축이 필요하다는 판정을 받은 지역으로서 시·도조례로 정하는 면적 이상인 지역
- 재건축사업은 관리처분계획에 따른 방식으로 사업을 시행한다. 재건축사업의 시행자는 일반적으로 조합이나, 조합원의 과반수의 동의를 받아 시장·군수, 토지주택공사 등과 조합이 공동으로 시행할 수 있다. 천재지변 등 특별한 사유가 있는 경우에는 시장·군수, 토지주택공사 등이 직접 시행할 수도 있다.
- 정비사업을 시행할 때에는 주택수급의 안정과 저소득 주민의 입주기회 확대를 위해 법령에서 정하는 임대주택과 주택규모별 건설비율 등을 준수해야 한다. 재건축사업의 경우 국민주택규모의 주택을 전체 세대수의 60% 이하의 범위에서 건설하여야 한다.

재건축사업과 재개발사업의 비교

- 재건축사업과 재개발사업은 그 용어의 유사성에도 불구하고 양자 간에는 커다란 차이가 있다. 재건축사업과 재개발사업의 비교는 다음과 같다.

구분	재건축사업	재개발사업
사업의 성격	민간사업	공익사업
조합원 성격	임의 가입제	당연 가입제
안전진단	안전진단 대상	안전진단 대상 아님
재건축초과이익환수	환수대상	환수대상 아님
현금청산자 처리방안 (소유권확보방안)	매도청구 (관할 법원)	토지수용 (관할 토지수용위원회)
공공임대주택 건립	건립하지 않음	건립함
주거이전비 등 손실보상	없음	있음

재건축부담금

- 재건축부담금은 재건축초과이익에 부과율을 적용하여 산정하며, 재건축초과이익은 재건축사업의 종료시점(준공인가일) 주택가액에서 개시시점(조합설립추진위원회 승인일) 주택가액과 정상주택가격상승분 총액 및 개발비용을 공제한 금액이다.
- 주택가액의 경우, 개시시점 주택가액은 「부동산 가격공시에 관한 법률」에 따라 공시된 부과대상 주택가격 총액에 공시기준일부터 개시시점까지의 정상주택가격상승분을 반영한 가액이다. 종료시점 주택가액은 부동산가격조사 전문기관에 의뢰하여 종료시점 현재의 주택가격 총액을 조사·산정하고, 이를 「부동산 가격공시에 관한 법률」에 따른 부동산가격공시위원회의 심의를 거쳐 결정한 가액이다. 개발비용은 재건축사업의 시행과 관련하여 지출된 공사비, 각종 세금 및 공과금, 조합운영비 등이다.
- 개시시점부터 종료시점까지의 기간이 10년을 초과하는 경우에는 종료시점부터 역산하여 10년이 되는 날을 개시시점으로 한다.
- 정상주택가격상승분은 개시시점 주택가액에 정기예금이자율과 종료시점까지의 해당 재건축사업장이 소재하는 특별자치시·특별자치도·시·군·구의 평균주택가격상승률 중 높은 비율을 곱하여 산정한다.

- 재건축부담금의 부과율 및 부담금 산식은 다음과 같다.

조합원 1인당 평균이익	부과율 및 부담금 산식
3,000만원 초과~5,000만원 이하	3,000만원 초과금액의 10% × 조합원수
5,000만원 초과~7,000만원 이하	200만원×조합원수+5,000만원 초과금액의 20% × 조합원
7,000만원 초과~9,000만원 이하	600만원×조합원수+7,000만원을 초과하는 금액의 30% × 조합원수
9,000만원 초과~1억1,000만원 이하	1,200만원×조합원수+9,000만원을 초과하는 금액의 40% × 조합원수
1억1,000만원 초과	2,000만원×조합원수+1억1,000만원을 초과하는 금액의 50% × 조합원수

- 징수된 재건축부담금은 국가 50%, 해당 특별시·광역시·도 30%, 해당 시·군·구 20%로 각각 귀속된다.
- 재건축부담금의 부과대상은 「도시 및 주거환경정비법」에 의한 주택재건축사업 및 「빈집 및 소규모주택 정비에 관한 특례법」에 따른 소규모재건축사업이다.
- 정부는 다음과 같은 재건축부담금 합리화 방안(2022.9.29.)을 발표하였다.

---

1. 부과기준 현실화, 시장변화 등을 고려하여 조정

초과이익	현재	0.3억 이하	0.3~0.5억	0.5~0.7억	0.7~0.9억	0.9~1.1억	1.1억 초과
	개선	1억 이하	1.0~1.7억	1.7~2.4억	2.4~3.1억	3.1~3.8억	3.8억 초과
부과율		면제	10%	20%	30%	40%	50%

* 면제금액을 3,000만원 이하에서 1억원 이하로 상향

* 부과구간도 2,000만원에서 7,000만원으로 확대

2. 부과개시시점 조정 : 추진위원회승인일에서 조합설립인가일로 변경

3. 공공기여 감면 인센티브 : 공공임대, 공공분양 매각대금을 초과이익 산정 시 제외

4. 실수요자 배려 : 1주택 장기보유자 감면제도 신설

보유기간	10년 이상	9년 이상	8년 이상	7년 이상	6년 이상
감면율	50%	40%	30%	20%	10%
	준공시점 1세대 1주택자로서 1주택 기간만 인정				

* 1세대 1주택자 고령자(만 60세 이상)가 담보를 제공하는 조건을 전제로 상속, 증여, 양도 등 해당 주택의 처분시점까지 납부를 유예할 수 있도록 개선

재건축표준정관(안)

- 재개발재건축조합 표준정관은 지난 2003년 7월 1일 「도시 및 주거환경정비법」이 시행된 후 국토교통부가 보급했지만, 수차례 관련 법령이 개정됐음에도 불구하고 이를 반영하지 않아 일선 정비사업 현장에서 정관 제정 및 운영의 어려움에 따른 불만의 목소리가 컸다.
- 2019년 한국도시정비협회와 한국주택정비사업조합협회가 각계의 의견을 수렴해 공동으로 표준정관(안) 제정하여 유관단체에 배포하였다. 이 표준정관(안)은 지방자치단체의 표준정관과 다를 수 있다.

제1장 총 칙

제1조(명칭) ① 본 조합의 명칭은 ○○○ 재건축정비사업조합(이하 '조합'이라 한다)이라 한다.

② 본 조합이 시행하는 정비사업의 명칭은 ○○○ 재건축정비사업(이하 '사업'이라 한다)이라 한다.

【해설】

사업진행방식에 따라 '재건축' 또는 '재개발'로 표현하면 된다. 2018.2.9. 시행 이전에는 '주택재개발', '주택 재건축'이라고 하여 '주택'이라는 문구가 붙었는데, 개정법 시행으로 삭제되었다.

도시재정비촉진을 위한 특별법'에 의하여 진행되는 재정비촉진사업의 경우에는 '○○○ 재정비촉진구역 재건축정비사업조합' 등으로 표기하게 된다.

주로 정비구역이나 재정비촉진구역 명칭을 따라서 기재하여야 한다. 그 명칭대로 조합설립인가가 나기 때문이다.

법 제38조(조합의 법인격 등)에는 "③ 조합은 명칭에 "정비사업조합"이라는 문자를 사용하여야 한다."라고 규정되어 있어 조합의 명칭에 정비사업조합이라는 문자가 들어가도록 하였다.

제2조(목적 및 효력) ① 조합은 도시 및 주거환경정비법(이하 '법'이라고 한다) 등 관련 법령과 이 정관이 정하는 바에 따라 제3조의 사업시행구역(이하 '사업시행구역'이라 한다)에서 기존 건축물을 철거하고 그 토지 위에 법에서 정하는 새로운 건축물을 건설하여 도시 및 주거환경을 개선하고 조합원의 주거안정 및 주거생활의 질적 향상에 이바지함을 목적으로 한다.

② 본정관은 조합 내부 규범으로서 본정관의 내용이 도시 및 주거환경정비법령 등 관계법령, 지방자치단체의 조례, 국토교통부 고시, 훈령 등 상위 법령에 위배되는 경우에는 상위 법령이 우선하여 적용된다.

③ 본 정관의 제정 후 법령의 내용이 개정된 경우 본 정관의 개정 없이 개정된 법령에 따른다.

【해설】

정관에 규정한 내용 중 사업시행계획, 관리처분계획등에 관한 조문은 대부분 상위법령에 있는 강행규정을 인용하게 된다. 정관이 상위법령에 위반될 수 없다는 점, 그리고 정관에 위배된 업무규정은 효력이 없다는 점, 정관에 인용된 법령이 개정되면 정관 개정 없이도 개정된 법령에 따른다는 점 등을 규정하였다.

이렇게 함으로써 상위법령이 개정되어 정관과 충돌하여 해석에 대한 논쟁이 발생하는 일을 줄이고, 상위법령의 내용에 따라 업무를 추진하도록 하였다.

제3조(사업시행구역) 조합의 사업시행구역은 ○○ (시·도) ○○ (시·군·구) ○○ (읍·면) ○○ (리·동) ○○번지 외 ○○필지로서 토지의 총면적은 ○○㎡(○○평)으로 한다. 다만, 사업시행상 관계 법령 및 이 정관이 정하는 바에 따라 정비계획변경, 총회 또는 대의원회 결의를 얻어 사업시행구역 면적이 변경될 경우에는 본 조항의 개정 없이 사업시행구역 총 면적이 변경된 것으로 본다.

【해설】

사업진행 도중에 추가 토지편입 또는 제척 등이 불가피하게 발생할 수 있는데, 이에 대하여 본 조항의 변경 없이 사업을 진행할 수 있도록 하였다.

제4조(사무소) ① 조합의 주된 사무소는 ○○ (시·도) ○○ (시·군·구) ○○ (읍·면) ○○ (리·동) ○○ 번지 ○○호에 둔다.

② 조합사무소를 이전하는 경우 이사회의 의결을 거쳐 인근지역으로 이전할 수 있으며, 이전일 7일 전에 조합원에게 서면 및 문자로 통지하여 조합원들이 조합 사무실의 이전을 명확히 알 수 있도록 하여야 한다.

【해설】

사무실 이전은 보통 이주시기 전후 이전을 하게 되는데, 이사회 의결만으로 할 수 있도록 간소화 하였고, 미리 조합원에게 통지하여 혼란이 없도록 하였다.

제5조(시행방법) ① 조합은 도시 및 주거환경정비법(이하 '법'이라고 한다) 등 관련 법령과 이 정관이 정하는 바에 따라 제3조의 사업시행구역(이하 '사업시행구역'이라 한다)에서 법 제74조에 따라 인가받은 관리처분계획에 따라 주택, 부대시설·복리시설 및 오피스텔(「건축법」 제2조제2항에 따른 오피스텔을 말한다. 이하 같다)을 건설하여 공급하는 방법으로 사업을 시행한다.

②조합은 사업시행을 위하여 필요한 경우 정비사업비 일부를 금융기관 등으로 부터 대여 받아 사업을 시행할 수 있다.

③ 조합은 인·허가 등 행정업무지원, 사업성검토, 설계자·시공자 등의 선정에 관한 업무의 지원, 관리처분계획의 수립 및 분양업무 등을 지원하는 정비사업전문관리업자를 선정 또는 변경할 수 있다.

④ 조합은 재건축사업을 조합이 단독으로 시행하거나 조합이 조합 총회에서 조합원의 과반수

의 동의를 받아 시장·군수 등, 토지주택공사 등, 건설업자 또는 등록사업자와 공동으로 시행할 수 있다.

⑤ 조합은 일부 건축물의 존치 또는 리모델링에 관한 내용이 포함된 사업시행계획서를 작성하여 사업시행인가를 신청할 수 있으며, 이 경우 존치 또는 리모델링되는 건축물 소유자의 동의(구분소유자가 있는 경우 구분소유자 3분의 2 이상의 동의와 당해 건축물 연면적의 3분의 2 이상의 구분소유자의 동의로 한다)를 얻어야 한다. 다만, 정비계획에서 존치 또는 리모델링하는 것으로 계획된 경우에는 그러하지 아니하다.

【해설】

법 제23조 및 제25조 규정에 따라 사업시행방법을 구체적으로 명시

제6조(사업기간) 사업기간은 조합설립법인등기일부터 해산 후 청산종결등기를 하는 날까지로 한다.

【해설】

법 제38조(조합의 법인격 등)의 규정에 따라 법인설립등기 및 해산등기의 시점을 사업 기간으로 판단함.

제7조(권리·의무에 관한 사항의 고지·공고방법) ① 조합은 조합원의 권리·의무에 관한 사항을 조합원에게 성실히 고지·공고하여야 한다.

② 제1항의 고지·공고방법은 이 정관에서 따로 정하는 경우를 제외하고는 다음 각 호의 방법에 따른다.

1. 조합원에게 고지 시에는 등기우편(또는 우체국택배)으로 개별 고지 및 휴대폰 문자발송(조합에 휴대폰번호를 신고한 조합원에 한한다)을 병행하여 개별 고지하여야 하며, 등기우편(또는 우체국택배)이 주소불명, 수취거절 등의 사유로 반송되는 경우에는 1회에 한하여 일반우편으로 추가 발송한다.

2. 조합원이 쉽게 접할 수 있는 일정한 장소의 게시판(이하 "게시판"이라 한다)에 14일 이상 공고하고 게시판에 게시한 날부터 3월 이상 조합사무소에 관련서류와 도면 등을 비치하여 조합원이 열람할 수 있도록 한다.

3. 조합의 인터넷 홈페이지에도 고지·공고문을 공개하여야 한다.

4. 제1호의 등기우편(또는 우체국택배)이 발송되고, 제2호의 게시판 또는 인터넷 홈페이지(카페 등)에 공고가 된 날부터 조합원에게 고지·공고된 것으로 본다.

5. 조합원이 조합사무실 등에서 직접 수령한 경우에는 수령한 일시에 고지·공고 된 것으로 본다.

【해설】

조합원명부를 최신 주소지로 업데이트 되도록 하였고, 서면발송이외에 문자로도 통보하도록 하였다.

직접 수령한 경우도 고지·공고 된 것으로 봄.

제8조(정관의 변경) ① 정관을 변경하고자 할 때에는 조합장의 발의 또는 조합원 5분의 1 이상, 대의원 3분의 2 이상의 요구로 조합장이 소집하는 총회에서 변경하여야 한다.

② 정관을 변경하고자 하는 경우에는 조합원 과반수(법 제40조제1항제2호 내지 제3호·제4호·제8호·제13호 또는 제16호의 경우에는 3분의 2 이상을 말한다)의 동의를 얻어 시장·군수의 인가를 받아야 한다. 다만, 도시 및 주거환경정비법시행령(이하 '시행령'이라 한다) 제39조에서 정하는 경미한 사항을 변경하고자 하는 때에는 대의원회 의결로 변경하며 시장·군수 등에게 신고하여야 한다.

【해설】

법에서 정하는 경미한 정관변경사항은 총회결의 없이 대의원회에서 개정할 수 있도록 하였다.

③ 조합원 또는 대의원이 정관개정과 관련하여 조합 총회 또는 대의원회 소집을 요구할 경우에는 소집요구 대표자, 개정대상 조문에 대한 개정 전·후 비교표 및 개정사유를 기재한 총회소집요구서 또는 대의원회 소집요구서를 서면으로 작성하여 소집요구 대표자가 조합장에게 소집을 요구하여야 하며, 정관개정안의 내용이 특정되도록 하여야 한다. 이때 총회 또는 대의원회 소집절차는 본 정관이 정하는 총회 또는 대의원회 소집 규정에 따른다.

【해설】

정관변경은 조합원 또는 대의원들이 요구하여 할 수 있는데, 이때 그 절차 등을 잘 몰라서 진행을 하지 못하는 경우가 많이 있다. 따라서 그 절차 및 방법을 구체적으로 기재하였다.

④ 정관이 개정되어 시장·군수 등의 인가를 받거나 경미한 변경으로 시장·군수 등에게 신고를 한 경우에는 인가 또는 신고를 한 날로부터 2주일 이내에 개정사항 및 개정된 정관 전문을 조합 홈페이지에 게재하여야 한다.

제2장 조 합 원

제9조(조합원의 자격 및 상실) ① 조합원은 정비구역에 위치한 건축물 및 그 부속토지의 소유자(이하 '토지등소유자'라 한다)로서 조합설립에 동의한 자로 한다. 다만, 조합설립에 동의하지 아니한 자는 조합원 분양신청기한종료일(연장시에는 연장종료일)까지 조합설립동의서를 조합에 제출하여 조합원이 될 수 있다.

【해설】

재건축사업의 조합원은 조합설립에 동의한 토지등소유자만 조합원이 될 수 있고, 재개발사업은 조합설립에 동의하지 않더라도 강제적으로 조합원이 되기 때문에 그 차이점을 달리 규정하게 된다.

② 1세대 또는 동일인이 2개 이상의 주택 등을 소유하는 경우에는 그 주택 등의 수에 관계없이 1인의 조합원으로 본다.

③ 제2항 규정을 준용함에 있어 다음 각 호의 어느 하나에 해당하는 때에는 수인을 대표하는 1인을 조합원으로 본다.

1. 1세대로 구성된 세대원이 각각 주택 등을 소유하고 있는 경우 및 하나의(구분)소유권이 수인의 공유에 속하는 때에는 그 수인을 대표하는 1인을 조합원으로 본다. 이 경우 그 수인은 대표자 1인을 대표조합원으로 지정하고 별지의 대표조합원선임동의서를 작성하여 조합에 신고하여야 하며, 조합원으로서의 법률 행위는 그 대표조합원이 행한다. 이 경우 신고하지 아니하여 발생되는 불이익 등에 대하여 해당 조합원은 조합에 이의를 제기할 수 없다.

2. 수인의 토지등소유자가 1세대에 속하는 때(이 경우 동일한 세대별 주민등록표 상에 등재되어 있지 아니한 배우자 및 미혼인 20세 미만의 직계비속은 1세대로 보며 1세대로 구성된 수인의 토지등소유자가 조합설립인가 후 분리하여 동일한 세대에 속하지 아니하는 때에도 이혼 및 20세 이상 자녀의 분가를 제외하고는 1세대로 본다).

3. 조합설립인가 후 1인의 토지등소유자로부터 토지 또는 건축물의 소유권이나 지상권을 양수하여 구인이 소유하게 된 때.

④ 사업시행자는 제3항 각 호의 부분 본문의 규정에 의하여 조합설립인가 후 당해 정비사업의 건축물 또는 토지를 양수한 자로서 조합원의 자격을 취득할 수 없는 자에 대하여는 법 제

73조의 규정을 준용하여 현금 청산하여야 한다.

【해설】

법 제39조에 있는 내용 및 경과조치를 정리하였다.

⑤ 양도·상속·증여 및 판결 등으로 조합원의 권리가 이전된 때에는 조합원의 권리를 취득한 자로 조합원이 변경된 것으로 보며, 권리를 양수받은 자는 조합원의 권리와 의무 및 종전의 권리자가 행하였거나 조합이 종전의 권리자에게 행한 처분, 청산 시 권리·의무에 관한 범위 등을 포괄승계 한다.

⑥ 당해 정비사업의 건축물 또는 토지를 양수한 자라 하더라도 법 제39조제2항 본문에 해당하는 경우 조합원이 될 수 없고 조합원이 될 수 없는 자는 법 제39조제3항이 정하는 바에 따른다.

⑦ 조합원이 조합원 분양신청기간 내에 분양신청을 하지 않았을 경우에는 분양신청기간 종료일 다음 날에, 분양계약을 체결하지 않은 조합원의 경우 관리처분계획이 정하는 바에 따른 분양계약기간 종료일 다음 날에 조합원 지위를 상실한다.

【해설】

①조합원분양신청기간내에 분양신청을 하지 않는 경우, ②관리처분계획이 정하는 바에 따라 분양계약기간 내에 분양계약을 하지 않는 등 현금청산자가 되는 경우, 조합원지위를 상실하게 됨을 명시함.

제10조(조합원의 권리·의무) ① 조합원은 다음 각 호의 권리와 의무를 갖는다.

1. 토지 또는 건축물의 분양신청권

2. 총회 출석권·발언권 및 의결권

3. 임원·대의원의 선출권 및 피선출권

4. 정비사업비, 청산금, 부과금과 이에 대한 연체료 및 지연손실금(이주지연, 계약지연, 조합원 분쟁으로 인한 지연 등을 포함함) 등의 비용납부의무

5. 조합원이 조합원 분양신청기간내에 분양신청을 하지 않았거나 분양계약기간내에 분양계약을 체결하지 않아 조합원지위를 상실하고 현금청산자가 되는 경우, 조합원으로서의 지위가 유지된 기간의 공통 사업비에 대하여 본인 소유지분에 해당하는 비율을 제외 한 금원으로 정산한다.

6. 사업시행계획에 의한 철거 및 이주 의무

7. 그 밖에 관계법령 및 이 정관, 총회 등의 의결사항 준수의무

② 조합원의 권한은 평등하며, 권한의 대리행사는 원칙적으로 인정하지 아니하되, 다음 각 호에 해당하는 경우에는 권한을 대리할 수 있다. 이 경우 조합원의 자격은 변동되지 아니한다.

1. 조합원이 권한을 행사할 수 없어 배우자, 직계존비속 또는 형제자매 중에서 성년자를 대리인으로 정하여 위임장을 제출하는 경우

2. 해외에 거주자가 대리인을 지정하는 경우. 이 경우 1호와 같은 대리인의 자격제한은 없다.

3. 법인인 토지등소유자가 대리인을 지정하는 경우. 이 경우 법인의 대리인은 조합임원 또는 대의원으로 선임될 수 있다.

③ 조합원이 그 권리를 양도하거나 주소와 연락처가 변경된 경우에는 해당 조합원은 변경된 주소 또는 연락처를 변경일로부터 14일 이내에 조합에 신고하여야 한다. 이 경우 신고하지 아니하여 발생되는 불이익 등에 대하여 해당 조합원은 조합에 이의를 제기할 수 없다.

④ 조합원은 조합이 사업시행에 필요한 서류를 요구하는 경우 이를 제출할 의무가 있으며 조합의 승낙이 없는 한 이를 회수할 수 없다. 이 경우 조합은 요구서류에 대한 용도와 수량을 명확히 하여야 하며, 조합의 승낙이 없는 한 회수할 수 없다는 것을 미리 고지하여야 한다.

제11조(조합원 자격의 상실) ① 조합원이 건축물의 소유권이나 입주자로 선정된 지위 등을 양도하였을 때에는 조합원의 자격을 즉시 상실한다.

② 관계법령 및 이 정관에서 정하는 바에 따라 조합원의 자격에 해당하지 않게 된 자의 조합원 자격은 자동 상실된다.

③ 조합원으로서 고의 또는 중대한 과실 및 의무불이행 등으로 조합에 대하여 막대한 손해를 입힌 경우에는 총회의 의결에 따라 조합원을 제명할 수 있다. 이 경우 제명 전에 해당 조합원에 대해 청문 등 소명기회를 부여하여야 하며, 청문 등 소명기회를 부여하였음에도 이에 응하지 아니한 경우에는 소명기회를 부여한 것으로 본다.

④ 조합원은 임의로 조합을 탈퇴할 수 없다. 다만, 부득이한 사유가 발생한 경우 총회 또는 총회의 위임을 받은 대의원회의 의결에 따라 탈퇴할 수 있다.

제3장 시공자, 설계자 및 정비사업전문관리업자의 선정

제12조(시공자 등 협력업체 선정 및 계약) ① 조합은 정비사업진행을 위하여 필요한 시공자, 정비사업전문관리업자, 설계자, 변호사, 법무사, 세무사 등 각종 협력업체를 선정하여 계약할 수 있다.

② 협력업체 선정 절차 및 계약체결은 관련 법령 및 국토교통부 고시 "정비사업 계약업무 처리기준", 그리고 정관이 정하는 바에 따른다.

③ 총회에서 선정하도록 법에 규정되어 있는 시공자·정비사업전문관리업자·설계자 또는 감정평가업자(법 제74조제2항에 따라 시장·군수 등이 선정·계약하는 감정평가업자, 총회 의결로 시장·군수 등에게 위탁한 경우는 제외)를 제외한 나머지 협력업체는 대의원회에서 선정 및 계약체결을 할 수 있다.

④ 조합은 제1항 내지 제3항에 의한 협력업체를 선정하는 경우 일반경쟁에 부쳐야 한다. 다만, 도시및주거환경정비법시행령 제24조제1항에 해당하는 경우에는 지명경쟁이나 수의계약으로 할 수 있다.

⑤ 제4항에 따라 일반경쟁 또는 지명경쟁입찰을 하는 경우 2인 이상의 유효한 입찰참가 신청이 있어야 한다.

⑥ 조합은 제2항의 규정에 의하여 시공자 등의 협력업체와 체결한 계약서를 조합해산 일까지 조합사무소에 비치하여야 하며, 조합원의 열람 또는 복사요구에 응하여야 한다. 이 경우 복사에 드는 비용은 복사를 원하는 조합원이 부담한다.

【해설】

국토교통부 고시 '정비사업 계약업무 처리기준'에 의하면, 시공자의 경우에는 제출된 입찰서를 모두 대의원회에 상정하도록 규정하고 있고, 대의원회는 총회에 상정할 6인 이상을 선정하고(6인 미만 업체의 경우에는 모두)(제33조), 시공자를 제외한 나머지 협력업체의 경우에도 총회에서 상정할 업체의 경우에는 4인 이상을 대의원에서 선정하도록 규정하고 있다(제15조).

기존 표준정관에 시공자, 설계자, 정비사업전문관리업자 선정 조항이 별도로 있었던 것을 이 조항에 모두 포함시켰다.

제13조(임원) ① 조합에는 다음 각 호의 임원을 둔다.

　1. 조합장 1인

　2. 이사 _인

　3. 감사 _인

【해설】

시행령 제40조(조합임원의 수)에 "법 제41조 제1항에 따라 조합에 두는 이사의 수는 3명 이상으로 하고, 감사의 수는 1명 이상 3명 이하로 한다. 다만, 토지등소유자의 수가 100인을 초과하는 경우에는 이사의 수를 5명 이상으로 한다."라고 규정되어 있기 때문에 이 범위 내에서 숫자를 특정하여 기재하여야 한다.

② 조합임원은 총회에서 조합원 과반수 출석과 출석 조합원 과반수의 동의를 얻어 다음 각 호의 1에 해당하는 조합원 중에서 선임한다. 다만, 임기 중 궐위된 경우에는 다음 각호의 1에 해당하는 조합원 중에서 대의원회가 이를 보궐 선임한다.

　1. 정비구역에서 거주하고 있는 자로서 선임일 직전 3년 동안 정비구역 내 거주 기간이 1년 이상일 것(관리처분계획인가 후에는 '거주하는 자로서'를 적용하지 아니한다.)

　2. 정비구역에 위치한 건축물과 그 부속 토지를 5년 이상 소유하고 있을 것

　3. 조합장의 경우 선임일 부터 법 제74조에 따른 관리처분계획인가를 받을 때까지는 해당 정비구역에서 거주(영업을 하는 자의 경우 영업을 말한다.)하여야 한다.

③ 임원의 임기는 선임된 날부터 3년까지로 하되, 총회의 의결을 거쳐 연임할 수 있다.

④ 제2항 단서의 규정에 따라 보궐 선임된 임원의 임기는 전임자의 잔임 기간으로 한다.

⑤ 임기가 만료된 임원은 그 후임자가 선임될 때까지 그 직무를 수행한다.

제14조(임원의 직무 등) ① 조합장은 조합을 대표하고, 그 사무를 총괄하며, 총회와 또는 대의원회의 및 이사회의 의장이 된다.

② 제1항에 따라 조합장이 대의원회의 의장이 되는 경우에는 해당 대의원회의 대의원으로 본다.

③ 이사는 조합장을 보좌하고, 이사회에 부의된 사항을 심의·의결하며 이 정관이 정하는 바에 의하여 조합의 사무를 분장한다.

④ 조합장 또는 이사가 자기를 위하여 조합과 계약이나 소송을 할 때에는 감사가 조합을 대표한다.

⑤ 감사는 조합의 사무 및 재산 상태와 회계에 관하여 감사하여 정기 총회에 감사결과보고서를 제출하여야 하며, 조합원 5분의 1 이상의 요청이 있을 때에는 공인회계사에게 회계감사를 의뢰하여 공인회계사가 작성한 감사보고서를 총회 또는 대의원회에 제출하여야 한다.

⑥ 감사는 조합의 재산관리 또는 조합의 업무집행이 공정하지 못하거나 부정이 있음을 발견하였을 때에는 대의원회 또는 총회에 보고하여야 하며, 조합장은 보고를 위한 대의원회 또는 총회를 소집하여야 한다. 이 경우 감사의 요구에도 조합장이 소집하지 아니하는 경우에는 감사가 직접 대의원회를 소집할 수 있으며 대의원회 의결에 의하여 총회를 소집할 수 있다. 회의소집 절차와 의결방법 등은 제18조, 제20조제4항 및 제22조, 제24조의 규정을 준용한다.

⑦ 감사는 직무위배행위 및 비리행위로 인해 감사가 필요한 경우 조합임원 또는 외부전문가로 구성된 감사위원회를 구성하여 1개월 이내의 기간 동안 해당 사항에 대한 감사를 할 수 있다.

⑧ 다음 각 호의 경우에는 당해 안건에 관해 (상근)이사 중에서 연장자 순으로 조합을 대표한다.

 1. 조합장이 유고 등으로 인하여 그 직무를 수행할 수 없을 경우

 2. 조합장이 자기를 위한 조합과의 계약이나 소송 등에 관련되었을 경우

 3. 조합장의 해임에 관한 사항

⑨ 조합은 그 사무를 집행하기 위하여 필요하다고 인정하는 때에는 조합 업무규정을 정할 수 있고, 업무규정이 정하는 바에 따라 상근하는 임원 또는 유급직원을 둘 수 있다. 조합 업무규정의 제·개정은 총회의 의결을 받아야 한다.

⑩ 조합임원은 재건축, 재개발사업을 하는 다른 추진위원회, 조합의 임원 또는 본 조합 사업과 관련된 시공자·설계자·정비사업전문관리업자 등 협력업체의 임원 또는 직원을 겸할 수 없다.

제15조(임원의 결격사유 및 자격상실 등) ① 다음 각 호의 자는 조합의 임원 및 대의원이 될 수 없다.

 1. 미성년자·피성년후견인 또는 피한정후견인

 2. 파산선고를 받고 복권되지 아니한 자

 3. 금고 이상의 실형을 선고받고 그 집행이 종료(종료된 것으로 보는 경우를 포함한다)되거나 집행이 면제된 날부터 2년이 경과되지 아니한 자

 4. 금고 이상의 형의 집행유예를 받고 그 유예기간 중에 있는 자

5. 이 법을 위반하여 벌금 100만원 이상의 형을 선고받고 10년이 지나지 아니한 자

6. 소유자에게 신축건축물 분양신청권이 주어지는 정비구역내의 부동산을 공유지분으로 소유한 경우에 공유재산 중 1/2 미만의 지분을 가진 자(신축건축물 분양신청권이 주어지는 부동산을 단독으로 소유하고 있고, 이와 별개로 공유재산도 있는 경우에는 제외)

【해설】

6호의 경우에는 1/100, 1/1,000 등 적은 지분 공유를 통해 조합 임원으로 활동하는 것을 방지

② 조합임원이 제13조제2항에 따른 자격요건을 갖추지 못한 경우 또는 위 제1항 각 호의 어느 하나에 해당하게 되거나 선임 당시 그에 해당하는 자이었음이 판명된 때에는 당연 퇴임한다.

③ 제2항에 따라 퇴임된 임원이 퇴임 전에 관여한 행위는 그 효력을 잃지 아니한다.

④ 임원으로 선임된 후 직무위배행위로 인한 형사사건으로 기소된 경우에는 그 내용에 따라 확정판결이 있을 때까지 제16조제6항의 절차에 따라 직무 정지 여부를 결정할 수 있다.

【해설】

법 제43조에 있는 내용을 인용하였다.

제16조(임원의 해임 등) ① 조합임원은 조합원 10분의 1 이상의 요구로 직접(대표자가 있는 경우에는 대표자에 의하여) 소집된 총회에서 조합원 과반수의 출석과 출석 조합원 과반수의 동의를 받아 해임할 수 있다. 이 경우 요구자 대표로 선출된 자가 해임총회의 소집 및 진행을 할 때에는 조합장의 권한을 대행한다.

【해설】

법 제43조에 있는 내용을 인용하였다. 제1항의 경우에는 조합장에게 소집 요구할 필요가 없이 바로 소집할 수 있음을 기재했다.

② 제1항에 의한 해임절차 이외에도 임원이 직무유기 및 태만 또는 관계법령 및 이 정관을 위반하여 조합에 부당한 손해를 초래한 경우에는 조합장이 직권으로 소집하거나 조합원 5분의 1 이상 또는 대의원 3분의 2 이상의 요구로 조합장이 소집한 총회의 의결에 따라 해임할 수 있다. 이 경우 총회소집에 관하여는 제18조제5항을 준용한다.

③ 임원이 자의로 사임하거나 제1항, 제2항의 규정에 의하여 해임되는 경우에는 2개월 이내에 보궐선임을 하여야 한다. 이 경우 새로 선임된 임원의 자격은 시장·군수의 조합설립변경인가

및 법인의 임원변경등기를 하여야 대외적으로 효력이 발생한다.

④ 제1항 및 제2항에 의한 해임의 경우에 사전에 해당 임원에 대해 청문 등 소명기회를 부여하여야 하며, 청문 등 소명기회를 부여하였음에도 이에 응하지 아니한 경우에는 소명기회를 부여한 것으로 본다.

【해설】

보궐선거를 하여야 하는 기간을 정하여 공백 기간이 장기화 되지 않도록 하였다.

임원변경의 대외적 효력에 관하여 규정하였다.

⑤ 임원 및 대의원의 사임은 사임서를 조합사무실에 제출함으로써 효력을 발휘한다.

⑥ 임원이 사임하거나 해임 의결된 경우, 새로운 임원이 선임, 취임할 때까지 직무를 수행하는 것이 적합하지 아니하다고 인정될 때에는 대의원회의 의결에 따라 그의 직무수행을 정지하고 조합장이 임원의 직무를 수행할 자를 임시로 선임할 수 있다. 다만, 조합장이 사임하거나 퇴임·해임되는 경우에는 제14조제8항을 준용하여 조합장 직무대행자를 정한다.

【해설】

사임서 제출의 효력발생일도 구체적으로 정하였다.

제17조(임직원의 보수 등) ① 조합은 상근임원 외의 임원에 대하여는 보수를 지급하지 아니한다. 다만, 임원의 직무수행으로 발생되는 경비 및 회의참석비, 업무 수당 등은 업무규정이 정하는 바에 따라 지급할 수 있다.

② 조합은 상근하는 임원 및 유급직원에 대하여 업무규정이 정하는 바에 따라 보수를 지급하여야 한다.

③ 유급직원은 조합의 업무규정이 정하는 바에 따라 조합장이 임명하고 우선 근무하도록 할 수 있다. 이 경우 임명결과에 대하여 2개월 이내에 대의원회의 인준을 받아야 하며, 인준을 받지 못하면 즉시 해직된다.

【해설】

보수지급 등은 업무규정에서 정하도록 하였다.

유급직원에 대한 임명은 조합장이 가지며, 우선 근무토록 한 뒤 2개월 이내에 대의원회 인준을 받도록 하였다.

제4장 기 관

제18조(총회의 설치 및 소집) ① 조합에는 조합원으로 구성되는 총회를 둔다.

② 총회는 정기총회·임시총회로 구분하며 조합장이 소집한다.

③ 정기총회는 매년 1회, 회계연도 종료일로부터 3월 이내에 개최하여야 한다. 다만, 부득이한 사정이 있는 경우에는 5월 범위 내에서 연기 사유와 기간을 명시하여 개최할 수 있다.

【해설】

정기총회 개최를 연기할 수 있는 기한을 구체적으로 정하였다.

④ 임시총회는 조합장이 필요하다고 인정하는 경우에 개최한다. 다만, 다음 각 호의 1에 해당하는 때에는 조합장은 해당일로부터 2월 이내에 총회를 개최하여야 한다.

  1. 조합원 5분의 1 이상(정관의 기재사항 중 법 제40조제1항제6호에 따른 조합임원의 권리·의무·보수·선임방법·변경 및 해임에 관한 사항을 변경하기 위한 총회의 경우는 10분의 1 이상으로 한다)이 총회의 목적사항을 제시하여 요구하는 때

  2. 대의원 3분의 2 이상이 총회의 목적사항을 제시하여 요구하는 때

⑤ 제4항의 각호의 규정에 의한 청구 또는 요구가 있는 경우로서 조합장이 2월 이내에 정당한 이유 없이 총회를 소집하지 아니하는 때에는 감사가 지체 없이 총회를 소집하여야 하며, 감사가 소집하지 아니하는 때에는 제4항 각호의 규정에 의하여 소집을 청구한 자의 공동명의로 이를 소집한다.

⑥ 제2항 내지 제5항의 규정에 의하여 총회를 개최하거나 일시를 변경할 경우에는 총회의 목적·안건·일시·장소·변경사유 등에 관하여 미리 이사회 및 대의원회 의결을 거쳐야 한다. 다만, 제4항, 제5항의 규정에 의하여 소집요구에 의하여 조합장 또는 감사 또는 소집청구한 자의 대표자가 총회를 소집하는 경우에는 이사회 및 대의원회 결의를 거치지 아니한다.

⑦ 총회장소를 사용할 수 없는 사정이 발생하는 경우 이사회 및 대의원회의 의결 없이 조합장이 장소를 변경 할 수 있다. 이 경우 변경된 장소를 조합원에게 문자 등의 방법으로 고지하여야 하며, 최초 고지된 총회 장소에 안내인력 등을 배치해야 한다.

【해설】

총회장소를 갑자기 변경하여야 할 경우의 절차 등을 구체적으로 규정하였다.

⑧ 제2항 내지 제5항의 규정에 의하여 총회를 소집하는 경우에는 회의개최 14일 전까지 회의목적·안건·일시 및 장소 등을 게시판에 게시하여야 하며 각 조합원에게는 회의개최 10일 전까지 등기우편으로 총회자료를 발송하여야 하며, 반송된 경우에는 1회에 한하여 일반우편으로 즉시 발송한다.

【해설】

총회일정을 여유 있게 사전에 통지함으로써 총회당일 직접 참석자 수를 늘리고, 등기우편의 반송기간, 총회 개최금지가처분결정 등의 시한을 고려하여 회의개최 14일전에 게시판 게시 및 자료발송을 동시에 하도록 하였다.

⑨ 총회는 제8항에 의하여 통지한 안건에 대해서만 의결할 수 있다.

⑩ 조합임원의 사임, 해임 또는 임기만료 후 6개월 이상 조합임원이 선임되지 아니한 경우에는 시장·군수 등이 조합임원 선출을 위한 총회를 소집할 수 있다.

【해설】

시장·군수 등이 개최할 경우에 총회경비는 당연히 조합이 부담하도록 하였다.

제19조(총회의 의결사항) ① 다음 각 호의 사항은 총회의 의결을 거쳐야 한다.

1. 정관의 변경(법 제40조제4항에 따른 경미한 사항의 변경은 이 법 또는 정관에서 총회의결 사항으로 정한 경우로 한정한다)
2. 자금의 차입과 그 방법·이자율 및 상환방법
3. 정비사업비의 내용의 사용계획이 포함된 예산안 및 예산의 사용계획
4. 예산으로 정한 사항 외에 조합원에게 부담이 되는 계약
5. 시공자·설계자 또는 감정평가업자(법 제74조제2항에 따라 시장·군수 등이 선정·계약하는 감정평가업자는 제외한다)의 선정 및 변경. 다만, 감정평가업자 선정 및 변경은 총회의 의결을 거쳐 시장·군수 등에게 위탁할 수 있다.
6. 정비사업전문관리업자의 선정 및 변경
7. 조합임원의 선임 및 해임
8. 정비 사업비의 조합원별 분담내역
9. 법 제52조에 따른 사업시행계획서의 작성 및 변경(법 제50조제1항 본문에 따른 정비사업의 중지 또는 폐지에 관한 사항을 포함하며, 같은 항 단서에 따른 경미한 변경은 제외한다)

10. 법 제74조에 따른 관리처분계획의 수립 및 변경(법 제74조제1항 각 호 외의 부분 단서에 따른 경미한 변경은 제외한다)

11. 법 제89조에 따른 청산금의 징수·지급(분할징수·분할지급을 포함한다)과 조합 해산 시의 회계보고

12. 법 제93조에 따른 비용의 금액 및 징수방법

13. 조합의 합병 또는 해산에 관한 사항

14. 대의원의 선임 및 해임에 관한 사항

15. 건설되는 건축물의 설계 개요의 변경

16. 정비사업비의 변경

② 제1항 각 호의 사항 중 이 법 또는 정관에 따라 조합원의 동의가 필요한 사항은 총회에 상정하여야 한다.

제20조(총회의 의결방법) ① 총회의 의결은 법 또는 정관에서 특별히 정한 경우를 제외하고는 조합원 과반수의 출석과 출석 조합원의 과반수 찬성으로 한다. 단, 제19조제1항제9호 및 제10호의 경우에는 조합원 과반수의 찬성으로 의결한다. 다만, 정비사업비가 100분의 10(생산자물가상승률분, 법 제73조에 따른 손실보상금액은 제외한다) 이상 늘어나는 경우에는 조합원 3분의 2 이상의 찬성으로 의결하여야 한다.

【해설】

정비사업비의 10%이상 증가여부에 대한 기준을 정하였다.

② 총회의 의결은 조합원의 100분의 10 이상이 직접 출석하여야 한다. 다만, 창립총회, 사업시행계획서의 작성 및 변경을 위하여 개최하는 총회, 관리처분계획의 수립 및 변경을 위하여 개최하는 총회, 정비사업비의 사용 및 변경을 위하여 개최하는 총회의 경우에는 조합원의 100분의 20 이상이 직접 출석하여야 한다.

③ 조합원은 서면으로 의결권을 행사하거나 다음 각 호의 어느 하나에 해당하는 경우에는 대리인을 통하여 의결권을 행사할 수 있다. 이 경우 제1항 및 제2항의 규정에 의한 출석으로 본다.

1. 조합원이 권한을 행사할 수 없어 배우자, 직계존비속 또는 형제자매 중에서 성년자를 대리인으로 정하여 위임장을 제출하는 경우

2. 해외에 거주하는 조합원이 대리인을 지정하는 경우. 이 경우 제1호와 같은 대리인의 자격 제한은 없다.

3. 법인인 토지등소유자가 대리인을 지정하는 경우. 이 경우 법인의 대리인은 조합임원 또는 대의원으로 선임될 수 있다.

④ 조합원이 서면결의서를 제출하는 경우에는 안건내용에 대한 의사를 표시하여 총회 전일 ○○시까지 조합에 도착되도록 하여야 한다.

⑤ 조합원은 제3항의 규정에 의하여 출석을 대리인으로 하고자 하는 경우에는 위임장 및 대리인 관계를 증명하는 서류를 조합에 제출하여야 한다.

⑥ 총회 소집결과 개의정족수에 미달되는 때에는 재소집하여야 하며, 재소집의 경우에도 정족수에 미달되는 때에는 대의원회로 총회를 갈음할 수 있다. 단, 조합임원의 해임을 위한 총회가 개의정족수에 미달될 경우에는 해당 임원에 대한 해임총회소집은 같은 사유로는 1년 이내에 재소집할 수 없다.

【해설】

총회와 관련하여 발생할 수 있는 여러 가지 문제점들을 구체적으로 정함으로써 분쟁발생을 방지하였다.

제21조(총회운영 등) ① 총회는 이 정관 및 의사진행의 일반적인 규칙에 따라 운영한다.

② 의장은 총회의 안건의 내용 등을 고려하여 다음 각 호에 해당하는 자등 조합원이 아닌 자의 총회참석을 허용하거나 발언하도록 할 수 있다.

1. 조합직원

2. 정비사업전문관리업자·시공자 또는 설계자의 임직원

3. 그 밖에 의장이 총회운영을 위하여 필요하다고 인정하는 자

③ 의장은 총회의 질서를 유지하고 의사를 정리하며, 고의로 의사진행을 방해하는 발언·행동 등으로 총회질서를 문란하게 하는 자에 대하여 그 발언의 정지·제한 또는 퇴장을 명할 수 있다.

④ 제1항과 제3항의 의사규칙은 대의원회에서 정하여 운영할 수 있다.

제22조(대의원회의 설치) ① 조합에는 대의원회를 둔다.

② 대의원의 수는 조합원 1/10이상 ○인 이내로 한다. 이 때 필요한 경우에는 정수의 20% 범위 내에서 예비대의원을 선출하여 필요시 순차적으로 충원할 수 있다.

대의원이 궐위되었을 경우에 법정 대의원수보다 적게 되는 것을 방지하고, 또 보궐선거의 번거로움을 막기 위하여 예비대의원을 선출하여 대의원보궐시 자동적으로 충원되도록 하였다.

③ 대의원의 임기는 3년으로 하고, 피선출자격 등은 조합장 외의 임원과 동일하게 한다.

④ 대의원은 조합원 중에서 총회에서 선출하며, 조합장이 아닌 조합 임원은 대의원이 될 수 없다.

⑤ 궐위된 대의원의 보선은 대의원 5인 이상의 추천을 받아 대의원회가 이를 보궐 선임한다.

⑥ 대의원 해임은 임원해임규정을 준용하되, 사임 또는 해임된 대의원은 그 즉시 대의원직을 상실한다.

제23조(대의원회의 개최) ① 대의원회는 조합장이 필요하다고 인정하는 때에 소집한다. 다만, 다음 각 호의 어느 하나에 해당하는 때에는 조합장은 소집청구를 받은 날로부터 14일 이내에 대의원회를 소집하여야 한다.

  1. 조합원 10분의 1 이상이 회의의 목적사항을 제시하여 소집청구를 한 경우

  2. 대의원의 3분의 1 이상이 회의의 목적사항을 제시하여 소집청구를 한 경우

② 제1항 각 호에 따라 소집청구가 있는 경우로서 조합장이 14일 이내에 대의원회를 소집하지 아니한 때에는 감사가 지체 없이 소집하여야 하며, 감사가 소집하지 아니하는 때에는 제1항 각 호에 따라 소집을 청구한 자의 대표가 소집한다. 이 경우 미리 시장·군수 등의 승인을 받아야 한다.

③ 제2항에 따라 대의원회를 소집하는 경우에는 소집주체에 따라 감사 또는 제1항 각 호에 따라 소집을 청구한 자의 대표가 의장의 직무를 대행한다.

【해설】

조합원의 대의원회 개최권한도 규정하였다.

④ 대의원회 소집은 회의개최 7일 전에 회의목적·안건·일시 및 장소를 기재한 통지서를 대의원에게 송부하고, 게시판에 게시하여야 한다. 다만, 사업추진상 시급히 대의원회 의결을 요하는 사안이 발생한 경우에는 회의 개최 3일 전에 통지하고 대의원회에서 안건상정여부를 묻고 의결할 수 있다.

제24조(대의원회 의결사항) ① 대의원회는 다음 각 호의 사항을 의결한다.

　1. 궐위된 임원 및 대의원의 보궐선임

　2. 예산 및 결산의 승인에 관한 방법

　3. 총회 부의안건의 사전심의 및 총회로부터 위임받은 사항

　4. 총회에서 선출하여야 하는 협력업체를 제외한 업체에 대하여 총회 의결로 정한 예산의 범위 내에서의 선정 및 계약체결

　5. 사업완료로 인한 해산결의

② 이사·감사는 대의원회에 참석하여 의견을 진술할 수 있되, 대의원회에서 거부하는 경우에는 참석할 수 없다.

제25조(대의원회 의결방법) ① 대의원회는 재적대의원 과반수의 출석과 출석대의원 과반수의 찬성으로 의결한다.

② 대의원회는 사전에 통지한 안건만 의결할 수 있다. 다만, 통지 후 시급히 의결할 사항이 발생한 경우, 의장의 발의와 출석대의원 과반수 동의를 얻어 안건으로 채택한 경우에는 그 사항을 의결할 수 있다.

③ 특정한 대의원의 이해와 관련된 사항에 대해서 그 대의원은 의결권을 행사할 수 없다.

④ 대의원은 대리인을 통한 출석을 할 수 없다. 다만, 서면으로 대의원회에 출석하거나 의결권을 행사할 수 있다. 이 경우 제1항의 규정에 의한 출석으로 본다.

제26조(이사회의 설치) ① 조합에는 조합의 사무를 집행하기 위하여 조합장과 이사로 구성하는 이사회를 둔다.

② 이사회는 조합장이 소집하며, 조합장은 이사회의 의장이 된다.

제27조(이사회의 사무) ① 이사회는 다음 각 호의 사무를 집행한다.

　1. 조합의 예산 및 통상업무의 집행에 관한 사항

　2. 총회 및 대의원회의 상정안건의 심의에 관한 사항

　3. 조합정관, 업무규정 제·개정안 작성에 관한 심의

　4. 그 밖에 조합의 운영 및 사업시행에 관하여 필요한 사항 심의

② 대의원회 또는 총회결의 안건에 대하여 이사회에서 심의가 부결된 경우 조합장은 직권으로

대의원회에 상정할 수 있으며, 이때 이사회에서 부결된 안건임을 대의원들에게 고지하여야 한다. 이사회가 개의정족수가 부족하여 2회 이상 무산된 경우에도 동일하다.

제28조(이사회의 의결방법) ① 이사회는 대리인 참석이 불가하며, 구성원 과반수 출석으로 개의하고 출석 구성원 과반수 찬성으로 의결한다. 이 경우 조합장도 의결권을 가진다.

② 구성원 자신과 관련된 사항에 대하여는 그 구성원은 의결권을 행사할 수 없다.

③ 이사는 대리인을 통한 출석을 할 수 없다. 다만, 서면으로 이사회에 출석하거나 의결권을 행사할 수 있다. 이 경우 제1항의 규정에 의한 출석으로 본다.

제29조(감사의 이사회 출석권한 및 감사요청) ① 감사는 이사회에 출석하여 의견을 진술할 수 있다. 다만, 의결권은 가지지 아니한다.

② 이사회는 조합운영상 필요하다고 인정될 때에는 감사에게 조합의 업무에 대하여 감사를 실시하도록 요청할 수 있다.

【해설】

이사회 및 대의원회 개최통지를 감사에게도 하도록 하여 감사의 이사회 및 대의원회 출석 및 의견진술권을 보장하였다.

아울러 대의원회도 감사에게 감사실시 요청을 하도록 하였다.

제30조(의사록의 작성 및 관리) ① 조합은 총회·대의원회 및 이사회의 의사록을 작성하여 청산 시까지 보관하여야 하며, 그 작성기준 및 관리 등은 다음 각 호와 같다.

1. 총회 및 용역계약, 업체선정과 관련된 대의원회는 속기록을 작성한다.

2. 이사회 및 대의원회 등을 개최하는 경우 일시·장소·안건·참석자 등과 결과를 기재한 의사록을 작성하고 의장 및 감사가 기명날인 하여야 한다. 다만 감사가 회의에 참석하지 않거나 서명을 거부하는 경우에는 그 취지를 기재하고 의장이 서명날인 한다.

3. 의사록은 회의종료 일로부터 15일 내에 작성하여 조합사무실에 비치하고 조합홈페이지(카페)에 게시하고 조합원이 열람할 수 있도록 하여야 한다.

【해설】

법 제125조(관련 자료의 보관 및 인계) 에 따라 제1항과 같이 기재하였다.

제5장 재 정

제31조(조합의 회계) ① 조합의 회계는 매년 1월 1일(설립인가를 받은 당해 연도는 인가일)부터 12월말일 까지로 한다.

② 조합의 예산·회계는 기업회계의 원칙에 따르되 조합은 필요하다고 인정하는 때에는 다음 각 호의 사항에 관하여 업무규정에 회계 관련 사항을 정하여 운영할 수 있다.

  1. 예산의 편성과 집행기준에 관한 사항

  2. 세입·세출예산서 및 결산보고서의 작성에 관한 사항

  3. 수입의 관리·징수방법 및 수납기관 등에 관한 사항

  4. 지출의 관리 및 지급 등에 관한 사항

  5. 계약 및 채무관리에 관한 사항

  6. 그 밖에 회계문서와 장부에 관한 사항

③ 조합은 매 회계연도 종료일부터 60일 이내에 결산 보고서를 작성한 후 감사의 의견서를 첨부하여 대의원회에 제출하여 의결을 거쳐야 하며, 대의원회 의결을 거친 결산 보고서를 작성 후 15일 이내에 조합홈페이지에 게재하여 공개하여야 하고, 차기 총회에 서면으로 보고하고 조합사무소에 이를 3월 이상 비치하여 조합원들이 열람할 수 있도록 하여야 한다.

④ 조합은 다음 각 호의 1에 해당하는 시기에 주식회사의 외부감사에 관한 법률 제3조 규정에 의한 감사인의 회계감사를 받아야 하며, 그 감사결과를 회계감사보고서가 조합에 제출된 때로부터 15일 이내에 조합홈페이지에 게재하여 공개하여야 하고, 시장·군수 및 차기 총회에 서면으로 보고하고 조합원이 공람할 수 있도록 하여야 한다.

1. 추진위원회에서 사업시행자로 인계되기 전까지 납부 또는 지출된 금액과 계약 등으로 지출될 것이 확정된 금액의 합이 3억5,000만원 이상인 경우에는 추진위원회에서 조합으로 인계되기 전 7일 이내

  2. 사업시행계획인가 고시일 전까지 납부 또는 지출된 금액이 7억원 이상인 경우에는 사업시행계획인가의 고시일로부터 20일 이내

  3. 준공인가 신청일까지 납부 또는 지출된 금액이 14억원 이상인 경우에는 준공인가의 신청일로부터 7일 이내

⑤ 제4항에 따라 회계감사가 필요한 경우 조합은 시장·군수 등에게 회계감사 기관의 선정·계

약을 요청하여야 하며, 시장·군수 등은 요청이 있는 경우 즉시 회계감사기관을 선정하여 회계감사가 이루어지도록 하여야 한다.

⑥ 조합은 제5항에 따라 회계감사기관의 선정·계약을 요청하려는 경우 시장·군수 등에게 회계감사에 필요한 비용을 미리 예치하여야 한다. 시장·군수 등은 회계감사가 끝난 경우 예치된 금액에서 회계감사비용을 직접 지불한 후 나머지 비용은 사업시행자와 정산하여야 한다.

【해설】

회계감사보고서는 법 제124조에 의하여 자료공개 대상이기 때문에 이 내용을 추가하였고, 나머지 조항은 법 제112조에 규정된 내용들이다.

⑦ 정기총회에는 매년 예산안을 상정하여야 하며, 매년 1월 1일부터 정기총회에서 예산안이 의결될 때까지는 전년도 예산에 준하여 집행한다.

제32조(재원) 조합의 운영 및 사업시행을 위한 자금은 다음 각 호에 의하여 조달한다.

1. 조합원이 현물로 출자한 토지 및 건축물

2. 조합원이 납부하는 정비사업비 등 부과금

3. 건축물 및 부대·복리시설의 분양 수입금

4. 조합이 시장·군수, 금융기관, 시공자, 정비사업전문관리업자 등으로부터 조달하는 차입금

5. 대여금의 이자 및 연체료 등 수입금

6. 청산금

7. 그 밖에 조합재산의 사용수익 또는 처분에 의한 수익금

【해설】

자금 차입처가 여러 곳일 수 있기 때문에 제4호에 추가하였다.

제33조(정비사업비의 부과 및 징수) ① 조합은 사업시행에 필요한 비용을 충당하기 위하여 조합원에게 공사비 등 주택사업에 소요되는 비용(이하 "정비사업비"라 한다)을 부과·징수할 수 있다.

② 제1항의 규정에 의한 정비사업비는 총회의결을 거쳐 부과할 수 있으며, 추후 사업시행구역 안의 토지 및 건축물 등의 위치·면적·이용 상황·환경 등 제반여건을 종합적으로 고려하여 관리처분계획에 따라 공평하게 금액을 조정 하여야 한다.

③ 조합은 납부기한 내에 정비사업비를 납부하지 아니한 조합원에 대하여는 금융기관에서 적용하는 연체 금리의 범위 내에서 연체료를 부과할 수 있으며 법 제123조제4항의 규정에 따라 시장·군수에게 정비사업비의 징수를 위탁할 수 있다.

제6장 사업시행

제34조(이주대책) ① 사업시행으로 주택이 철거되는 조합원은 사업을 시행하는 동안 조합이 대의원회 결의로 정하는 이주 기간 내에 자신의 부담으로 이주하여야 한다.

② 조합은 이주비(금융기관 등으로부터 대여 받아 입주 시 상환하는 대출금을 말함)의 지원을 희망하는 조합원에게 조합이 직접 금융기관과 약정을 체결하거나, 시공자와 약정을 체결하여 지원하도록 알선할 수 있다. 이 경우 이주비를 지원받은 조합원은 자신의 명의로 대출을 받으며, 사업시행구역안의 소유 토지 및 건축물을 담보로 제공하여야 한다.

【해설】

이주기간은 대의원회 결의로 정할 수 있도록 하였고, 나머지 대출관련 내용을 구체화하였다.

③ 제2항의 규정에 의하여 이주비를 지원받은 조합원 또는 그 권리를 승계한 조합원은 지원받은 이주비를 주택 등에 입주 시까지 시공자(또는 금융기관)에게 상환하여야 한다.

④ 조합원은 조합이 정하여 통지하는 이주기한 내에 당해 건축물에서 퇴거하여야 하며, 세입자 또는 임시거주자 등이 있을 때에는 당해 조합원의 책임으로 함께 퇴거하도록 조치하여야 한다.

⑤ 조합원은 본인 또는 세입자 등이 당해 건축물에서 퇴거하지 아니하여 기존 주택 등의 철거 등 사업시행에 지장을 초래하는 때에는 그에 따라 발생되는 모든 손해에 대하여 변상할 책임을 진다.

⑥ 제5항의 규정에 의하여 조합원이 변상할 손해금액과 징수방법 등은 대의원회에서 정하여 총회의 승인을 얻어 당해 조합원에게 부과하며, 이를 기한 내에 납부하지 아니한 때에는 당해 조합원의 권리물건을 환가 처분하여 그 금액으로 충당할 수 있다.

제35조(지장물 철거 등) ① 조합은 관리처분계획인가 후, 조합원 소유 및 기타 철거가 필요한 사업시행구역안의 건축물을 철거할 수 있다.

② 조합은 제1항의 규정에 의하여 건축물을 철거하고자 하는 때에는 30일 이상의 기간을 정하여 구체적인 철거계획에 관한 내용을 미리 조합원 등에게 통지하여야 한다.

③ 사업시행구역안의 통신시설·전기시설·급수시설·도시가스시설 등 공급시설에 대하여는 당해

시설물 관리권자와 협의하여 철거기간이나 방법 등을 따로 정할 수 있다.

④ 조합원의 이주 후 건축법 제27조의 규정에 의한 철거 및 멸실 신고는 조합이 일괄 위임받아 처리하도록 한다.

【해설】

조합이 인도받은 조합원 소유 부동산에 대한 철가는 당연한 것이나, 이 근거를 명확하게 기재하였다.

제36조(보상의 예외 등) 사업시행구역안의 철거되는 일체의 지장물중 등기 또는 행정기관의 공부에 등재되지 아니한 지장물(무허가 건축물 등)은 보상대상이 될 수 없다.

【해설】

무허가 건축물의 경우에는 보상의 대상이 되지 않는다는 점을 명시하였다.

제37조(재건축사업에서의 매도청구) 조합은 법 제64조(재건축사업에서의 매도청구)에서 정하는 바에 따라 조합설립에 동의하지 않은 토지등소유자, 건축물 또는 토지만을 소유한 자에게 매도청구를 할 수가 있다.

【해설】

재건축조합의 경우에 해당하는 조문이다.

법에서 규정하고 있는 내용을 전부 인용하는 것보다 법 자체를 적용받도록 조문제목을 인용하는 것이 더 낫기 때문에 위와 같이 하였다.

이후에 법에 규정되어 있는 내용의 경우에는 동일하게 법을 적용시키는 것으로 하겠다.

제38조(재건축 소형주택 건설의무) 법 제54조의 규정에 따라 재건축 소형주택을 공급하여야 할 경우에는 관계 법령에 적합한 범위 내에서 임대주택공급에 대한 사업계획을 작성하여 총회의 의결을 받아야 한다.

제39조(지상권 등 계약의 해지) ① 정비사업의 시행으로 지상권·전세권 또는 임차권의 설정 목적을 달성할 수 없는 때에는 그 권리자는 계약을 해지할 수 있다. 이 경우 지상권·전세권 또는 임차권의 설정목적을 달성할 수 없는 권리자가 계약상 금전의 반환청구권을 조합에 행사할 경우 조합은 당해 금전을 지급할 수 있다.

② 조합은 제1항에 의하여 금전을 지급하였을 경우 당해 조합원에게 이를 구상할 수 있으며 구상이 되지 아니 한 때에는 당해 조합원에게 귀속될 건축물을 압류할 수 있으며 이 경우 압류한 권리는 저당권과 동일한 효력을 가진다.

③ 관리처분계획의 인가를 받은 경우 지상권·전세권설정계약 또는 임대차계약의 계약기간은 「민법」 제280조·제281조 및 제312조제2항, 「주택임대차보호법」 제4조제1항, 「상가건물 임대차보호법」 제9조 제1항을 적용하지 아니한다.

제40조(소유자의 확인이 곤란한 건축물 등에 대한 처분) ① 조합은 조합설립인가일 현재 건축물 또는 토지의 소유자의 소재 확인이 현저히 곤란한 때에는 전국적으로 배포되는 둘 이상의 일간신문에 2회 이상 공고하고, 공고한 날부터 30일 이상이 지난 때에는 그 소유자의 해당 건축물 또는 토지의 감정평가액에 해당하는 금액을 법원에 공탁하고 정비사업을 시행할 수 있다.

② 재건축사업을 시행하는 경우 조합설립인가일 현재 조합원 전체의 공동소유인 토지 또는 건축물은 조합 소유의 토지 또는 건축물로 본다.

③ 제2항에 따라 조합 소유로 보는 토지 또는 건축물의 처분에 관한 사항은 법 제74조제1항에 따른 관리처분계획에 명시하여야 한다.

④ 제1항에 따른 토지 또는 건축물의 감정평가는 법 제74조제2항제1호를 준용한다.

제7장 관리처분계획

제41조(분양통지 및 공고) 조합은 제50조제7항에 따른 사업시행계획인가의 고시가 있은 날(사업시행계획인가 이후 시공자를 선정하는 경우에는 시공자와 계약을 체결한 날)부터 120일 이내에 다음 각 호의 사항을 토지등소유자에게 통지하고, 해당지역에서 발간되는 일간신문에 공고하여야 한다. 이 경우 제11호의 사항은 통지하지 아니하고, 제1호, 제2호 및 제4호의 사항은 공고하지 아니한다.

  1. 분양대상자별 종전의 토지 또는 건축물의 명세 및 사업시행인가의 고시가 있은 날을 기준으로 한 가격

  2. 분양대상자별 분담금의 추산액

  3. 분양신청기간

  4. 분양신청서

  5. 사업시행인가의 내용

  6. 정비사업의 종류·명칭 및 정비구역의 위치·면적

  7. 분양신청기간 및 장소

  8. 분양대상 대지 또는 건축물의 내역

  9. 분양신청자격

  10. 분양신청방법

  11. 토지등소유자 외의 권리자의 권리신고방법

  12. 분양을 신청하지 아니한 자에 대한 조치

  13. 그 밖에 시·도 조례가 정하는 사항

제42조(분양신청 등) 제41조제3호의 분양신청기간은 그 통지한 날부터 30일 이상 60일 이내로 한다. 다만, 조합은 관리처분계획의 수립에 지장이 없다고 판단되는 경우에는 분양신청기간을 20일 범위 이내에서 연장할 수 있다.

② 토지 또는 건축물을 분양받고자 하는 조합원은 분양신청서에 소유권의 내역을 명시하고, 그 소유의 토지 및 건축물에 관한 등기부등본 등 그 권리를 입증할 수 있는 증명서류를 조합에 제출하여야 한다.

③ 제1항 및 제2항의 규정에 의한 분양신청서를 우편으로 제출하고자 할 경우에는 그 신청서가 분양신청기간 내에 발송된 것임을 증명할 수 있도록 등기우편 등으로 제출하여야 한다.

④ 조합은 제1항에 따른 분양신청기간 종료 후 법제50조제1항에 따른 사업시행계획인가의 변경(경미한 사항의 변경은 제외한다)으로 세대수 또는 주택규모가 달라지는 경우 분양공고 등의 절차를 다시 거칠 수 있다.

제43조(분양신청을 하지 아니한 자 등에 대한 조치) ① 조합은 관리처분계획이 인가·고시된 다음 날부터 90일 이내에 다음 각 호에서 정하는 자와 토지, 건축물 또는 그 밖의 권리의 손실보상에 관한 협의를 하여야 한다. 다만 조합은 분양신청기간 종료일의 다음 날부터 협의를 시작할 수 있으며, 그 금액은 시장·군수가 추천하는 감정평가업자 2 이상이 평가한 금액을 산술평균하여 산정한다.

　1. 분양신청을 하지 아니한 자

　2. 분양신청기간 종료 이전에 분양신청을 철회한 자

　3. 법 제72조제6항 본문에 따라 분야신청을 할 수 없는 자

　4. 법 제74조에 따라 인가된 관리처분계획에 따라 분양대상에서 제외된 자

② 조합은 제1항에 따른 협의가 성립되지 아니하면 그 기간의 만료일 다음 날부터 60일 이내에 매도청구소송을 제기하여야 한다.

③ 조합원은 관리처분계획인가 후 ○일 이내에 분양계약체결을 하여야 하며 분양계약체결을 하지 않는 경우 제2항의 규정을 준용한다.

④ 조합은 제2항에 따른 매도청구 시 분양신청을 하지 아니한 자가 부담하여야 하는 조합운영비, 사업비 등을 매매대금에서 공제한다.

제44조(관리처분계획의 기준) 조합원의 소유재산에 관한 관리처분계획은 제43조 및 제44조에 따른 분양신청기간의 종료 및 공사비가 확정된 후 분양신청의 현황을 기초로 법 제74조 내지 제77조의 기준에 따라 수립하며 다음 각 호의 기준에 따라 수립하여야 한다.

　1. 조합원이 출자한 종전의 토지 및 건축물의 가격/면적을 기준으로 새로이 건설되는 주택 등을 분양함을 원칙으로 한다.

　2. 사업시행 후 분양받을 건축물의 면적은 분양면적(전용면적+공유면적)을 기준으로 하며, 1필지의 대지위에 2인 이상에게 분양될 건축물이 설치된 경우에는 건축물의 분양면적의 비

율에 의하여 그 대지소유권이 주어지도록 하여야 한다. 이 경우 토지의 소유관계는 공유로 한다.

3. 조합원에게 분양하는 주택의 규모는 건축계획을 작성하여 사업시행인가를 받은 후 평형 별로 확정한다.

4. 조합원에 대한 신축건축물의 평형별 배정에 있어 조합원 소유 종전건축물의 가격·면적·유 형·규모 등에 따라 우선순위를 정할 수 있다.

【해설】

일정평형에 신청이 몰릴 경우 다툼이 예상되는 바, 이에 대한 기준을 미리 설정할 수 있으며, 면적으로 결 정이 불합리한 경우에는 금액으로 순위를 정할 수 있다.

5. 조합원이 출자한 종전의 토지 및 건축물의 면적을 기준으로 산정한 주택의 분양대상면적 과 사업시행 후 조합원이 분양받을 주택의 규모에 차이가 있을 때에는 당해 사업계획서에 의하여 산정하는 평형별 가격을 기준으로 환산한 금액의 부과 및 지급은 제54조(청산금 등) 및 제55조(청산금의 징수방법)의 규정을 준용한다.

6. 사업시행구역 안에 건립하는 상가 등 부대·복리시설은 조합이 시공자와 협의하여 별도로 정하는 약정에 따라 공동주택과 구분하여 관리처분계획을 수립할 수 있다.

7. 조합원에게 공급하고 남는 잔여주택이 30세대 이상인 경우에는 일반에게 분양하며, 그 잔 여주택의 공급시기와 절차 및 방법 등에 대하여는 주택공급에 관한 규칙이 정하는 바에 따 라야 한다. 잔여주택이 30세대 미만인 경우에는 그러하지 아니하다.

【해설】

주택공급에관한규칙에 따라 일반분양하는 경우는 잔여주택이 30세대 이상일 때임을 설명한 것임.

8. 1세대가 1 이상의 주택을 소유한 경우 1주택을 공급하고 2인 이상이 1주택을 공유한 경우 에는 1주택만 공급한다. 다만 다음 각목의 어느 하나에 해당하는 토지등소유자에 대하여 는 소유한 주택 수만큼 공급할 수 있다.

1) 과밀억제권역에 위치하지 아니한 재건축사업의 토지등소유자. 다만, 투기과열지구 또는 「주택법」 제63조의2제1항제1호에 따라 지정된 조정대상지역에서 사업시행계 획(최초 사업시행계획인가를 말한다)을 신청하는 재건축사업의 토지등소유자는 제 외한다.

2) 근로자(공무원인 근로자를 포함한다) 숙소, 기숙사 용도로 주택을 소유하고 있는 토지
등소유자

3) 국가, 지방자치단체 및 토지주택공사 등

4) 「국가균형발전 특별법」 제18조에 따른 공공기관 지방이전 및 혁신도시 활성화를 위한
시책 등에 따라 이전하는 공공기관이 소유한 주택을 양수한 자

5) 법 제74조제1항제5호에 따른 가격의 범위 또는 종전 주택의 주거전용면적의 범위에서
2주택을 공급할 수 있고, 이중 1주택은 주거전용면적을 60㎡ 이하로 한다. 다만, 60㎡
이하로 공급받은 1주택은 법 제86조제2항에 따른 이전고시일 다음 날부터 3년이 지나
기 전에는 주택을 전매(매매·증여나 그 밖에 권리의 변동을 수반하는 모든 행위를 포함
하되 상속의 경우에는 제외한다)하거나 전매를 알선할 수 없다.

6) 과밀억제권역에 위치한 재건축사업의 경우에는 토지등소유자가 소유한 주택수의 범위
에서 3주택까지 공급할 수 있다. 다만, 투기과열지구 또는 「주택법」 제63조의2제1항제
1호에 따라 지정된 조정대상지역에서 사업시행계획(최초 사업시행계획인가를 말한다)
을 신청하는 재건축사업의 경우에는 그러하지 아니하다.

9. 부대·복리시설(부속 토지를 포함한다. 이하 이 호에서 같다)의 소유자에게는 부대·복리시
설을 공급한다. 다만, 다음 각목의 1에 해당하는 경우에는 부대·복리시설의 소유자에게 1
주택을 공급할 수 있다.

1) 새로운 부대·복리시설을 공급받지 아니하는 경우로서 종전의 부대·복리시설의 가액이
분양주택의 최소분양단위규모 추산액에 총회에서 정하는 비율(정관 등으로 정하지 아
니한 경우에는 1로 한다)을 곱한 가액 이상일 것

2) 종전 부대·복리시설의 가액에서 새로이 공급받는 부대·복리시설의 추산액을 차감한 금
액이 분양주택의 최소분양단위규모 추산액에 총회에서 정하는 비율을 곱한 가액 이상
일 것

3) 새로이 공급받는 부대·복리시설의 추산액이 분양주택의 최소분양단위규모 추산액 이상
일 것

4) 조합원 전원이 동의한 경우

10. 종전의 주택 및 부대복리시설(부속되는 토지를 포함한다)의 평가는 감정평가업자 2인 이
상이 평가한 금액을 산술 평가한 금액으로 한다.

11. 분양예정인 주택 및 부대복리시설(부속되는 토지를 포함한다)의 평가는 감정평가업자 2

인 이상이 평가한 금액을 산술 평가한 금액으로 한다.

【해설】

감정평가업자를 선정할 때 재개발사업과 같이 시장·군수의 추천을 받는 것으로도 규정할 수 있음.

12. 그 밖에 관리처분계획을 수립하기 위하여 필요한 세부적인 사항은 관계규정 등에 따라 조합장이 정하여 대의원회의 의결을 거쳐 시행한다.

제45조(분양받을 권리의 양도 등) ① 조합원은 조합원의 자격이나 권한, 입주자로 선정된 지위 등을 양도한 경우에는 조합에 변동 신고를 하여야 하며, 양수 자에게는 조합원의 권리와 의무, 자신이 행하였거나 조합이 자신에게 행한 처분·절차, 청산시 권리의무에 범위 등이 포괄 승계됨을 명확히 하여 양도하여야 한다.

② 제1항의 규정에 의하여 사업시행구역안의 토지 또는 건축물에 대한 권리를 양도받은 자는 등기부등본 등 증명서류를 첨부하여 조합에 신고하여야 하며, 신고하지 아니하면 조합에 대항할 수 없다.

③ 조합은 조합원의 변동이 있는 경우 변경의 내용을 증명하는 서류를 첨부하여 시장·군수에 신고하여야 한다.

【해설】

조합설립인가 당시의 제출서류에 변동이 있을 때에는 반드시 변경인가를 받아야 하는 점을 감안하여, 이를 정확히 숙지토록 하기 위하여 동 내용을 추가로 규정한 것임.

제46조(관리처분계획의 공람 등) ① 조합은 법 제74조에 따른 관리처분계획 인가를 신청하기 전에 관계서류의 사본을 30일 이상 토지등소유자에게 공람하고 다음 각 호의 사항을 각 조합원에게 통지하여야 한다. 다만, 법 제74조제1항 각 호 외의 부분단서에 따라 대통령령으로 정하는 경미한 사항을 변경하려는 경우에는 공람 및 의견청취 절차를 거치지 아니할 수 있다.

1. 관리처분계획의 개요
2. 주택 및 토지지분면적 등 분양대상 물건의 명세
3. 그 밖에 조합원의 권리·의무와 이의신청 등에 관한 사항
4. 관리처분계획을 의결하기 위한 총회개최일부터 1개월 전에 법 제73조제1항제3호부터 제6호까지의 규정에 해당하는 사항을 각 조합원에게 문서로 통지하여야 한다.

② 조합원은 제1항의 규정에 의한 통지를 받은 때에는 조합에서 정하는 기간 안에 관리처분계획에 관한 이의신청을 조합에 제출할 수 있다.

③ 조합은 제2항의 규정에 의하여 제출된 조합원의 이의신청내용을 검토하여 합당하다고 인정되는 경우에는 관리처분계획의 수정 등 필요한 조치를 취하고, 그 조치 결과를 공람·공고 마감일부터 10일 안에 당해 조합원에게 통지하여야 하며, 이의신청이 이유 없다고 인정되는 경우에도 그 사유를 명시하여 당해 조합원에게 통지하여야 한다.

【해설】

관리처분계획의 수립에 있어서 합당한 의견일 경우에는 조합원의 의사가 최대한 반영될 수 있도록 한 것임.

④ 조합은 제3항의 규정에 따라 관리처분계획을 수정한 때에는 총회의 의결을 거쳐 확정한 후 그 내용을 각 조합원에게 통지하여야 한다.

⑤ 조합원의 동·호수추첨은 ○○은행 전산추첨을 원칙으로 공정하게 실시하여야 하며 추첨결과는 시장·군수에게 통보하여야 한다.

제47조(관리처분계획의 통지 등) ① 조합은 관리처분계획인가의 고시가 있는 때에는 다음 각 호의 사항을 분양신청을 한 각 조합원에게 통지하여야 한다.

　1. 정비사업의 종류 및 명칭

　2. 정비사업 시행구역의 면적

　3. 사업시행자의 성명 및 주소

　4. 관리처분계획의 인가일

　5. 분양대상자별로 기존의 토지 또는 건축물의 명세 및 가격과 분양예정인 대지 또는 건축물의 명세 및 추산가액

② 관리처분계획의 인가고시가 있는 때에는 종전의 건축물의 소유자·지상권자·전세권자·임차권자 등 권리자는 법 제86조의 규정에 의한 이전 고시가 있는 날(이하 '이전고시일'이라 한다)까지 종전의 토지 또는 건축물을 대하여 이를 사용하거나 수익할 수 없다. 다만, 조합의 동의를 얻은 경우에는 그러하지 아니한다.

제8장 완료조치

제48조(정비사업의 준공인가) ① 조합이 정비사업 공사를 완료한 때에는 시장·군수 등의 준공인가를 받아야 한다.

② 조합은 관할 시장·군수로부터 준공인 가증을 교부 받은 때에는 지체 없이 조합원에게 입주하도록 통지하여야 한다.

③ 조합은 제2항의 규정에 의하여 입주통지를 한 때에는 통지된 날부터 1월 이내에 소유자별로 통지내용에 따라 등기신청을 할 수 있도록 필요한 조치를 하여야 하며, 토지 및 건축물중 일반분양분에 대해서는 조합명의로 등기한 후 매입자가 이전등기절차를 이행하도록 하여야 한다.

【해설】

법에 규정된 내용 중 일부를 인용하였는데, 이 내용은 조합원들이 널리 알고 있는 것이 좋다고 생각하여 인용 하였다.

제49조(이전고시 등) ① 조합은 준공인가고시가 있은 때에는 지체 없이 대지확정측량을 하고 토지의 분할절차를 거쳐 관리처분계획에서 정한 사항을 분양받을 자에게 통지하고 대지 또는 건축물의 소유권을 이전하여야 한다. 다만, 정비사업의 효율적인 추진을 위하여 필요한 경우에는 해당 정비사업에 관한 공사가 전부 완료되기 전이라도 완공된 부분은 준공인가를 받아 대지 또는 건축물별로 분양받을 자에게 소유권을 이전할 수 있다.

② 조합은 제1항에 따라 대지 및 건축물의 소유권을 이전하려는 때에는 그 내용을 해당 지방자치단체의 공보에 고시한 후 시장·군수 등에게 보고하여야 한다. 이 경우 대지 또는 건축물을 분양받을 자는 고시가 있은 날의 다음 날에 그 대지 또는 건축물의 소유권을 취득한다.

【해설】

법에 규정된 내용 중 일부를 인용하였는데, 이 내용은 조합원들이 알고 있는 것이 좋다고 생각하여 인용 하였다.

제50조(대지 및 건축물에 대한 권리의 확정) ① 대지 또는 건축물을 분양받을 자에게 이전고시에 따라 소유권을 이전한 경우 종전의 토지 또는 건축물에 설정된 지상권·전세권·저당권·임차권·가등기담보권·가압류 등 등기된 권리 및 「주택임대차보호법」 제3조제1항의 요건을 갖

춘 임차권은 소유권을 이전받은 대지 또는 건축물에 설정된 것으로 본다.

② 제1항에 따라 취득하는 대지 또는 건축물 중 토지등소유자에게 분양하는 대지 또는 건축물은 「도시개발법」 제40조에 따라 행하여진 환지로 본다.

③ 법 제79조제4항에 따른 보류지와 일반에게 분양하는 대지 또는 건축물은 「도시개발법」 제34조에 따른 보류지 또는 체비지로 본다.

제51조(등기절차 및 권리변동의 제한) ① 조합은 이전고시가 있은 때에는 지체 없이 대지 및 건축물에 관한 등기를 지방법원지원 또는 등기소에 촉탁 또는 신청하여야 한다.

② 제1항의 등기에 필요한 사항은 대법원규칙으로 정한다.

③ 정비사업에 관하여 이전고시가 있은 날부터 제1항에 따른 등기가 있을 때까지는 저당권 등의 다른 등기를 하지 못한다.

제52조(청산금 및 청산기준가격의 평가) ① 대지 또는 건축물을 분양받은 자가 종전에 소유하고 있던 토지 또는 건축물의 가격과 분양받은 대지 또는 건축물의 가격 사이에 차이가 있는 경우 관리처분계획인가 후 조합원 분담금 납부 비율과 동일하게 그 차액에 상당하는 금액(이하 "청산금"이라 한다)을 분양받은 자로부터 징수하거나 분양받은 자에게 지급하여야 한다. 다만, 분할징수 및 분할지급에 대하여 총회의 의결을 거쳐 따로 정한 경우에는 관리처분계획인가후부터 이전고시일까지 일정기간별로 분할징수하거나 분할 지급할 수 있다.

② 조합은 제1항을 적용하기 위하여 종전에 소유하고 있던 토지 또는 건축물의 가격과 분양받은 대지 또는 건축물의 가격을 평가하는 경우 그 토지 또는 건축물의 규모·위치·용도·이용 상황·정비사업비 등을 참작하여 평가하여야 한다.

③ 분양받은 대지 또는 건축물의 가격은 법 제89조제3항에 따라 다음 각 호의 구분에 따른 방법으로 평가한다.

  1. 법 제23조제1항제4호의 방법으로 시행하는 주거환경개선사업과 재개발사업의 경우에는 법 제74조제2항제1호가목을 준용하여 평가할 것

  2. 재건축사업의 경우에는 사업시행자가 정하는 바에 따라 평가할 것. 다만, 감정평가업자의 평가를 받으려는 경우에는 법 제74조제2항제1호나목을 준용할 수 있다.

④ 제3항에 따른 평가를 할 때 다음 각 호의 비용을 가산하여야 하며, 법 제95조에 따른 보조금은 공제하여야 한다.

1. 정비사업의 조사·측량·설계 및 감리에 소요된 비용

2. 공사비

3. 정비사업의 관리에 소요된 등기비용·인건비·통신비·사무용품비·이자 그 밖에 필요한 경비

4. 법 제95조에 따른 융자금이 있는 경우에는 그 이자에 해당하는 금액

5. 정비기반시설 및 공동이용시설의 설치에 소요된 비용(법 제95조제1항에 따라 시장·군수 등이 부담한 비용은 제외한다)

6. 안전진단의 실시, 정비사업전문관리업자의 선정, 회계감사, 감정평가, 그 밖에 정비사업 추진과 관련하여 지출한 비용으로서 정관 등에서 정한 비용

⑤ 제2항 및 제3항에 따른 건축물의 가격평가를 할 때 층별·위치별 가중치를 참작할 수 있다.

제53조(청산금의 징수방법 등) ① 조합은 청산금을 납부할 자가 이를 납부하지 아니하는 경우 청산금 납부요청을 2회 이상 최고하고 최고최종일로부터 1월 이내에 시장·군수 등에게 청산금의 징수를 위탁할 수 있다.

② 청산금을 지급받을 자가 받을 수 없거나 받기를 거부한 때에는 조합은 그 청산금을 공탁할 수 있다.

③ 청산금을 지급(분할지급을 포함한다)받을 권리 또는 이를 징수할 권리는 이전고시일의 다음 날부터 5년간 행사하지 아니하면 소멸한다.

【해설】

법에 규정된 내용 중 일부를 인용하였는데, 이 내용은 조합원들이 알고 있는 것이 좋다고 생각하여 인용하였다.

제54조(조합의 해산) ① 조합은 준공인가를 받은 날로부터 1년 이내에 이전고시 및 건축물 등에 대한 등기절차를 완료하고 총회를 소집하여 해산 의결을 하여야 하며, 해산을 의결한 경우 시장·군수에게 신고하여야 한다.

② 조합이 해산의결을 한 때에는 해산의결 당시의 임원이 청산인이 되고 해산의결 당시 조합장이 대표청산인이 된다.

③ 조합이 해산하는 경우에 청산에 관한 업무와 채권의 추심 및 채무의 변제 등에 관하여 필요한 사항은 본 정관이 정하는 것 이외에는 민법의 관계규정에 따른다.

제55조(조합해산결의정족수) 조합은 총 조합원 과반수 동의로 해산 결의한다.

제56조(잔여재산의 귀속) 해산한 법인의 재산은 청산위원회에서 지정한 자에게 귀속한다.

제57조(청산법인) 해산한 조합은 청산의 목적범위 내에서만 권리가 있고 의무를 부담한다.

제58조(해산등기) 청산인은 파산의 경우를 제하고는 그 취임 후 3주간 내에 해산의 사유 및 년월일, 청산인의 성명 및 주소와 청산인의 대표권을 제한한 때에는 그 제한을 주된 사무소 및 분사무소 소재지에서 등기하여야 한다.

제59조(해산신고) ① 청산인은 파산의 경우를 제하고는 그 취임 후 3주간 내에 제59조의 사항을 주무관청에 신고하여야 한다.
② 청산중에 취임한 청산인은 그 성명 및 주소를 신고하면 된다.

제60조(청산인의 임무) 청산인은 다음 각 호의 업무를 성실히 수행하여야 한다.
   1. 현존하는 조합의 사무종결
   2. 채권의 추심 및 채무의 변제
   3. 잔여재산의 처분
   4. 그 밖에 청산에 필요한 사항

제61조(채무변제 및 잔여재산의 처분) 청산 종결 후 조합의 채무 및 잔여재산이 있을 때에는 해산당시의 조합원에게 분양받은 토지 또는 건축물의 부담비용 등을 종합적으로 고려하여 형평이 유지되도록 공정하게 배분하여야 한다.

제62조(채권신고의 공고) ① 청산인은 취임한 날로부터 2월 내에 3회 이상의 공고로 채권자에 대하여 일정한 기간 내에 그 채권을 신고할 것을 최고하여야 한다. 그 기간은 2월 이상이어야 한다.
② 전항의 공고에는 채권자가 기간 내에 신고하지 아니하면 청산으로부터 제외될 것을 표시하여야 한다.

③ 제1항의 공고는 법원의 등기사항의 공고와 동일한 방법으로 하여야 한다.

제63조(채권신고의 최고) 청산인은 알고 있는 채권자에게 대하여는 각각 그 채권신고를 최고하여야 한다. 알고 있는 채권자는 청산으로부터 제외하지 못한다.

제64조(채권신고기간내의 변제금지) 청산인은 제62조제1항의 채권신고기간 내에는 채권자에 대하여 변제하지 못한다.

제65조(채권변제의 특례) ① 청산중의 조합은 변제기에 이르지 아니한 채권에 대하여도 변제할 수 있다.
② 전항의 경우에는 조건 있는 채권, 존속기간의 불확정한 채권 기타 가액의 불확정한 채권에 관하여는 법원이 선임한 감정인의 평가에 의하여 변제하여야 한다.

제66조(청산으로부터 제외된 채권) 청산으로부터 제외된 채권자는 조합의 채무를 완제한 후 귀속 권리자에게 인도하지 아니한 재산에 대하여서만 변제를 청구할 수 있다.

제67조(청산중의 파산) ① 청산중 조합의 재산이 그 채무를 완제하기에 부족한 것이 분명하게 된 때에는 청산인은 지체 없이 파산선고를 신청하고 이를 공고하여야 한다.
② 청산인은 파산관재인에게 그 사무를 인계함으로써 그 임무가 종료한다.

제68조(청산종결의 등기와 신고) 청산이 종결한 때에는 청산인은 3주간 내에 이를 등기하고 주무관청에 신고하여야 한다.

제69조(관계서류의 이관) 조합은 사업을 완료하거나 폐지한 때에는 법령이 정하는 바에 따라 관계서류를 시장·군수에게 인계하여야 한다.

제9장 보 칙

제70조(관련 자료의 공개 등) ① 조합은 정비사업의 시행에 관한 다음 각 호의 서류 및 관련 자료가 작성되거나 변경된 후 15일 이내에 이를 조합원, 토지등소유자 또는 세입자가 알 수 있도록 인터넷과 그 밖의 방법을 병행하여 공개하여야 한다.

　1. 제34조제1항에 따른 추진위원회 운영규정 및 정관 등

　2. 설계자·시공자·철거업자 및 정비사업전문관리업자 등 용역업체의 선정계약서

　3. 추진위원회·주민총회·조합 총회 및 조합의 이사회·대의원회의 의사록

　4. 사업시행계획서

　5. 관리처분계획서

　6. 해당 정비사업의 시행에 관한 공문서

　7. 회계감사보고서

　8. 월별 자금의 입금·출금 세부내역

　9. 결산보고서

　10. 청산인의 업무 처리 현황

　11. 법 제72조제1항에 따른 분양공고 및 분양신청에 관한 사항

　12. 연간 자금운용 계획에 관한 사항

　13. 정비사업의 월별 공사 진행에 관한 사항

　14. 설계자·시공자·정비사업전문관리업자 등 용역업체와의 세부 계약 변경에 관한 사항

　15. 정비사업비 변경에 관한 사항

② 제1항에 따라 공개의 대상이 되는 서류 및 관련 자료의 경우 분기별로 공개대상의 목록, 개략적인 내용, 공개장소, 열람·복사 방법 등을 매 분기가 끝나는 달의 다음 달 15일까지 다음 각 호의 사항을 조합원 또는 토지등소유자에게 서면으로 통지하여야 한다.

　1. 공개 대상의 목록

　2. 공개 자료의 개략적인 내용

　3. 공개 장소

　4. 대상자별 정보공개의 범위

　5. 열람·복사 방법

    6. 등사에 필요한 비용

③ 조합은 제1항 및 제4항에 따라 공개 및 열람·복사 등을 하는 경우에는 주민등록번호를 제외하고 국토교통부령으로 정하는 방법 및 절차에 따라 공개하여야 한다.

④ 조합원, 토지등소유자가 제1항에 따른 서류 및 다음 각 호를 포함하여 정비사업 시행에 관한 서류와 관련 자료에 대하여 열람·복사 요청을 한 경우 조합은 15일 이내에 그 요청에 따라야 한다.

    1. 토지등소유자 명부

    2. 조합원 명부

⑤ 제4항의 복사에 필요한 비용은 실비의 범위에서 청구인이 부담한다. 이 경우 비용납부의 방법, 시기 및 금액 등에 필요한 사항은 시·도조례로 정하는 바에 따른다.

⑥ 제4항에 따라 열람·복사를 요청한 사람은 제공받은 서류와 자료를 사용목적 외의 용도로 이용·활용하여서는 아니 된다.

제71조(관련 자료의 보관 및 인계) ① 청산인을 포함한 조합임원은 제68조에 따른 서류 및 관련 자료와 총회 또는 아래에서 정하는 중요한 회의가 있는 때에는 속기록·녹음 또는 영상자료를 만들어 청산 시까지 보관하여야 한다.

    1. 용역 계약(변경계약을 포함한다) 및 업체 선정과 관련된 대의원회·이사회

    2. 조합임원·대의원의 선임·해임·징계 및 토지등소유자(조합이 설립된 경우에는 조합원을 말한다) 자격에 관한 대의원회·이사회

② 조합은 정비 사업을 완료하거나 폐지한 때에는 시·도조례로 정하는 바에 따라 관계 서류를 시장·군수 등에게 인계하여야 한다.

③ 시장·군수 등 또는 토지주택공사등인 사업시행자와 제2항에 따라 관계 서류를 인계받은 시장·군수 등은 해당 정비사업의 관계 서류를 5년간 보관하여야 한다.

제72조(약정의 효력) 조합이 사업시행에 관하여 시공자 및 설계자, 정비사업전문관리업자와 체결한 약정은 관계법령 및 이 정관이 정하는 범위 안에서 조합원에게 효력을 갖는다.

제73조(주택재건축정비사업조합 설립추진위원회 행위의 효력) 조합설립인가일 전에 조합의 설립과 사업시행에 관하여 추진위원회가 행한 행위는 관계법령 및 이 정관이 정하는 범위 안에서 조합이 이를 승계한 것으로 본다.

제74조(정관의 해석) 이 정관의 해석에 대하여 이견이 있을 경우 일차적으로 이사회에서 해석하고, 그래도 이견이 있을 경우는 대의원회에서 해석한다.

제75조(소송 관할 법원) 조합과 조합원간에 법률상 다툼이 있는 경우 소송관할 법원은 조합 소재지 관할 법원으로 한다.

제76조(민법의 준용 등) ① 조합에 관하여는 도시 및 주거환경정비법에 규정된 것을 제외하고는 민법 중 사단법인에 관한 규정을 준용한다.

② 법, 민법, 이 정관에서 정하는 사항 외에 조합의 운영과 사업시행 등에 관하여 필요한 사항은 관계법령 및 관련행정기관의 지침·지시 또는 유권해석 등에 따른다.

③ 이 정관이 법령의 개정으로 변경하여야 할 경우 정관의 개정절차에 관계없이 변경되는 것으로 본다. 그러나 관계법령의 내용이 임의규정인 경우에는 그러하지 아니하다.

부 칙

이 정관은 조합설립등기를 받은 날로부터 시행한다.

재정비촉진사업

- 재정비촉진사업이란 도시의 낙후된 지역에 대한 주거환경의 개선, 기반시설의 확충 및 도시기능의 회복을 광역적으로 계획하고 체계적·효율적으로 추진하기 위한 사업을 말한다.

- 재정비촉진사업은 도시의 낙후된 지역에 대한 주거환경의 개선, 기반시설의 확충 및 도시기능의 회복을 광역적으로 계획하고 체계적·효율적으로 추진하기 위해 「도시재정비 촉진을 위한 특별법」에 따라 시행하는 일련의 사업을 말한다.

- 1990년대까지 주택개발사업은 주로 민간의 주도로 추진되어 공공성에 대한 충분한 고려 없었기 때문에 기반시설의 부족 및 도시경관 왜곡 등의 문제가 발생했다. 더불어 개별 단지별로 이루어지는 소규모 개발 방식은 도시의 다양한 기능을 고려한 종합적인 정비와 체계적인 관리를 어렵게 했다. 이에 서울시는 2002년 12월 길음, 은평, 왕십리에 최초의 뉴타운사업을 시범적으로 추진했고, 2003년 「서울특별시 지역균형발전지원에 관한 조례」를 제정하여 뉴타운사업의 기반을 마련했다. 이후 2005년 12월 「도시재정비 촉진을 위한 특별법」을 제정하여 뉴타운사업의 법적 근거가 마련하였으며 이때부터 본격적으로 재정비촉진사업으로서 추진되었다.

- 재정비촉진사업을 시행하는 재정비촉진지구는 그 특성에 따라 주거지형, 중심지형, 고밀복합형으로 구분된다.

  1. 주거지형 재정비촉진지구 : 노후·불량 주택과 건축물이 밀집한 지역으로 주거환경의 개선과 기반시설의 정비가 필요한 지구

  2. 중심지형 재정비촉진지구 : 상업지역, 공업지역 등 토지의 효율적 이용과 도심·부도심 등 도시기능의 회복이 필요한 지구

  3. 고밀복합형 재정비촉진지구 : 주요 역세권, 간선도로 교차지 등 양호한 기반시설을 갖추고 있어 대중교통 이용이 용이한 지역, 도심 내 소형주택의 공급 확대, 토지의 고도이용과 건축물의 복합개발이 필요한 지구

- 재정비촉진사업은 재정비촉진지구에서 시행되는 다음의 사업을 말한다.

  1. 「도시 및 주거환경정비법」에 따른 주거환경개선사업, 재개발사업, 재건축사업

  2. 「빈집 및 소규모주택 정비에 관한 특례법」에 따른 가로주택정비사업, 소규모재건축사업

  3. 「도시개발법」에 따른 도시개발사업

  4. 「전통시장 및 상점가 육성을 위한 특별법」에 따른 시장정비사업

  5. 「국토의 계획 및 이용에 관한 법률」에 따른 도시·군계획시설사업

- 재정비촉진사업을 시행할 때에는 다양한 특례가 적용된다. 우선, 「국토의 계획 및 이용에 관한 법률」에서 정하는 용도지역 및 용도지구에서의 건축물 건축 제한 등의 예외와 건폐율 및 용적률 최대한도의 예외 등 완화 적용된다. 특히, 중심지형 또는 고밀복합형 재정비촉진지구에서는 「초·중등교육법」에 따른 학교 시설기준과 「주택법」 및 「주차장법」에 따른 주차장 설치기준의 완화가 가능하고, 고밀복합형 재정비촉진지구에서는 「건축법」에 따른 가로구역별 건축물의 높이 제한 등을 완화하여 적용할 수 있다. 이 외에도 주택의 규모 및 건설비율 완화, 입체 환지 계획, 지방세의 감면, 과밀부담금의 면제 등 세제 지원도 가능하다.
- 특례와 동시에 개발이익의 환수도 이루어진다. 재정비촉진지구 안에서의 기반시설 설치비용은 사업시행자 부담을 원칙으로 하며, 세입자의 주거안정을 위해 사업방식에 따라 임대주택을 해당 재정비촉진사업으로 증가되는 용적률의 75% 범위에서 의무적으로 공급하도록 정하고 있다.

※ 용어 정의

1. 존치지역 : 재정비촉진지구에서 재정비촉진사업을 할 필요성이 적어 존치하는 지역을 말한다.

2. 우선사업구역 : 재정비촉진구역 중 재정비촉진사업의 활성화, 소형주택 공급 확대, 주민 이주대책 지원 등을 위해 다른 구역에 우선하여 개발하는 구역을 말한다.

저영향개발 사전협의 제도

- 우리나라의 경우 1960년대 이후 도시화로 불투수층이 급증하여, 빗물의 표면 유출 증가 등 자연 물순환 왜곡으로 많은 도시문제가 발생하였고, 침수피해 대책으로 제시된 구조적 수방대책에 대한 대안으로 분산식 빗물관리 확산 필요성 대두되었다.
- 해외의 경우 물순환을 고려한 빗물관리와 저영향개발(LID) 등 자연순응형 도시개발이 확산되고 있는 추세이다.
- 저영향개발 사전협의 제도란 각종 개발사업 등에 대하여 저영향 개발이 될 수 있도록 빗물의 표면 유출을 최소화하는 등 저영향개발 계획을 수립하여 시 주관부서와 사전에 협의토록 한 제도를 말한다. 관련 근거는 '서울특별시 물순환 회복 및 저영향개발 기본조례'이다.

- 저영향개발 사전협의 제도는 빗물의 자연 침투능력을 보전하고, 빗물의 표면유출 억제를 위한 정책을 종합적이고 체계적으로 추진하기 위한 사항을 규정하며, 개발로 인하여 발생하는 지하수의 유출을 최소화하여 도시화로 악화된 자연 물순환 회복과 물환경 보전을 위한 저영향개발의 기본방향을 제시하는 것을 목표로 한다.
- 주요 내용은 다음과 같다.
  1. 사업 개요, 목적, 필요성, 배경 및 절차 등 사업의 일반현황
  2. 사업대상지의 빗물관리를 위하여 설치하는 빗물관리시설의 제원, 수량, 상세도면 및 배치계획도
  3. 빗물분담량을 사업대상지에 적용한 빗물관리대책량 및 적용 근거

전략환경영향평가

- 전략환경영향평가란 환경에 영향을 미치는 계획을 수립할 때에 환경보전계획과의 부합 여부 확인 및 대안의 설정·분석 등을 통하여 환경적 측면에서 해당 계획의 적정성 및 입지의 타당성 등을 검토하여 국토의 지속가능한 발전을 도모하는 것을 말한다. 관련법은 「환경영향평가법」이다.
- 전략환경영향평가의 대상계획의 유형은 정책계획과 개발기본계획에 따라 다음과 같이 구분된다.

대상계획	세부계획
정책계획	ⓐ도시의 개발, ⓑ항만의 건설, ⓒ도로의 건설, ⓓ수자원의 개발, ⓔ관광단지개발, ⓕ산지의 개발, ⓖ특정지역의 개발, ⓗ폐기물·분뇨·가축분료처리 시설의 설치, ⓘ에너지개발, ⓙ항만의 건설
개발기본계획	ⓐ도시의 개발, ⓑ산업입지·산업단지 조성, ⓒ에너지개발, ⓓ항만의 건설, ⓔ도로의 건설, ⓕ수자원개발, ⓖ철도의 건설, ⓗ공항 또는 비행장의 건설, ⓘ하천의 이용 및 개발, ⓙ개간 및 공유수면 매립, ⓚ관광단지의 개발, ⓛ산지의 개발, ⓜ체육시설의 설치, ⓝ폐기물·분뇨·가축분료처리 시설의 설치, ⓞ국방·군사시설의 설치

- 개발기본계획을 수립하려는 행정기관의 장은 개발기본계획에 대한 전략환경영향평가서 초안을 공고·공람하고 설명회를 개최하여 해당 평가 대상지역 주민의 의견을 들어야 하며, 주민이 공청회의 개최를 요구하면 공청회를 개최하여야 한다.

- 개발기본계획을 수립하려는 행정기관의 장은 개발기본계획이 생태계의 보전가치가 큰 지역, 환경훼손 또는 자연생태계의 변화가 현저하거나 현저하게 될 우려가 있는 지역 등을 포함하는 경우에는 관계 전문가 등 평가 대상지역의 주민이 아닌 자의 의견도 들어야 한다.

- 환경부장관은 전략환경영향평가 협의를 요청받은 경우에는 주민의견 수렴 절차 등의 이행 여부 및 전략환경영향평가서의 내용 등을 검토하여야 한다.

- 환경부장관은 전략환경영향평가서의 검토를 위하여 필요하면 「정부출연연구기관 등의 설립·운영 및 육성에 관한 법률」에 따라 설립된 한국환경연구원 등 전략환경영향평가에 필요한 전문성을 갖춘 기관 또는 관계 전문가의 의견을 듣거나 현지조사를 의뢰할 수 있고, 관계 행정기관의 장에게 관련 자료의 제출을 요청할 수 있다.

- 환경부장관은 전략환경영향평가서를 검토한 결과 전략환경영향평가서를 보완할 필요가 있는 경우에는 전략환경영향평가 대상계획을 수립하려는 행정기관의 장에게 전략환경영향평가서의 보완을 요청하거나 보완을 전략환경영향평가 대상계획을 제안하는 자 등에게 요구할 것을 요청할 수 있다. 이 경우 보완 요청은 두 차례만 할 수 있다.

- 환경부장관은 보완 요청을 하였음에도 불구하고 요청한 내용의 중요한 사항이 누락되는 등 전략환경영향평가서가 적정하게 작성되지 아니하여 협의를 진행할 수 없다고 판단하는 경우나 전략환경영향평가서가 거짓으로 작성되었다고 판단하는 경우에는 전략환경영향평가서를 반려할 수 있다.

- 환경부장관은 다음 각 호의 어느 하나에 해당하는 경우에는 해당 전략환경영향평가 대상계획의 규모·내용·시행시기 등을 재검토할 것을 주관 행정기관의 장에게 통보할 수 있다.

  1. 해당 전략환경영향평가 대상계획을 축소·조정하더라도 그 계획의 추진으로 환경훼손 또는 자연생태계의 변화가 현저하거나 현저하게 될 우려가 있는 경우

  2. 해당 전략환경영향평가 대상계획이 국가환경정책에 부합하지 아니하거나 생태적으로 보전 가치가 높은 지역을 심각하게 훼손할 우려가 있는 경우

- 전략환경영향평가의 대상계획 및 협의요청 시기는 다음과 같다.

대상계획		세부계획	
개발 기본 계획 중 도시의 개발	재정비 촉진 사업	「도시재정비 촉진을 위한 특별법」 제5조에 따른 재정비촉진지구의 지정(대상지역이 「국토의 계획 및 이용에 관한 법률」 제36조제1항제1호에 따른 도시지역 외의 지역인 경우로 한정한다)	「도시재정비 촉진을 위한 특별법」 제5조제1항에 따라 특별시장·광역시장 또는 도지사가 관계 행정기관의 장과 협의하는 때
		「도시재정비 촉진을 위한 특별법」 제9조에 따른 재정비촉진계획(대상지역이 「국토의 계획 및 이용에 관한 법률」 제36조제1항제1호에 따른 도시지역 외의 지역인 경우로 한정한다)	계획의 확정 전
	도시 정비 사업	「도시 및 주거환경정비법」 제4조제1항에 따른 도시·주거환경정비기본계획	「도시 및 주거환경정비법」 제7조제1항 및 제2항에 따라 시·도지사 또는 대도시의 시장이 관계 행정기관의 장과 협의할 때
		「도시 및 주거환경정비법」 제8조에 따른 정비구역의 지정(별표 3 제1호나목에 따른 환경영향평가 대상사업 면적이 30만㎡ 이상인 경우로 한정한다)	「도시 및 주거환경정비법」 제16조제1항 본문에 따라 정비구역의 지정권자가 지방도시계획위원회의 심의를 요청하기 전

전매제한

- 전매란 사전적으로는 다른 사람이 산 것을 다시 사는 것을 말하며, 법령에서는 매매, 증여 등 상속을 제외한 권리의 변동을 수반하는 모든 행위를 의미한다.
- 전매제한이란 투기 목적으로 주택을 구입하는 수요를 차단하기 위해 「주택법」에 따라 새로이 건설·공급되는 주택이나 그 주택의 입주자로 선정된 지위를 일정 기간 동안 되팔 수 없도록 제한하는 제도를 말한다.
- 「주택법」에서 정하는 전매제한 대상은 다음과 같다.
  1. 투기과열지구에서 건설·공급되는 주택의 입주자로 선정된 지위
  2. 조정대상지역에서 건설·공급되는 주택의 입주자로 선정된 지위(단, 조정대상지역 중 주택의 수급 상황 등을 고려하여 공공택지 외의 택지에서 건설·공급되는 주택의 입주자로 선정된 지위는 제외)
  3. 분양가상한제 적용 주택 및 그 주택의 입주자로 선정된 지위(단, 수도권 외의 지역 중 주택의

수급 상황 및 투기 우려 등을 고려하여 광역시가 아닌 지역으로서 투기과열지구가 지정되지 않거나 해제된 지역 중 공공택지 외의 택지에서 건설·공급되는 주택 및 입주자로 선정된 지위는 제외)

4. 공공택지 외의 택지에서 건설·공급되는 주택 또는 그 주택의 입주자로 선정된 지위(단, 주택법 제57조제2항 각 호의 주택 또는 그 주택의 입주자로 선정된 지위 또는 수도권 외의 지역 중 주택의 수급 상황 및 투기 우려 등을 고려하여 광역시가 아닌 지역으로서 공공택지 외의 택지에서 건설·공급되는 주택 및 입주자로 선정된 지위는 제외)

- 전매제한의 기간은 주택의 수급 상황 및 투기 우려 등을 고려하여 10년 이내에서 지역별로 다르게 정한다.

※ 전매제한기간 (2023년 4월 7일 기준)

	공공택지 또는 규제지역*	과밀억제권역	기타
수도권	3년**	1년	6개월
	공공택지 또는 규제지역	광역시(도시지역)	기타
비수도권	1년	6개월	없음

* 조정대상지역(과열지역), 분양가상한제 적용지역

** 3년 이전 소유권이전등기가 완료된 경우 3년 경과한 것으로 간주

- 이 같은 「주택법」에 의한 주택의 전매제한 외에도 「택지개발촉진법」에 의한 택지개발사업으로 조성·공급되는 택지에 대한 전매제한, 「건축물의 분양에 관한 법률」에 의한 투기과열지구 또는 조정대상지역에서 100실 이상의 오피스텔의 전매제한이 시행되고 있다.

전문조합관리인

- 시장·군수등은 다음의 어느 하나에 해당하는 경우 시·도조례로 정하는 바에 따라 변호사·회계사·기술사 등으로서 대통령령으로 정하는 요건을 갖춘 자를 전문조합관리인으로 선정하여 조합임원의 업무를 대행하게 할 수 있다.

1. 조합임원이 사임, 해임, 임기만료, 그 밖에 불가피한 사유 등으로 직무를 수행할 수 없는 때부

터 6개월 이상 선임되지 아니한 경우

  2. 총회에서 조합원 과반수의 출석과 출석 조합원 과반수의 동의로 전문조합관리인의 선정을
    요청하는 경우

- 대통령령으로 정하는 요건을 갖춘 자란 다음의 어느 하나에 해당하는 사람을 말한다.

  1. 다음 각 목의 어느 하나에 해당하는 자격을 취득한 후 정비사업 관련 업무에 5년 이상 종사한
    경력이 있는 사람

    1) 변호사

    2) 공인회계사

    3) 법무사

    4) 세무사

    5) 건축사

    6) 도시계획·건축분야의 기술사

    7) 감정평가사

    8) 행정사(일반행정사를 말한다)

  2. 조합임원으로 5년 이상 종사한 사람

  3. 공무원 또는 공공기관의 임직원으로 정비사업 관련 업무에 5년 이상 종사한 사람

  4. 정비사업전문관리업자에 소속되어 정비사업 관련 업무에 10년 이상 종사한 사람

  5. 「건설산업기본법」 제2조제7호에 따른 건설사업자에 소속되어 정비사업 관련 업무에 10년
    이상 종사한 사람

  6. 제1호부터 제5호까지의 경력을 합산한 경력이 5년 이상인 사람. 이 경우 같은 시기의 경력은
    중복하여 계산하지 아니하며, 제4호 및 제5호의 경력은 2분의 1만 포함하여 계산한다.

- 시장·군수등은 전문조합관리인의 선정이 필요하다고 인정하거나 조합원(추진위원회의 경우
  에는 토지등소유자를 말한다) 3분의 1 이상이 전문조합관리인의 선정을 요청하면 공개모집
  을 통하여 전문조합관리인을 선정할 수 있다. 이 경우 조합 또는 추진위원회의 의견을 들어야
  한다.

- 전문조합관리인은 선임 후 6개월 이내에 법 제115조에 따른 교육을 60시간 이상 받아야 한다. 다
  만, 선임 전 최근 3년 이내에 해당 교육을 60시간 이상 받은 경우에는 그러하지 아니하다. 전문
  조합관리인의 임기는 3년으로 한다.

전자투표

- 조합원은 총회에 직접 참석하여 의결권을 행사할 수 있다. 조합원은 서면으로 의결권을 행사하거나 대리인을 통하여 의결권을 행사할 수 있다. 이처럼 조합원이 의결권을 행사하는 방법은 직접 참석, 서면결의서 제출, 대리인의 출석에 의한 방법 등 이었다. 그러나 코로나19 등과 같은 재난으로 위의 3가지 방법이 모두 불가능하거나 매우 어려워질 경우 전자적 방법을 통한 의결권을 행사할 수 있는 새로운 방법이 새로 도입되었다.

- 「재난 및 안전관리 기본법」 제3조제1호에 따른 재난의 발생 등 대통령령으로 정하는 사유가 발생하여 시장·군수등이 조합원의 직접 출석이 어렵다고 인정하는 경우에는 전자적 방법(「전자문서 및 전자거래 기본법」 제2조제2호에 따른 정보처리시스템을 사용하거나 그 밖의 정보통신기술을 이용하는 방법을 말한다)으로 의결권을 행사할 수 있다. 이 경우 정족수를 산정할 때에는 직접 출석한 것으로 본다.

- 「재난 및 안전관리 기본법」 제3조제1호에 따른 재난의 발생 등 대통령령으로 정하는 사유란 다음의 사유를 말한다.
  1. 「재난 및 안전관리 기본법」 제3조제1호에 따른 재난의 발생
  2. 「감염병의 예방 및 관리에 관한 법률」 제49조제1항제2호에 따른 집합 제한 또는 금지 조치

- 비대면 전자투표는 직접 출석으로 간주한다. 따라서 전자투표는 직접 참석의 다른 형태라고 보아야 할 것이다.

- 통상 용역업체에 의뢰하여 전자투표를 실시하기 때문에 총회 후에는 전자투표에 사용된 조합원의 개인정보는 조합으로 이관하고, 용역업체는 조합원의 개인정보를 모두 폐기하여야 한다.

정관의 기재사항

- 조합의 정관에는 다음의 사항이 포함되어야 한다.
  1. 조합의 명칭 및 사무소의 소재지
  2. 조합원의 자격
  3. 조합원의 제명·탈퇴 및 교체
  4. 정비구역의 위치 및 면적
  5. 조합의 임원의 수 및 업무의 범위
  6. 조합임원의 권리·의무·보수·선임방법·변경 및 해임

7. 대의원의 수, 선임방법, 선임절차 및 대의원회의 의결방법

8. 조합의 비용부담 및 조합의 회계

9. 정비사업의 시행연도 및 시행방법

10. 총회의 소집 절차·시기 및 의결방법

11. 총회의 개최 및 조합원의 총회소집 요구

12. 분양신청 하지 아니한 자에 대한 수용재결이나 매도청구 소송의 지연에 따른 이자 지급

13. 정비사업비의 부담 시기 및 절차

14. 정비사업이 종결된 때의 청산절차

15. 청산금의 징수·지급의 방법 및 절차

16. 시공자·설계자의 선정 및 계약서에 포함될 내용

17. 정관의 변경절차

18. 그 밖에 정비사업의 추진 및 조합의 운영을 위하여 필요한 사항으로서 대통령령으로 정하는 사항

• 대통령령으로 정하는 사항이란 다음의 사항을 말한다.

1. 정비사업의 종류 및 명칭

2. 임원의 임기, 업무의 분담 및 대행 등에 관한 사항

3. 대의원회의 구성, 개회와 기능, 의결권의 행사방법 및 그 밖에 회의의 운영에 관한 사항

4. 정비사업의 공동시행에 관한 사항

5. 정비사업전문관리업자에 관한 사항

6. 정비사업의 시행에 따른 회계 및 계약에 관한 사항

7. 정비기반시설 및 공동이용시설의 부담에 관한 개략적인 사항

8. 공고·공람 및 통지의 방법

9. 토지 및 건축물 등에 관한 권리의 평가방법에 관한 사항

10. 관리처분계획 및 청산에 관한 사항

11. 사업시행계획서의 변경에 관한 사항

12. 조합의 합병 또는 해산에 관한 사항

13. 임대주택의 건설 및 처분에 관한 사항

14. 총회의 의결을 거쳐야 할 사항의 범위

15. 조합원의 권리·의무에 관한 사항

16. 조합직원의 채용 및 임원 중 상근(常勤)임원의 지정에 관한 사항과 직원 및 상근임원의 보수에 관한 사항

17. 그 밖에 시·도조례로 정하는 사항

- 시·도지사는 표준정관을 작성하여 보급할 수 있다.

- 조합이 정관을 변경하려는 경우에는 총회를 개최하여 조합원 과반수의 찬성으로 시장·군수등의 인가를 받아야 한다. 다만, 제2호·제3호·제4호·제8호·제13호 또는 제16호의 경우에는 조합원 3분의 2 이상의 찬성으로 한다.

- 대통령령으로 정하는 경미한 사항을 변경하려는 때에는 이 법 또는 정관으로 정하는 방법에 따라 변경하고 시장·군수등에게 신고하여야 한다.

- 시장·군수등은 제4항에 따른 신고를 받은 날부터 20일 이내에 신고수리 여부를 신고인에게 통지하여야 한다.

- 시장·군수등이 정한 기간 내에 신고수리 여부 또는 민원 처리 관련 법령에 따른 처리기간의 연장을 신고인에게 통지하지 아니하면 그 기간(민원 처리 관련 법령에 따라 처리기간이 연장 또는 재연장된 경우에는 해당 처리기간을 말한다)이 끝난 날의 다음 날에 신고를 수리한 것으로 본다.

※ 용어정의

정관등이란 다음 각 목의 것을 말한다.

1. 법 제40조에 따른 조합의 정관

2. 사업시행자인 토지등소유자가 자치적으로 정한 규약

3. 시장·군수등, 토지주택공사등 또는 신탁업자가 법 제53조에 따라 작성한 시행규정

정관의 변경

- 정관의 변경은 조합원 과반수의 찬성으로 변경하는 경우와 조합원 3분의 2 이상의 찬성으로 변경하는 경우가 있다.

- 조합원 과반수의 찬성으로 변경하는 경우는 다음과 같다.

1. 조합의 명칭 및 사무소의 소재지

2. 조합의 임원의 수 및 업무의 범위

3. 조합임원의 권리·의무·보수·선임방법·변경 및 해임

4. 대의원의 수, 선임방법, 선임절차 및 대의원회의 의결방법

5. 정비사업의 시행연도 및 시행방법

6. 총회의 소집 절차·시기 및 의결방법

7. 총회의 개최 및 조합원의 총회소집 요구

8. 분양신청 하지 아니한 자에 대한 수용재결이나 매도청구 소송의 지연에 따른 이자 지급

9. 정비사업이 종결된 때의 청산절차

10. 청산금의 징수·지급의 방법 및 절차

11. 정관의 변경절차

12. 그 밖에 정비사업의 추진 및 조합의 운영을 위하여 필요한 사항으로서 대통령령으로 정하는 사항

- 조합원 3분의 2 이상의 찬성으로 변경하여야 하는 경우는 다음과 같다.

1. 조합원의 자격

2. 조합원의 제명·탈퇴 및 교체

3. 정비구역의 위치 및 면적

4. 조합의 비용부담 및 조합의 회계

5. 정비사업비의 부담 시기 및 절차

6. 시공자·설계자의 선정 및 계약서에 포함될 내용

정관의 효력

- 국토교통부장관은 필요적 기재사항이 포함된 표준정관을 작성하여 보급할 수 있으며, '주택재건축정비사업조합 표준정관'과 '주택재개발정비사업조합 표준정관'을 보급하고 있다.

- 서울시의 경우 정관을 작성함에 있어 국토교통부장관이 보급하고 있는 표준정관을 준용하여 작성하도록 하고 있다.

- 표준정관은 법적 구속력이 없기 때문에 조합은 조합의 상황과 여건에 따라 관련 조항을 추가, 삭제, 수정하여 달리 규정할 수 있다.

- 조합은 강행규정을 위배하지 않거나 선량한 풍속 기타 사회질서에 위반되는 등 사회관념상 현

저히 타당성을 잃은 것이 아닌 한 표준정관상의 임원 또는 대의원의 자격요건을 강화 또는 완화할 수 있다.

- 법령의 규정이 강행규정인 경우 사회관념상 현저히 타당성을 잃은 것이 아니라면 임의규정과 달리 규정할 수 있다. 이 경우 법령의 임의규정보다 조합정관이 우선적으로 적용된다. 강행규정을 위반한 조합정관은 무효이다.
- 시장·군수가 조합에게 정관을 포함하여 조합설립인가를 한 경우 정관은 인가시부터 효력을 발생한다.

정보공개

- 시장·군수등은 정비사업의 투명성 강화를 위하여 조합이 시행하는 정비사업에 관한 다음의 사항을 매년 1회 이상 인터넷과 그 밖의 방법을 병행하여 공개하여야 한다. 이 경우 공개의 방법 및 시기 등 필요한 사항은 시·도조례로 정한다.
  1. 관리처분계획의 인가(변경인가를 포함한다)를 받은 사항 중 시공자 선정에 따른 계약금액
  2. 관리처분계획의 인가를 받은 사항 중 정비사업에서 발생한 이자
  3. 그 밖에 시·도조례로 정하는 사항
- 공공지원자 및 위탁지원자는 다음의 관련 자료를 종합정보관리시스템과 그 밖의 방법을 병행하여 토지등소유자, 조합원 및 세입자에게 공개하여야 한다.
  1. 위탁지원자의 지정 및 계약에 관한 사항
  2. 정비사업전문관리업자 선정 및 계약에 관한 사항
  3. 추진위원회 구성을 위한 위원 선출 및 조합설립(추진위원회 구성 단계를 생략하는 경우로 한정한다)에 필요한 토지등소유자의 대표자 선출에 관한 사항
  4. 조합임원의 선거관리에 관한 사항

정비계획의 수립 및 정비구역의 지정

- 정비구역이란 정비사업을 계획적으로 시행하기 위하여 정비계획을 수립하여 지정·고시된 지역을 말한다.
- 정비구역의 지정요건은 무허가 건축물 및 노후·불량건축물의 수, 호수밀도, 토지의 형상,

주민의 소득수준 등을 고려하되 사업유형별 구체적인 지정요건은 시·도조례에 위임되어 있다.

- 정비구역의 지정권자는 기본계획에 적합한 범위에서 노후·불량건축물이 밀집하는 등 대통령령으로 정하는 요건에 해당하는 구역에 대하여 정비계획을 결정하여 정비구역을 지정할 수 있다.

- 천재지변, 「재난 및 안전관리 기본법」 제27조 또는 「시설물의 안전 및 유지관리에 관한 특별법」 제23조에 따른 사용제한·사용금지, 그 밖의 불가피한 사유로 긴급하게 정비사업을 시행하려는 경우에는 기본계획을 수립하거나 변경하지 아니하고 정비구역을 지정할 수 있다.

- 정비구역의 지정권자는 정비구역의 진입로 설치를 위하여 필요한 경우에는 진입로 지역과 그 인접지역을 포함하여 정비구역을 지정할 수 있다.

- 정비구역의 지정권자는 정비구역 지정을 위하여 직접 정비계획을 입안할 수 있다.

- 자치구의 구청장 또는 광역시의 군수는 정비계획을 입안하여 특별시장·광역시장에게 정비구역 지정을 신청하여야 한다. 이 경우 지방의회의 의견을 첨부하여야 한다.

- 정비계획이란 기본계획에 적합한 범위 안에서 노후·불량건축물이 밀집하는 등의 구역지정 요건에 해당하는 구역을 대상으로 당해 구역의 구체적인 개발계획과 내용을 결정하는 계획을 말한다. 정비계획은 기본계획의 하위계획이며, 정비사업 시행을 위한 구체적인 시행계획이다.

- 정비계획에는 다음의 사항이 포함되어야 한다.

   1. 정비사업의 명칭
   2. 정비구역 및 그 면적
   2의2. 토지등소유자별 분담금 추산액 및 산출근거
   3. 도시·군계획시설의 설치에 관한 계획
   4. 공동이용시설 설치계획
   5. 건축물의 주용도·건폐율·용적률·높이에 관한 계획
   6. 환경보전 및 재난방지에 관한 계획
   7. 정비구역 주변의 교육환경 보호에 관한 계획
   8. 세입자 주거대책
   9. 정비사업시행 예정시기
   10. 정비사업을 통하여 공공지원민간임대주택을 공급하거나 주택임대관리업자)에게 임대할 목적으로 주택을 위탁하려는 경우에는 다음 각 목의 사항. 다만, 나목과 다목의 사항은 건설

하는 주택 전체 세대수에서 공공지원민간임대주택 또는 임대관리 위탁주택이 차지하는 비율이 100분의 20 이상, 임대기간이 8년 이상의 범위 등에서 대통령령으로 정하는 요건에 해당하는 경우로 한정한다.

1) 공공지원민간임대주택 또는 임대관리 위탁주택에 관한 획지별 토지이용 계획

2) 주거·상업·업무 등의 기능을 결합하는 등 복합적인 토지이용을 증진시키기 위하여 필요한 건축물의 용도에 관한 계획

3) 「국토의 계획 및 이용에 관한 법률」 제36조제1항제1호가목에 따른 주거지역을 세분 또는 변경하는 계획과 용적률에 관한 사항

4) 그 밖에 공공지원민간임대주택 또는 임대관리 위탁주택의 원활한 공급 등을 위하여 대통령령으로 정하는 사항

11. 「국토의 계획 및 이용에 관한 법률」 제52조제1항 각 호의 사항에 관한 계획(필요한 경우로 한정한다)

12. 그 밖에 정비사업의 시행을 위하여 필요한 사항으로서 대통령령으로 정하는 사항

• 대통령령으로 정하는 사항이란 다음의 사항을 말한다.

1. 법 제17조제4항에 따른 현금납부에 관한 사항

2. 법 제18조에 따라 정비구역을 분할, 통합 또는 결합하여 지정하려는 경우 그 계획

3. 법 제23조제1항제2호에 따른 방법으로 시행하는 주거환경개선사업의 경우 법 제24조에 따른 사업시행자로 예정된 자

4. 정비사업의 시행방법

5. 기존 건축물의 정비·개량에 관한 계획

6. 정비기반시설의 설치계획

7. 건축물의 건축선에 관한 계획

8. 홍수 등 재해에 대한 취약요인에 관한 검토 결과

9. 정비구역 및 주변지역의 주택수급에 관한 사항

10. 안전 및 범죄예방에 관한 사항

11. 그 밖에 정비사업의 원활한 추진을 위하여 시·도조례로 정하는 사항

정비계획의 경미한 변경

- 정비계획의 경미한 사항을 변경하는 경우란 다음의 어느 하나에 해당하는 경우를 말한다. 정비계획의 입안권자는 경미한 사항을 변경하는 경우에는 주민에 대한 서면통보, 주민설명회, 주민공람 및 지방의회의 의견청취, 지방도시계획위원회의 심의 절차를 거치지 아니할 수 있다.

  1. 정비구역의 면적을 10% 미만의 범위에서 변경하는 경우(정비구역을 분할, 통합 또는 결합하는 경우를 제외한다)

  1의2. 토지등소유자별 분담금 추산액 및 산출근거를 변경하는 경우

  2. 정비기반시설의 위치를 변경하는 경우와 정비기반시설 규모를 10% 미만의 범위에서 변경하는 경우

  3. 공동이용시설 설치계획을 변경하는 경우

  4. 재난방지에 관한 계획을 변경하는 경우

  5. 정비사업시행 예정시기를 3년의 범위에서 조정하는 경우

  6. 「건축법 시행령」 별표 1 각 호의 용도범위에서 건축물의 주용도(해당 건축물의 가장 넓은 바닥면적을 차지하는 용도를 말한다)를 변경하는 경우

  7. 건축물의 건폐율 또는 용적률을 축소하거나 10% 미만의 범위에서 확대하는 경우

  8. 건축물의 최고 높이를 변경하는 경우

  9. 「도시 및 주거환경정비법」 제66조에 따라 용적률을 완화하여 변경하는 경우

  10. 도시·군기본계획, 도시·군관리계획 또는 기본계획의 변경에 따라 정비계획을 변경하는 경우

  11. 「도시교통정비 촉진법」에 따른 교통영향평가 등 관계법령에 의한 심의결과에 따른 변경인 경우

  12. 그 밖에 제1호부터 제8호까지, 제10호 및 제11호와 유사한 사항으로서 시·도조례로 정하는 사항을 변경하는 경우

정비계획의 입안 제안

- 토지등소유자는 다음의 어느 하나에 해당하는 경우에는 정비계획의 입안권자에게 정비계획의 입안을 제안할 수 있다.

  1. 도시·주거환경정비기본계획의 내용 중 단계별 정비사업 추진계획(정비예정구역별 수립시

기가 포함되어야 한다)에 따른 단계별 정비사업 추진계획상 정비예정구역별 정비계획의 입안시기가 지났음에도 불구하고 정비계획이 입안되지 아니하거나 정비예정구역별 정비계획의 수립시기를 정하고 있지 아니한 경우

2. 토지등소유자가 토지주택공사등을 사업시행자로 지정 요청하려는 경우

3. 대도시가 아닌 시 또는 군으로서 시·도조례로 정하는 경우

4. 정비사업을 통하여 공공지원민간임대주택을 공급하거나 임대할 목적으로 주택을 주택임대관리업자에게 위탁하려는 경우로서 공공지원민간임대주택 등을 포함하는 정비계획의 입안을 요청하려는 경우

5. 천재지변, 「재난 및 안전관리 기본법」 제27조 또는 「시설물의 안전 및 유지관리에 관한 특별법」 제23조에 따른 사용제한·사용금지, 그 밖의 불가피한 사유로 긴급하게 정비사업을 시행하려는 경우(이 경우 사업시행자가 되려는 자를 말한다)

6. 토지등소유자(조합이 설립된 경우에는 조합원을 말한다)가 3분의 2 이상의 동의로 정비계획의 변경을 요청하는 경우. 다만, 경미한 사항을 변경하는 경우에는 토지등소유자의 동의절차를 거치지 아니한다.

7. 토지등소유자가 공공재개발사업 또는 공공재건축사업을 추진하려는 경우

• 토지등소유자가 정비계획의 입안권자에게 정비계획의 입안을 제안하려는 경우 토지등소유자의 3분의 2 이하 및 토지면적 3분의 2 이하의 범위에서 시·도조례로 정하는 비율 이상의 동의를 받은 후 시·도조례로 정하는 제안서 서식에 정비계획도서, 계획설명서, 그 밖의 필요한 서류를 첨부하여 정비계획의 입안권자에게 제출하여야 한다.

• 정비계획의 입안권자는 토지등소유자의 입안 제안이 있는 경우에는 제안일부터 60일 이내에 정비계획에의 반영여부를 제안자에게 통보하여야 한다. 다만, 부득이한 사정이 있는 경우에는 한 차례만 30일을 연장할 수 있다.

• 정비계획의 입안권자는 토지등소유자의 입안 제안을 정비계획에 반영하는 경우에는 제안서에 첨부된 정비계획도서와 계획설명서를 정비계획의 입안에 활용할 수 있다.

정비구역등의 해제

• 정비사업에서 일몰제란 정해진 기간 안에 사업 진척이 안 되면 정비구역에서 해제하는 제도를 말한다. 일몰제는 구역 주민의 자발적인 선택을 이끌어 내기 위한 제도이나, 한번 해제되면 다

시 정비사업을 추진하는 것이 매우 어렵거나 불가능할 수도 있다.

- 정비구역의 지정권자는 다음의 어느 하나에 해당하는 경우에는 정비구역등을 해제하여야 한다.

  1. 정비예정구역에 대하여 기본계획에서 정한 정비구역 지정 예정일부터 3년이 되는 날까지 특별자치시장, 특별자치도지사, 시장 또는 군수가 정비구역을 지정하지 아니하거나 구청장등이 정비구역의 지정을 신청하지 아니하는 경우

  2. 재개발·재건축사업[조합이 시행하는 경우로 한정]이 다음 각 목의 어느 하나에 해당하는 경우

     1) 토지등소유자가 정비구역으로 지정·고시된 날부터 2년이 되는 날까지 추진위원회의 승인을 신청하지 아니하는 경우

     2) 토지등소유자가 정비구역으로 지정·고시된 날부터 3년이 되는 날까지 조합설립인가를 신청하지 아니하는 경우(추진위원회를 구성하지 아니하는 경우로 한정한다)

     3) 추진위원회가 추진위원회 승인일부터 2년이 되는 날까지 조합설립인가를 신청하지 아니하는 경우

     4) 조합이 조합설립인가를 받은 날부터 3년이 되는 날까지 사업시행계획인가를 신청하지 아니하는 경우

  3. 토지등소유자가 시행하는 재개발사업으로서 토지등소유자가 정비구역으로 지정·고시된 날부터 5년이 되는 날까지 사업시행계획인가를 신청하지 아니하는 경우

- 구청장등은 정비구역 해제사유에 해당하는 경우에는 특별시장·광역시장에게 정비구역등의 해제를 요청하여야 한다. 특별자치시장, 특별자치도지사, 시장, 군수 또는 구청장등이 다음의 어느 하나에 해당하는 경우에는 30일 이상 주민에게 공람하여 의견을 들어야 한다.

  1. 정비구역등을 해제하는 경우

  2. 정비구역등의 해제를 요청하는 경우

- 특별자치시장, 특별자치도지사, 시장, 군수 또는 구청장등은 주민공람을 하는 경우에는 지방의회의 의견을 들어야 한다. 이 경우 지방의회는 특별자치시장, 특별자치도지사, 시장, 군수 또는 구청장등이 정비구역등의 해제에 관한 계획을 통지한 날부터 60일 이내에 의견을 제시하여야 하며, 의견제시 없이 60일이 지난 경우 이의가 없는 것으로 본다.

- 정비구역의 지정권자는 해제를 요청받거나 정비구역등을 해제하려면 지방도시계획위원회의 심의를 거쳐야 한다. 다만, 「도시재정비 촉진을 위한 특별법」 제5조에 따른 재정비촉진지구에서는 같은 법 제34조에 따른 도시재정비위원회의 심의를 거쳐 정비구역등을 해제하여야 한다.

- 정비구역 해제사유에 해당함에도 불구하고 정비구역의 지정권자는 다음의 어느 하나에 해당하는 경우에는 해당 기간을 2년의 범위에서 연장하여 정비구역등을 해제하지 아니할 수 있다.
  1. 정비구역등의 토지등소유자(조합을 설립한 경우에는 조합원을 말한다)가 100분의 30 이상의 동의로 해당 기간이 도래하기 전까지 연장을 요청하는 경우
  2. 정비사업의 추진 상황으로 보아 주거환경의 계획적 정비 등을 위하여 정비구역등의 존치가 필요하다고 인정하는 경우
- 정비구역의 지정권자는 정비구역등을 해제하는 경우에는 그 사실을 해당 지방자치단체의 공보에 고시하고 국토교통부장관에게 통보하여야 하며, 관계 서류를 일반인이 열람할 수 있도록 하여야 한다.

정비구역등의 직권해제

- 정비구역의 지정권자는 다음의 어느 하나에 해당하는 경우 지방도시계획위원회의 심의를 거쳐 정비구역등을 해제할 수 있다.
  1. 정비사업의 시행으로 토지등소유자에게 과도한 부담이 발생할 것으로 예상되는 경우(구체적인 기준 등에 필요한 사항은 시·도조례로 정한다)
  2. 정비구역등의 추진 상황으로 보아 지정 목적을 달성할 수 없다고 인정되는 경우(구체적인 기준 등에 필요한 사항은 시·도조례로 정한다)
  3. 토지등소유자의 100분의 30 이상이 정비구역등(추진위원회가 구성되지 아니한 구역으로 한정한다)의 해제를 요청하는 경우
  4. 사업시행자가 정비구역에서 정비기반시설 및 공동이용시설을 새로 설치하거나 확대하고 토지등소유자가 스스로 주택을 보전·정비하거나 개량하는 방법으로 시행 중인 주거환경개선사업의 정비구역이 지정·고시된 날부터 10년 이상 지나고, 추진 상황으로 보아 지정 목적을 달성할 수 없다고 인정되는 경우로서 토지등소유자의 과반수가 정비구역의 해제에 동의하는 경우
  5. 추진위원회 구성 또는 조합 설립에 동의한 토지등소유자의 2분의 1 이상 3분의 2 이하의 범위에서 시·도조례로 정하는 비율 이상의 동의로 정비구역의 해제를 요청하는 경우(사업시행계획인가를 신청하지 아니한 경우로 한정한다)
  6. 추진위원회가 구성되거나 조합이 설립된 정비구역에서 토지등소유자 과반수의 동의로 정비

구역의 해제를 요청하는 경우(사업시행계획인가를 신청하지 아니한 경우로 한정한다)
- 정비구역등의 해제의 절차에 관하여는 주민 공람 및 의견 청취, 지방도시계획위원회의 심의, 해당 기간의 연장을 준용한다.
- 정비구역등을 해제하여 추진위원회 구성승인 또는 조합설립인가가 취소되는 경우 정비구역의 지정권자는 해당 추진위원회 또는 조합이 사용한 비용의 일부를 대통령령으로 정하는 범위에서 시·도조례로 정하는 바에 따라 보조할 수 있다.

정비구역등 해제의 효력

- 정비구역등이 해제된 경우에는 정비계획으로 변경된 용도지역, 정비기반시설 등은 정비구역 지정 이전의 상태로 환원된 것으로 본다. 다만, 「도시 및 주거환경정비법」 제21조제1항제4호의 경우 정비구역의 지정권자는 정비기반시설의 설치 등 해당 정비사업의 추진 상황에 따라 환원되는 범위를 제한할 수 있다.
- 정비구역등(재개발·재건축사업을 시행하려는 경우로 한정한다)이 해제된 경우 정비구역의 지정권자는 해제된 정비구역등을 사업시행자가 정비구역에서 정비기반시설 및 공동이용시설을 새로 설치하거나 확대하고 토지등소유자가 스스로 주택을 보전·정비하거나 개량하는 방법으로 시행하는 주거환경개선구역으로 지정할 수 있다. 이 경우 주거환경개선구역으로 지정된 구역은 기본계획에 반영된 것으로 본다.
- 정비구역등이 해제·고시된 경우 추진위원회 구성승인 또는 조합설립인가는 취소된 것으로 보고, 시장·군수등은 해당 지방자치단체의 공보에 그 내용을 고시하여야 한다.

정비구역 지정의 효과

- 정비구역 지정의 효과는 다음과 같다.
  1. 도시관리계획으로서의 효력
  2. 제1종지구단위계획구역 및 제1종지구단위계획으로 의제
  3. 개발행위(건축물의 건축, 공작물의 설치, 토지형질변경, 토지분할 등) 제한
  4. 사업구역과 토지등소유자의 확정
  5. 추진위원회 구성·승인의 가능

정비기반시설의 기부채납 기준

- 시장·군수등은 사업시행계획을 인가하는 경우 사업시행자가 제출하는 사업시행계획에 해당 정비사업과 직접적으로 관련이 없거나 과도한 정비기반시설의 기부채납을 요구하여서는 아니 된다.
- 국토교통부장관은 정비기반시설의 기부채납과 관련하여 다음의 사항이 포함된 운영기준을 작성하여 고시할 수 있다.
  1. 정비기반시설의 기부채납 부담의 원칙 및 수준
  2. 정비기반시설의 설치기준 등
- 시장·군수등은 운영기준의 범위에서 지역여건 또는 사업의 특성 등을 고려하여 따로 기준을 정할 수 있으며, 이 경우 사전에 국토교통부장관에게 보고하여야 한다.

정비기반시설의 설치

- 사업시행자는 관할 지방자치단체의 장과의 협의를 거쳐 정비구역에 정비기반시설(주거환경개선사업의 경우에는 공동이용시설을 포함한다)을 설치하여야 한다.
- 시장·군수등 또는 토지주택공사등이 정비사업의 시행으로 새로 정비기반시설을 설치하거나 기존의 정비기반시설을 대체하는 정비기반시설을 설치한 경우에는 「국유재산법」 및 「공유재산 및 물품 관리법」에도 불구하고 종래의 정비기반시설은 사업시행자에게 무상으로 귀속되고, 새로 설치된 정비기반시설은 그 시설을 관리할 국가 또는 지방자치단체에 무상으로 귀속된다.
- 시장·군수등 또는 토지주택공사등이 아닌 사업시행자가 정비사업의 시행으로 새로 설치한 정비기반시설은 그 시설을 관리할 국가 또는 지방자치단체에 무상으로 귀속되고, 정비사업의 시행으로 용도가 폐지되는 국가 또는 지방자치단체 소유의 정비기반시설은 사업시행자가 새로 설치한 정비기반시설의 설치비용에 상당하는 범위에서 그에게 무상으로 양도된다.
- 정비기반시설에 해당하는 도로는 다음의 어느 하나에 해당하는 도로를 말한다.
  1. 「국토의 계획 및 이용에 관한 법률」 제30조에 따라 도시·군관리계획으로 결정되어 설치된 도로
  2. 「도로법」 제23조에 따라 도로관리청이 관리하는 도로
  3. 「도시개발법」 등 다른 법률에 따라 설치된 국가 또는 지방자치단체 소유의 도로
  4. 그 밖에 「공유재산 및 물품 관리법」에 따른 공유재산 중 일반인의 교통을 위하여 제공되

고 있는 부지. 이 경우 부지의 사용 형태, 규모, 기능 등 구체적인 기준은 시·도조례로 정할 수 있다.

- 시장·군수등은 정비기반시설의 귀속 및 양도에 관한 사항이 포함된 정비사업을 시행하거나 그 시행을 인가하려는 경우에는 미리 그 관리청의 의견을 들어야 한다. 인가받은 사항을 변경하려는 경우에도 또한 같다.

- 사업시행자는 관리청에 귀속될 정비기반시설과 사업시행자에게 귀속 또는 양도될 재산의 종류와 세목을 정비사업의 준공 전에 관리청에 통지하여야 하며, 해당 정비기반시설은 그 정비사업이 준공인가되어 관리청에 준공인가통지를 한 때에 국가 또는 지방자치단체에 귀속되거나 사업시행자에게 귀속 또는 양도된 것으로 본다.

- 정비기반시설에 대한 등기의 경우 정비사업의 시행인가서와 준공인가서(시장·군수등이 직접 정비사업을 시행하는 경우에는 사업시행계획인가의 고시와 공사완료의 고시를 말한다)는 「부동산등기법」에 따른 등기원인을 증명하는 서류를 갈음한다.

- 정비사업의 시행으로 용도가 폐지되는 국가 또는 지방자치단체 소유의 정비기반시설의 경우 정비사업의 시행 기간 동안 해당 시설의 대부료는 면제된다.

정비사업

- 정비사업이란 도시기능을 회복하기 위해 정비구역에서 정비기반시설을 정비하거나 주택 등 건축물을 개량·건설하는 사업을 말한다. 즉, 도시기능을 회복하기 위하여 정비구역에서 정비기반시설을 정비하거나 주택 등 건축물을 개량 또는 건설하는 「도시 및 주거환경정비법」에 따른 사업을 말한다.

- 정비계획은 「국토의 계획 및 이용에 관한 법률」에 따른 도시기본계획 및 도시·주거환경정비기본계획 등 상위계획의 범위 안에서 해당 구역과 주변지역이 상호 유기적이며 효율적으로 정비될 수 있는 체계를 확립하고, 정비구역의 토지이용 및 기반시설의 설치 및 개발밀도 설정 등에 관한 사항을 구체화하는 법정계획이다.

- 종전의 정비사업은 주거환경개선사업, 주택재개발사업, 주택재건축사업, 도시환경정비사업, 주거환경관리사업, 가로주택정비사업의 6가지 유형이 있었으나, 일반 국민이 알기 쉽게 하고 불필요한 분쟁을 방지하기 위해 2018년 2월 「도시 및 주거환경정비법」을 전부개정하면서 정비사업 유형을 아래와 같이 3가지로 변경하였다.

1. 주거환경개선사업 : 도시저소득 주민이 집단거주하는 지역으로서 정비기반시설이 극히 열악하고 노후·불량건축물이 과도하게 밀집한 지역의 주거환경을 개선하거나 단독주택·다세대주택이 밀집한 지역에서 정비기반시설과 공동이용시설 확충을 통하여 주거환경을 보전·정비·개량하기 위한 사업

2. 재개발사업 : 정비기반시설이 열악하고 노후·불량건축물이 밀집한 지역에서 주거환경을 개선하거나 상업지역·공업지역 등에서 도시기능 회복, 상권활성화 등을 위해 도시환경을 개선하기 위한 사업

3. 재건축사업 : 정비기반시설은 양호하나 노후·불량건축물에 해당하는 공동주택이 밀집한 지역에서 주거환경을 개선하기 위한 사업

- 정비구역은 법령에서 정하는 일정 요건에 부합하는 지역에 대하여 정비사업의 명칭, 정비구역 및 면적, 도시계획시설의 설치, 공동이용시설의 설치, 건축물의 용도, 건폐율, 용적률, 높이에 관한 사항, 사업시행 예정시기, 세입자 주거대책 등을 포함하는 정비계획을 결정하여 지정할 수 있다. 정비계획 및 정비구역은 「국토의 계획 및 이용에 관한 법률」에 따른 지구단위계획 및 지구단위계획구역과 동일한 효력을 갖는다.

정비사업 계약업무처리기준

- 국토교통부고시 제2020-1182호(2020.12.30.일부개정, 2021.1.1.시행) 정비사업 계약업무 처리기준은 다음과 같다.

제1장 총 칙

제1조(목적) 이 기준은「도시 및 주거환경정비법」제29조에 따라 추진위원회 또는 사업시행자 등이 계약을 체결하는 경우 계약의 방법 및 절차 등에 필요한 사항을 정함으로써 정비사업의 투명성을 개선하고자 하는데 목적이 있다.

제2조(용어의 정의) 이 기준에서 정하는 용어의 정의는 다음과 같다.

1. "사업시행자등"이란 추진위원장 또는 사업시행자(청산인을 포함한다)를 말한다.
2. "건설업자등"이란 「건설산업기본법」 제9조에 따른 건설업자 또는 「주택법」 제7조제1항에 따라 건설업자로 보는 등록사업자를 말한다.
3. "전자조달시스템"이란 「전자조달의 이용 및 촉진에 관한 법률」 제2조제4호에 따른 국가종합전자조달시스템 중 "누리장터"를 말한다.

제3조(다른 법률과의 관계) ① 사업시행자등이 계약을 체결하는 경우 관계 법령, 「도시 및 주거환경정비법」(이하 "법"이라 한다)제118조제6항에 따른 시·도조례로 정한 기준 등에 별도 정하여진 경우를 제외하고는 이 기준이 정하는 바에 따른다.

② 관계 법령 등과 이 기준에서 정하지 않은 사항은 정관등(추진위원회의 운영규정을 포함한다. 이하 같다)이 정하는 바에 따르며, 정관등으로 정하지 않은 구체적인 방법 및 절차는 대의원회(법 제46조에 따른 대의원회, 법 제48조에 따른 토지등소유자 전체회의, 「정비사업 조합설립추진위원회 운영규정」 제2조제2항에 따른 추진위원회 및 사업시행자인 토지등소유자가 자치적으로 정한 규약에 따른 대의원회 등의 조직을 말한다. 이하 같다)가 정하는 바에 따른다.

제4조(공정성 유지 의무 등) ① 사업시행자등 및 입찰에 관계된 자는 입찰에 관한 업무가 자신의 재산상 이해와 관련되어 공정성을 잃지 않도록 이해 충돌의 방지에 노력하여야 한다.

② 임원 및 대의원 등 입찰에 관한 업무를 수행하는 자는 직무의 적정성을 확보하여 조합원 또는 토지등소유자의 이익을 우선으로 성실히 직무를 수행하여야 한다.

③ 누구든지 계약 체결과 관련하여 다음 각 호의 행위를 하여서는 아니 된다.

1. 금품, 향응 또는 그 밖의 재산상 이익을 제공하거나 제공의사를 표시하거나 제공을 약속하는 행위

2. 금품, 향응 또는 그 밖의 재산상 이익을 제공받거나 제공의사 표시를 승낙하는 행위

3. 제3자를 통하여 제1호 또는 제2호에 해당하는 행위를 하는 행위

④ 사업시행자등은 업무추진의 효율성을 제고하기 위해 분리발주를 최소화하여야 한다.

제2장 일반 계약 처리기준

제5조(적용범위) 이 장은 사업시행자등이 정비사업을 추진하기 위하여 체결하는 공사, 용역, 물품구매 및 제조 등 계약(이하 "계약"이라 한다)에 대하여 적용한다.

제6조(입찰의 방법) ① 사업시행자등이 정비사업 과정에서 계약을 체결하는 경우 일반경쟁입찰에 부쳐야 한다. 다만, 「도시 및 주거환경정비법 시행령」(이하 "영"이라 한다)제24조제1항에 해당하는 경우에는 지명경쟁이나 수의계약으로 할 수 있다.
② 제1항에 따라 일반경쟁입찰 또는 지명경쟁입찰(이하 "경쟁입찰"이라 한다)을 하는 경우 2인 이상의 유효한 입찰참가 신청이 있어야 한다.

제7조(지명경쟁에 의한 입찰) ① 사업시행자등이 제6조제1항에 따라 지명경쟁에 의한 입찰을 하고자 할 때에는 같은 조 제2항에도 불구하고 4인 이상의 입찰대상자를 지명하여야 하고, 3인 이상의 입찰참가 신청이 있어야 한다.
② 사업시행자등은 제1항에 따라 입찰대상자를 지명하고자 하는 경우에는 대의원회의 의결을 거쳐야 한다.

제8조(수의계약에 의한 입찰) 제6조제1항에 따라 수의계약을 하는 경우 보증금과 기한을 제외하고는 최초 입찰에 부칠 때에 정한 가격 및 기타 조건을 변경할 수 없다.

제9조(입찰 공고 등) ① 사업시행자등이 계약을 위하여 입찰을 하고자 하는 경우에는 입찰서 제출마감일 7일 전까지 전자조달시스템 또는 1회 이상 일간신문(전국 또는 해당 지방을 주된 보급지역으로 하는 일간신문을 말한다. 이하 같다)에 입찰을 공고하여야 한다. 다만, 지명경쟁에 의한 입찰의 경우에는 입찰서 제출마감일 7일 전까지 내용증명우편으로 입찰대상자에게 통지(도달을 말한다. 이하 같다)하여야 한다.
② 제1항에도 불구하고 입찰서 제출 전에 현장설명회를 개최하는 경우에는 현장설명회 개최일 7일 전까지 전자조달시스템 또는 1회 이상 일간신문에 입찰을 공고하여야 한다. 다만, 지명경쟁에 의한 입찰의 경우에는 현장설명회 개최일 7일 전까지 내용증명우편으로 입찰대상

자에게 통지하여야 한다.

③ 제1항 및 제2항에도 불구하고 「건설산업기본법」에 따른 건설공사 및 전문공사 입찰의 경우로서 현장설명회를 실시하지 아니하는 경우에는 입찰서 제출마감일로부터 다음 각 호에서 정한 기간 전까지 공고하여야 한다.

   1. 추정가격이 10억원 이상 50억원 미만인 경우 : 15일

   2. 추정가격이 50억원 이상인 경우 : 40일

④ 제1항부터 제3항까지의 규정에도 불구하고 재입찰을 하거나 긴급한 재해예방·복구 등을 위하여 필요한 경우에는 입찰서 제출마감일 5일 전까지 공고할 수 있다.

제10조(입찰 공고 등의 내용) 제9조에 따른 공고 등에는 다음 각 호의 사항을 포함하여야 한다.

   1. 사업계획의 개요(공사규모, 면적 등)

   2. 입찰의 일시 및 장소

   3. 입찰의 방법(경쟁입찰 방법, 공동참여 여부 등)

   4. 현장설명회 일시 및 장소(현장설명회를 개최하는 경우에 한한다)

   5. 부정당업자의 입찰 참가자격 제한에 관한 사항

   6. 입찰참가에 따른 준수사항 및 위반시 자격 박탈에 관한 사항

   7. 그 밖에 사업시행자등이 정하는 사항

제10조의2(입찰보증금) ① 사업시행자등은 입찰에 참가하려는 자에게 입찰보증금을 내도록 할 수 있다.

② 입찰보증금은 현금(체신관서 또는 「은행법」의 적용을 받는 은행이 발행한 자기앞수표를 포함한다. 이하 같다) 또는 「국가를 당사자로 하는 계약에 관한 법률」 또는 「지방자치단체를 당사자로 하는 계약에 관한 법률」에서 정하는 보증서로 납부하게 할 수 있다.

③ 사업시행자등이 입찰에 참가하려는 자에게 입찰보증금을 납부하도록 하는 경우에는 입찰마감일부터 5일 이전까지 입찰보증금을 납부하도록 요구하여서는 아니 된다.

제11조(현장설명회) 사업시행자등이 현장설명회를 개최할 경우 현장설명에는 다음 각 호의 사항이 포함되어야 한다.

1. 정비구역 현황

2. 입찰서 작성방법·제출서류·접수방법 및 입찰유의사항

3. 계약대상자 선정 방법

4. 계약에 관한 사항

5. 그 밖에 입찰에 관하여 필요한 사항

제12조(부정당업자의 입찰 참가자격 제한) 사업시행자등은 입찰시 대의원회의 의결을 거쳐 다음 각 호의 어느 하나에 해당하는 자에 대하여 입찰참가자격을 제한할 수 있다.

1. 금품, 향응 또는 그 밖의 재산상 이익을 제공하거나 제공의사를 표시하거나 제공을 약속하여 처벌을 받았거나, 입찰 또는 선정이 무효 또는 취소된 자(소속 임직원을 포함한다)

2. 입찰신청서류가 거짓 또는 부정한 방법으로 작성되어 선정 또는 계약이 취소된 자

제13조(입찰서의 접수 및 개봉) ① 사업시행자등은 밀봉된 상태로 입찰서(사업 참여제안서를 포함한다)를 접수하여야 한다.

② 사업시행자등이 제1항에 따라 접수한 입찰서를 개봉하고자 할 때에는 입찰서를 제출한 입찰참여자의 대표(대리인을 지정한 경우에는 그 대리인을 말한다)와 사업시행자등의 임원 등 관련자, 그 밖에 이해관계자 각 1인이 참여한 공개된 장소에서 개봉하여야 한다.

③ 사업시행자등은 제2항에 따른 입찰서 개봉 시에는 일시와 장소를 입찰참여자에게 통지하여야 한다.

제14조(입찰참여자의 홍보 등) ① 사업시행자등은 입찰에 참여한 설계업자, 정비사업전문관리업자 등을 선정하고자 할 때에는 이를 토지등소유자(조합이 설립된 경우에는 조합원을 말한다. 이하 같다)가 쉽게 접할 수 있는 일정한 장소의 게시판에 7일 이상 공고하고 인터넷 등에 병행하여 공개하여야 한다.

② 사업시행자등은 필요한 경우 설계업자, 정비사업전문관리업자 등의 합동홍보설명회를 개최할 수 있다.

③ 사업시행자등은 제2항에 따라 합동홍보설명회를 개최하는 경우에는 개최 7일 전까지 일시 및 장소를 정하여 토지등소유자에게 이를 통지하여야 한다.

④ 입찰에 참여한 자는 토지등소유자 등을 상대로 개별적인 홍보(홍보관·쉼터 설치, 홍보책자

배부, 세대별 방문, 개인에 대한 정보통신망을 통한 부호·문언·음향·영상 송신행위 등을 포함한다. 이하 이 항 및 제34조제3항에서 같다)를 할 수 없으며, 홍보를 목적으로 토지등소유자 등에게 사은품 등 물품·금품·재산상의 이익을 제공하거나 제공을 약속하여서는 아니 된다.

제15조(계약 체결 대상의 선정) ① 사업시행자등은법 제45조제1항제4호부터 제6호까지의 규정에 해당하는 계약은 총회(법 제45조에 따른 총회,법 제48조에 따른 토지등소유자 전체회의,「정비사업 조합설립추진위원회 운영규정」에 따른 주민총회 및 사업시행자인 토지등소유자가 자치적으로 정한 규약에 따른 총회 조직을 말한다. 이하 같다)의 의결을 거쳐야 하며, 그 외의 계약은 대의원회의 의결을 거쳐야 한다.
② 사업시행자등은 제1항에 따라 총회의 의결을 거쳐야 하는 경우 대의원회에서 총회에 상정할 4인 이상의 입찰대상자를 선정하여야 한다. 다만, 입찰에 참가한 입찰대상자가 4인 미만인 때에는 모두 총회에 상정하여야 한다.

제16조(입찰 무효 등) ① 제14조제4항에 따라 토지등소유자 등을 상대로 하는 개별적인 홍보를 하는 행위가 적발된 건수의 합이 3회 이상인 경우 해당 입찰은 무효로 본다.
② 제1항에 따라 해당 입찰이 무효로 됨에 따라 단독 응찰이 된 경우에는 제6조제2항에도 불구하고 유효한 경쟁입찰로 본다.

제17조(계약의 체결) 사업시행자등은 제15조에 따라 선정된 자가 정당한 이유 없이 3개월 이내에 계약을 체결하지 아니하는 경우에는 총회 또는 대의원회의 의결을 거쳐 해당 선정을 무효로 할 수 있다.

제3장 전자입찰 계약 처리기준

제18조(적용범위) 이 장은 영 제24제2항에 따라 전자조달시스템을 이용하여 입찰(이하 "전자입찰"이라고 한다)하는 계약에 대하여 적용한다.

제19조(전자입찰의 방법) ① 전자입찰은 일반경쟁의 방법으로 입찰을 부쳐야 한다. 다만, 영 제24조제1항제1호가목에 해당하는 경우 지명경쟁의 방법으로 입찰을 부칠 수 있다.

② 전자입찰을 통한 계약대상자의 선정 방법은 다음 각 호와 같다.

  1. 투찰 및 개찰 후 최저가로 입찰한 자를 선정하는 최저가방식

  2. 입찰가격과 실적·재무상태·신인도 등 비가격요소 등을 종합적으로 심사하여 선정하는 적격심사방식

  3. 입찰가격과 사업참여제안서 등을 평가하여 선정하는 제안서평가방식

③ 제1항 및 제2항에서 규정한 사항 외에 전자입찰의 방법에 관하여는 제6조를 준용한다.

제20조(전자입찰 공고 등) ① 사업시행자등이 전자입찰을 하는 경우에는 입찰서 제출마감일 7일 전까지 전자조달시스템에 입찰을 공고하여야 한다. 다만, 입찰서 제출 전에 현장설명회를 개최하는 경우에는 현장설명회 개최일 7일 전까지 공고하여야 한다.

② 영 제24제1항제1호가목에 따른 지명경쟁입찰의 경우에는 제9조제2항을 준용한다.

제21조(전자입찰 공고 등의 내용) ① 사업시행자등이 전자입찰을 하는 경우에는 전자조달시스템에 다음 각 호의 사항을 공고하여야 한다.

  1. 사업계획의 개요(공사규모, 면적 등)

  2. 입찰의 일시 및 장소

  3. 입찰의 방법(경쟁입찰 방법, 공동참여 여부 등)

  4. 현장설명회 일시 및 장소(현장설명회를 개최하는 경우에 한한다)

  5. 부정당업자의 입찰 참가자격 제한에 관한 사항

  6. 입찰참가에 따른 준수사항 및 위반시 자격 박탈에 관한 사항

  7. 그 밖에 사업시행자등이 정하는 사항

② 제19조제2항제2호 및 제3호의 방식에 따라 계약대상자를 선정하는 경우 평가항목별 배점표를 작성하여 입찰 공고 시 이를 공개하여야 한다.

제22조(입찰서의 접수 및 개봉) ① 사업시행자등은 전자조달시스템을 통해 입찰서를 접수하여야 한다.

② 전자조달시스템에 접수한 입찰서 이외의 입찰 부속서류는 밀봉된 상태로 접수하여야 한다.

③ 입찰 부속서류를 개봉하고자 하는 경우에는 부속서류를 제출한 입찰참여자의 대표(대리인을 지정한 경우에는 그 대리인을 말한다)와 사업시행자등의 임원 등 관련자, 그 밖에 이해관계자 각 1인이 참여한 공개된 장소에서 개봉하여야 한다.

④ 사업시행자등은 제3항에 따른 입찰 부속서류 개봉 시에는 일시와 장소를 입찰참여자에게 통지하여야 한다.

제23조(전자입찰 계약의 체결) ① 사업시행자등은 전자입찰을 통해 계약대상자가 선정될 경우 전자조달시스템에 따라 계약을 체결할 수 있다.

② 전자입찰을 통해 계약된 사항에 대해서는 전자조달시스템에서 그 결과를 공개하여야 한다.

제24조(일반 계약 처리기준의 준용) 전자입찰을 하는 경우에는 제11조 및 제12조, 제14조부터 제17조까지의 규정을 준용한다.

제4장 시공자 선정 기준

제25조(적용범위) 이 장은 재개발사업·재건축사업의 사업시행자등이법 제29조제4항 및 제7항에 따라 건설업자등을 시공자로 선정하거나 추천하는 경우(법 제25조에 따른 공동시행을 위해 건설업자등을 선정하는 경우를 포함한다)에 대하여 적용한다.

제26조(입찰의 방법) ① 사업시행자등은 일반경쟁 또는 지명경쟁의 방법으로 건설업자등을 시공자로 선정하여야 한다.

② 제1항에도 불구하고 일반경쟁입찰이 미 응찰 또는 단독 응찰의 사유로 2회 이상 유찰된 경우에는 총회의 의결을 거쳐 수의계약의 방법으로 건설업자등을 시공자로 선정할 수 있다.

제27조(지명경쟁에 의한 입찰) ① 사업시행자등은 제26조제1항에 따라 지명경쟁에 의한 입찰에 부치고자 할 때에는 5인 이상의 입찰대상자를 지명하여 3인 이상의 입찰참가 신청이 있어야 한다.

② 제1항에 따라 지명경쟁에 의한 입찰을 하고자 하는 경우에는 대의원회의 의결을 거쳐야 한다.

제28조(입찰 공고 등) 사업시행자등은 시공자 선정을 위하여 입찰에 부치고자 할 때에는 현장설명회 개최일로부터 7일 전까지 전자조달시스템 또는 1회 이상 일간신문에 공고하여야 한다. 다만, 지명경쟁에 의한 입찰의 경우에는 전자조달시스템과 일간신문에 공고하는 것 외에 현장설명회 개최일로부터 7일 전까지 내용증명우편으로 통지하여야 한다.

제29조(입찰 공고 등의 내용 및 준수사항) ① 제28조에 따른 공고 등에는 다음 각 호의 사항을 포함하여야 한다.
　　1. 사업계획의 개요(공사규모, 면적 등)
　　2. 입찰의 일시 및 방법
　　3. 현장설명회의 일시 및 장소(현장설명회를 개최하는 경우에 한한다)
　　4. 부정당업자의 입찰 참가자격 제한에 관한 사항

5. 입찰참가에 따른 준수사항 및 위반(제34조를 위반하는 경우를 포함한다)시 자격 박탈에 관한 사항

6. 그 밖에 사업시행자등이 정하는 사항

② 사업시행자등은 건설업자등에게 이사비, 이주비, 이주촉진비, 「재건축초과이익 환수에 관한 법률」 제2조제3호에 따른 재건축부담금, 그 밖에 시공과 관련이 없는 사항에 대한 금전이나 재산상 이익을 요청하여서는 아니 된다.

③ 사업시행자등은 건설업자등이 설계를 제안하는 경우 제출하는 입찰서에 포함된 설계도서, 공사비 명세서, 물량산출 근거, 시공방법, 자재사용서 등 시공 내역의 적정성을 검토해야 한다.

제30조(건설업자등의 금품 등 제공 금지 등) ① 건설업자등은 입찰서 작성시 이사비, 이주비, 이주촉진비, 「재건축초과이익 환수에 관한 법률」 제2조제3호에 따른 재건축부담금, 그 밖에 시공과 관련이 없는 사항에 대한 금전이나 재산상 이익을 제공하는 제안을 하여서는 아니 된다.

② 제1항에도 불구하고 건설업자등은 금융기관의 이주비 대출에 대한 이자를 사업시행자등에 대여하는 것을 제안할 수 있다.

③ 제1항에도 불구하고 건설업자등은 금융기관으로부터 조달하는 금리 수준으로 추가 이주비(종전 토지 또는 건축물을 담보로 한 금융기관의 이주비 대출 이외의 이주비를 말한다)를 사업시행자등에 대여하는 것을 제안할 수 있다(재건축사업은 제외한다).

제31조(현장설명회) ① 사업시행자등은 입찰서 제출마감일 20일 전까지 현장설명회를 개최하여야 한다. 다만, 비용산출내역서 및 물량산출내역서 등을 제출해야 하는 내역입찰의 경우에는 입찰서 제출마감일 45일 전까지 현장설명회를 개최하여야 한다.

② 제1항에 따른 현장설명회에는 다음 각 호의 사항이 포함되어야 한다.

1. 설계도서(사업시행계획인가를 받은 경우 사업시행계획인가서를 포함하여야 한다)

2. 입찰서 작성방법·제출서류·접수방법 및 입찰유의사항 등

3. 건설업자등의 공동홍보방법

4. 시공자 결정방법

5. 계약에 관한 사항

6. 기타 입찰에 관하여 필요한 사항

제32조(입찰서의 접수 및 개봉) 시공자 선정을 위한 입찰서의 접수 및 개봉에 관하여는제22조를 준용한다.

제33조(대의원회의 의결) ① 사업시행자등은 제출된 입찰서를 모두 대의원회에 상정하여야 한다.

② 대의원회는 총회에 상정할 6인 이상의 건설업자등을 선정하여야 한다. 다만, 입찰에 참가한 건설업자등이 6인 미만인 때에는 모두 총회에 상정하여야 한다.

③ 제2항에 따른 건설업자등의 선정은 대의원회 재적의원 과반수가 직접 참여한 회의에서 비밀투표의 방법으로 의결하여야 한다. 이 경우 서면결의서 또는 대리인을 통한 투표는 인정하지 아니한다.

제34조(건설업자등의 홍보) ① 사업시행자등은 제33조에 따라 총회에 상정될 건설업자등이 결정된 때에는 토지등소유자에게 이를 통지하여야 하며, 건설업자등의 합동홍보설명회를 2회 이상 개최하여야 한다. 이 경우 사업시행자등은 총회에 상정하는 건설업자등이 제출한 입찰제안서에 대하여 시공능력, 공사비 등이 포함되는 객관적인 비교표를 작성하여 토지등소유자에게 제공하여야 하며, 건설업자등이 제출한 입찰제안서 사본을 토지등소유자가 확인할 수 있도록 전자적 방식(「전자문서 및 전자거래 기본법」 제2조제2호에 따른 정보처리시스템을 사용하거나 그 밖에 정보통신기술을 이용하는 방법을 말한다)을 통해 게시할 수 있다.

② 사업시행자등은 제1항에 따라 합동홍보설명회를 개최할 때에는 개최일 7일 전까지 일시 및 장소를 정하여 토지등소유자에게 이를 통지하여야 한다.

③ 건설업자등의 임직원, 시공자 선정과 관련하여 홍보 등을 위해 계약한 용역업체의 임직원 등은 토지등소유자 등을 상대로 개별적인 홍보를 할 수 없으며, 홍보를 목적으로 토지등소유자 또는 정비사업전문관리업자 등에게 사은품 등 물품·금품·재산상의 이익을 제공하거나 제공을 약속하여서는 아니 된다.

④ 사업시행자등은 제1항에 따른 합동홍보설명회(최초 합동홍보설명회를 말한다) 개최 이후 건설업자등의 신청을 받아 정비구역 내 또는 인근에 개방된 형태의 홍보공간을 1개소 제공하거나, 건설업자등이 공동으로 마련하여 한시적으로 제공하고자 하는 공간 1개소를 홍보공간으로 지정할 수 있다. 이 경우 건설업자등은 제3항에도 불구하고 사업시행자등이 제공하거나 지정하는 홍보공간에서는 토지등소유자 등에게 홍보할 수 있다.

⑤ 건설업자등은 제4항에 따라 홍보를 하려는 경우에는 미리 홍보를 수행할 직원(건설업자등의 직원을 포함한다. 이하 "홍보직원"이라 한다)의 명단을 사업시행자등에 등록하여야 하며, 홍보직원의 명단을 등록하기 이전에 홍보를 하거나, 등록하지 않은 홍보직원이 홍보를 하여서는 아니 된다. 이 경우 사업시행자등은 등록된 홍보직원의 명단을 토지등소유자에게 알릴 수 있다.

제35조(건설업자등의 선정을 위한 총회의 의결 등) ① 총회는 토지등소유자 과반수가 직접 출석하여 의결하여야 한다. 이 경우 법 제45조제5항에 따른 대리인이 참석한 때에는 직접 출석한 것으로 본다.

② 조합원은 제1항에 따른 총회 직접 참석이 어려운 경우 서면으로 의결권을 행사할 수 있으나, 서면결의서를 철회하고 시공자선정 총회에 직접 출석하여 의결하지 않는 한 제1항의 직접 참석자에는 포함되지 않는다.

③ 제2항에 따른 서면의결권 행사는 조합에서 지정한 기간·시간 및 장소에서 서면결의서를 배부받아 제출하여야 한다.

④ 조합은 제3항에 따른 조합원의 서면의결권 행사를 위해 조합원 수 등을 고려하여 서면결의서 제출기간·시간 및 장소를 정하여 운영하여야 하고, 시공자 선정을 위한 총회 개최 안내시 서면결의서 제출요령을 충분히 고지하여야 한다.

⑤ 조합은 총회에서 시공자 선정을 위한 투표 전에 각 건설업자등별로 조합원들에게 설명할 수 있는 기회를 부여하여야 한다.

제36조(계약의 체결 및 계약사항의 관리) ① 사업시행자등은 제35조에 따라 선정된 시공자와 계약을 체결하는 경우 계약의 목적, 이행기간, 지체상금, 실비정산방법, 기타 필요한 사유 등을 기재한 계약서를 작성하여 기명날인하여야 한다.

② 사업시행자등은 제35조에 따라 선정된 시공자가 정당한 이유 없이 3개월 이내에 계약을 체결하지 아니하는 경우에는 총회의 의결을 거쳐 해당 선정을 무효로 할 수 있다.

③ 사업시행자등은 제1항의 계약 체결 후 다음 각 호에 해당하게 될 경우 검증기관(공사비 검증을 수행할 기관으로서 「한국부동산원법」에 의한 한국부동산원을 말한다. 이하 같다)으로부터 공사비 검증을 요청할 수 있다.

　1. 사업시행계획인가 전에 시공자를 선정한 경우에는 공사비의 10% 이상, 사업시행계획인가

이후에 시공자를 선정한 경우에는 공사비의 5% 이상이 증액되는 경우

2. 제1호에 따라 공사비 검증이 완료된 이후 공사비가 추가로 증액되는 경우

3. 토지등소유자 10분의 1 이상이 사업시행자등에 공사비 증액 검증을 요청하는 경우

4. 그 밖에 사유로 사업시행자등이 공사비 검증을 요청하는 경우

④ 공사비 검증을 받고자 하는 사업시행자등은 검증비용을 예치하고, 설계도서, 공사비 명세서, 물량산출근거, 시공방법, 자재사용서 등 공사비 변동내역 등을 검증기관에 제출하여야 한다.

⑤ 검증기관은 접수일로부터 60일 이내에 그 결과를 신청자에게 통보하여야 한다. 다만, 부득이한 경우 10일의 범위 내에서 1회 연장할 수 있으며, 서류의 보완기간은 검증기간에서 제외한다.

⑥ 검증기관은 공사비 검증의 절차, 수수료 등을 정하기 위한 규정을 마련하여 운영할 수 있다.

⑦ 사업시행자등은 공사비 검증이 완료된 경우 검증보고서를 총회에서 공개하고 공사비 증액을 의결받아야 한다.

제5장 보 칙

제37조(입찰참여자에 대한 협조 의무) 사업시행자등은 입찰에 참여한 자가 입찰에 관한 사항을 문의할 경우 필요한 서류를 제공하고 입찰에 적극 참여할 수 있도록 협조하여야 한다.

제38조(자료의 공개 등) 사업시행자등은 이 기준에 의한 계약서 및 검증보고서 등 관련서류 및 자료가 작성되거나 변경된 후 15일 이내에 이를 토지등소유자가 알 수 있도록 인터넷과 그 밖의 방법을 병행하여 공개하여야 한다.

제39조(재검토기한) 국토교통부장관은 이 고시에 대하여 「훈령·예규 등의 발령 및 관리에 관한 규정」에 따라 2021년 1월 1일 기준으로 매 3년이 되는 시점(매 3년째의 12월 31일까지를 말한다)마다 그 타당성을 검토하여 개선 등의 조치를 하여야 한다.

부칙<제2018-101호,2018.2.9.>

제1조(시행일) 이 기준은 발령한 날부터 시행한다.

제2조(계약의 방법 등에 관한 적용례) 이 기준은 시행 후 최초로 계약을 체결하는 경우부터 적용한다. 다만, 시공자나 정비사업전문관리업자의 경우에는 이 법 시행 후 최초로 시공자나 정비사업전문관리업자를 선정하는 경우부터 적용한다.

제3조(다른 법률의 폐지) ① 국토교통부고시 제2016-187호 「정비사업의 시공자 선정기준」을 폐지한다.
② 국토교통부고시 제2016-187호 「정비사업전문관리업자 선정 기준」을 폐지한다.

부칙<제2020-985호,2020.12.16.>

제1조(시행일) 이 고시는 발령한 날부터 시행한다.

제2조(입찰보증금에 대한 경과조치) 이 고시 시행 전에 제9조의 규정에 따라 입찰공고를 한 사업에 대해서는 제10조의2의 개정 규정에도 불구하고 종전의 규정에 따른다.

부칙<제2020-1182호,2020.12.30.>

이 고시는 2021년 1월 1일부터 시행한다.

정비사업 아카데미

- 서울특별시의 경우 재개발재건축 정비사업 아카데미 과정을 운영하고 있으며, 평생학습포털을 통하여 PC나 모바일을 이용하여 누구나 정비사업에 대한 교육을 받을 수 있도록 별도의 프로그램도 운영하고 있다.
- 서울시 e-재개발재건축정비사업 아카데미 교육내용은 다음과 같다.

구분	교육내용
서울시 e-재개발재건축 정비사업 아카데미 일반과정 (9강, 2시간)	ⓐ 정비사업이란 무엇인가?, ⓑ 기본계획의 수립과 정비구역의 지정, ⓒ 조합설립추진위원회의 구성, ⓓ 조합설립인가, ⓔ 조합의 구성 및 운영, ⓕ 사업시행계획인가, ⓖ 관리처분계획인가, ⓗ 이주·철거 및 착공, ⓘ 준공 및 이전고시
서울시 e- 정비사업 아카데미 심화과정 (24강, 11시간)	ⓐ 정비사업의 이해, ⓑ 기본계획과 정비계획(Ⅰ), ⓒ 기본계획과 정비계획(Ⅱ), ⓓ 추진위원회 구성 및 운영기관, ⓔ 정비사업의 사업성 분석, ⓕ 조합설립 동의서 징구 및 토지등소유자의 산정방법, ⓖ 조합설립 창립총회 및 정관의 작성, ⓗ 조합설립인가 및 변경, ⓘ 조합임원의 선출과 역할, ⓙ 조합의 운영기관, ⓚ 정보공개, ⓛ 건축심의와 영향평가, ⓜ 정비기반시설의 설치 및 귀속, ⓝ 사업시행계획서의 작성, ⓞ 사업시행계획인가 및 변경, ⓟ 정비사업 감정평가의 이해, ⓠ 분양대상자 및 분양신청, ⓡ 관리처분계획서의 작성, ⓢ 관리처분계획인가 및 변경, ⓣ 철거 및 일반분양승인, ⓤ 준공 및 이전고시, ⓥ 조합청산 및 해산, ⓦ 정비사업 관련 세제(Ⅰ), ⓧ 정비사업 관련 세제(Ⅱ)

- 광주광역시는 주민들의 정비사업에 대한 이해를 돕고 투명성과 전문성을 강화하기 위해 도시정비사업 아카데미 교육과정을 운영하고 있다. 서울 서대문구청은 재개발·재건축 추진에 있어 주민 혼란과 갈등을 예방하기 위해 정비사업 주민학교, 정비사업 역량강화 과정을 운영하고 있다.
- 광주광역시 및 서대문구청 정비사업 아카데미 교육내용은 다음과 같다.

구분	교육내용
광주광역시 도시정비사업 아카데미 (14강)	ⓐ 도시정비사업의 이해, ⓑ 추진위원회 구성 및 창립총회·조합설립인가, ⓒ 건축계획수립 및 사업시행인가, ⓓ 정비사업 회계 및 각종 세금과 부담금 절세 관련, ⓔ 정비사업 계약업무 처리기준 해설 및 사례, ⓕ 정비사업 타당성 검토 등 각종 검증에 대한 이해, ⓖ 정비사업 감정평가 올바로 이해하기, ⓗ 관리처분계획인가, ⓘ 토지등소유자, 조합원, 분양대상자 산정기준, ⓙ 현금청산과 토지수용, 명도 및 매도청구소송, ⓚ 정비사업 분쟁사례 유형분석 및 예방, ⓛ 정비기반시설의 설치 및 무상양도, ⓜ 도시정비사업에 관한 개정사항, ⓝ 정비사업의 이주·청산
서대문구청 정비사업 역량강화 (11강)	ⓐ 정비사업의 이해, ⓑ 기본계획과 정비계획, ⓒ 추진위원회 구성 및 운영기관, ⓓ 정비사업의 사업성 분석, ⓔ 조합설립 동의서 징구 및 토지등소유자의 산정방법, ⓕ 조합설립인가 및 변경, ⓖ 조합설립 창립총회 및 정관의 작성, ⓗ 조합임원의 선출과 역할, ⓘ 조합의 운영기관, ⓙ 정보공개, ⓚ 건축심의와 영향평가, ⓛ 정비기반시설의 설치 및 귀속, ⓜ 사업시행계획서의 작성, ⓝ 사업시행계획인가 및 변경, ⓞ 정비사업 감정평가의 이해(1), ⓟ 정비사업 감정평가의 이해(2), ⓠ 분양대상자 및 분양신청, ⓡ 관리처분계획서의 작성, ⓢ 관리처분계획인가 및 변경, ⓣ 철거 및 이주관리(1), ⓤ 철거 및 이주관리(2), ⓥ 준공 및 이전고시, ⓦ 조합청산 및 해산

정비사업 유형

• 정비사업의 유형에는 사업방식에 의한 분류로 ①전면 또는 철거정비방식, ②수복정비방식, ③개량정비방식, ④보존정비방식이 있고, 공동사업 여부에 의한 분류로 ①합동정비방식, ②자력정비방식이 있다.

1. 사업방식에 의한 분류는 다음과 같다.

1) 전면 또는 철거정비방식 : 밀집시가지, 불량시가지 또는 비위생적주택지를 대상으로 하면서 기존 건축물을 전반적으로 철거해서 새로운 건축물과 공공용지를 확보할 수 있어 계획적으로 시가지를 정비하는 사업방식이다.

2) 수복정비방식 : 도시기능과 생활환경이 점차 악화되고 있는 지구에서 대부분의 건축물을 수리·개조하고 일부 건축물의 신축을 부분적으로 허용하면서 점진적으로 주거환경을 개선하는 사업방식이다.

3) 개량정비방식 : 수리·개조 등을 통하여 지구 내의 주거환경을 점진적으로 개선해 나가는

사업방식이다.

   4) 보존정비방식 : 역사적, 문화적으로 보존할 가치가 있는 건축물 등이 포함되어 있는 지역에서 용도를 규제하고 건축을 제한함으로써 대상지역이 더욱 악화되는 것을 방지하는 사업방식이다.

1. 공동사업 여부에 의한 분류는 다음과 같다.

   1) 합동정비방식 : 사업지역의 건축물 및 토지의 소유자가 조합을 구성하여 시행자의 자격으로 사업을 추진하며, 주택건설사업자는 도급자 또는 공동시행자의 자격으로 사업시행에 필요한 자금을 제공하여 공사를 수행하는 사업방식이다.

   2) 자력정비방식 : 지방자치단체가 시행자가 되어서 공공시설 설치 및 행정지원을 하고, 주민들이 주택을 건립하는 사업방식이다. 일반적으로 자력개발의 경우 단독주택 또는 연립주택 등 저층·저밀의 개발이 이루어진다.

정비사업의 시행방법

• 주거환경개선사업은 다음의 어느 하나에 해당하는 방법 또는 이를 혼용하는 방법으로 한다.

   1. 법 제24조에 따른 사업시행자가 정비구역에서 정비기반시설 및 공동이용시설을 새로 설치하거나 확대하고 토지등소유자가 스스로 주택을 보전·정비하거나 개량하는 방법

   2. 법 제24조에 따른 사업시행자가 법 제63조에 따라 정비구역의 전부 또는 일부를 수용하여 주택을 건설한 후 토지등소유자에게 우선 공급하거나 대지를 토지등소유자 또는 토지등소유자 외의 자에게 공급하는 방법

   3. 법 제24조에 따른 사업시행자가 법 제69조제2항에 따라 환지로 공급하는 방법

   4. 법 제24조에 따른 사업시행자가 정비구역에서 법 제74조에 따라 인가받은 관리처분계획에 따라 주택 및 부대시설·복리시설을 건설하여 공급하는 방법

• 재개발사업은 정비구역에서 법 제74조에 따라 인가받은 관리처분계획에 따라 건축물을 건설하여 공급하거나 법 제69조제2항에 따라 환지로 공급하는 방법으로 한다.

• 재건축사업은 정비구역에서 법 제74조에 따라 인가받은 관리처분계획에 따라 주택, 부대시설·복리시설 및 오피스텔(「건축법」 제2조제2항에 따른 오피스텔을 말한다)을 건설하여 공급하는 방법으로 한다. 다만, 주택단지에 있지 아니하는 건축물의 경우에는 지형여건·주변의 환경으로 보아 사업 시행상 불가피한 경우로서 정비구역으로 보는 사업에 한정한다.

- 재건축사업에서 오피스텔을 건설하여 공급하는 경우에는 「국토의 계획 및 이용에 관한 법률」에 따른 준주거지역 및 상업지역에서만 건설할 수 있다. 이 경우 오피스텔의 연면적은 전체 건축물 연면적의 100분의 30 이하이어야 한다.

정비사업전문관리업

- 다음의 사항을 추진위원회 또는 사업시행자로부터 위탁받거나 이와 관련한 자문을 하려는 자는 대통령령으로 정하는 자본·기술인력 등의 기준을 갖춰 시·도지사에게 등록 또는 변경(대통령령으로 정하는 경미한 사항의 변경은 제외한다)등록하여야 한다. 다만, 주택의 건설 등 정비사업 관련 업무를 하는 공공기관 등으로 대통령령으로 정하는 기관의 경우에는 그러하지 아니하다.
  1. 조합설립의 동의 및 정비사업의 동의에 관한 업무의 대행
  2. 조합설립인가의 신청에 관한 업무의 대행
  3. 사업성 검토 및 정비사업의 시행계획서의 작성
  4. 설계자 및 시공자 선정에 관한 업무의 지원
  5. 사업시행계획인가의 신청에 관한 업무의 대행
  6. 관리처분계획의 수립에 관한 업무의 대행
  7. 정비사업의 공공지원에 따라 시장·군수등이 정비사업전문관리업자를 선정한 경우에는 추진위원회 설립에 필요한 다음 각 목의 업무
     1) 동의서 제출의 접수
     2) 운영규정 작성 지원
     3) 그 밖에 시·도조례로 정하는 사항
- 대통령령으로 정하는 기관이란 다음의 기관을 말한다.
  1. 「한국토지주택공사법」에 따른 한국토지주택공사
  2. 한국부동산원
- 시·도지사는 제1항에 따라 정비사업전문관리업의 등록 또는 변경등록한 현황, 정비사업전문관리업의 등록취소 또는 업무정지를 명한 현황을 국토교통부령으로 정하는 방법 및 절차에 따라 국토교통부장관에게 보고하여야 한다.
- 정비사업전문관리업자에게 업무를 위탁하거나 자문을 요청한 자와 정비사업전문관리업자의 관계에 관하여 이 법에 규정된 사항을 제외하고는 「민법」 중 위임에 관한 규정을 준용한다.

정비사업전문관리업의 등록기준

• 「도시 및 주거환경정비법」 시행령 [별표 4] 정비사업전문관리업의 등록기준은 다음과 같다.

1. 자본금(자산총액에서 부채총액을 차감한 금액) : 10억원(법인인 경우에는 5억원) 이상이어
   야 한다.

2. 인력확보기준

   1) 다음의 어느 하나에 해당하는 상근인력(다른 직무를 겸하지 않는 인력을 말한다)을 5명
      이상 확보하여야 한다. 다만, 정비사업전문관리업자가 관계 법령에 따른 감정평가법인·
      회계법인 또는 법무법인·법무법인(유한)·법무조합(이하 "법무법인등"이라 한다)과 정
      비사업의 공동수행을 위한 업무협약을 체결하는 경우에는 협약을 체결한 법무법인등의
      수가 1개인 경우에는 4명, 2개인 경우에는 3명으로 한다.

      가. 건축사 또는 「국가기술자격법」에 따른 도시계획 및 건축분야 기술사와 「건설기술 진
         흥법 시행령」 제4조에 따라 이와 동등하다고 인정되는 특급 기술인으로서 특급기술
         인의 자격을 갖춘 후 건축 및 도시계획 관련 업무에 3년 이상 종사한 자

      나. 감정평가사·공인회계사 또는 변호사

      다. 법무사 또는 세무사

      라. 정비사업 관련 업무에 3년 이상 종사한 사람으로서 다음의 어느 하나에 해당하
         는 자

         Ⅰ) 공인중개사·행정사

         Ⅱ) 정부기관·공공기관 또는 시행령 제81조제3항 각 호의 기관에서 근무한 사람

         Ⅲ) 도시계획·건축·부동산·감정평가 등 정비사업 관련 분야의 석사 이상의 학위 소지자

         Ⅳ) 2003년 7월 1일 당시 관계 법률에 따라 재개발사업 또는 재건축사업의 시행을 목
            적으로 하는 토지등소유자, 조합 또는 기존의 추진위원회와 민사계약을 하여 정비
            사업을 위탁받거나 자문을 한 업체에 근무한 사람으로서 법 제102조제1항제2호부
            터 제6호 까지의 업무를 수행한 실적이 국토교통부장관이 정하는 기준에 해당하
            는 자

   2) 가목의 인력확보기준을 적용할 때 가목 1) 및 2)의 인력은 각각 1명 이상을 확보하여야
      하며, 같은 목 4)의 인력이 2명을 초과하는 경우에는 2명으로 본다.

3. 사무실 기준 : 사무실은 「건축법」 및 그 밖의 법령에 적합하여야 한다.

정비사업전문관리업의 등록취소

- 시·도지사는 정비사업전문관리업자가 다음의 어느 하나에 해당하는 때에는 그 등록을 취소하거나 1년 이내의 기간을 정하여 업무의 전부 또는 일부의 정지를 명할 수 있다. 다만, 제1호·제4호·제8호 및 제9호에 해당하는 때에는 그 등록을 취소하여야 한다.

  1. 거짓, 그 밖의 부정한 방법으로 등록을 한 때

  2. 법 제102조제1항에 따른 등록기준에 미달하게 된 때

  3. 추진위원회, 사업시행자 또는 시장·군수등의 위탁이나 자문에 관한 계약 없이 법 제102조제1항 각 호에 따른 업무를 수행한 때

  4. 제102조제1항 각 호에 따른 업무를 직접 수행하지 아니한 때

  5. 고의 또는 과실로 조합에게 계약금액(정비사업전문관리업자가 조합과 체결한 총계약금액을 말한다)의 3분의 1 이상의 재산상 손실을 끼친 때

  6. 법 제107조에 따른 보고·자료제출을 하지 아니하거나 거짓으로 한 때 또는 조사·검사를 거부·방해 또는 기피한 때

  7. 법 제111조에 따른 보고·자료제출을 하지 아니하거나 거짓으로 한 때 또는 조사를 거부·방해 또는 기피한 때

  8. 최근 3년간 2회 이상의 업무정지처분을 받은 자로서 그 정지처분을 받은 기간이 합산하여 12개월을 초과한 때

  9. 다른 사람에게 자기의 성명 또는 상호를 사용하여 이 법에서 정한 업무를 수행하게 하거나 등록증을 대여한 때

  10. 이 법을 위반하여 벌금형 이상의 선고를 받은 경우(법인의 경우에는 그 소속 임직원을 포함한다)

  11. 그 밖에 이 법 또는 이 법에 따른 명령이나 처분을 위반한 때

- 등록취소처분 등을 받은 정비사업전문관리업자와 등록취소처분 등을 명한 시·도지사는 추진위원회 또는 사업시행자에게 해당 내용을 지체 없이 통지하여야 한다.

- 정비사업전문관리업자는 등록취소처분 등을 받기 전에 계약을 체결한 업무는 계속하여 수행할 수 있다. 이 경우 정비사업전문관리업자는 해당 업무를 완료할 때까지는 정비사업전문관리업자로 본다.

- 정비사업전문관리업자는 다음의 어느 하나에 해당하는 경우에는 업무를 계속하여 수행할 수 없다.

  1. 사업시행자가 등록취소처분 등에 따른 통지를 받거나 처분사실을 안 날부터 3개월 이내에 총회 또는 대의원회의 의결을 거쳐 해당 업무계약을 해지한 경우

  2. 정비사업전문관리업자가 등록취소처분 등을 받은 날부터 3개월 이내에 사업시행자로부터

업무의 계속 수행에 대하여 동의를 받지 못한 경우. 이 경우 사업시행자가 동의를 하려는 때에는 총회 또는 대의원회의 의결을 거쳐야 한다.

3. 등록이 취소된 경우

정비사업전문관리업의 업무제한

• 정비사업전문관리업자는 동일한 정비사업에 대하여 다음의 업무를 병행하여 수행할 수 없다.
  1. 건축물의 철거
  2. 정비사업의 설계
  3. 정비사업의 시공
  4. 정비사업의 회계감사
  5. 그 밖에 정비사업의 공정한 질서유지에 필요하다고 인정하여 대통령령으로 정하는 업무
• 대통령령으로 정하는 업무란 안전진단업무를 말한다.
• 정비사업전문관리업자와 다음의 어느 하나의 관계에 있는 자는 법 제103조를 적용할 때 해당 정비사업전문관리업자로 본다.
  1. 정비사업전문관리업자가 법인인 경우에는 「독점규제 및 공정거래에 관한 법률」 제2조제12호에 따른 계열회사
  2. 정비사업전문관리업자와 상호 출자한 관계

정비사업전문관리업자의 결격사유

• 다음의 어느 하나에 해당하는 자는 정비사업전문관리업의 등록을 신청할 수 없으며, 정비사업전문관리업자의 업무를 대표 또는 보조하는 임직원이 될 수 없다.
  1. 미성년자(대표 또는 임원이 되는 경우로 한정한다)·피성년후견인 또는 피한정후견인
  2. 파산선고를 받은 자로서 복권되지 아니한 자
  3. 정비사업의 시행과 관련한 범죄행위로 인하여 금고 이상의 실형의 선고를 받고 그 집행이 종료(종료된 것으로 보는 경우를 포함한다)되거나 집행이 면제된 날부터 2년이 지나지 아니한 자
  4. 정비사업의 시행과 관련한 범죄행위로 인하여 금고 이상의 형의 집행유예를 받고 그 유예기간 중에 있는 자

5. 이 법을 위반하여 벌금형 이상의 선고를 받고 2년이 지나지 아니한 자

6. 등록이 취소된 후 2년이 지나지 아니한 자(법인인 경우 그 대표자를 말한다)

7. 법인의 업무를 대표 또는 보조하는 임직원 중 제1호부터 제6호까지 중 어느 하나에 해당하는 자가 있는 법인

• 정비사업전문관리업자의 업무를 대표 또는 보조하는 임직원이 결격사유의 어느 하나에 해당하게 되거나 선임 당시 그에 해당하였던 자로 밝혀진 때에는 당연 퇴직한다. 이 경우 퇴직된 임직원이 퇴직 전에 관여한 행위는 효력을 잃지 아니한다.

정비사업전문관리업자의 윤리강령

정비사업전문관리업자 협회인 한국도시정비협회는 다음과 같은 윤리강령을 만들었다.

우리 정비사업전문관리업자 모두는 편안하고 안전한 주거환경에서 살아가기를 염원하는 국민들의 기대에 부응하고, 국민들의 삶의 질 향상에 이바지하기 위해 노력할 것을 다짐하며, 「도시 및 주거환경정비법」에 의한 준공무원 신분으로서 다음과 같은 윤리강령을 준수하고 도시정비사업의 지속적인 발전을 추구할 것을 천명한다.

1. 우리는 도시의 주거환경을 도시민이 쾌적하고 안락한 삶을 영위할 수 있도록 새로운 공간으로 창조하는 중대한 역할을 담당하고 있음을 항상 인식하고, 정비사업전문관리업자로서의 자부심과 긍지로 업무에 매진한다.

2. 우리는 끊임없는 자기계발과 도전정신으로 주어진 사명을 완수하며, 투명한 정비사업진행으로 고객 만족을 추구하고, 국가 및 사회 가치관을 존중하며 제반 법규 준수에 앞장선다.

3. 우리는 정당한 상도의를 벗어난 과당경쟁을 펼침으로써 정비사업전문관리업자로서의 품위를 저하시키거나 고객으로부터의 신뢰와 믿음을 떨어뜨리는 행위를 근절시킴으로써 정비사업이 투명하고 원활하게 추진될 수 있도록 노력한다.

4. 우리는 회원 상호간의 화합과 신의의 바탕 아래 회원 간의 친목을 도모하며, 타 회원을 폄훼하거나 비방하는 행위를 자제하며, 정비사업전문관리업자로서의 품위와 명예유지에 진력한다.

5. 우리는 자성과 자정 노력에 열과 성을 다하며, 회원 간의 권익보호 증진에 노력하고 깨끗한 기업 이미지를 구현함으로써 국가 및 사회발전에 이바지한다.

6. 우리는 정비사업과 관련된 제반 정보를 상호 공유하며, 정비사업전문관리업자로서의 능률과 자질 향상은 물론 효율적인 제도개선에 최선을 다한다.

정비사업전문관리업 정보종합체계

- 국토교통부장관은 정비사업전문관리업자의 자본금·사업실적·경영실태 등에 관한 정보를 종합적이고 체계적으로 관리하고 시·도지사, 시장, 군수, 구청장, 추진위원회 또는 사업시행자 등에게 제공하기 위하여 정비사업전문관리업 정보종합체계를 구축·운영할 수 있다.
- 정비사업전문관리업 정보종합체계의 구축·운영에 필요한 사항은 국토교통부령으로 정한다.
- 「한국부동산원법」에 따른 한국부동산원은 관계 행정기관 및 정비사업전문관리업자에게 정비사업전문관리업 정보종합체계의 구축 및 활용에 필요한 다음의 자료의 제출을 요청할 수 있다.
  1. 상호 및 대표자의 성명
  2. 등록한 연월일 및 등록번호
  3. 자본금
  4. 주된 영업소의 소재지 및 전화번호
  5. 보유 기술인력의 수, 기술인력별 자격 및 경력에 관한 현황
  6. 사업실적
  7. 등록의 취소 및 업무정지 처분, 시정조치를 받은 사항
- 한국부동산원은 매 분기가 끝난 날의 다음 달 말일까지 정비사업전문관리업 정보종합체계에 입력하고, 추진위원회 또는 사업시행자 등이 정비사업전문관리업 정보종합체계를 상시적으로 이용할 수 있도록 해야 한다.
- 한국부동산원은 정비사업전문관리업 정보종합체계의 구축·운영을 위하여 다음의 업무를 수행할 수 있다.
  1. 정비사업전문관리업 정보종합체계의 구축·운영에 관한 각종 연구개발 및 기술 지원
  2. 정비사업전문관리업 정보종합체계의 구축을 위한 관련 기관과의 공동사업 시행
  3. 정비사업전문관리업 정보종합체계를 이용한 정보의 공동활용 촉진

정비사업 정보몽땅

- 정비사업 정보몽땅이란 「도시 및 주거환경정비법」 제119조에 따른 서울시의 정비사업 종합정보관리시스템을 말한다.
- 서울시는 기존 정비사업 관련 3개 프로그램(클린업시스템, e-조합시스템, 사업비 및 분담금 추정 프로그램)을 통합한 정비사업 정보몽땅을 오픈했다.
- 정비사업 정보몽땅의 주요 서비스는 정보공개, 조합업무지원, 분담금 추정 프로그램, 종합포털, 시스템관리자 등 5개이다.
- 정보공개에서는 용역업체 선정결과, 총회 의사록, 회계감사보고서 등 「도시 및 주거환경정비법」에 따라 의무로 공개해야 하는 항목과 서울시가 권고하는 공개항목 등 70개를 공개한다.
- 조합업무지원에서는 추진위원회·조합의 예산편성, 회계전표 등을 토대로 작성된 예산·회계장부 37개도 조합원 누구나 확인할 수 있다.
- 분담금 추정프로그램은 정비사업과 관련한 개략적인 사업비 및 분담금 산출이 가능하며, 물가변동률이 자동으로 반영되도록 하였다.
- 종합포털은 사이트의 메인화면으로 조합원과 조합 임직원이 로그인 한번으로 정보공개, 조합업무, 분담금 서비스 등 각종 정비사업 서비스 및 콘텐츠를 이용하는 관문 역할을 한다.
- 시스템관리자는 정비사업 정보몽땅의 전반적인 시스템을 관리하는 기능을 한다. 시·구 공무원들이 사용할 수 있는 기능이다.

정비사업 조합설립추진위원회 운영규정

- 국토교통부 고시 제2018-102호(시행 2018. 2. 9.) 정비사업 추진위원회 운영규정은 다음과 같다.

> **제1조(목적)** 이 운영규정은 「도시 및 주거환경정비법」 제31조제1항 및 제34조제1항에 따라 정비사업조합설립추진위원회(이하 "추진위원회"라 한다)의 구성·기능·조직 및 운영에 관한 사항을 정하여 공정하고 투명한 추진위원회의 운영을 도모하고 원활한 정비사업추진에 이바지함을 목적으로 한다.
>
> **제2조(추진위원회의 설립)** ① 정비사업조합을 설립하고자 하는 경우 위원장 및 감사를 포함한 5인 이상의 위원 및 「도시 및 주거환경정비법」(이하 "법"이라 한다) 제34조제1항에 따른 운

영규정에 대한 토지등소유자(이하 "토지등소유자"라 한다) 과반수의 동의를 얻어 조합설립을 위한 추진위원회를 구성하여 「도시 및 주거환경정비법 시행규칙」이 정하는 방법 및 절차에 따라 시장·군수 또는 자치구의 구청장(이하 "시장·군수등"이라 한다)의 승인을 얻어야 한다.

② 제1항에 따른 추진위원회 구성은 다음 각 호의 기준에 따른다.

  1. 위원장 1인과 감사를 둘 것

  2. 부위원장을 둘 수 있다.

  3. 추진위원의 수는 토지등소유자의 10분의 1 이상으로 하되, 토지등소유자가 50인 이하인 경우에는 추진위원을 5인으로 하며 추진위원이 100인을 초과하는 경우에는 토지등소유자의 10분의 1 범위 안에서 100인 이상으로 할 수 있다.

③ 다음 각 호의 어느 하나에 해당하는 자는 추진위원회 위원이 될 수 없다.

  1. 미성년자·피성년후견인 또는 피한정후견인

  2. 파산선고를 받고 복권되지 아니한 자

  3. 금고 이상의 실형을 선고받고 그 집행이 종료(종료된 것으로 보는 경우를 포함한다)되거나 집행이 면제된 날부터 2년이 경과되지 아니한 자

  4. 금고 이상의 형의 집행유예를 받고 그 유예기간 중에 있는 자

  5. 법을 위반하여 벌금 100만원 이상의 형을 선고받고 5년이 지나지 아니한 자

④ 제1항의 토지등소유자의 동의는 별표의 ○○정비사업조합설립추진위원회운영규정안(이하 "운영규정안"이라 한다)이 첨부된 「도시 및 주거환경정비법 시행규칙」 별지 제4호서식의 정비사업 조합설립추진위원회 구성동의서에 동의를 받는 방법에 의한다.

⑤ 추진위원회의 구성에 동의한 토지등소유자(이하 "추진위원회 동의자"라 한다)는법 제35조제1항부터 제5항까지에 따른 조합의 설립에 동의한 것으로 본다. 다만, 법 제35조에 따른 조합설립인가 신청 전에 시장·군수등 및 추진위원회에 조합설립에 대한 반대의 의사표시를 한 추진위원회 동의자의 경우에는 그러하지 아니하다.

제3조(운영규정의 작성) ① 정비사업조합을 설립하고자 하는 경우 추진위원회를 시장·군수등에게 승인 신청하기 전에 운영규정을 작성하여 토지등소유자의 과반수의 동의를 얻어야 한다.

② 제1항의 운영규정은 별표의 운영규정안을 기본으로 하여 다음 각 호의 방법에 따라 작성한다.

  1. 제1조·제3조·제4조·제15조제1항을 확정할 것

  2. 제17조제7항·제19조제2항·제29조·제33조·제35조제2항 및 제3항의 규정은 사업특성·지

역상황을 고려하여 법에 위배되지 아니하는 범위 안에서 수정 및 보완할 수 있음

   3. 사업추진상 필요한 경우 운영규정안에 조·항·호·목 등을 추가할 수 있음

③ 제2항 각 호에 따라 확정·수정·보완 또는 추가하는 사항이 법·관계법령, 이 운영규정 및 관련행정기관의 처분에 위배되는 경우에는 효력을 갖지 아니한다.

④ 운영규정안은 재건축사업을 기본으로 한 것이므로 재개발사업 등을 추진하는 경우에는 일부 표현을 수정할 수 있다.

제4조(추진위원회의 운영) ① 추진위원회는 법·관계법령, 제3조의 운영규정 및 관련 행정기관의 처분을 준수하여 운영되어야 하며, 그 업무를 추진함에 있어 사업시행구역안의 토지등소유자의 의견을 충분히 수렴하여야 한다.

② 추진위원회는법 제31조제1항에 따른 추진위원회 설립승인 후에 위원장 및 감사를 변경하고자 하는 경우 시장·군수등의 승인을 받아야 하며, 그 밖의 경우 시장·군수등에게 신고하여야 한다.

제5조(해산) ① 추진위원회는 조합설립인가일까지 업무를 수행할 수 있으며, 조합이 설립되면 모든 업무와 자산을 조합에 인계하고 추진위원회는 해산한다.

② 추진위원회는 자신이 행한 업무를법 제44조에 따른 총회에 보고하여야 하며, 추진위원회가 행한 업무와 관련된 권리와 의무는 조합이 포괄승계한다.

③ 추진위원회는 조합설립인가 전 추진위원회를 해산하고자 하는 경우 추진위원회 동의자 3분의 2 이상 또는 토지등소유자의 과반수 동의를 받아 시장·군수등에게 신고하여 해산할 수 있다.

제6조(승계 제한) 이 운영규정이 정하는 추진위원회 업무범위를 초과하는 업무나 계약, 용역업체의 선정 등은 조합에 승계되지 아니한다.

제7조(재검토기한) 국토교통부장관은 「훈령·예규 등의 발령 및 관리에 관한 규정」에 따라 이 고시에 대하여 2018년 7월 1일 기준으로 매3년이 되는 시점(매 3년째의 6월 30일까지를 말한다)마다 그 타당성을 검토하여 개선 등의 조치를 하여야 한다.

부칙<제2006-330호,2006.8.25>

제1조(시행일) 이 운영규정은 고시한 날부터 시행한다.

제2조(경과조치) ① 이 운영규정 시행 당시 종전규정에 의하여 행하여진 처분·절차 그 밖의 행위는 이 규정에 의하여 행하여진 것으로 본다.

② 이 운영규정 시행 당시 종전 운영규정에 따라 주민총회·추진위원회 의결 등의 절차를 거쳐 확정된 사항의 경우 그에 따라 2월 이내에 시장·군수에게 승인신청 또는 신고 할 수 있다.

부칙<제2009-549호,2009.8.13.>

이 규정은 고시한 날부터 시행한다.

부칙<제2010-633호,2010.9.16.>

이 규정은 고시한 날부터 시행한다.

부칙<제2012-457호,2012.8.2.>

이 운영규정은 고시한 날부터 시행한다. 다만, 별표 제34조제2항의 개정규정은 2013년 2월 2일부터 시행한다.

부칙<제2012-890호,2012.12.20.>

이 운영규정은 고시한 날부터 시행한다.

정비사업지원기구

- 국토교통부장관 또는 시·도지사는 다음의 업무를 수행하기 위하여 정비사업 지원기구를 설치할 수 있다. 이 경우 국토교통부장관은 「한국부동산원법」에 따른 한국부동산원 또는 「한국토지주택공사법」에 따라 설립된 한국토지주택공사에, 시·도지사는 「지방공기업법」에 따라 주택사업을 수행하기 위하여 설립된 지방공사에 정비사업 지원기구의 업무를 대행하게 할 수 있다.
  1. 정비사업 상담지원업무
  2. 정비사업전문관리제도의 지원
  3. 전문조합관리인의 교육 및 운영지원
  4. 소규모 영세사업장 등의 사업시행계획 및 관리처분계획 수립지원
  5. 정비사업을 통한 공공지원민간임대주택 공급 업무 지원
  6. 공사비 검증 업무
  7. 공공재개발사업 및 공공재건축사업의 지원
  8. 그 밖에 국토교통부장관이 정하는 업무
- 정비사업 지원기구의 업무를 대행하는 한국부동산원의 업무는 다음과 같다.
  1. 정비사업 정책지원
  2. 정비사업 상담지원업무

3. 정비사업전문관리제도의 지원

4. 전문조합관리인의 교육 및 운영지원

5. 소규모 영세사업장 등의 사업시행계획 및 관리처분계획 수립지원

6. 정비사업을 통한 기업형임대주택 공급 업무 지원

7. 정비사업 현장조사

8. 정비예정구역 및 정비구역 지정을 위한 사업성 검토

9. 빈집정비사업 및 소규모주택정비사업의 정책 지원

10. 빈집정비사업 및 소규모주택정비사업의 상담 및 교육 지원

11. 빈집정비사업 및 소규모주택정비사업의 사업시행계획 및 관리처분계획의 수립 지원

12. 관리계획의 수립 지원 및 소규모주택정비사업의 관리 지원

13. 빈집정비사업 및 소규모주택정비사업의 제도에 관한 조사·연구

14. 빈집정비계획의 수립 지원

15. 빈집정비사업의 시행을 위한 빈집의 현황 관리

16. 소규모주택정비사업의 주민합의체 구성 및 조합 설립의 지원

17. 주택(「공동주택관리법」 제2조제1항제2호에 따른 의무관리대상 공동주택은 제외한다)의 설계·시공 및 유지관리에 대한 지원

18. 빈집정비사업 및 소규모주택정비사업의 타당성 평가

19. 「주택도시기금법」 등 법령에 따른 빈집정비사업 및 소규모주택 정비사업에 대한 융자 등의 지원

20. 토지등소유자 추정분담금 검증 지원

21. 조합설립추진위원회 설립 지원 컨설팅

22. 관리처분계획 타당성 사전 검증

정비사업 코디네이터

• 정비사업 코디네이터란 정비사업의 갈등과 분쟁을 조정·컨설팅하는 전문가를 말하는데, 도시계획·건축, 도시행정, 도시정비, 법률, 세무회계, 감정평가 등 각 분야 전문가로 구성되어 있다.

• 정비사업 코디네이터 제도는 2015년부터 서울시의 행정방침으로 운영해오고 있는 제도이다. 정비사업이 정체되거나 갈등이 발생하거나 전문성이 부족해 컨설팅이 필요한 경우 서울시가 갈등과 문제의 요인을 파악하고, 이를 조정·컨설팅할 수 있는 전문가를 현장에 파견하는 제도이다.

- 조정 및 중재, 상담이 필요한 경우 주민이 자치구로 민원 사항 등을 접수하면 자치구가 적정성을 검토해 타당하면 서울시에 정비사업 코디네이터의 파견을 요청한다.
- 조합에 파견된 정비사업 코디네이터는 원활한 정비사업 추진을 위한 사업 모니터링, 사업 컨설팅, 주민·전문가 간 소통을 지원한다.

제로에너지건축물인증제도

- 제로에너지건축물 인증제도란 건축물에 필요한 에너지 부하를 최소화하고 신·재생에너지를 활용하여 에너지 소요량을 최소화하는 녹색건축물을 대상으로 에너지 자립률에 따라 1~5등급까지 제로에너지건축물 인증을 부여하는 제도를 말한다. 관련법은 국토교통부 고시 '건축물에너지 효율등급 인증 및 제로에너지건축물 인증에 관한 규칙'이다.
- 제로에너지건축물 인증제도는 건축물에너지효율등급 대상 상위 5% 수준의 건축물(에너지효율등급 1++등급 수준)을 제로에너지건축물 인증 수준으로 정의하며, 건축물의 에너지성능을 에너지자립률로 평가하여 등급을 부여한다.
- 건축물에너지효율등급을 평가했을 때 등급이 1++ 이상의 에너지성능 수준을 만족시킨 건축물 중 건물에너지관리시스템(BEMS) 또는 원격검침전자식 계량기가 설치되어 있어야 한다.
- 인증대상은 건축물 에너지효율등급 인증대상 중 건축주가 제로에너지건축물 인증을 신청하는 건물이다. 의무대상은 신축, 재축 또는 기존 건축물의 대지에 별개의 건축물로 증축하는 연면적 500㎡ 이상의 에너지절약계획서 제출 대상의 공공 건축물은 인증 표지 의무 대상 건축물에 해당한다.
- 최종 등급은 신재생에너지를 통한 에너지자립률에 따라 결정됩니다. 평가 범위는 난방, 냉방, 급탕, 조명, 환기로 한정하고 있으나, 추후에는 가전, 운송 등 기타 분야로도 확대될 예정이다. 인증기준은 다음과 같다.

ZEB 등급	에너지자립률
1등급	에너지자립률 100% 이상
2등급	에너지자립률 80% 이상 ~ 100% 미만
3등급	에너지자립률 60% 이상 ~ 80% 미만
4등급	에너지자립률 40% 이상 ~ 60% 미만
5등급	에너지자립률 20% 이상 ~ 40% 미만

조명환경관리구역

- 조명환경관리구역이란 「인공조명에 의한 빛공해방지법」에 따라 시·도지사가 빛공해가 발생하거나 발생할 우려가 있는 지역에 대해 지정하는 구역을 말한다.
- 조명환경관리구역을 지정할 때에는 용도지역, 토지이용현황, 그 밖에 일정한 사항을 고려하여야 한다.
- 조명환경관리구역은 환경부장관 또는 시장·군수·구청장이 빛공해가 발생하거나 발생할 우려가 있는 지역에 대해 지정해 줄 것을 시·도지사에게 요청할 수 있다.
- 요청을 받은 시·도지사는 지역주민과 환경에 대한 영향조사를 실시하고 시장·군수·구청장 및 지역주민의 의견을 들은 후 빛공해방지 지역위원회의 심의를 거쳐 조명환경관리구역을 지정한다.
- 조명환경관리구역은 다음과 같이 구분하여 지정할 수 있다.
  1. 제1종 조명환경관리구역 : 과도한 인공조명이 자연환경에 부정적인 영향을 미치거나 미칠 우려가 있는 구역
  2. 제2종 조명환경관리구역 : 과도한 인공조명이 농림수산업의 영위 및 동물·식물의 생장에 부정적인 영향을 미치거나 미칠 우려가 있는 구역
  3. 제3종 조명환경관리구역 : 국민의 안전과 편의를 위하여 인공조명이 필요한 구역으로서 과도한 인공조명이 국민의 주거생활에 부정적인 영향을 미치거나 미칠 우려가 있는 구역
  4. 제4종 조명환경관리구역 : 상업활동을 위하여 일정수준 이상의 인공조명이 필요한 구역으로서 과도한 인공조명이 국민의 쾌적하고 건강한 생활에 부정적인 영향을 미치거나 미칠 우려가 있는 구역
- 시·도지사는 조명환경관리구역의 빛환경을 친환경적으로 관리하기 위한 빛환경관리계획을 수립·시행하여야 하며, 환경부장관은 조명환경관리구역의 환경친화적인 관리·개선 등을 위하여 필요한 경우 이 지역에 대해 기술적·재정적 지원을 할 수 있다.
- 조명환경관리구역의 지정목적이 상실되거나 구역을 변경할 필요가 있는 때에는 시·도지사가 빛공해방지 지역위원회의 심의를 거쳐 그 지정을 해제 또는 변경할 수 있다.

조정대상지역

- 조정대상지역이란 주택가격, 청약경쟁률, 분양권 전매량 및 주택보급률 등을 고려했을 때 주택분양 등이 과열되어 있거나 과열될 우려가 있는 지역 등에 대해 국토교통부장관이 지정하는 지

역을 말한다.

- 국토교통부장관은 다음의 어느 하나에 해당하는 지역으로서 대통령령으로 정하는 기준을 충족하는 지역을 주거정책심의위원회의 심의를 거쳐 조정대상지역으로 조정할 수 있다.

  1. 주택가격, 청약경쟁률, 분양권 전매량 및 주택보급률 등을 고려하였을 때 주택 분양 등이 과열되어 있거나 과열될 우려가 있는 지역
  2. 주택가격, 주택거래량, 미분양주택의 수 및 주택보급률 등을 고려하여 주택의 분양·매매 등 거래가 위축되어 있거나 위축될 우려가 있는 지역

- 주택가격 상승률이 물가 상승률의 2배 이상이거나, 청약 경쟁률이 5대 1 이상인 지역이 대상이며 「주택법」에 근거하고 있다.

- 조정대상지역으로 지정되면 대출 시 LTV 60%, DTI 50%의 규제를 받는다. 또한 다주택자 양도소득세 및 종합부동산세 중과 및 장기보유특별공제 배제, 분양권 전매 시 단일세율(50%) 적용, 1가구 1주택 양도세 비과세 요건 강화(2년 이상 거주), 자금조달계획서 제출 등의 규제를 받는다.

조합

- 조합은 법인으로 하므로 조합은 법인성이 인정된다. 조합은 법률의 규정에 따라 정관으로 정한 목적의 범위내에서 권리와 의무의 주체가 될 수 있고, 각종의 재산을 보유할 수 있다.

- 조합의 행위는 대표기관인 조합장을 통해서 이루어지고 조합장의 행위는 조합의 행위로 인정된다.

- 조합은 정비사업을 시행하기 위하여 금융기관으로부터 사업비를 차입하고 시공자등 각종 업체를 선정하게 된다.

- 조합은 정비사업의 시행을 통하여 조합원 분양분 이외에 보류시설이나 체비시설을 조합원이 아닌 사람들에게 일반 분양하게 된다.

- 조합은 공공사무를 행하는 범위내에서는 조합원에 대한 관계에 있어서 공법상의 권리의무관계에 있다. 따라서 조합과 조합원 간의 공법관계를 나타내는 특별한 규정이 있는 경우에는 그 분쟁은 행정소송으로 다투어야 한다.

조합 상근임직원 표준급여(안)

- 한국주택정비사업조합협회에서는 매년 조합의 급여실태 조사 결과 및 다양한 지표를 토대로 조합 상금임직원의 표준급여(안)을 작성하여 배포하고 있다.
- 한국주택정비사업조합협회에서 제시한 표준급여(안)은 표준급여(안)은 조합의 '2023년도 상근임직원 급여' 책정 시 지침이나 참고자료로만 활용해야 할 급여 수준이며, 사업구역의 특성(사업규모, 사업추진현황, 운영비예산, 협력업체의 자금상황 등)을 고려하여 일정비율 증액 또는 감액하여 사용할 수 있다.
- 2023년 조합 상금임직원 표준급여(안)은 다음과 같다.

사업단계	직위	조합원 수					비고
		300명 미만	500명 미만	700명 미만	1,000명 미만	1,000명 이상	
조합	조합장	394	414	434	452	471	상여금 400% 별도 (단위 : 만원)
	상근임원 (사무장 등 전문인력)	322	340	358	376	393	
	상근직원 (회계·서무)	223	228	235	248	263	

※조합원 수에 따른 기초(안)이며 조합의 특성 및 자금조달 상황에 따라 조정하여야 함.

조합설립등기

- 조합은 조합설립의 인가를 받은 날부터 30일 이내에 주된 사무소의 소재지에서 법이 정한 사항을 등기함으로써 성립한다.
- 조합설립을 위한 등기사항은 다음과 같다.
    1. 설립목적
    2. 조합의 명칭
    3. 주된 사무소의 소재지
    4. 설립인가일
    5. 임원의 성명 및 주소

6. 임원의 대표권을 제한하는 경우에는 그 내용

- 조합은 설립등기시부터 법인격을 부여받게 되므로 창립총회에서 선출된 임원은 조합설립등기 시부터 임기가 시작된다.

조합설립인가

- 시장·군수등, 토지주택공사등 또는 지정개발자가 아닌 자가 정비사업을 시행하려는 경우에는 토지등소유자로 구성된 조합을 설립하여야 한다. 다만, 토지등소유자가 재개발사업을 시행하려는 경우에는 그러하지 아니하다.
- 재개발사업의 추진위원회가 조합을 설립하려면 토지등소유자의 4분의 3 이상 및 토지면적의 2분의 1 이상의 토지소유자의 동의를 받아 다음의 사항을 첨부하여 시장·군수등의 인가를 받아야 한다.
  1. 정관
  2. 정비사업비와 관련된 자료 등 국토교통부령으로 정하는 서류
  3. 그 밖에 시·도조례로 정하는 서류
- 재건축사업의 추진위원회가 조합을 설립하려는 때에는 주택단지의 공동주택의 각 동(복리시설의 경우에는 주택단지의 복리시설 전체를 하나의 동으로 본다)별 구분소유자의 과반수 동의(공동주택의 각 동별 구분소유자가 5 이하인 경우는 제외한다)와 주택단지의 전체 구분소유자의 4분의 3 이상 및 토지면적의 4분의 3 이상의 토지소유자의 동의를 받아 시장·군수등의 인가를 받아야 한다.
- 주택단지가 아닌 지역이 정비구역에 포함된 때에는 주택단지가 아닌 지역의 토지 또는 건축물 소유자의 4분의 3 이상 및 토지면적의 3분의 2 이상의 토지소유자의 동의를 받아야 한다.
- 설립된 조합이 인가받은 사항을 변경하고자 하는 때에는 총회에서 조합원의 3분의 2 이상의 찬성으로 의결하고, 시장·군수등의 인가를 받아야 한다. 다만, 대통령령으로 정하는 경미한 사항을 변경하려는 때에는 총회의 의결 없이 시장·군수등에게 신고하고 변경할 수 있다.
- 시장·군수등은 경미한 사항 변경에 따른 신고를 받은 날부터 20일 이내에 신고수리 여부를 신고인에게 통지하여야 한다.
- 시장·군수등이 정해진 기간 내에 신고수리 여부 또는 민원 처리 관련 법령에 따른 처리기간의 연장을 신고인에게 통지하지 아니하면 그 기간(민원 처리 관련 법령에 따라 처리기간이 연장

또는 재연장된 경우에는 해당 처리기간을 말한다)이 끝난 날의 다음 날에 신고를 수리한 것으로 본다.

- 조합이 정비사업을 시행하는 경우 「주택법」 제54조를 적용할 때에는 조합을 같은 법 제2조제10호에 따른 사업주체로 보며, 조합설립인가일부터 같은 법 제4조에 따른 주택건설사업 등의 등록을 한 것으로 본다.

- 추진위원회는 조합설립에 필요한 동의를 받기 전에 추정분담금 등 대통령령으로 정하는 정보를 토지등소유자에게 제공하여야 한다.

- 조합을 설립을 위한 토지등소유자의 동의는 국토교통부령으로 정하는 동의서에 동의를 받는 방법에 따른다.

- 동의서에는 다음의 사항이 포함되어야 한다.

  1. 건설되는 건축물의 설계의 개요
  2. 공사비 등 정비사업비용에 드는 비용(정비사업비)
  3. 정비사업비의 분담기준
  4. 사업 완료 후 소유권의 귀속에 관한 사항
  5. 조합 정관

- 조합은 조합설립인가를 받은 때에는 정관으로 정하는 바에 따라 토지등소유자에게 그 내용을 통지하고, 이해관계인이 열람할 수 있도록 하여야 한다.

조합운영 실태점검

- 조합운영 실태점검이란 「도시 및 주거환경정비법」 제113조에 따라 국토교통부장관, 시·도지사, 시장, 군수 또는 구청장이 정비사업의 원활한 시행을 위하여 관계 공무원 및 전문가로 구성된 점검반을 구성하여 정비사업 분쟁의 조정, 위법사항의 시정요구 등 필요한 조치를 하기 위한 현장점검을 실시하는 것을 말한다.

- 조합운영 실태점검은 국토교통부장관, 시·도지사, 시장, 군수 또는 구청장이 개별적으로 단독점검을 실시하거나, 필요한 경우 국토교통부장관, 시·도지사, 시장, 군수 또는 구청장이 합동으로 점검을 실시할 수도 있는데, 이를 두고 일명 합동점검이라고 한다.

- 점검주체가 조합운영 실태점검을 실시하는 경우 관할 지방자치단체의 장과 조합은 대통령령으로 정하는 자료의 제공 등 점검반의 활동에 적극 협조하여야 하며, 점검주체는 조합에서 점검반

의 현장조사를 거부하는 경우에는 그에 대한 과태료를 부과할 수 있다.

- 조합운영 실태점검은 분쟁의 조정, 위법사항의 시정요구 등 필요한 조치를 결정하기 위한 것으로 시공자 선정 등 용역계약, 조합행정업무, 자금운용 및 회계처리, 정비사업비, 정보공개 등으로 구분하여 실시한다.
- 점검대상 선정 시 고려사항은 다음과 같다.

  1. 위법 및 분쟁발생 여부

     1) 용역업체 입찰과정에서 위법 및 분쟁이 발생한 구역

     2) 정비사업 비리 등으로 인해 사회적 물의를 일으킨 구역

     3) 조합운영 및 관리가 부실한 구역

     4) 정비구역내 조합원 민원이 다른 구역에 비해 많이 발생하고 있는 구역

  2. 장기간의 사업 지연

     1) 관리처분계획 수립이 장기간 지연되고 있는 구역

     2) 시공자와의 분쟁으로 사업이 지연되고 있는 구역

     3) 장기간 총회를 개최하지 않는 구역

  3. 조합이 직접 점검을 요청하는 구역

  4. 지방자치단체 및 조합에 대한 정보공개 관련 요청이 많은 구역

- 조합운영 실태점검은 2주를 기준으로 실시하되, 점검인력, 사업추진 단계, 사업규모 등을 고려하여 축소 또는 연장할 수 있다.

조합원

- 조합원은 조합의 구성원으로서 조합정관에서 정한 권리와 의무를 가지며, 조합을 통하여 정비사업에 참여할 수 있는 지위를 얻는다.
- 조합원이 될 수 있는 자는 원칙적으로 토지등소유자이고 토지등소유자가 아닌 자는 조합원이 될 수 없다. 따라서 조합원 자격은 재개발사업에서는 정비구역에 위치한 토지 또는 건축물의 소유자 또는 그 지상권자에 해당하여야 하고, 재건축사업에서는 정비구역에 위치한 건축물 및 그 부속토지의 소유자에 해당하여야 한다. 즉, 토지등소유자는 조합원이 될 수 있는 자격요건에 불과하다. 재건축조합설립에 동의하지 아니하여 조합원이 아닌 경우가 있을 수 있다.
- 강제가입제가 채택된 주거환경개선사업이나 재개발사업의 경우 토지등소유자와 조합원의 범위는

동일하지만, 임의가입제를 채택한 재건축사업의 경우 토지등소유자와 조합원의 범위가 다르다.

- 무허가건축물 소유자는 토지등소유자에 해당하지 않아 조합원 자격을 가지고 있지 않으나, 시·도조례 및 정관에서 정한 무허가건축물에 한하여 조합원 자격이 인정되고 분양권도 인정된다.
- 서울시의 경우 종전토지의 총면적이 90㎡ 미만이거나 종전토지의 권리가액이 최소규모 공동주택 1가구의 추산액 미만인 토지등소유자는 조합원으로 인정되나 공동주택의 분양대상에서 제외될 수 있다.
- 재개발사업에서 지상권자는 토지등소유자에 해당하나 독립하여 1인의 토지등소유자가 될 수 없고 토지소유자와 함께 대표자를 선정하여 1인의 토지등소유자가 될 수 있을 뿐이고, 관리처분계획상 분양대상자를 토지등소유자로 규정하면서도 지상권자는 제외된다.

조합원 권리가액

- 조합원의 권리가액이란 조합원의 종전토지 및 건축물의 평가액에 비례율을 곱한 금액을 말한다. 조합원 권리가액의 산출 공식은 다음과 같다.

> 조합원 권리가액 = 조합원의 종전토지 및 건축물의 평가액 x 비례율

- 조합원의 권리가액은 조합원 분담금 또는 환급금을 산출하는 중요한 요소이다. 조합원이 분양받을 아파트의 분양가격에서 조합원 권리가액을 뺀 금액이 조합원 분담금 또는 조합원 환급금이 된다.
- 조합원의 분담금 총액은 사업비 총액에서 일반분양수입등(상가, 임대주택 매각가액등 포함)을 뺀 금액이다.
- 조합원 분양가격은 종후자산 감정평가액이고, 조합원 권리가액은 종전자산 감정평가액에 비례율을 곱한 금액이다. 조합원 개인별 분담금은 조합원 분양가격에서 조합원 권리가액을 뺀 금액이다.
- 조합원의 분담금 산출 공식은 다음과 같다.

- 조합원 총분담금 = 사업비총액 − 일반분양수입 등 (상가, 임대주택매각수입, 기타수입 등 포함)
- 조합원 개인별 분담금 = 조합원 분양가격 − 조합원 권리가액
- 조합원 분양가격 = 종후자산 감정평가액
- 조합원 권리가액 = 종전자산평가액 x 비례율
- 조합원 개인별 분담금 = 종후자산 감정평가액 − (종전자산평가액 x 비례율)

조합원의 권리 · 의무

- 조합원은 다음의 권리와 의무를 갖는다.
  1. 건축물의 분양청구권
  2. 총회의 출석권, 발언권 및 의결권
  3. 임원의 선임권 및 피선임권
  4. 대의원의 선출권 및 피선출권
  5. 손실보상 청구권
  6. 정비사업비, 청산금, 부과금과 이에 대한 연체료 및 지연손실(이주지연, 계약지연, 조합원 분쟁으로 인한 지연 등을 포함) 등의 비용납부의무
  7. 관리처분계획에 의한 철거 및 이주 의무
  8. 그 밖에 관계법령 및 정관, 총회 등의 의결사항 준수의무
- 조합원의 권한은 평등하며 권한의 대리행사는 원칙적으로 인정하지 아니하되, 다음의 경우에 해당하는 경우에는 권한을 대리할 수 있다. 이 경우 조합원의 자격은 변동되지 아니한다.
  1. 조합원이 권한을 행사할 수 없어 배우자, 직계존비속, 형제자매 중에서 성년자를 대리인으로 정하여 위임장을 제출하는 경우
  2. 해외거주자가 대리인을 제출하는 경우
- 조합원이 그 권리를 양도하거나 주소 또는 인감을 변경하였을 경우에는 그 양수자 또는 변경 당사자는 그 행위의 종료일부터 14일 이내에 조합에 그 변경내용을 신고하여야 한다. 이 경우 신고하지 아니하여 발생하는 불이익 등에 대하여 해당 조합원은 조합에 이의를 제기할 수 없다.
- 조합원은 조합이 사업시행에 필요한 서류를 요구하는 경우 이를 제출할 의무가 있으며 조합의

승낙이 없는 한 이를 회수할 수 없다. 이 경우 조합은 요구서류에 대한 용도와 수량을 명확히 하여야 하며 조합의 승낙이 없는 한 회수할 수 없다는 것을 미리 고지하여야 한다.

조합원의 이주

- 사업시행자는 관리처분계획인가를 받은 후 기존의 건축물을 철거하여야 한다.
- 조합원은 철거 및 이주에 대한 의무가 있으며, 조합이 정하여 통지하는 이주기간 내에 당해 건축물에서 이주하여야 하며, 세입자 또는 임시거주자 등이 있을 때에는 당해 조합원의 책임으로 함께 퇴거하도록 조치하여야 한다.
- 조합원은 본인 또는 세입자 등이 당해 건축물에서 퇴거하지 아니하여 기존 주택 등의 철거 등 사업시행에 지장을 초래하는 때에는 그에 따라 발생되는 모든 손해에 대하여 변상할 책임을 지며, 조합원이 변상할 손해금액과 징수방법 등은 대의원회의에서 정하여 총회의 승인을 얻어 당해 조합원에게 부과하며, 이를 기한 내에 납부하지 아니한 때에는 당해 조합원의 권리물건을 환가처분하여 그 금액으로 충당할 수 있다.

조합원의 임의탈퇴 · 제명

- 재건축조합원은 임의로 탈퇴할 수 없다. 다만 부득이한 사유가 발생한 경우 총회 또는 대의원회의 의결에 따라 탈퇴할 수 있다. 여기서 부득이한 경우란 조합원 일신상의 주관적인 사유와 조합원 개개인의 이익뿐만 아니라 단체로서의 조합의 성격과 조합원 전체의 이익 등을 종합적으로 고려하여 판단하여야 한다.
- 조합원으로서 고의 또는 중대한 과실 및 의무불이행 등으로 조합에 대하여 막대한 손해를 입힌 경우에는 총회의 의결에 따라 조합원을 제명할 수 있다.
- 구체적인 제명 사유는 다음과 같다.
  1. 무자격자로 판명이 되는 경우
  2. 조합원이 권리를 행사하지 아니하거나 의무를 이행하지 아니하여 재건축사업에 현저한 지장을 주는 경우
  3. 명확히 확인하지도 않고 마치 사실인 것처럼 허위사실을 유포하여 조합 또는 임원 및 대의원의 명예를 현저히 훼손한 경우

4. 합리적인 방법에 의하여 총회가 개최되고 가결되거나 부결되었으면 승복하여 조합의 민주적 운영에 협조하여야 함에도 이를 불법적으로 저지하여 조합 집행부를 분란시키고, 사업시행에 지연 내지 손해를 끼친 경우

5. 조합의 조직을 파괴하거나 적대적인 행위를 하여 조합원으로서 도저히 포용할 수 없는 경우

조합은 제명 전에 해당 조합원에게 청문 등 소명의 기회를 주어야 한다.

- 조합원의 제명은 총회에서 조합원 과반수 출석에 출석 조합원 과반수의 찬성으로 의결할 수 있다.

조합원의 자격

- 정비사업의 조합원(사업시행자가 신탁업자인 경우에는 위탁자를 말한다)은 토지등소유자(재건축사업의 경우에는 재건축사업에 동의한 자만 해당한다)로 하되, 다음의 어느 하나에 해당하는 때에는 그 여러 명을 대표하는 1명을 조합원으로 본다. 다만, 「국가균형발전 특별법」 제18조에 따른 공공기관지방이전 및 혁신도시 활성화를 위한 시책 등에 따라 이전하는 공공기관이 소유한 토지 또는 건축물을 양수한 경우 양수한 자(공유의 경우 대표자 1명을 말한다)를 조합원으로 본다.

  1. 토지 또는 건축물의 소유권과 지상권이 여러 명의 공유에 속하는 때

  2. 여러 명의 토지등소유자가 1세대에 속하는 때. 이 경우 동일한 세대별 주민등록표 상에 등재되어 있지 아니한 배우자 및 미혼인 19세 미만의 직계비속은 1세대로 보며, 1세대로 구성된 여러 명의 토지등소유자가 조합설립인가 후 세대를 분리하여 동일한 세대에 속하지 아니하는 때에도 이혼 및 19세 이상 자녀의 분가(세대별 주민등록을 달리하고, 실거주지를 분가한 경우로 한정한다)를 제외하고는 1세대로 본다.

  3. 조합설립인가(조합설립인가 전에 신탁업자를 사업시행자로 지정한 경우에는 사업시행자의 지정을 말한다) 후 1명의 토지등소유자로부터 토지 또는 건축물의 소유권이나 지상권을 양수하여 여러 명이 소유하게 된 때

- 투기과열지구로 지정된 지역에서 재건축사업을 시행하는 경우에는 조합설립인가 후, 재개발사업을 시행하는 경우에는 관리처분계획의 인가 후 해당 정비사업의 건축물 또는 토지를 양수(매매·증여, 그 밖의 권리의 변동을 수반하는 모든 행위를 포함하되, 상속·이혼으로 인한 양도·양수의 경우는 제외한다)한 자는 조합원이 될 수 없다. 다만, 양도인이 다음의 어느 하나에 해당하

는 경우 그 양도인으로부터 그 건축물 또는 토지를 양수한 자는 그러하지 아니하다.

    1) 세대원(세대주가 포함된 세대의 구성원을 말한다)의 근무상 또는 생업상의 사정이나 질병 치료(「의료법」 제3조에 따른 의료기관의 장이 1년 이상의 치료나 요양이 필요하다고 인정하는 경우로 한정한다)·취학·결혼으로 세대원이 모두 해당 사업구역에 위치하지 아니한 특별시·광역시·특별자치시·특별자치도·시 또는 군으로 이전하는 경우

    2) 상속으로 취득한 주택으로 세대원 모두 이전하는 경우

    3) 세대원 모두 해외로 이주하거나 세대원 모두 2년 이상 해외에 체류하려는 경우

    4) 1세대 1주택자로서 양도하는 주택에 대한 소유기간 및 거주기간이 대통령령으로 정하는 기간 이상인 경우

- 상기 4)의 대통령령으로 정하는 기간이란 다음의 구분에 따른 기간을 말한다. 이 경우 소유자가 피상속인으로부터 주택을 상속받아 소유권을 취득한 경우에는 피상속인의 주택의 소유기간 및 거주기간을 합산한다.

    가. 소유기간 : 10년

    나. 거주기간(「주민등록법」 제7조에 따른 주민등록표를 기준으로 하며, 소유자가 거주하지 아니하고 소유자의 배우자나 직계존비속이 해당 주택에 거주한 경우에는 그 기간을 합산한다) : 5년

    5) 지분형주택을 공급받기 위하여 건축물 또는 토지를 토지주택공사 등과 공유하려는 경우

    6) 공공임대주택, 「공공주택 특별법」에 따른 공공분양주택의 공급 및 대통령령으로 정하는 사업(공공재개발사업 시행자가 상가를 임대하는 사업)을 목적으로 건축물 또는 토지를 양수하려는 공공재개발사업 시행자에게 양도하려는 경우

    7) 그 밖에 불가피한 사정으로 양도하는 경우로서 대통령령으로 정하는 경우

- 상기 7)의 대통령령으로 정하는 경우란 다음의 어느 하나에 해당하는 경우를 말한다.

    가. 조합설립인가일부터 3년 이상 사업시행인가 신청이 없는 재건축사업의 건축물을 3년 이상 계속하여 소유하고 있는 자(소유기간을 산정할 때 소유자가 피상속인으로부터 상속받아 소유권을 취득한 경우에는 피상속인의 소유기간을 합산한다)가 사업시행인가 신청 전에 양도하는 경우

    나. 사업시행계획인가일부터 3년 이내에 착공하지 못한 재건축사업의 토지 또는 건축물을 3년 이상 계속하여 소유하고 있는 자가 착공 전에 양도하는 경우

    다. 착공일부터 3년 이상 준공되지 않은 재개발사업·재건축사업의 토지를 3년이상 계속하

여 소유하고 있는 경우

라. 법률 제7056호 도시및주거환경정비법 일부개정법률 부칙 제2항에 따른 토지등소유자로부터 상속·이혼으로 인하여 토지 또는 건축물을 소유한 자

마. 국가·지방자치단체 및 금융기관에 대한 채무를 이행하지 못하여 재개발사업·재건축사업의 토지 또는 건축물이 경매 또는 공매되는 경우

- 사업시행자는 조합원의 자격을 취득할 수 없는 경우 정비사업의 토지, 건축물 또는 그 밖의 권리를 취득한 자에게 손실보상을 하여야 한다.

조합원 입주권

- 조합원 입주권이란 「도시 및 주거환경정비법」에 따른 정비사업, 「빈집 및 소규모주택정비에 관한 특례법」에 따른 소규모주택정비사업의 조합원 분양분 아파트에 입주할 권리를 말한다. 분양권과 구별되는 개념이다.
- 조합원 입주권은 「도시 및 주거환경정비법」 제74조에 따른 관리처분계획인가 및 「빈집 및 소규모주택정비에 관한 특례법」 제29조에 따른 사업시행계획인가로 취득한 '입주자로 선정된 지위'를 말한다.
- 조합원 입주권은 관리처분계획인가 등이 있는 경우라도 해당 주거용 건축물이 멸실되기 전까지는 주택으로 간주하므로 주택이 조합원 입주권으로 전환되는 시점은 주거용 건축물 멸실 이후로 본다.

조합원 자격의 상실

- 조합원이 건축물의 소유권이나 입주자로 선정된 지위 등을 양도하였을 때에는 조합원의 자격을 즉시 상실한다. 관계 법령 및 정관에서 정하는 바에 따라 조합원의 자격에 해당하지 않게 된 자의 조합원 자격은 자동으로 상실된다.
- 조합원이 권리나 지위 등을 양도하였을 경우 또는 관계 법령 및 정관에서 정하는 조합원에 해당하지 않게 된 경우에 조합원의 자격이 조합 내부의 별도의 절차(총회, 대의원회 의결 등)나 행정절차(변경신고, 인가 등)를 받을 때까지 지속되지 않는다는 것을 말한다.

조합의 법인격 및 등기사항

- 조합은 법인으로 한다. 조합은 조합설립인가를 받은 날부터 30일 이내에 주된 사무소의 소재지에서 대통령령으로 정하는 사항을 등기하는 때에 성립한다. 조합은 명칭에 정비사업조합이라는 문자를 사용하여야 한다. 대통령령으로 정하는 등기사항이란 다음의 사항을 말한다.

  1. 설립목적
  2. 조합의 명칭
  3. 주된 사무소의 소재지
  4. 설립인가일
  5. 임원의 성명 및 주소
  6. 임원의 대표권을 제한하는 경우에는 그 내용
  7. 전문조합관리인을 선정한 경우에는 그 성명 및 주소

조합의 해산 · 청산

- 조합의 해산은 조합 법인격의 소멸을 가져오는 원인이 되는 법률사실을 말한다. 기존의 법률관계를 처리하는 청산절차가 수반된다.
- 조합의 해산은 총회의 의결사항이므로 조합 총회의 의결을 거쳐 해산한다. 조합의 해산에 관한 사항은 「도시 및 주거환경정비법」 또는 정관에 다른 규정이 없으면 조합원 과반수의 출석과 출석 조합원 과반수의 찬성으로 의결한다.
- 조합은 준공인가를 받은 날로부터 1년 이내에 이전고시 및 건축물 등에 대한 등기절차를 완료하고 총회를 소집하여 해산 의결을 하여야 한다.
- 조합이 해산의결을 한 때에는 해산의결 당시의 임원이 청산인이 된다.
- 조합이 해산하는 경우에 청산에 관한 업무와 채권의 추심 및 채무의 변제 등에 관하여 필요한 사항은 민법의 관계규정에 따른다.
- 청산이란 정비사업을 통해 대지 또는 건축물을 분양받은 자가 종전에 소유하고 있던 토지 또는 건축물의 가격과 분양받은 대지 또는 건축물의 가격 사이에 차이가 있는 경우에 사업시행자가 이전고시일 후에 그 차액에 상당하는 금액을 분양받은 자로부터 징수하거나 분양받은 자에게 지급하는 등 조합의 권리·의무관계를 정리하는 절차를 말한다.
- 조합이 해산한 경우에는 파산인 경우를 제외하고 정관 또는 총회의 결의로 다르게 정한 바가 없

으면 조합장이 청산인이 된다.

- 청산인은 다음의 업무를 성실히 수행하여야 한다.

  1. 현존하는 조합의 사무종결

  2. 채권의 추심 및 채무의 변제

  3. 잔여재산의 처분

  4. 그 밖에 청산에 필요한 사항

- 청산종결 후 조합의 채무 및 잔여재산이 있을 때에는 해산당시의 조합원에게 분양받은 토지 또는 건축물의 부담비용 등을 종합적으로 고려하여 형평이 유지되도록 공정하게 배분하여야 한다.

- 조합은 사업을 완료하거나 폐지한 때에는 시·도조례가 정하는 바에 따라 관계서류를 시장·군수에게 인계하여야 한다.

조합 해산을 위한 총회에 관한 특례

- 조합장은 이전고시가 있은 날부터 1년 이내에 조합 해산을 위한 총회를 소집하여야 한다.

- 조합장이 이전고시가 있은 날부터 1년 이내에 총회를 소집하지 아니한 경우 「도시 및 주거환경 정비법」 제44조제2항에도 불구하고 조합원 5분의 1 이상의 요구로 소집된 총회에서 조합원 과반수의 출석과 출석 조합원 과반수의 동의를 받아 해산을 의결할 수 있다. 이 경우 요구자 대표로 선출된 자가 조합 해산을 위한 총회의 소집 및 진행을 할 때에는 조합장의 권한을 대행한다.

- 시장·군수등은 조합이 정당한 사유 없이 해산을 의결하지 아니하는 경우에는 조합설립인가를 취소할 수 있다.

- 해산하는 조합에 청산인이 될 자가 없는 경우에는 「민법」 제83조에도 불구하고 시장·군수등은 법원에 청산인의 선임을 청구할 수 있다.

조합의 회계

- 조합의 회계는 매년 1월 1일(설립인가를 받은 당해연도는 인가일)부터 12월 말일까지로 한다.

- 조합의 예산·회계는 기업회계의 원칙에 따르되 조합은 필요하다고 인정하는 때에는 다음 사항에 관하여 별도의 회계규정을 정하여 운영할 수 있다. 이 경우 회계규정을 정할 때는 미리 총회

의 의결을 받아야 한다.

1. 예산의 편성과 집행기준에 관한 사항

2. 세입·세출예산서 및 결산보고서의 작성에 관한 사항

3. 수입의 관리·징수방법 및 수납기관 등에 관한 사항

4. 지출의 관리 및 지급 등에 관한 사항

5. 계약 및 채무관리에 관한 사항

6. 그 밖에 회계문서와 장부에 관한 사항

• 조합은 매 회계연도 종료일부터 30일 이내에 결산보고서를 작성한 후 감사의 의견서를 첨부하여 대의원회에 제출하여 의결을 거쳐야 하며, 대의원회 의결을 거친 결산보고서를 총회 또는 조합원에게 서면으로 보고하고 조합사무소에 이를 3월 이상 비치하여 조합원들이 열람할 수 있도록 하여야 한다.

• 조합은 다음에 해당하는 시기에 「주식회사 등의 외부감사에 관한 법률」에 의한 감사인의 회계감사를 받아야 한다.

1. 추진위원회에서 조합으로 인계되기 전까지 납부 또는 지출된 금액이 3억5,000만원 이상인 경우에 인계되기 전 7일 이내

2. 사업시행인가고시일전까지 납부 또는 지출된 금액이 7억원 이상인 경우에고시일부터 20일 이내

3. 준공인가신청일까지 납부 또는 지출된 금액이 14억원 이상인 경우에 준공검사의 신청일부터 7일 이내

• 조합은 외부 감사인의 회계감사 결과를 회계감사종료일로부터 15일이내에 시장·군수에게 보고하고 조합사무소에 이를 비치하여 조합원들이 열람할 수 있도록 하여야 한다.

조합 임원의 자격

• 국토교통부가 작성·보급한 표준정관에 의하면 임원의 자격은 다음과 같다.

1. 피선출일 현재 사업시행구역 안에서 3년 이내에 1년 이상 거주하고 있는 자(다만, 거주의 목적이 아닌 상가 등의 건축물에서 영업 등을 하고 있는 경우 영업 등은 거주로 본다)

2. 피선출일 현재 사업시행구역 안에서 5년 이상 건축물 및 그 부속토지를 소유한 자

조합임원의 임기 · 연임

- 조합임원의 임기는 3년 이하의 범위에서 정관으로 정할 수 있다.
- 조합 임원은 연임할 수 있다.
- 임원의 연임 안건을 총회에 상정하는 경우 기존 임원들에 대한 찬반투표로 연임을 결정하므로, 새로운 입후보자가 등록하는 것이 아니므로 입후보등록공고 등의 절차를 거칠 필요가 없다.
- 기존에 직무를 수행한 임원들에게 그동안의 경험을 존중하고 업무수행의 연속성을 보장하는 것으로 다른 후보자와의 경쟁 없이 다시 조합임원으로 재선임되어 연임할 수 있도록 하는 것이다.

조합임원의 직무 및 결격사유

- 조합은 다음의 어느 하나의 요건을 갖춘 조합장 1명과 이사, 감사를 임원으로 둔다. 이 경우 조합장은 선임일부터 관리처분계획인가를 받을 때까지는 해당 정비구역에서 거주(영업을 하는 자의 경우 영업을 말한다)하여야 한다.
  1. 정비구역에서 거주하고 있는 자로서 선임일 직전 3년 동안 정비구역 내 거주 기간이 1년 이상일 것
  2. 정비구역에 위치한 건축물 또는 토지(재건축사업의 경우에는 건축물과 그 부속토지를 말한다)를 5년 이상 소유하고 있을 것
- 조합의 이사와 감사의 수는 대통령령으로 정하는 범위에서 정관으로 정한다.
- 조합에 두는 이사의 수는 3명 이상으로 하고, 감사의 수는 1명 이상 3명 이하로 한다. 다만, 토지등소유자의 수가 100인을 초과하는 경우에는 이사의 수를 5명 이상으로 한다.
- 조합은 총회 의결을 거쳐 조합임원의 선출에 관한 선거관리를 「선거관리위원회법」 제3조에 따라 선거관리위원회에 위탁할 수 있다.
- 조합임원의 임기는 3년 이하의 범위에서 정관으로 정하되, 연임할 수 있다.
- 조합임원의 선출방법 등은 정관으로 정한다.
- 조합장은 조합을 대표하고, 그 사무를 총괄하며, 총회 또는 대의원회의 의장이 된다. 조합장이 대의원회의 의장이 되는 경우에는 대의원으로 본다.
- 조합장 또는 이사가 자기를 위하여 조합과 계약이나 소송을 할 때에는 감사가 조합을 대표한다.
- 조합임원은 같은 목적의 정비사업을 하는 다른 조합의 임원 또는 직원을 겸할 수 없다.

- 다음의 어느 하나에 해당하는 자는 조합임원 또는 전문조합관리인이 될 수 없다.

  1. 미성년자·피성년후견인 또는 피한정후견인

  2. 파산선고를 받고 복권되지 아니한 자

  3. 금고 이상의 실형을 선고받고 그 집행이 종료(종료된 것으로 보는 경우를 포함한다)되거나 집행이 면제된 날부터 2년이 지나지 아니한 자

  4. 금고 이상의 형의 집행유예를 받고 그 유예기간 중에 있는 자

  5. 이 법을 위반하여 벌금 100만원 이상의 형을 선고받고 10년이 지나지 아니한 자

- 조합임원이 다음의 어느 하나에 해당하는 경우에는 당연 퇴임한다.

  1. 조합임원의 결격사유의 어느 하나에 해당하게 되거나 선임 당시 그에 해당하는 자이었음이 밝혀진 경우

  2. 조합임원이 거주기간 및 소유기간 등 자격요건을 갖추지 못한 경우

- 퇴임된 임원이 퇴임 전에 관여한 행위는 그 효력을 잃지 아니한다.

- 조합임원은 조합원 10분의 1 이상의 요구로 소집된 총회에서 조합원 과반수의 출석과 출석 조합원 과반수의 동의를 받아 해임할 수 있다. 이 경우 요구자 대표로 선출된 자가 해임 총회의 소집 및 진행을 할 때에는 조합장의 권한을 대행한다.

조합임원의 책임

- 재개발·재건축 조합임원은 조합업무에 대한 법적·경제적·공정성 유지책임을 갖고 성실히 업무를 수행하여야 한다.

- 정비사업 지원기구인 한국부동산원에서 조합임원의 책임을 정리하였다.

  1. 조합임원은 다음과 같은 법적 책임이 있다.

     1) 도시 및 주거환경정비법, 시행령, 시행규칙, 지자체 조례 등 관련 법규 등을 준수하여야 한다.

     2) 조합정관 및 그 하위 규정인 업무규정, 회계규정 등 조합원들이 정한 규정을 준수하여야 한다.

     3) 임원 선출은 선거관리규정을 준수하여 투명하게 진행하며, 조합원에게 피해가 발생하지 않도록 업무의 인수인계를 철저히 하여야 한다.

  2. 조합임원은 다음과 같은 경제적 책임이 있다.

     1) 조합원 또는 토지등소유자 전체의 이익을 우선으로 성실히 직무를 수행하여야 한다.

2) 금전을 포함한 조합의 재산을 투명하게 관리·운영하여 조합원에 손해를 끼치는 불필요한 비용지출을 예방하여야 한다.

3) 조합원에게 부담이 되는 중요한 사항은 조합원들에게 충분히 설명하고, 관련 정보를 공개하도록 하여야 합니다.

3. 조합임원은 다음과 같은 공정성 유지 책임이 있다.

1) 자신의 재산상 이해와 관련되어 공정성을 잃지 않도록 이해 충돌의 방지에 노력하여야 한다.

2) 공정한 업무 수행을 위하여 이해관계자가 업무에 참여하지 않도록 노력하여야 한다.

3) 조합의 의사결정은 이사회, 대의원회, 총회를 통하여 결정하며, 조합원의 요구와 필요를 해결하기 위하여 최우선으로 노력하여야 한다.

조합임원의 행동강령

• 정비사업 지원기구인 한국부동산원은 공직자의 윤리규범을 토대로 다음과 같이 재개발·재건축 조합 임원 또는 직원의 행동강령을 예시로서 작성하였다.

제1조(목적) 이 행동강령(이하 "강령"이라 한다)은 부패방지와 깨끗한 정비사업 풍토 조성을 위하여 재개발·재건축 조합(이하 "조합"이라 한다)의 임직원이 준수하여야 할 행동의 기준을 규정하는 것을 목적으로 한다. **제2조(정의)** 이 강령에서 사용하는 용어의 뜻은 다음과 같다.

1. "직무관련자"란 임직원의 소관 업무와 관련되는 자로서 다음 각 목의 어느 하나에 해당하는 개인(임직원이 사인의 지위에 있는 경우에는 이를 개인으로 본다) 또는 단체를 말한다.

    가. 조합과 계약을 체결하거나 체결하려는 것이 명백한 개인 또는 법인·단체

    나. 조합에 대하여 특정한 행위를 요구하거나, 임직원의 직무상 권한의 행사 또는 불행사로 금전적 이해관계에 영향을 받는 개인 또는 법인·단체

    다. 사업 등의 결정 또는 집행으로 이익 또는 불이익을 직접적으로 받는 개인 또는 단체

    라. 그 밖에 조합이 부패방지를 위하여 정하는 업무와 관련된 개인 또는 단체

2. "직무관련임직원"이란 임직원의 직무수행과 관련하여 이익 또는 불이익을 직접적으로 받는 다른 임직원 중 다음 각 목의 어느 하나에 해당하는 임직원을 말한다.

    가. 임직원의 소관 업무와 관련하여 직무상 명령을 받는 하급자

    나. 사무를 위임·위탁하는 경우 그 사무의 위임·위탁을 받는 임직원

다. 그 밖에 조합장이 정하는 임직원

3. "금품등"이란 다음 각 목의 어느 하나에 해당하는 것을 말한다.

　가. 금전, 유가증권, 부동산, 물품, 숙박권, 회원권, 입장권, 할인권, 초대권, 관람권, 부동산 등의 사용권 등 일체의 재산적 이익

　나. 음식물·주류·골프 등의 접대·향응 또는 교통·숙박 등의 편의 제공

　다. 채무 면제, 취업 제공, 이권(利權) 부여 등 그 밖의 유형·무형의 경제적 이익

제3조(적용범위) 이 강령은 조합임원과 조합사무실에서 근무하는 직원(협력업체 직원도 포함한다. 이하 같다)에게 적용한다.

제4조(준수의무) ① 모든 임직원은 이 강령을 숙지하고 준수하여야 하며 위반사항에 대하여는 그에 따른 책임을 진다. ② 조합장은 부패방지와 깨끗한 업무풍토 조성 및 강령의 준수를 담보하기 위하여 직원에 대하여 청렴서약서를 제출하게 할 수 있다.

제5조(공정한 직무수행을 해치는 지시 등에 대한 처리) 임직원은 협력업체 등에게 자기 또는 타인의 이익을 위하여 법령이나 규정에 위반하여 공정한 직무수행을 현저하게 해치는 지시를 하여서는 안 된다.

제6조(사적 이해관계의 신고 등) ① 임직원은 다음 각 호의 어느 하나에 해당하는 경우에는 조합장에게 해당 사실을 별지 제3호 서식에 따라 서면(전자문서를 포함한다. 이하 같다)으로 신고하여야 한다. 다만, 임직원이 조합장이 정하는 단순 민원업무를 수행하는 경우에는 그러하지 아니하다.

1. 임직원 자신이 직무관련자인 경우

2. 임직원의 4촌 이내 친족(「민법」 제767조에 따른 친족을 말한다)이 직무관련자인 경우

3. 임직원 자신 또는 그 가족(「민법」 제779조에 따른 가족을 말한다. 이하 같다)이 임직원으로 재직하고 있는 법인·단체가 직무관련자인 경우

4. 임직원 자신 또는 그 가족이 직무관련자를 대리하거나 직무관련자에게 고문·자문 등을 제공하거나 해당 대리·고문·자문 등의 업무를 하는 법인·단체에 소속되어 있는 경우

5. 그 밖에 조합장이 공정한 직무수행이 어려운 관계에 있다고 정한 자가 직무관련자인 경우

② 제1항 본문에 따른 신고를 받은 조합장은 소속 임직원의 공정한 직무수행을 저해할 수 있다

고 판단하는 경우에는 해당 임직원에게 다음 각 호의 조치를 할 수 있다.

  1. 직무 참여의 일시중지

  2. 직무 대리자 또는 직무 공동수행자의 지정

  3. 직무 재배정

  4. 직무수행 과정의 확인·점검(해당 임직원이 직무수행을 계속하는 경우)

제7조(직무 관련 영리행위 등 금지)① 임직원은 직무와 관련하여 다음 각 호의 행위를 해서는 안 된다. 다만, 다른 규정에 따라 허용되는 경우에는 그러하지 아니하다.

  1. 직무관련자에게 사적으로 노무 또는 조언·자문을 제공하고 대가를 받는 행위

  2. 조합과 쟁송 등의 당사자가 되는 직무이거나 직접적인 이해관계가 있는 직무인 경우에 조합의 상대방을 대리하거나 상대방에게 조언·자문 또는 정보를 제공하는 행위

  3. 기타 조합장이 공정하고 청렴한 직무수행을 저해할 우려가 있다고 판단하여 정하는 직무 관련 행위

② 조합장은 소속 임직원의 행위가 제1항 각 호의 어느 하나에 해당한다고 인정하는 경우에는 그 행위를 중지하거나 종료하도록 해당 임직원에게 명하여야 한다.

제8조(특혜의 배제) 임직원은 직무를 수행함에 있어 지연·혈연·학연·종교 등을 이유로 특정인에게 특혜를 주거나 특정인을 차별하여서는 안 된다.

제9조(예산의 목적 외 사용 금지) 임직원은 여비, 업무추진비 등 업무수행을 위한 예산을 목적 외의 용도로 사용하여 조합에 재산상 손해를 입혀서는 안 된다.

제10조(직무관련자 등과의 사적 접촉 제한)① 임직원은 자신이 취급하는 업무와 관련하여 직무수행상 필요한 경우를 제외하고 직무관련자 및 대리인 등과 「부정청탁 및 금품등 수수의 금지에 관한 법률」(이하 "청탁금지법"이라 한다) 및 강령이 허용하는 범위를 벗어나서 골프 등을 하는 행위, 식사 및 사행성 오락 등을 하는 행위를 하여서는 안 된다.

② 직무관련자와의 업무상 접촉은 부득이한 사정이 없는 한 근무지 등 직무와 관련된 장소로 한정한다.

제11조(부정청탁의 금지 및 직무수행 금지) ① 임직원은 직접 또는 제3자를 통하여 직무를 수행하는 공직자등(청탁금지법 제2조제2호에 따른 공직자등을 말한다)에게 청탁금지법 제5조 제1항에 해당하는 부정청탁을 해서는 안 된다. 다만, 청탁금지법 제5조제2항에서 예외로 인정하는 경우에는 그러하지 아니하다.

제12조(투명한 회계 관리) 임직원은 관련 법령과 일반적으로 인정된 회계원칙 등에 따라 사실에 근거하여 정확하고 투명하게 회계를 관리하여야 한다.

제13조(투명한 정보공개) 임직원은 조합운영의 투명성과 신뢰성을 높이기 위하여 도시 및 주거환경정비법에서 정하는 정보공개를 성실히 이행하여야 한다.

제14조(이권 개입 등의 금지) 임직원은 자신의 직위를 직접 이용하여 부당한 이익을 얻거나 타인이 부당한 이익을 얻도록 해서는 아니 된다.

제15조(알선·청탁 등의 금지) ① 임직원은 자기 또는 타인의 부당한 이익을 위하여 다른 공직자(부패방지권익위법 제2조제3호가목 및 나목에 따른 공직자를 말한다. 이하 같다) 또는 공직자가 아닌 자의 공정한 직무수행을 해치는 알선·청탁 등을 해서는 아니 된다.

제16조(공용재산의 사적 사용·수익 금지) 임직원은 차량 등 공용재산에 대하여 정당한 사유 없이 사적인 용도로 사용·수익해서는 안 된다.

제17조(직무권한 등을 행사한 부당 행위의 금지) 임직원은 자신의 직무권한을 행사하거나 지위·직책 등에서 유래되는 사실상 영향력을 행사하여 다음 각 호의 어느 하나에 해당하는 부당한 행위를 해서는 안 된다.
　1. 직무관련자 또는 직무관련임직원으로부터 금품등을 받거나 요구 또는 약속하는 행위
　2. 직무관련자 또는 직무관련임직원으로부터 사적 노무를 제공받거나 요구 또는 약속(다만, 다른 규정 또는 사회상규에 따라 허용되는 경우를 제외한다)
　3. 직무관련 임직원에게 직무와 관련이 없거나 직무의 범위를 벗어나 부당한 지시·요구를 하는 행위

제18조(청렴한 계약의 체결 및 이행)① 임직원은 조합이 시행하는 입찰, 계약 및 계약이행 등에 있어서 관계 법령에서 정한 절차에 따라 공정하고 투명하게 업무를 수행해야 한다.

② 임직원은 제1항의 입찰, 계약 및 계약이행 과정에서 거래상의 우월적인 지위를 이용하여 금지된 금품 등을 요구하거나 불공정한 거래 조건의 강요, 경영간섭 등 부당한 요구를 해서는 아니 된다.

제19조(성희롱·성폭력 행위 금지) 임직원은 '성희롱'(「양성평등기본법」 제3조제2호 각 목에 따른 행위를 말한다) 및 '성폭력'(「성폭력범죄의 처벌 등에 관한 특례법」제2조제1항 각 호에 규정된 죄에 해당하는 행위를 말한다) 행위를 하여서는 안 된다.

제20조(직장 내 괴롭힘의 금지) 임직원은 직장에서의 지위 또는 관계 등의 우위를 이용하여 업무상 적정범위를 넘어 다른 근로자에게 신체적·정신적 고통을 주거나 근무환경을 악화시키는 행위를 하여서는 안 된다.

조합임원의 해임

- 임원이 직무유기 및 태만 또는 관계법령 및 정관에 위반하여 조합에 부당한 손실을 초래한 경우에는 해임할 수 있다. 다만, 임원의 결격사유 및 자격상실 등에 의하여 당연 퇴임한 임원에 대해서는 해임 절차없이 선고받은 날부터 그 자격을 상실한다.
- 임원이 자의로 사임하거나 해임되는 경우 지체없이 새로운 임원을 선출하여야 한다. 이 경우 새로 선임된 임원의 자격은 시장·군수의 조합설립변경인가 및 법인의 임원변경등기를 하여야 대외적으로 효력이 발생한다.
- 임원의 해임은 조합원 10분의 1 이상 또는 대의원 3분의 2 이상의 발의로 소집된 총회에서 조합원 과반수의 출석과 출석조합원 3분의 2 이상의 동의를 얻어 해임할 수 있으며 이 경우 발의자 대표의 임시사회로 선출된 자가 그의장이 된다.
- 사임하거나 해임되는 임원이 새로운 임원이 선임, 취임할 때까지 직무를 수행하는 것이 적합하지 아니하다고 인정될 때에는 이사회 또는 대의원회의 의결에 따라 그의 직무수행을 정지하고 조합장이 임원의 직무를 수행할 자를 임시로 선임할 수 있다. 다만, 조합장이 사임하거나 해임되는 경우에는 감사가 직무를 수행할 자를 임시로 선임할 수 있다.

조합장

- 조합은 조합장 1인을 두어야 한다. 조합장은 대외적으로 조합을 대표하고 대내적으로 업무집행에 관한 사무를 총괄한다. 조합장은 업무집행의 총괄권자로서 업무집행기관인 이사회 의장이 되고 이사회의 소집권과 의결권을 갖는다.
- 조합장은 대의원회 의장으로서 대의원회의 소집권자가 된다. 조합장이 대의원회 의장이 되는 경우에는 대의원으로 간주되므로 대의원회의에서 의결권을 갖는다.
- 조합장은 총회의 의장으로서 총회의 소집권자가 된다. 조합장은 총회의 질서를 유지하고 의사를 정리하며, 고의로 의사진행을 방해하는 발언, 행동 등으로 총회질서를 문란하게 하는 자에 대하여 그 발언의 정지·제한 또는 퇴장을 명할 수 있다.

조합장의 유고와 대표권 행사

- 조합장이 질병·천재지변 등 갑작스런 사고로 업무를 집행하지 못하게 되는 경우에는 조합운영에 공백이 생긴다. 조합장이 유고 등으로 인하여 그 직무를 수행할 수 없을 때에는 상근이사 중에서 연장자순에 의하여 그 직무를 수행한다.
- 조합장이 선임된 후 직무위배행위로 인한 형사사건으로 기소된 경우에는 그 내용에 따라 확정판결이 있을 때까지 이사회 또는 대의원회 의결에 따라 그 자격을 정지할 수 있으며, 조합장의 직무가 정지된 경우 상근이사 중에서 연장자 순으로 조합을 대표한다.

조합직접설립제도

- 일반적으로 재개발·재건축사업을 시행하기 위해서는 추진위원회를 먼저 구성하고 추진위원회가 조합을 설립한다. 예외적으로 공공지원의 경우 추진위원회 구성을 생략할 수 있다. 이를 일명 '조합직접설립제도'라고 한다.
- 재개발·재건축 후보지로 선정되면 해당 지역 토지등소유자를 대상으로 정비계획 입안 동의서를 징구하는데, 이때 정비계획에 대한 동의 여부와 함께 기존의 조합설립추진위원회 구성단계 생략에 대한 토지등소유자 과반수 동의를 받으면 공공지원을 통해 조합을 직접 설립할 수 있다.
- 도시 및 주거환경정비법 제31조에 조합직접설립제도에 대한 근거규정이 있고 구체적인 사항은 시행령 및 조례로 위임하고 있다.

- 서울시의 경우 조합직접설립제도를 위한 기준인 2016년 11월 10일 '조합설립 지원을 위한 업무 기준'을 고시했다. 주요 내용은 ①토지등소유자의 대표자 중 주민협의체 구성을 위한 선출방법, ②참여주체별 역할, ③조합설립 단계별 업무처리기준, ④그 밖에 조합설립 업무지원을 위해 필요한 사항 등을 포함하고 있다.
- 조합직접설립제도는 추진위원회 단계를 생략하므로 사업기간이 단축되고 경비가 절감되며, 사업 초기 공공의 지원을 받는 장점이 있다.
- 서울시는 조합직접설립제도를 원하는 구역에 대해서는 시·구 예산을 투입해 조합설립 추진을 지원하는 정비사업전문관리업자를 선정한다.
- 이후 주민협의체 구성, 조합임원 선거, 창립총회 등 조합설립인가 단계까지 행정 및 재정적으로 지원하고 있다.

종교시설 처리방안

- '서울시의 뉴타운지구 등 종교시설 처리방안'에 따르면 재정비촉진계획 수립 시 종교시설은 우선적으로 존치가 되도록 검토하여야 한다. 재정비촉진계획 수립 시 존치여부 등을 사전에 판단하여 존치를 원칙으로 계획하고 불가피한 경우 이전계획을 수립하여 관리처분을 실시하여야 한다.
- 존치 대상은 종교단체가 토지 및 건물을 소유하고 정상적인 종교활동을 수행 중인 곳을 기준으로 하고, 이전의 불가피성 여부는 재정비위원회의 사전 자문을 거쳐 판단하도록 한다.
- 이전이 불가피한 경우 존치에 준하는 다음과 같은 이전계획을 수립하여야 한다.
  1. 이전계획 수립 시 관련 종교단체와 협의하여야 한다.
  2. 기존부지와 이전 예정부지는 대토(代土)를 원칙으로 한다.
  3. 현 종교시설 실제 건물 연면적에 상당하는 건축비용을 재개발조합이 부담한다(성물 등 가치가 큰 종교물품에 대한 제작 설치비를 고려하여야 한다)
  4. 사업기간 동안 종교활동에 지장이 없도록 임시장소 마련, 이전비용 등을 조합이 부담하여야 한다.
- 다만, '서울시의 뉴타운지구 등 종교시설 처리방안'는 대외적으로 법적 구속력이 있는 법규는 아니며, 재개발사업에 관한 행정지도 내지 내부지침일 뿐이기 때문에 재개발조합이 반드시 따라야 하는 것은 아니다.

> **※ 재정비촉진지구**
>
> 광역 생활권(주거지형 50만㎡ 이상)을 단위로 하여 도로, 학교, 공원 등 공공시설을 확보하기 위한 광역계획

좋은빛위원회 심의제도

- 좋은빛위원회 심의제도란 도시경관에서 인공조명에 의한 빛 공해를 최소한으로 줄이고 아름다운 경관조명을 연출하여 수려한 야간 경관을 형성하기 위한 심의제도이다. 관련 규정은 '서울특별시 빛공해 방지 및 좋은빛 형성 관리 조례'이다.
- 주요 심의내용은 다음과 같다.
  1. 사업계획 및 건축계획의 이해
  2. 계획지 주변 주, 야간 환경 분석
  3. 관련 사례 조사
  4. 기본방향 및 컨셉 계획– 기본디자인 (조명기구 선택 및 배치 계획)
  5. 기술분석 및 조도계산
  6. 조명제어 시스템 (조명 운용)
  7. 심의 도서 작성 및 유관부서 협의
- '서울특별시 빛공해 방지 및 좋은빛 형성 관리 조례'는 「인공조명에 의한 빛공해 방지법」에서 위임된 사항과 그 밖에 좋은빛 형성 관리에 필요한 사항을 규정함으로써 시민의 삶의 질 향상과 생태계 보호 및 에너지 절약을 위한 조례이다. 심의 대상은 20세대 이상 공동주택이다.

주거이전비

- 주거이전비란 당해 공익사업 시행지구 안에 거주하는 주거용 건축물의 세입자들의 이주를 장려하여 사업을 원활히 추진하고자 하려는 정책적인 목적과 주거이전으로 인하여 어려움을 겪게 될 세입자들을 대상으로 지급하는 사회보장적인 차원의 비용을 말한다.
- 세입자에 대한 임대주택 공급은 이주대책으로서 주택를 공급하는 제도이고, 주거이전비는 세입자에게 재개발사업 기간 동안 임시거주를 지원하기 위한 제도이므로 두 제도의 목적이나 지

원내용이 중복된다고 할 수 없다.

- 주거환경개선사업 또는 재개발사업의 사업시행자에게는 토지수용권이 부여되므로 당해 구역 내 거주하는 현금청산자 또는 임차인에게 주거이전비의 지급의무를 부담한다.

- 재건축조합은 토지 등을 수용할 권한을 가지고 있지 않으므로 재건축조합은 현금청산자 또는 임차인에게 주거이전비의 지급의무를 부담하지 않는다. 다만, 천재지변 등의 사유로 재건축사업을 시행하는 공공관리자 또는 지정개발자는 토지수용권을 가지므로 현금청산자 또는 임차인에게 주거이전비의 지급의무를 가지게 된다.

- 공익사업의 시행으로 인하여 이주하게 되는 주거용 건축물의 세입자는 가구원수에 따라 4개월분의 보상받을 수 있다. 다만, 무허가건축물 등에 입주한 세입자로서 사업인정고시일 등 당시 또는 공익사업을 위한 관계 법령에 의한 고시 등이 있은 당시 그 공익사업지구 안에서 1년 이상 거주한 세입자에 대하여는 주거이전비를 보상하여야 한다.

- 공익사업 시행지구에 편입되는 주거용 건축물의 소유자에 대하여는 해당 건축물에 대한 보상을 하는 때에 가구원 수에 따라 2개월분의 주거이전비를 보상해야 한다. 다만, 건축물의 소유자가 해당 건축물 또는 공익사업시행지구 내 타인의 건축물에 실제 거주하고 있지 아니하거나 해당 건축물이 무허가건축물등인 경우에는 그러하지 아니하다.

- 주거이전비는 통계법에 따른 통계작성기관이 조사·발표하는 가계조사통계의 도시근로자가구의 가구원수별 월평균 명목 가계지출비를 기준으로 산정한다.

- 재개발조합에서는 세입자등에 대한 주거이전비를 정비사업비에 반영하여야 한다. 주거이전비 (2023년 1분기 기준) 보상기준은 다음과 같다.

기준(가족수)	소유자(2개월분)	세입자(4월분)
1인	5,059,000원	10,118,010원
2인	7,110,150원	14,220,300원
3인	9,929,590원	19,859,180원
4인	12,116,890원	24,233,790원
5인	13,791,120원	27,582,250원

주거지보전사업

- 주거지보전사업이란 재개발구역에서 기존 마을의 지형, 터, 골목길 및 생활상 등 해당 주거지의 특성 보전 및 마을 공동체 활성화를 위하여 건축물의 개량 및 건설 등의 사항을 포함하여 임대주택을 건설하는 사업을 말한다.

주거정책심의위원회

- 주거정책심의위원회란 투기과열지구·조정대상지역 등 규제지역, 분양가상한제 적용 지역 등의 지정 및 해제 등 주거정책에 관한 중요한 내용을 심의하기 위해 국토부에 설치된 위원회다. 관련법은 「주거기본법」이다.
- 주거정책심의위원회의 심의사항은 다음과 같다.
  1. 「주거기본법」 제17조에 따른 최저주거기준 및 「주거기본법」 제19조에 따른 유도주거기준의 설정 및 변경
  2. 주거종합계획의 수립 및 변경
  3. 「택지개발촉진법」에 따른 택지개발지구의 지정·변경 또는 해제(지정권자가 국토교통부장관인 경우에 한정하되, 같은 법 제3조제2항에 따라 국토교통부장관의 승인을 받아야 하는 경우를 포함한다)
  4. 「주택법」 제58조에 따른 분양가상한제 적용 지역의 지정 및 해제
  5. 「주택법」 제63조에 따른 투기과열지구의 지정 및 해제
  6. 다른 법령에서 위원회의 심의를 거치도록 한 사항
  7. 그 밖에 주거복지 등 주거정책 및 주택의 건설·공급·거래에 관한 중요한 정책으로서 국토교통부장관이 심의에 부치는 사항
- 주거정책심의위원회는 위원장 1명을 포함하여 25명 이내의 위원으로 구성한다. 위원장은 국토교통부장관이 되고, 위원은 다음 각 호의 사람으로 한다.
  1. 대통령령으로 정하는 관계 중앙행정기관의 차관급 공무원
  2. 해당 택지개발지구를 관할하는 시·도지사(상기 심의사항 제3호의 사항을 심의하는 경우에 한정한다)
  3. 한국토지주택공사의 사장
  4. 「주택도시기금법」에 따른 주택도시보증공사의 사장

5. 다음 각 목의 어느 하나에 해당하는 사람으로서 국토교통부장관이 위촉하는 사람

   1) 주거복지 등 주거정책의 대상계층을 대표하는 사람

   2) 주거복지 등 주거정책에 관한 학식과 경험이 풍부한 사람

- 위원의 임기는 2년으로 하며, 연임할 수 있다.

주거환경개선사업

- 주거환경개선사업이란 정비기반시설이 극히 열악하고 노후·불량건축물이 과도하게 밀집한 지역의 주거환경을 개선하거나, 단독주택·다세대주택이 밀집한 지역에서 정비기반시설과 공동이용시설 확충을 통해 주거환경을 보전·정비·개량하는 정비사업을 말한다.

- 주거환경개선사업은 정비기반시설이 극히 열악하고 노후·불량건축물이 과도하게 밀집한 지역의 주거환경을 개선하거나, 단독주택·다세대주택이 밀집한 지역에서 정비기반시설과 공동이용시설 확충을 통해 주거환경을 보전·정비·개량하기 위해 「도시 및 주거환경정비법」에 따라 시행되는 정비사업 유형의 하나이다. 즉, 주거환경개선사업은 극히 노후한 주거지역을 대상으로 하는 사업과 비교적 주거환경이 양호한 지역을 대상으로 하는 사업으로 구분된다.

- 「(구)도시저소득 주민의 주거환경개선을 위한 임시조치법」에 따라 시행되던 주거환경정비사업은 2003년 「도시 및 주거환경정비법」으로 통합되면서 주거환경개선사업으로 명칭이 변경된 후 정비사업의 한 유형으로 편입되었다. 한편, 2012년에는 「도시 및 주거환경정비법」 상의 새로운 정비사업 유형으로 주거환경관리사업이 신설되었다. 이후 2018년 「도시 및 주거환경정비법」의 전부개정에 따라 주거환경개선사업과 주거환경관리사업이 하나로 통합되어 현재의 주거환경개선사업이 되었다.

- 정비구역은 특별시장·광역시장·특별자치시장·특별자치도지사·시장·군수가 법령에서 정하는 요건에 부합하는 지역 중에서 도시·주거환경정비기본계획 내용을 고려하여 지정한다. 필요한 경우 법령의 범위 안에서 조례로 요건을 따로 정할 수 있다.

- 주거환경개선사업을 추진할 수 있는 정비구역의 요건은 다음과 같다.

  1. 1985년 6월 30일 이전에 건축된 건축물로서 법률 제3533호 「특정건축물정리에관한특별조치법」에 따른 무허가건축물 또는 위법시공건축물과 노후·불량건축물이 밀집되어 있어 주거지로서의 기능을 다하지 못하거나 도시미관을 현저히 훼손하고 있는 지역

  2. 개발제한구역으로서 그 구역지정 이전에 건축된 노후·불량건축물의 수가 해당 정비구역의

건축물 수의 50% 이상인 지역

3. 재개발사업을 위한 정비구역의 토지면적의 50% 이상의 소유자와 토지 또는 건축물 소유자의 50% 이상이 각각 재개발사업의 시행을 원하지 않는 지역

4. 철거민이 50세대 이상 규모로 정착한 지역이거나 인구가 과도하게 밀집되어 있고 기반시설의 정비가 불량하여 주거환경이 열악하고 그 개선이 시급한 지역

5. 정비기반시설이 현저히 부족하여 재해발생 시 피난 및 구조 활동이 곤란한 지역

6. 건축대지로서 효용을 다할 수 없는 과소필지 등이 과다하게 분포된 지역으로서 건축행위 제한 등으로 주거환경이 열악하여 그 개선이 시급한 지역

7. 방재지구로서 주거환경개선사업이 필요한 지역

8. 단독주택 및 다세대주택 등이 밀집한 지역으로서 주거환경의 보전·정비·개량이 필요한 지역

9. 해제된 정비구역 및 정비예정구역

10. 기존 단독주택 재건축사업 또는 재개발사업을 위한 정비(예정)구역의 토지등소유자의 50% 이상이 주거환경개선사업으로의 전환에 동의하는 지역

11. 「도시재정비 촉진을 위한 특별법」에 따른 존치지역 및 재정비촉진지구가 해제된 지역

- 주거환경개선사업은 토지등소유자가 스스로 주택을 보전·정비·개량하는 방식, 토지 등의 사용 및 수용방식, 환지로 공급하는 방식, 관리처분계획에 따른 방식 또는 이러한 방식을 혼용하는 방식으로 시행한다. 만약 주거환경개선사업을 토지등소유자가 스스로 주택을 보전·정비·개량하는 방식으로 시행하는 경우에는 원칙적으로 시장·군수가 직접 시행한다. 그 밖의 방식으로 시행하는 경우에는 시장·군수가 직접 시행하거나, 토지주택공사 등을 사업시행자로 지정하거나, 건설업자와 시장·군수가 공동으로 시행할 수 있다.

- 정비사업을 시행할 때에는 주택수급의 안정과 저소득 주민의 입주기회 확대를 위해 법령에서 정하는 임대주택과 주택규모별 건설비율 등을 준수해야 한다. 주거환경개선사업의 경우에는 국민주택규모의 주택을 전체 세대수의 90% 이하로, 공공임대주택을 전체 세대수의 30% 이하로 건설해야 한다. 단, 주거전용면적이 40㎡ 이하인 공공임대주택은 전체 공공임대주택 세대수의 50% 이하여야 한다.

주거환경신문

- 주거환경신문은 1999년 1월 25일 바르고 투명한 재건축문화 정착이라는 모토 아래 '재건축신문'으로 출발, 2006년 3월 기존 타블로이드판형을 일반 신문 형태로 변경하고 재건축·재개발·뉴타운 리모델링 등의 정비사업과 주거환경의 보다 폭넓고 다양한 기사를 선보이기 위해 제호를 '주거환경신문'으로 변경했다.
- 주거환경신문은 재건축·재개발·뉴타운 등의 정비사업과 주거환경 전반에 걸친 전문지로서 정보전달, 의견수렴, 정책방향 제시 등을 목표로 하고 있다.

주민대표회의

- 토지등소유자가 시장·군수등 또는 토지주택공사등의 사업시행을 원하는 경우에는 정비구역 지정·고시 후 주민대표기구(주민대표회의)를 구성하여야 한다.
- 주민대표회의는 위원장을 포함하여 5명 이상 25명 이하로 구성한다. 주민대표회의에는 위원장과 부위원장 각 1명과 1명 이상 3명 이하의 감사를 둔다. 주민대표회의는 토지등소유자의 과반수의 동의를 받아 구성하며, 국토교통부령으로 정하는 방법 및 절차에 따라 시장·군수등의 승인을 받아야 한다.
- 주민대표회의의 구성에 동의한 자는 사업시행자의 지정에 동의한 것으로 본다. 다만, 사업시행자의 지정 요청 전에 시장·군수등 및 주민대표회의에 사업시행자의 지정에 대한 반대의 의사표시를 한 토지등소유자의 경우에는 그러하지 아니하다.
- 주민대표회의 또는 세입자(상가세입자를 포함한다)는 사업시행자가 다음의 사항에 관하여 시행규정을 정하는 때에 의견을 제시할 수 있다. 이 경우 사업시행자는 주민대표회의 또는 세입자의 의견을 반영하기 위하여 노력하여야 한다.
  1. 건축물의 철거
  2. 주민의 이주(세입자의 퇴거에 관한 사항을 포함한다)
  3. 토지 및 건축물의 보상(세입자에 대한 주거이전비 등 보상에 관한 사항을 포함한다)
  4. 정비사업비의 부담
  5. 세입자에 대한 임대주택의 공급 및 입주자격
  6. 그 밖에 정비사업의 시행을 위하여 필요한 사항으로서 대통령령으로 정하는 사항
- 대통령령으로 정하는 사항이란 다음의 사항을 말한다.

1) 시공자의 추천

2) 다음 각 목의 변경에 관한 사항

  가. 건축물의 철거

  나. 주민의 이주(세입자의 퇴거에 관한 사항을 포함한다)

  다. 토지 및 건축물의 보상(세입자에 대한 주거이전비 등 보상에 관한 사항을 포함한다)

  라. 정비사업비의 부담

3) 관리처분계획 및 청산에 관한 사항(관리처분계획을 수립하지 아니하는 방법으로 시행하는 주거환경개선사업은 제외한다)

4) 관리처분계획 및 청산에 관한 사항의 변경에 관한 사항

주민총회

- 토지등소유자 전원으로 주민총회를 구성한다. 주민총회는 위원장이 필요하다고 인정하는 경우에 개최한다. 다만, 다음의 어느 하나에 해당하는 때에는 위원장은 해당 일부터 2월 이내에 주민총회를 개최하여야 한다.

  1. 토지등소유자 5분의 1 이상이 주민총회의 목적사항을 제시하여 청구하는 때

  2. 추진위원 3분의 2 이상으로부터 개최요구가 있는 때

- 주민총회의 청구 또는 요구가 있는 경우로서 위원장이 2개월 이내에 정당한 이유 없이 주민총회를 소집하지 아니하는 때에는 감사가 지체 없이 주민총회를 소집하여야 하며, 감사가 소집하지 아니하는 때에는 주민총회 소집을 청구한 자의 대표가 시장·군수등의 승인을 얻어 이를 소집한다.

- 주민총회를 개최하거나 일시를 변경하는 경우에는 주민총회의 목적·안건·일시·장소·변경사유 등에 관하여 미리 추진위원회의 의결을 거쳐야 한다. 다만, 토지등소유자 청구나 추진위원의 요구에 따라 주민총회를 소집하는 경우에는 그러하지 아니하다.

- 주민총회를 소집하는 경우에는 회의개최 14일 전부터 회의목적·안건·일시 및 장소 등을 게시판에 게시하여야 하며, 토지등소유자에게는 회의개최 10일 전까지 등기우편으로 이를 발송·통지하여야 한다. 이 경우 등기우편이 반송된 경우에는 지체없이 1회에 한하여 추가 발송한다.

- 주민총회는 통지한 안건에 대해서만 의결할 수 있다.

- 주민총회의 의결사항은 다음과 같다.

1. 추진위원회 승인 이후 위원장·감사의 선임·변경·보궐선임·연임

2. 운영규정의 변경

3. 정비사업전문관리업자 및 설계자의 선정 및 변경

4. 개략적인 사업시행계획서의 변경

5. 감사인의 선정

6. 조합설립추진과 관련하여 추진위원회에서 주민총회의 의결이 필요하다고 결정하는 사항

- 주민총회는 「도시 및 주거환경정비법」 및 운영규정이 특별히 정한 경우를 제외하고 추진위원회 구성에 동의한 토지등소유자 과반수 출석으로 개의하고 출석한 토지등소유자(동의하지 않은 토지등소유자를 포함한다)의 과반수 찬성으로 의결한다.

- 주민총회의 의장은 주민총회 안건내용 등을 고려하여 다음에 해당하는 자 중 토지등소유자가 아닌 자를 주민총회에 참석하여 발언하도록 할 수 있다.

1. 추진위원회 사무국 직원

2. 정비사업전문관리업자, 건축사사무소 등 용역업체 관계자

3. 그 밖에 위원장이 주민총회운영을 위하여 필요하다고 인정하는 자

- 의장은 주민총회의 질서를 유지하고 의사를 정리하며, 고의로 의사진행을 방해하는 발언·행동 등으로 주민총회 질서를 문란하게 하는 자에 대하여 그 발언의 정지·제한 또는 퇴장을 명할 수 있다.

- 주민총회 소집결과 정족수에 미달되는 때에는 재소집하여야 하며, 재소집의 경우에도 정족수에 미달되는 때에는 추진위원회 회의로 주민총회를 갈음할 수 있다. 주민총회 의결을 대신하는 의결사항은 재적위원 3분의 2 이상의 출석과 출석위원 3분의 2 이상의 찬성으로 의결한다.

- 주민총회의 의사록에는 위원장·부위원장 및 감사가 기명날인하여야 한다.

- 추진위원회는 주민총회의 의사규칙을 정하여 운영할 수 있다.

주민총회의 의결방법

- 토지등소유자가 주민총회에 직접 참석하여 의결하는 방법이 있다.

- 토지등소유자가 직접 참석하는 주민총회의 의사정족수는 추진위원회 구성에 동의한 토지등소유자의 과반수이며, 의결정족수는 출석한 토지등소유자의 과반수이다. 이 경우 의결정족수에는 추진위원회의 구성에 찬성하지 않은 토지등소유자도 포함된다.

- 토지등소유자 10분의 1 이상의 위원해임발의에 의해 소집된 주민총회의 경우 위원은 주민총회에서 토지등소유자의 과반수 출석과 출석 과반수의 찬성으로 해임된다. 이 경우 의사정족수인 과반수 출석에는 추진위원회 구성에 동의하지 않은 토지등소유자도 포함된다.

- 토지등소유자는 서면으로 의결권을 행사할 수 있고, 서면에 의한 의결권의 행사는 주민총회에 출석한 것으로 본다. 이 경우 안건내용에 대한 의사표시를 하여 주민총회 전일까지 추진위원회에 도착하도록 하여야 한다.

- 토지등소유자의 권한의 대리행사는 원칙적으로 인정되지 아니한다. 다만, ① 토지등소유자가 권한을 행사할 수 없어 배우자·직계존비속·형제자매 중에서 성년자를 대리인으로 정하여 위임장을 제출하는 경우, ②법인인 토지등소유자가 대리인을 지정한 경우 토지등소유자는 대리인을 통하여 의결권을 행사할 수 있다. 이 경우 대리인은 위임장 및 대리인 관계를 증명하는 서류를 추진위원회에 제출하여야 한다.

주민합의체

- 자율주택정비사업을 시행하는 경우로서 토지등소유자가 2명 이상인 경우 토지등소유자 전원의 합의를 거쳐 주민합의체를 구성하여야 한다.

- 가로주택정비사업 또는 소규모재건축사업을 시행하는 경우로서 토지등소유자가 20명 미만인 경우 토지등소유자 전원의 합의를 거쳐 주민합의체를 구성하여야 한다.

- 소규모재개발사업을 시행하는 경우로서 토지등소유자 10분의 8 이상 및 토지면적의 3분의 2 이상의 토지소유자 동의(국유지·공유지가 포함된 경우에는 해당 토지의 관리청이 해당 토지를 사업시행자에게 매각하거나 양여할 것을 확인한 서류를 시장·군수등에게 제출하는 경우에는 동의한 것으로 본다)를 받아 주민합의체를 구성하여야 한다. 이 경우 주민합의체 구성에 동의하지 아니한 토지등소유자도 주민합의체 구성원으로 포함하여야 한다.

- 자율주택정비사업을 시행하는 경우로서 토지등소유자가 2명 이상인 경우 토지등소유자 전원의 합의를 거쳐 주민합의체를 구성함에도 불구하고 관리지역에서 시행하는 자율주택정비사업의 경우에는 토지등소유자 10분의 8 이상 및 토지면적의 3분의 2 이상의 토지소유자 동의를 받아 주민합의체를 구성할 수 있다. 이 경우 주민합의체 구성에 동의하지 아니한 토지등소유자도 주민합의체 구성원으로 포함하여야 한다.

- 사업시행구역의 공동주택은 각 동(복리시설의 경우 주택단지의 복리시설 전체를 하나의 동으

로 본다)별 구분소유자의 과반수 동의(공동주택의 각 동별 구분소유자가 5명 이하인 경우는 제외한다)를, 그 외의 토지 또는 건축물은 해당 토지 또는 건축물이 소재하는 전체 토지면적의 2분의 1 이상의 토지소유자 동의를 받아야 한다.

- 토지등소유자가 주민합의체를 구성하는 경우 토지등소유자 전원의 합의(「빈집 및 소규모주택 정비에 관한 특례법」 제22조제2항 및 제3항에 따라 주민합의체를 구성하는 경우에는 토지등소유자 10분의 8 이상 및 토지면적의 3분의 2 이상의 토지소유자 동의를 말한다)로 주민합의체 대표자를 선임하고 국토교통부령이 정하는 바에 따라 주민합의서를 작성하여 시장·군수등에게 신고하여야 한다.

주민협의체 · 주민공동체운영회

- 주민협의체란 관리형 주거환경개선사업의 정비계획을 수립하기 위해 주민, 관련 전문가 및 이해관계자 등으로 구성된 조직을 말한다.
- 주민공동체운영회란 관리형 주거환경개선사업의 정비구역 지정 후 물리적·사회적·경제적 측면의 도시재생 추진을 위해 주민, 관련 전문가 및 이해관계자 등으로 구성된 조직을 말한다.
- 주민공동체운영회를 구성하려면 구역 내 거주하는 주민의 10분의 1 이상의 동의를 받아 구청장의 승인을 받아야 한다. 다만, 주민공동체운영회 구성에 필요한 동의를 받지 못한 경우 구청장이 주민공동체운영회를 구성할 수 있다.
- 주민공동체운영회를 구성하는 때에는 운영규약을 작성하여야 하며, 운영규약을 변경하는 경우 구청장의 승인을 받아야 한다.
- 서울특별시장은 주민공동체운영회의 운영, 위원 선임방법 및 절차 등 운영규약 작성에 필요한 사항을 포함한 주민공동체운영회 표준운영규약을 정할 수 있다.
- 서울특별시장 및 구청장은 관리형 주거환경개선구역 또는 예정된 구역에서 주민역량 강화 및 주민공동체 활성화를 위해 주민공동체운영회 및 주민협의체의 구성 및 운영 등에 필요한 비용의 일부를 예산의 범위에서 지원할 수 있다.
- 서울특별시장은 주민공동체운영회에 대하여 지원 경비 및 주민공동이용시설 운영 사무와 관련하여 필요한 사항을 보고하게 하거나 업무 지도·감독에 필요한 서류, 시설 등을 검사할 수 있다.
- 서울특별시장은 보고·검사결과 사무 처리가 위법 또는 부당하다고 인정될 때에는 시정명령을

할 수 있다. 서울특별시장이 시정명령을 할 경우 문서로 주민공동체운영회에 통보하고 사전에 의견진술의 기회를 주어야 한다. 서울특별시장은 주민공동체운영회가 시정명령을 이행하지 않을 경우 지원 경비 환수 또는 공동이용시설 관리주체 변경 등의 조치를 할 수 있다.

주택공급의 기준

• 서울시 조례에 따른 주택공급에 관한 기준은 다음과 같다.

1. 권리가액에 해당하는 분양주택가액의 주택을 분양한다. 이 경우 권리가액이 2개의 분양주택가액의 사이에 해당하는 경우에는 분양대상자의 신청에 따른다.

2. 제1호에도 불구하고 정관등으로 정하는 경우 권리가액이 많은 순서로 분양할 수 있다.

3. 법 제76조제1항제7호다목에 따라 2주택을 공급하는 경우에는 권리가액에서 1주택 분양신청에 따른 분양주택가액을 제외하고 나머지 권리가액이 많은 순서로 60㎡ 이하의 주택을 공급할 수 있다.

4. 동일규모의 주택분양에 경합이 있는 경우에는 권리가액이 많은 순서로 분양하고, 권리가액이 많은 순서로 분양하고, 권리가액이 동일한 경우에는 공개추첨에 따르며, 주택의 동·층 및 호의 결정은 주택규모별 공개추첨에 따른다.

주택단지

• 주택단지란 주택 및 부대시설·복리시설을 건설하거나 대지로 조성되는 일단의 토지로서 다음의 어느 하나에 해당하는 일단의 토지를 말한다.

1. 「주택법」 제15조에 따른 사업계획승인을 받아 주택 및 부대시설·복리시설을 건설한 일단의 토지

2. 1에 따른 일단의 토지 중 「국토의 계획 및 이용에 관한 법률」 제2조제7호에 따른 도시·군계획시설인 도로나 그 밖에 이와 유사한 시설로 분리되어 따로 관리되고 있는 각각의 토지

3. 1에 따른 일단의 토지 둘 이상이 공동으로 관리되고 있는 경우 그 전체 토지

4. 「도시 및 주거환경정비법」 제67조에 따라 분할된 토지 또는 분할되어 나가는 토지

5. 「건축법」 제11조에 따라 건축허가를 받아 아파트 또는 연립주택을 건설한 일단의 토지

주택도시기금

- 주택도시기금이란 주거복지 증진과 도시재생 활성화를 지원하는 자금을 확보·공급하기 위하여 설치한 기금을 말한다. 관련법은 「주택도시기금법」이다
- 국토교통부장관이 운용·관리하며, 이를 주택도시보증공사에 위탁할 수 있다.
- 주택도시기금은 주택계정과 도시계정으로 구분하여 운용·관리한다.
- 주택계정은 주로 국민주택채권 조성자금, 입주자저축 조성자금, 복권수익금, 일반회계로부터의 출연금·예수금, 공공자금관리기금으로부터의 예수금, 재건축부담금 중 국가귀속분 등의 재원으로 조성한다.
- 주택계정은 다음의 용도로 사용한다.
  1. 국민주택의 건설 및 이를 위한 대지조성사업, 국민주택규모 이하인 주택의 구입·임차·개량·리모델링, 준주택의 건설·구입·임차·개량, 공업화주택의 건설, 한국토지주택공사의 분양가상한제 적용주택 우선매입비용, 경제자유구역 활성화를 위한 임대주택 건설 및 기반시설 등의 설치자금에 대한 출자 또는 융자
  2. 주택도시보증공사, 한국토지주택공사, 한국주택금융공사, 주택금융신용보증기금, 유동화전문회사, 국민주택사업특별회계에 대한 출자·출연·융자
  3. 임대주택 공급을 촉진하기 위해 부동산투자회사가 발행하는 증권, 부동산집합투자기구가 발행하는 집합투자증권, 일정요건을 갖춘 법인이 발행하는 증권 등의 매입
  4. 예수금, 예탁금, 차입금, 국민주택채권에 대한 원리금 상환
  5. 도시계정으로의 전출 또는 융자
  6. 기금의 조성·운용 및 관리를 위한 경비
  7. 주택도시분야 전문가 양성을 위한 국내외 교육훈련 및 관련제도 개선을 위한 연구·조사
  8. 정부시책으로 추진하는 주택사업 등
- 도시계정은 주로 일반회계로부터 출연금 또는 예수금, 지역발전특별회계로부터의 출연금 또는 예수금, 공공자금관리기금으로부터의 예수금, 주택계정으로부터의 전입금 또는 차입금 등의 재원으로 조성한다.
- 도시계정은 다음의 용도로 사용한다.
  1. 「도시 및 주거환경정비법」에 의한 정비사업, 「도시재정비 촉진을 위한 특별법」에 의한 공공시설, 도로·공원·주차장, 학교·도서관·사회복지시설·문화시설·공공청사 설치비용의 융자

2. 도시재생사업 비용, 도시재생활성화지역 내 도시재생을 위한 건축물 건축비용에 대한 출자·투자·융자

3. 도시·주거환경정비기금, 재정비촉진특별회계, 도시재생특별회계에 대한 융자

4. 예수금, 예탁금, 차입금의 원리금 상환

5. 기금의 조성·운용 및 관리를 위한 경비 등

주택도시보증공사

- 국토교통부 산하 금융공기업으로 「주택도시기금법」에 의해 설립된 국내 유일의 주택 보증 전담 공기업이다.

- 1993년 주택사업공제조합으로 설립되었고, 1999년 6월 대한주택보증주식회사로 전환하였다. 이후 주택분양보증 등 6개 보증으로 보증업무를 개편했고 3조2,320억원으로 자본금을 증자하는 등 비로소 보증 전문기관으로 나아가기 시작했다. 2015년 7월부터는 「주택도시기금법」 시행에 따라 청약저축, 국민주택채권 등으로 조성된 주택도시기금의 전담운용기관으로 지정되었다. 기존의 주택공급 보증 위주였던 업무 영역을 도시재생을 포함한 종합적 금융보증 기능을 담당하는 현재의 주택도시보증공사로 확대 개편되었다.

- 주택도시보증공사는 아파트 뿐 아니라 오피스텔, 조합주택, 정비사업 등에 대한 보증사업도 다루고 있다. 프로젝트 파이낸싱(PF)보증, 주택구입자금(중도금)보증, 하도급대금지급보증, 전세보증금반환보증 등 주택사업 전 단계에 걸친 종합 금융보증상품을 보유하고 있다.

주택접도율

- 주택접도율이란 「도시 및 주거환경정비법 시행령」 제7조제1항 관련 별표 1 제1호마목에 따른 정비기반시설의 부족 여부를 판단하기 위한 지표로서 폭 4m 이상 도로에 길이 4m 이상 접한 대지의 건축물의 총수를 정비구역 내 건축물 총수로 나눈 비율을 말한다. 다만, 연장 35m 이상의 막다른 도로의 경우에는 폭 6m로 한다.

준공인가

- 준공인가란 정비사업 시행자가 사업시행계획인가를 받아 건축한 건축물이 인가 내용대로 이행되어 건축행정 목적에 적합한지 여부를 확인하고 준공인가증을 교부함으로써 건축물을 사용·수익할 수 있도록 법률효과를 발생시키는 행정처분을 말한다.

- 준공인가 또는 공사완료 고시가 되면 준공검사, 준공인가, 사용검사, 사용승인 등을 받은 것으로 본다.

- 시장·군수등이 아닌 사업시행자가 정비사업 공사를 완료한 때에는 대통령령으로 정하는 방법 및 절차에 따라 시장·군수등의 준공인가를 받아야 한다.

- 준공인가신청을 받은 시장·군수등은 지체 없이 준공검사를 실시하여야 한다. 이 경우 시장·군수등은 효율적인 준공검사를 위하여 필요한 때에는 관계 행정기관·공공기관·연구기관, 그 밖의 전문기관 또는 단체에게 준공검사의 실시를 의뢰할 수 있다.

- 시장·군수등은 준공검사를 실시한 결과 정비사업이 인가받은 사업시행계획대로 완료되었다고 인정되는 때에는 준공인가를 하고 공사의 완료를 해당 지방자치단체의 공보에 고시하여야 한다.

- 시장·군수등은 직접 시행하는 정비사업에 관한 공사가 완료된 때에는 그 완료를 해당 지방자치단체의 공보에 고시하여야 한다.

- 사업시행자는 준공인가증을 교부받은 때에는 그 사실을 분양대상자에게 지체없이 통지하여야 한다.

- 시장·군수등은 준공인가를 하기 전이라도 완공된 건축물이 사용에 지장이 없는 등 대통령령으로 정하는 기준에 적합한 경우에는 입주예정자가 완공된 건축물을 사용할 수 있도록 사업시행자에게 허가할 수 있다. 다만, 시장·군수등이 사업시행자인 경우에는 허가를 받지 아니하고 입주예정자가 완공된 건축물을 사용하게 할 수 있다.

- 완공된 건축물이 사용에 지장이 없는 등 대통령령으로 정하는 기준이란 다음을 말한다.
  1. 완공된 건축물에 전기·수도·난방 및 상·하수도 시설 등이 갖추어져 있어 해당 건축물을 사용하는 데 지장이 없을 것
  2. 완공된 건축물이 관리처분계획에 적합할 것
  3. 입주자가 공사에 따른 차량통행·소음·분진 등의 위해로부터 안전할 것

- 정비구역의 지정은 준공인가의 고시가 있는 날(관리처분계획을 수립하는 경우에는 이전고시가 있은 때를 말한다)의 다음 날에 해제된 것으로 본다. 이 경우 지방자치단체는 해당 지역을 「국

토의 계획 및 이용에 관한 법률」에 따른 지구단위계획으로 관리하여야 한다. 다만, 정비구역의 해제는 조합의 존속에 영향을 주지 아니한다.

준예산

- 준예산이란 국가의 예산이 법정기간 내에 성립하지 못한 경우, 정부가 일정한 범위 내에서 전(前)회계연도 예산에 준하여 집행하는 잠정적인 예산을 말한다.
- 국회는 정부가 회계연도개시 120일 전까지 제출한 예산안을 회계연도 개시 30일 전까지 의결하여야 한다. 그런데 새 회계연도가 개시될 때까지 예산안이 의결되지 못한 때 예산이 없는 상태가 되므로 행정기능을 마비시킬 우려가 있다. 이러한 무예산(無豫算) 상태를 미연에 방지하기 위하여 헌법상에 해결방법을 강구해 둘 필요가 있게 된다. 이와 같이 예산이 성립되지 못하였을 때에 예산집행을 가능케 하는 방법으로서 고안된 것이 준예산 제도이다.
- 「헌법」 제54조제3항에 따라 정부는 예산안이 의결될 때까지, ①헌법이나 법률에 의하여 설치된 기관 또는 시설의 유지·운영비, ②법률상 지출의무의 이행을 위한 경비, ③이미 예산으로 승인된 사업의 계속비등을 전년도 예산에 준하여 집행할 수 있다. 이미 집행된 예산은 당해 연도의 예산이 성립되면, 그 성립된 예산에 의하여 집행된 것으로 본다.
- 정비사업의 경우도 당해연도 사업비나 운영비에 대하여 조합원 총회의 의결을 받지 못한 경우 준예산 제도를 활용하여 비용을 지출할 수 있다.

준초고층건축물

- 준초고층건축물이란 고층건축물 중 초고층건축물이 아닌 것을 말한다. 관련법은 「건축법」이다.
- 준초고층건축물은 층수가 30층 이상 50층 미만인 건축물 또는 높이가 120m 이상 200m 미만인 건축물을 말한다.

지구단위계획

- 지구단위계획이란 도시계획 수립 대상지역의 일부에 대하여 토지이용을 보다 합리화하고 기능 증진 및 미관 개선을 통해 양호한 환경을 확보함으로써 그 지역을 체계적·계획적으로 관

리하기 위하여 수립하는 「국토의 계획 및 이용에 관한 법률」에 의한 도시관리계획의 한 유형을 말한다.

- 지구단위계획은 「(구)도시계획법」에 의한 상세계획과 「건축법」에 의한 도시설계를 하나로 통합한 제도로서 평면적인 토지이용계획과 입체적인 건축계획의 중간적 성격을 지닌다.

- 일반적으로 지구단위계획은 도시지역 내 용도지구, 「도시개발법」에 의한 도시개발구역, 「도시 및 주거환경정비법」에 의한 정비구역, 「택지개발촉진법」에 따른 택지개발지구, 「주택법」에 의한 대지조성사업지구 등의 지역 중에서 양호한 환경의 확보나 기능 및 미관의 증진이 필요한 지역을 대상으로 계획을 수립한다.

- 지구단위계획을 수립할 때에는 도시의 정비·관리·보전·개발 등 지구단위계획구역의 지정 목적, 주거·산업·유통·관광휴양·복합 등 지구단위계획구역의 중심 기능, 용도지역의 특성 등을 고려하여 수립한다.

- 지구단위계획구역에서는 건축물의 용도, 종류, 규모 등에 대한 제한을 강화 또는 완화하거나, 건폐율과 용적률을 강화 또는 완화할 수 있다. 또한, 「건축법」에 의한 대지 안의 조경, 공개공지 등의 규정, 「주차장법」에 의한 부설주차장 규정 등을 완화하여 적용할 수 있다. 지구단위계획에 포함되는 내용은 다음과 같다. 지구단위계획에는 지정목적을 이루기 위하여 다음의 제2호와 제4호의 사항을 포함한 둘 이상의 사항이 포함되어야 한다.

  1. 용도지역 또는 용도지구를 「국토의 계획 및 이용에 관한 법률 시행령」이 정하는 범위 안에서 세분·변경하는 사항

  1-2. 기존 용도지구를 폐지하고 건축물 등에 적용되던 용도·종류·규모 등 제한을 대체하는 사항

  2. 「국토계획법 시행령」에서 정하는 기반시설의 배치와 규모

  3. 도로로 둘러싸인 일단의 지역 또는 계획적 개발·정비를 위해 구획된 일단의 토지의 규모와 조성계획

  4. 건축물의 용도제한·건축물의 건폐율 또는 용적률·건축물의 높이의 최고한도 또는 최저한도

  5. 건축물의 배치·형태·색채 또는 건축선에 관한 계획

  6. 환경관리계획 또는 경관계획

  7. 교통처리계획

  8. 그 밖에 토지 이용의 합리화, 도시나 농·산·어촌의 기능 증진 등에 필요한 사항으로서 「국토계획법 시행령」에서 정하는 사항

가. 지하 또는 공중공간에 설치할 시설물의 높이·깊이·배치 또는 규모

나. 대문·담 또는 울타리의 형태 또는 색채

다. 간판의 크기·형태·색채 또는 재질

라. 장애인·노약자 등을 위한 편의시설계획

마. 에너지 및 자원의 절약과 재활용에 관한 계획

바. 생물서식공간의 보호·조성·연결 및 물과 공기의 순환 등에 관한 계획

사. 문화재 및 역사문화환경 보호에 관한 계획

• 지구단위계획구역을 지정한 후 3년 이내에 지구단위계획이 결정·고시되지 않으면 그 3년이 되는 날부터 효력을 상실한다

지분제 계약방식

• 지분제 계약방식이란 조합원의 무상지분 또는 무상지분율을 확정하고 신축 아파트 등을 대물로 공급받는 것으로 계약하는 방식을 말한다. 도급제 계약방식과 구별되는 개념이다. 실무에서 사용되는 용어이다.

• 지분제 계약방식은 계약 체결 시 확정된 조합원의 무상지분(율) 이외의 개발이익과 개발손실은 모두 시공자에게 귀속하는 구조이다. 사업비는 시공자가 부담하며, 공사비 조정이나 무상지분율이 변동하지 않는 것이 원칙이다.

• 지분제 계약방식의 경우 시공자가 정책의 변화나 공사비 인상요인 발생 등에 의한 손실에 대하여 전적으로 부담을 져야 하므로 사업추진 속도가 지연될 가능성이 있다. 반면에 사업성이 좋은 경우 시공자 주도로 사업이 신속하게 추진될 수도 있다.

• 조합원 이주, 분양시기 등 중요한 사업추진 시기의 결정이나 인·허가 등에 있어서 시공자가 주도적으로 이끌어가는 구조이며, 상대적으로 조합은 수동적일 수 밖에 없다.

• 지분제로 계약을 체결하였다 하더라도 실무적으로는 순수한 고정지분제는 거의 없고, 대부분 도급제 계약방식의 요소를 가미한 변동지분제 형태로 계약이 이루어진다.

구분	도급제 계약방식	지분제 계약방식
개념	시공자는 도급계약에 따라 공사비를 받고 건축공사만 책임지며, 조합이 전체 사업에 따른 이익과 손실을 책임지는 계약방식	조합은 시공자로부터 일정한 무상지분(율)을 보장받고, 시공자가 전체 사업을 책임지는 계약방식
개발이익 또는 손실의 귀속	조합 및 조합원에게 귀속	시공자에게 귀속
미분양 등 사업 책임	조합 책임	시공자 책임
장점	· 사업성이 좋은 경우에 개발이익이 조합 또는 조합원에게 귀속됨	· 조합원 분양가, 조합원 개발이익 등이 조기에 확정됨
단점	· 사업성 좋지 않을 경우 조합원 분담금 증가 우려 · 공사비 인상 관련 조합과 시공자간 분쟁이 많음	· 사업성이 좋지 않을 경우 시공자의 부실시공 우려 · 사업성이 좋은 경우 무상지분 관련 조합과 시공자 간 분쟁이 많음

지분형주택

- 지분형주택이란 사업시행자가 토지주택공사등인 경우에는 분양대상자와 사업시행자가 공동 소유하는 방식의 주택을 말한다.
- 사업시행자가 토지주택공사등인 경우에는 지분형주택을 공급할 수 있다. 이 경우 공급되는 지분형주택의 규모, 공동 소유기간 및 분양대상자 등 필요한 사항은 대통령령으로 정한다.
- 국토교통부장관, 시·도지사, 시장, 군수, 구청장 또는 토지주택공사등은 정비구역에 세입자와 대통령령으로 정하는 면적 이하의 토지 또는 주택을 소유한 자의 요청이 있는 경우에는 재개발사업의 시행으로 건립되어 인수한 임대주택의 일부를 「주택법」에 따른 토지임대부 분양주택으로 전환하여 공급하여야 한다.
- 지분형주택의 규모, 공동 소유기간 및 분양대상자는 다음과 같다.
  1. 지분형주택의 규모는 주거전용면적 60㎡ 이하인 주택으로 한정한다.
  2. 지분형주택의 공동 소유기간은 소유권을 취득한 날부터 10년의 범위에서 사업시행자가 정하는 기간으로 한다.
  3. 지분형주택의 분양대상자는 다음의 요건을 모두 충족하는 자로 한다.

1) 종전에 소유하였던 토지 또는 건축물의 가격이 주거전용면적 60㎡ 주택의 분양가격 이하에 해당하는 사람

2) 세대주로서 정비계획의 공람 공고일 당시 해당 정비구역에 2년 이상 실제 거주한 사람

3) 정비사업의 시행으로 철거되는 주택 외 다른 주택을 소유하지 아니한 사람

- 지분형주택의 공급방법·절차, 지분 취득비율, 지분 사용료 및 지분 취득가격 등에 관하여 필요한 사항은 사업시행자가 따로 정한다.

지역개발사업

- 지역개발사업이란 지역의 성장 동력을 창출하고 자립적 발전을 도모하기 위하여 국토교통부장관 또는 시·도지사가 관계 행정기관의 장과 협의한 후 국토정책위원회 또는 지역개발조정위원회의 심의를 거쳐 실시계획을 승인받아 지역개발사업구역에서 시행하는 사업을 말한다. 근거법은 「지역개발 및 지원에 관한 법률」이다.

- 지역개발사업은 국토교통부가 체계적인 지역개발사업을 추진하기 위하여 2015년 도입한 제도로 2022년 기준 총 174개의 사업을 선정해 추진중이다.

- 지역개발사업은 다음과 같이 구분된다.

  1. 지역수요맞춤사업 : 지역주민의 삶의 질 제고를 위해 중·소규모 생활편의시설 등을 제공하는 사업을 말한다. 지역수요맞춤사업은 정주환경 개선과 더불어 관광지원, 산업활성화 등 분야에서 국비지원·지자체 사업과 연계하여 상호 간 시너지를 낼 수 있는 패키지형 사업으로 확대하고 있다.

  2. 투자선도지구사업 : 지역에 성장거점을 육성하고 민간투자를 활성화하기 위한 사업을 말한다. 투자선도지구사업은 최대 100억원(성장촉진지역은 국비 100% 지원)의 예산지원과 함께 용적률·건폐율 완화, 인허가 의제 등 규제특례를 복합적으로 제공하여 민간투자 활성화와 지역의 성장거점을 육성하기 위한 사업이다.

- 지역개발사업을 시행할 사업시행자는 다음의 자 중에서 지정권자가 공모를 통하여 지정하거나, 지정권자가 해당 특별자치시장·시장·군수·구청장의 의견을 들어서 지정한다.

  1. 국가 또는 지방자치단체

  2. 공공기관

  3. 지방공사

4. 지역개발사업구역 내의 토지소유자(공유수면관리 및 매립에 관한 법률에 따라 매립면허를 받은 자는 해당 공유수면을 소유한 자로 보고 그 공유수면을 토지로 본다)가 설립한 조합(지역개발사업의 전부를 환지방식으로 시행하는 경우에만 지정 가능)

5. 자본금 등 대통령령으로 정하는 자격 요건을 갖춘 민간투자자

6. 1~3 또는 5 중 둘 이상이 지역개발사업을 시행할 목적으로 출자하여 설립한 법인

- 지정권자가 시행자를 지정하는 경우에는 재무 건전성과 자금 조달능력, 유사 개발사업의 시행 경험, 그 밖에 개발사업의 원활한 시행을 위하여 국토교통부장관이 필요하다고 인정하여 고시하는 사항을 고려하여야 한다.

- 지역개발사업의 공모는 수도권, 지방광역시, 제주도를 제외한 강원, 충북, 충남, 전북, 전남, 경북, 경남 소속 기초자치단체를 대상으로 한다.

지역주택조합

- 지역주택조합이란 동일, 인접한 특별시, 광역시, 특별자치도, 도에 거주하는 주민이 주택을 마련하기 위해 설립한 조합을 말한다. 근거법은 「주택법」이다.

- 지역주택조합은 재개발·재건축조합과 이름은 비슷하지만 엄연히 다른 제도이다. 재개발·재건축조합은 해당 구역에 땅을 소유한 사람들이 조합을 만들어 아파트를 건립하는 사업인 반면에 지역주택조합은 땅의 소유권이 없는 상태에서 땅을 매입해서 아파트는 짓는 사업이다.

- 지역주택조합원의 자격은 다음과 같다.

  1. 조합설립인가 신청일(투기과열지구 안에 있는 경우 조합설립인가 신청일 1년 전의 날)부터 해당 주택조합의 입주가능일까지 주택을 소유하지 아니하거나 주거 전용면적 85㎡ 이하의 주택 1채를 소유한 세대주인 자

  2. 조합설립인가 신청일 현재 해당 지자체에서 6개월 이상 계속하여 거주하여 온 자

  3. 본인과 배우자가 같은 또는 다른 지역주택조합의 조합원이거나 직장주택조합의 조합원이 아닌 자

- 주택건설 예정세대수의 2분의 1 이상, 최소 20명 이상의 자격자가 발기인조합을 구성하여 사업부지를 선정하고 지역주택조합설립추진위원회를 만들어 사업을 시작한다. 추진위원회에서 용역을 의뢰한 업무대행사가 사업을 전반적으로 대행한다.

- 주택건설대지의 토지소유권 50% 이상의 사용권원(토지사용승락서)이 확보되면 조합원 모집을

할 수 있으며, 관할 지자체에 모집신고하고 필증을 교부받아야 한다. 시공예정사를 선정하여 모델하우스를 개관한 후 조합원을 모집한다.

- 주택건설대지의 80% 이상의 토지에 대한 사용권원(토지사용승락서) 및 15% 이상의 토지에 대한 소유권을 확보하게 되면 창립총회를 거쳐 조합설립인가를 받을 수 있다. 조합설립인가 후 추가조합원 모집, 시공자를 선정한다.
- 토지소유권이 95% 이상 확보하게 되면 교통영향평가, 건축심의, 도시계획심의, 지구단위계획 결정을 거쳐 사업계획승인을 받아야 한다. 소유권이 100% 확보되어야 착공을 할 수 있는데, 소유권이 95% 이상 확보되면 나머지 5%는 매도청구가 가능하다.
- 사업계획승인일로부터 5년 이내에 착공하여야 한다.
- 착공 후 분양승인을 받아 조합원 분양 및 동호수 지정이 이루어지고, 조합원 분양 후 남은 잔여주택의 수가 30세대 이상이면 「주택공급에 관한 규칙」에 따라 일반분양을 한다. 잔여 세대수가 30세대 미만이면 임의분양 한다.
- 주택건설, 사용검사, 입주, 사업비 정산, 조합해산 및 청산절차를 거쳐 사업이 종결된다.

지정개발자

- 시장·군수등은 재개발사업 및 재건축사업이 다음의 어느 하나에 해당하는 때에는 토지등소유자, 「사회기반시설에 대한 민간투자법」 제2조제12호에 따른 민관합동법인 또는 신탁업자로서 대통령령으로 정하는 요건을 갖춘 자(지정개발자)를 사업시행자로 지정하여 정비사업을 시행하게 할 수 있다.
  1. 천재지변, 「재난 및 안전관리 기본법」 제27조 또는 「시설물의 안전 및 유지관리에 관한 특별법」 제23조에 따른 사용제한·사용금지, 그 밖의 불가피한 사유로 긴급하게 정비사업을 시행할 필요가 있다고 인정하는 때
  2. 고시된 정비계획에서 정한 정비사업시행 예정일부터 2년 이내에 사업시행계획인가를 신청하지 아니하거나 사업시행계획인가를 신청한 내용이 위법 또는 부당하다고 인정하는 때(재건축사업의 경우는 제외한다)
  3. 재개발사업 및 재건축사업의 조합설립을 위한 동의요건 이상에 해당하는 자가 신탁업자를 사업시행자로 지정하는 것에 동의하는 때

지질조사

- 지질조사란 지하의 암석지층의 분포, 성상, 지질 구조 등을 조사하기 위하여 지질학적 방법을 이용하여 행하는 조사, 답사, 물리탐사, 기계적 조사 등을 말한다.
- 건축물 기초의 설계시 사전에 지반의 형상·토질·지하수등 여러 현황을 조사 연구하는 것을 말한다.
- 정비사업의 경우 지질조사 결과에 따라 토목공사의 공법이 달라지고 전체 공사비도 변경될 수 있으므로 가능한 많이 조사하는 것이 필요하다.

지하안전평가

- 지하안전평가란 싱크홀이나 주변 지반의 침하에 대비하기 위해 해당 대지의 안전을 평가하는 것이다. 건축물의 최대 굴착 깊이에 따라 지하안전평가와 소규모 지하안전평가로 구분된다. 관련법은 「지하안전관리에 관한 특별법」이다.
- 지하안전평가란 지하안전에 영향을 미치는 사업의 실시계획·시행계획 등의 허가·인가·승인·면허·결정 또는 수리 등을 할 때에 해당 사업이 지하안전에 미치는 영향을 미리 조사·예측·평가하여 지반침하를 예방하거나 감소시킬 수 있는 방안을 마련하는 것을 말한다.
- 지하안전평가를 받아야 하는 하는 사업은 다음의 사업을 말한다.
  1. 굴착깊이[공사 지역 내 굴착깊이가 다른 경우에는 최대 굴착깊이를 말하며, 굴착깊이를 산정할 때 집수정(물저장고), 엘리베이터 피트 및 정화조 등의 굴착부분은 제외한다]가 20m 이상인 굴착공사를 수반하는 사업
  2. 터널[산악터널 또는 수저(水底)터널은 제외한다] 공사를 수반하는 사업
- 소규모 지하안전평가란 지하안전평가 대상사업에 해당하지 아니하는 소규모 사업에 대하여 실시하는 지하안전평가를 말하며, 건축물의 최대 굴착 깊이가 10m 이상 20m 미만인 경우가 대상이다.
- 건축물의 최대 굴착 깊이가 10m 미만인 경우에는 지하안전평가의 대상이 아니다.
- 「도시 및 주거환경정비법」에 따른 정비사업은 사업시행계획인가 전에 지하안전평가를 받아야 한다.

직장주택조합

- 직장주택조합은 조합설립인가 신청일 현재 동일한 특별시·광역시·시 또는 군에 소재하는 동일한 국가기관·지자체·법인에 근무하는 무주택이거나 주거전용면적 85㎡ 이하 1채(당첨자 지위 및 이를 승계한 자를 포함함)소유자인 세대주 20인 이상으로서 주택건설예정세대수의 50% 이상의 조합원으로 구성한다. 관련법은 「주택법」이다.
- 다만, 직장주택조합으로서 조합주택의 건설을 시행하지 아니하고 국민주택을 공급받고자 하는 경우에는 무주택 세대주에 한한다.

도시 정비 용어사전

창립총회

- 추진위원회(추진위원회를 구성하지 아니하는 경우에는 토지등소유자를 말한다)는 토지등소유자의 동의를 받은 후 조합설립인가를 신청하기 전에 창립총회를 개최하여야 한다.

- 추진위원회(추진위원회를 구성하지 아니하는 경우에는 조합설립을 추진하는 토지등소유자의 대표자를 말한다)는 창립총회 14일 전까지 회의목적·안건·일시·장소·참석자격 및 구비사항 등을 인터넷 홈페이지를 통하여 공개하고, 토지등소유자에게 등기우편으로 발송·통지하여야 한다.

- 창립총회는 추진위원장의 직권 또는 토지등소유자 5분의 1 이상의 요구로 추진위원장이 소집한다. 다만, 토지등소유자 5분의 1 이상의 소집요구에도 불구하고 추진위원장이 2주 이상 소집요구에 응하지 아니하는 경우 소집요구한 자의 대표가 소집할 수 있다.

- 창립총회에서는 다음의 업무를 처리한다.

  1. 조합 정관의 확정
  2. 조합의 임원의 선임
  3. 대의원의 선임
  4. 그 밖에 필요한 사항으로서 사전에 통지한 사항

- 창립총회의 의사결정은 토지등소유자(재건축사업의 경우 조합설립에 동의한 토지등소유자로 한정한다)의 과반수 출석과 출석한 토지등소유자 과반수 찬성으로 결의한다. 다만, 조합임원 및 대의원의 선임은 확정된 정관에서 정하는 바에 따라 선출한다.

청문

- 국토교통부장관, 시·도지사, 또는 시장·군수는 다음의 경우 청문을 실시하여야 한다.

  1. 추진위원회 승인의 취소
  2. 조합설립인가의 취소
  3. 사업시행인가의 취소
  4. 관리처분계획인가의 취소

청산금

- 청산금이란 대지 또는 건축물을 분양받은 자가 종전에 소유하고 있던 토지 또는 건축물의 가격과 분양받은 대지 또는 건축물의 가격 사이에 차이가 있는 경우 그 차액에 상당하는 금액을 말한다.

- 대지 또는 건축물을 분양받은 자가 종전에 소유하고 있던 토지 또는 건축물의 가격과 분양받은 대지 또는 건축물의 가격 사이에 차이가 있는 경우 사업시행자는 이전고시가 있은 후에 그 차액에 상당하는 금액을 분양받은 자로부터 징수하거나 분양받은 자에게 지급하여야 한다.

- 사업시행자는 정관등에서 분할징수 및 분할지급을 정하고 있거나 총회의 의결을 거쳐 따로 정한 경우에는 관리처분계획인가 후부터 이전고시가 있은 날까지 일정 기간별로 분할징수하거나 분할지급할 수 있다.

- 사업시행자는 청산금을 산정하기 위하여 종전에 소유하고 있던 토지 또는 건축물의 가격과 분양받은 대지 또는 건축물의 가격을 평가하는 경우 그 토지 또는 건축물의 규모·위치·용도·이용상황·정비사업비 등을 참작하여 평가하여야 한다.

- 청산금 산정을 위한 가격평가의 방법 및 절차 등에 필요한 사항은 대통령령으로 정한다.

- 시장·군수등인 사업시행자는 청산금을 납부할 자가 이를 납부하지 아니하는 경우 지방세 체납처분의 예에 따라 징수할 수 있으며, 시장·군수등이 아닌 사업시행자는 시장·군수등에게 청산금의 징수를 위탁할 수 있다.

- 청산금을 지급받을 자가 받을 수 없거나 받기를 거부한 때에는 사업시행자는 그 청산금을 공탁할 수 있다.

- 청산금을 지급받을 권리 또는 이를 징수할 권리는 이전고시일의 다음 날부터 5년간 행사하지 아니하면 소멸한다.

- 대지 또는 건축물을 분양받은 자가 종전에 소유하고 있던 토지 또는 건축물의 가격과 분양받은 대지 또는 건축물의 가격은 다음의 구분에 따른 방법으로 평가한다.

  1. 관리처분방식의 주거환경개선사업과 재개발사업의 경우에는 시장·군수 등이 선정·계약한 2인 이상의 감정평가업자가 평가해야 한다.

  2. 재건축사업의 경우에는 사업시행자가 정하는 바에 따라 평가할 것. 다만, 감정평가법인등의 평가를 받으려는 경우에는 시장·군수 등이 선정·계약한 1인 이상의 감정평가업자와 조합총회의 의결로 선정·계약한 1인 이상의 감정평가업자에게 평가할 수 있다.

- 청산기준가격을 평가를 할 때 다음의 비용을 가산하여야 하며, 보조금은 공제하여야 한다.

1. 정비사업의 조사·측량·설계 및 감리에 소요된 비용

2. 공사비

3. 정비사업의 관리에 소요된 등기비용·인건비·통신비·사무용품비·이자 그 밖에 필요한 경비

4. 융자금이 있는 경우에는 그 이자에 해당하는 금액

5. 정비기반시설 및 공동이용시설의 설치에 소요된 비용(시장·군수등이 부담한 비용은 제외한다)

6. 안전진단의 실시, 정비사업전문관리업자의 선정, 회계감사, 감정평가, 그 밖에 정비사업 추진과 관련하여 지출한 비용으로서 정관등에서 정한 비용

- 청산기준가격을 평가를 할 때 건축물의 층별·위치별 가중치를 참작할 수 있다.

초고층건축물

- 초고층건축물이란 높이 200m 이상 또는 50층 이상인 건축물을 말한다. 관련법은 「건축법」 이다.

- 초고층건축물에는 피난층 또는 지상으로 통하는 직통계단과 직접 연결되는 피난안전구역을 설치하여야 한다. 피난안전구역이란 초고층건축물의 피난·안전을 위하여 지상층으로부터 최대 30개 층마다 설치하는 대피공간을 말한다.

- 초고층건축물은 '마천루'라고도 하며, 세계의 대도시들은 도시경쟁력 강화, 도시이미지 향상, 관광 및 경제 활성화 등을 위하여 랜드마크로서의 초고층건축물을 경쟁적으로 건축하고 있다.

- 서울시에서는 전망층, 방재대책, 피난안전구역, 피난용 승강기, 소화설비 등에 대한 초고층 건축물 가이드라인을 마련하여 건축위원회 심의기준으로 활용하고 있다.

- 여의도 아파트지구 지구단위계획안에 따르면 여의도 아파트지구 내 12개 단지는 9개 특별계획구역으로 지정되며 최고 높이 200m까지 건축이 가능해져 70층의 최고층 건축물을 건축할 수 있게 될 전망이다.

총액입찰

- 총액입찰이란 입찰자(시공자)가 입찰총액을 기재한 입찰서만으로 입찰하는 방식을 말한다. 일반적으로 정부의 입찰은 총액입찰이 원칙이다. 낙찰자는 착공신고서를 제출할 때 산출내역서를 제출하여야 한다.

- 정부의 계약은 총액계약을 원칙(「지방계약법 시행령」 제9조 예정가격은 총액으로함)으로 한다. 계약의 체결에 있어서 지방계약상의 각종 절차 중 계약금액의 확정이 가장 중요한 것 중의 하나이다.
- 특히 지출의 원인이 되는 계약에 있어서는 예산통제라는 관점에서도 계약의 총액 확정이 중요한 의미를 지닌다.
- 총액입찰의 경우 설계변경이 가능한 사유는 다음과 같다.
  1. 설계서의 내용이 불분명하거나 누락, 오류 또는 상호 모순되는 점이 있을경우
  2. 지질, 용수 등 공사현장의 상태가 설계서와 다른 경우
  3. 새로운 기술 및 공법 사용으로 공사비의 절감 및 시공기간 단축 등의 효과가 현저한 경우
  4. 기타 발주자가 설계서를 변경할 필요가 있다고 인정하는 경우

총회

- 총회는 전체 조합원으로 구성되는 최고의 의사결정기관이다. 반드시 두어야 하는 필수기관이며, 정관의 규정에 의해서도 폐지할 수 없다.
- 총회는 정기총회와 임시총회로 나눌 수 있다.
- 정기총회는 매년 1회, 회계연도 종료일부터 2개월 이내에 개최하여야 한다. 다만, 부득이한 사정이 있는 경우에는 3월의 범위내에서 사유와 기간을 명시하여 일시를 변경할 수 있다.
- 총회는 의결기관이지 집행기관은 아니므로 총회는 내부적인 업무집행권을 갖지 않으며, 총회 의결사항의 집행은 대표기관인 조합장 또는 이사 등이 한다.
- 법률 또는 정관에 의해 총회의 권한으로 되어 있는 사항은 반드시 총회에서 결의하여야 하며, 다른 기관이나 개인에게 위임할 수 없다.

총회의 소집 및 의결

- 조합에는 조합원으로 구성되는 총회를 둔다.
- 총회는 조합장이 직권으로 소집하거나 조합원 5분의 1 이상(정관의 기재사항 중 조합임원의 권리·의무·보수·선임방법·변경 및 해임에 관한 사항을 변경하기 위한 총회의 경우는 10분의 1 이상으로 한다) 또는 대의원 3분의 2 이상의 요구로 조합장이 소집한다.

- 조합임원의 사임, 해임 또는 임기만료 후 6개월 이상 조합임원이 선임되지 아니한 경우에는 시장·군수등이 조합임원 선출을 위한 총회를 소집할 수 있다.
- 총회를 소집하려는 자는 총회가 개최되기 7일 전까지 회의 목적·안건·일시 및 장소와 서면의결권의 행사기간 및 장소 등 서면의결권 행사에 필요한 사항을 정하여 조합원에게 통지하여야 한다.
- 총회의 소집 절차·시기 등에 필요한 사항은 정관으로 정한다.
- 다음의 사항은 총회의 의결을 거쳐야 한다.
  1. 정관의 변경(경미한 사항의 변경은 이 법 또는 정관에서 총회의결사항으로 한 경우로 한정한다)
  2. 자금의 차입과 그 방법·이자율 및 상환방법
  3. 정비사업비의 세부 항목별 사용계획이 포함된 예산안 및 예산의 사용내역
  4. 예산으로 정한 사항 외에 조합원에게 부담이 되는 계약
  5. 시공자·설계자 및 감정평가법인등(시장·군수등이 선정·계약하는 감정평가법인등은 제외한다)의 선정 및 변경. 다만, 감정평가법인등 선정 및 변경은 총회의 의결을 거쳐 시장·군수등에게 위탁할 수 있다.
  6. 정비사업전문관리업자의 선정 및 변경
  7. 조합임원의 선임 및 해임
  8. 정비사업비의 조합원별 분담내역
  9. 사업시행계획서의 작성 및 변경(정비사업의 중지 또는 폐지에 관한 사항을 포함하며, 경미한 변경은 제외한다)
  10. 관리처분계획의 수립 및 변경(경미한 변경은 제외한다)
  10의2. 조합의 해산과 조합 해산 시의 회계보고
  11. 청산금의 징수·지급(분할징수·분할지급을 포함한다)
  12. 비용의 금액 및 징수방법
  13. 그 밖에 조합원에게 경제적 부담을 주는 사항 등 주요한 사항을 결정하기 위하여 대통령령 또는 정관으로 정하는 사항
- 대통령령으로 정하는 총회의 의결을 거쳐야 하는 사항은 다음과 같다.
  1) 조합의 합병 또는 해산에 관한 사항
  2) 대의원의 선임 및 해임에 관한 사항

3) 건설되는 건축물의 설계 개요의 변경

4) 정비사업비의 변경

- 이 법 또는 정관에 따라 조합원의 동의가 필요한 사항은 총회에 상정하여야 한다. 총회의 의결은 이 법 또는 정관에 다른 규정이 없으면 조합원 과반수의 출석과 출석 조합원의 과반수 찬성으로 한다.

- 사업시행계획서의 작성 및 변경, 관리처분계획의 수립 및 변경의 경우에는 조합원 과반수의 찬성으로 의결한다. 다만, 정비사업비가 100분의 10(생산자물가상승률분, 손실보상 금액은 제외한다) 이상 늘어나는 경우에는 조합원 3분의 2 이상의 찬성으로 의결하여야 한다.

- 조합원은 서면으로 의결권을 행사하거나 다음의 어느 하나에 해당하는 경우에는 대리인을 통하여 의결권을 행사할 수 있다. 서면으로 의결권을 행사하는 경우에는 정족수를 산정할 때에 출석한 것으로 본다.

  1. 조합원이 권한을 행사할 수 없어 배우자, 직계존비속 또는 형제자매 중에서 성년자를 대리인으로 정하여 위임장을 제출하는 경우

  2. 해외에 거주하는 조합원이 대리인을 지정하는 경우

  3. 법인인 토지등소유자가 대리인을 지정하는 경우. 이 경우 법인의 대리인은 조합임원 또는 대의원으로 선임될 수 있다.

- 조합은 서면의결권을 행사하는 자가 본인인지를 확인하여야 한다.

- 총회의 의결은 조합원의 100분의 10 이상이 직접 출석(대리인을 통하여 의결권을 행사하는 경우 직접 출석한 것으로 본다)하여야 한다. 다만, 창립총회, 사업시행계획서의 작성 및 변경, 관리처분계획의 수립 및 변경을 의결하는 총회 등 대통령령으로 정하는 총회(정비사업비의 사용 및 변경을 위한 총회)의 경우에는 조합원의 100분의 20 이상이 직접 출석하여야 한다.

- 「재난 및 안전관리 기본법」 제3조제1호에 따른 재난의 발생 등 대통령령으로 정하는 사유가 발생하여 시장·군수등이 조합원의 직접 출석이 어렵다고 인정하는 경우에는 전자적 방법(「전자문서 및 전자거래 기본법」 제2조제2호에 따른 정보처리시스템을 사용하거나 그 밖의 정보통신기술을 이용하는 방법을 말한다)으로 의결권을 행사할 수 있다. 이 경우 정족수를 산정할 때에는 직접 출석한 것으로 본다.

- 총회의 의결방법, 서면의결권 행사 및 본인확인방법 등에 필요한 사항은 정관으로 정한다.

추정분담금 검증

- 서울시의 경우 추진위원장 또는 조합임원은 조합설립 동의 시부터 최초로 관리처분계획을 수립하는 때까지 사업비에 관한 주민 동의를 받고자 하는 경우에는 분담금 추정 프로그램에 정비계획 등 필요한 사항을 입력하고, 토지등소유자가 개략적인 분담금 등을 확인할 수 있도록 하여야 하며, 토지등소유자에게 개별 통보하여야 한다.

- 추진위원장 또는 조합임원은 토지등소유자에게 동의를 받고자 하는 사업비의 내용과 부합하게 자료를 입력하여야 한다.

- 서울시는 추정분담금에 대한 합리성, 현실적 타당성, 신뢰성 등의 제고를 위해 2013년부터 '서울특별시 도시 및 주거환경정비조례'에 따라 정비사업 단계별로 추정분담금을 산정하여 토지등소유자에게 공개하기 전에 자치구 추정분담금 검증위원회의 검증을 거친 후 검증위원회 검증 결과를 반영한 내용을 토지등소유자에게 통지하도록 하고 있다.

- 서울시의 추정분담금 검증 시기는 다음과 같다.

추정분담금 검증 시기
1. 정비계획 수립 시
2. 조합설립동의서 징구 전에 추정분담금 공개 시
3. 사업시행계획총회 개최 전 변경된 추정분담금 공개 시
4. 조합원 분양신청 통지 전 변경된 추정분담금 공개 시
5. 기타 관련 규정과 시장·구청장이 필요하다고 판단하여 검증을 요청한 경우

- 「도시 및 주거환경정비법」 개정으로 2022년 6월 10일부터는 정비계획을 수립하는 경우 그 내용에 '토지등소유자별 분담금 추산액 및 산출근거'를 포함하여야 한다.

- 추정분담금을 포함하는 취지는 정비사업 추진에 따른 개략적인 비용분담액을 토지등소유자 개개인이 예측하기 어려울 뿐만 아니라 사업 초기 예상하였던 비용분담액이 추후 크게 증가하여 분쟁이 발생하는 일이 비일비재하므로, 정비계획 수립 시 토지등소유자가 정비사업으로 부담하게 될 비용을 보다 정확하게 검증하여 제공하려는 것이다.

- 토지등소유자의 입장에서는 해당 정비사업을 추진하는 경우 어느 정도의 분담금을 내야 하는지 사업 초기에 예측할 수 있다는 장점이 있다. 과거 일부 사업장에서 조합설립 동의율을 높이기 위해 비용은 줄이고 수익을 부풀리는 경우도 있었는데 지방자치단체가 정비계획을 수립하

면서 추정분담금을 산정해주는 것은 토지등소유자로 하여금 올바른 결정을 할 수 있도록 도와
준다는 측면에서는 바람직하다는 견해가 있다.

- 반면에 정비계획 수립 시점에서는 시공자가 선정되기 전이며 정확한 수익과 비용을 산정하기가
어렵기 때문에 여러 가정을 세우고 추정분담금을 산정하는데 추후 이러한 가정이 바뀌게 되면 추
정분담금이 변경되는 것이 당연한 일이지만, 조합원들에게 한번 각인된 추정분담금의 상승은 오
히려 조합원들 간의 분쟁 및 갈등을 더욱 부추켜 오히려 사업을 지연시킬 수 있다는 우려도 있다.

※ 추정분담금 산정방법

① 토지등소유자별 분담금 추산액 = 분양예정인 대지 및 건축물의 추산액 − (토지등소유자
별 종전의 토지 및 건축물의 가격 x 비례율)

② 비례율 = [(사업완료 후의 대지 및 건축물의 총수입 − 총사업비) / 종전의 토지 및 건축물
의 총가액] x 100

추진위원의 자격

- 위원은 추진위원회 설립에 동의한 자 중에서 선출하되, 위원장·부위원장 및 감사는 다음 각 호
의 어느 하나에 해당하는 자이어야 한다.

    1. 피선출일 현재 사업시행구역 안에서 3년 이내에 1년 이상 거주하고 있는자(다만, 거주의 목적
    이 아닌 상가 등의 건축물에서 영업 등을 하고 있는 경우 영업 등은 거주로 본다)

    2. 피선출일 현재 사업시행구역 안에서 5년 이상 토지 또는 건축물(재건축사업의 경우 토지 및
    건축물을 말한다)을 소유한 자

- 다음의 어느 하나에 해당하는 자는 추진위원회 위원이 될 수 없다.

    1. 미성년자·피성년후견인 또는 피한정후견인

    2. 파산선고를 받고 복권되지 아니한 자

    3. 금고 이상의 실형을 선고받고 그 집행이 종료(종료된 것으로 보는 경우를 포함한다)되거나
    집행이 면제된 날부터 2년이 경과되지 아니한 자

    4. 금고 이상의 형의 집행유예를 받고 그 유예기간 중에 있는 자

    5. 법을 위반하여 벌금 100만원 이상의 형을 선고받고 5년이 지나지 아니한 자

추진위원회 동의자의 조합설립동의 간주

- 추진위원회동의자는 조합설립에 동의한 것으로 본다.
- 토지등소유자의 동의를 받으려는 자는 동의를 받으려는 사항 및 목적, 동의로 인하여 의제되는 사항, 반대의사 표시의 절차 및 방법을 설명·고지하여야 한다.
- 추진위원회는 조합설립인가 신청일 60일 전까지 조합설립에 대한 동의철회(반대의 의사표시 포함) 및 방법, 조합설립 동의서에 포함되는 사항을 추진위원회 구성에 동의한 토지등소유자에게 등기우편으로 통지하여야 한다.
- 조합설립인가 신청 전에 시장·군수등 및 추진위원회에 조합설립에 대한 반대의 의사표시를 한 추진위원회 동의자는 조합설립동의자 수에서 제외한다.
- 반대의 의사표시는 관할관청에 조합설립인가를 신청하기 전까지 할 수 있으므로 조합설립인가를 신청한 후에는 반대 의사표시를 하여도 조합설립동의자 수에 포함하게 된다.
- 반대의 의사표시를 하려는 토지등소유자는 동의의 상대방 및 시장·군수등에게 철회서에 토지등소유자의 지장(指章)을 날인하고 자필로 성명을 적은 후 주민등록증 및 여권 등 신원을 확인할 수 있는 신분증명서 사본을 첨부하여 내용증명의 방법으로 발송하여야 한다. 이 경우 시장·군수등이 철회서를 받은 때에는 지체 없이 동의의 상대방에게 철회서가 접수된 사실을 통지하여야 한다.
- 반대의 의사표시는 철회서가 동의의 상대방에게 도달한 때 또는 시장·군수등이 동의의 상대방에게 철회서가 접수된 사실을 통지한 때 중 빠른 때에 효력이 발생한다.

추진위원회의 개최

- 추진위원회는 위원장 필요하다고 인정하는 때에 소집한다. 다만, 다음의 어느 하나에 해당하는 때에는 위원장은 해당 일부터 14일 이내에 추진위원회를 소집하여야 한다.
    1. 토지등소유자의 10분의 1 이상이 추진위원회의 목적사항을 제시하여 소집을 청구하는 때
    2. 재적 추진위원 3분의 1 이상이 회의의 목적사항을 제시하여 청구하는 때
- 토지등소유자나 추진위원의 소집청구가 있는 경우로서 위원장이 14일 이내에 정당한 이유 없이 추진위원회를 소집하지 아니한 때에는 감사가 지체 없이 이를 소집하여야 하며 이 경우 의장은 부위원장, 추진위원 중 연장자 순으로 한다.
- 감사가 소집하지 아니한 때에는 소집을 청구한 자의 공동명의로 소집하며 이 경우 의장은 발의

자 대표의 임시사회로 선출된 자가 그 의장이 된다.

- 추진위원회의 소집은 회의개최 7일 전까지 회의목적·안건·일시 및 장소를 기재한 통지서를 추진위원회의 위원에게 송부하고, 게시판에 게시하여야 한다. 다만, 사업추진상 시급히 추진위원회 의결을 요하는 사안이 발생하는 경우에는 회의 개최 3일 전에 이를 통지하고 추진위원회 회의에서 안건상정여부를 묻고 의결할 수 있다. 이 경우 출석위원 3분의 2 이사의 찬성으로 의결할 수 있다.

- 추진위원회의 의결사항은 다음과 같다.

  1. 위원(위원장·감사를 제외한다)의 보궐선임

  2. 예산 및 결산의 승인에 관한 방법

  3. 주민총회 부의안건의 사전심의 및 주민총회로부터 위임받은 사항

  4. 주민총회 의결로 정한 예산의 범위 내에서의 용역계약 등

  5. 그 밖에 추진위원회 운영을 위하여 필요한 사항

- 추진위원회는 통지한 사항에 관하여만 의결할 수 있다.

- 위원은 자산과 관련된 해임·계약 및 소송 등에 대하여 의결권을 행사할 수 없다.

- 추진위원회는 운영규정에서 특별히 정한 경우를 제외하고는 재적위원 과반수 출석으로 개의하고 출석위원 과반수의 찬성으로 의결한다. 다만, 주민총회의 의결을 대신하는 의결사항은 재적위원 3분의 2 이상의 출석과 출석위원 3분의 2 이상의 찬성으로 의결한다.

- 위원은 대리인을 통한 출석을 할 수 없다. 다만, 위원은 서면으로 추진위원회 회의에 출석하거나 의결권을 행사할 수 있으며, 이 경우 출석으로 본다.

- 감사는 재적위원에는 포함하되 의결권을 행사할 수 없다.

- 추진위원회의 의사록에는 위원장·부위원장 및 감사가 기명날인하여야 한다.

추진위원회의 구성 · 승인

- 조합을 설립하려는 경우에는 정비구역 지정·고시 후 다음의 사항에 대하여 토지등소유자 과반수의 동의를 받아 조합설립을 위한 추진위원회를 구성하여 국토교통부령으로 정하는 방법과 절차에 따라 시장·군수등의 승인을 받아야 한다.

  1. 추진위원회 위원장을 포함한 5명 이상의 추진위원회 위원

  2. 운영규정

- 추진위원회의 구성에 동의한 토지등소유자는 조합의 설립에 동의한 것으로 본다. 다만, 조합설립인가를 신청하기 전에 시장·군수등 및 추진위원회에 조합설립에 대한 반대의 의사표시를 한 추진위원회 동의자의 경우에는 그러하지 아니하다.

- 토지등소유자의 동의를 받으려는 자는 국토교통부령으로 정하는 동의서에 추진위원회의 위원장, 추진위원회 위원, 추진위원회의 업무 및 운영규정을 미리 쓴 후 토지등소유자의 동의를 받아야 한다.

- 토지등소유자의 동의를 받으려는 자는 다음의 사항을 설명·고지하여야 한다.

  1. 동의를 받으려는 사항 및 목적

  2. 동의로 인하여 의제되는 사항

  3. 동의의 철회 또는 반대의사 표시의 절차 및 방법

- 정비사업에 대하여 공공지원을 하려는 경우에는 추진위원회를 구성하지 아니할 수 있다. 이 경우 조합설립 방법 및 절차 등에 필요한 사항은 대통령령으로 정한다.

- 추진위원회는 다음의 업무를 수행할 수 있다.

  1. 정비사업전문관리업자의 선정 및 변경

  2. 설계자의 선정 및 변경

  3. 개략적인 정비사업 시행계획서의 작성

  4. 조합설립인가를 받기 위한 준비업무

  5. 그 밖에 조합설립을 추진하기 위하여 대통령령으로 정하는 업무

- 대통령령으로 정하는 업무란 다음의 업무를 말한다.

  1) 추진위원회 운영규정의 작성

  2) 토지등소유자의 동의서의 접수

  3) 조합의 설립을 위한 창립총회의 개최

  4) 조합 정관의 초안 작성

  5) 그 밖에 추진위원회 운영규정으로 정하는 업무

- 추진위원회가 정비사업전문관리업자를 선정하려는 경우에는 추진위원회 승인을 받은 후 경쟁입찰 또는 수의계약(2회 이상 경쟁입찰이 유찰된 경우로 한정한다)의 방법으로 선정하여야 한다.

- 추진위원회는 조합설립인가를 신청하기 전에 대통령령으로 정하는 방법 및 절차에 따라 조합설립을 위한 창립총회를 개최하여야 한다.

- 추진위원회가 수행하는 업무의 내용이 토지등소유자의 비용부담을 수반하거나 권리·의무에

변동을 발생시키는 경우로서 대통령령으로 정하는 사항에 대하여는 그 업무를 수행하기 전에 대통령령으로 정하는 비율 이상의 토지등소유자의 동의를 받아야 한다.

추진위원회의 조직 및 운영

- 국토교통부장관은 추진위원회의 공정한 운영을 위하여 다음의 사항을 포함한 추진위원회의 운영규정을 정하여 고시하여야 한다.
  1. 추진위원의 선임방법 및 변경
  2. 추진위원의 권리·의무
  3. 추진위원회의 업무범위
  4. 추진위원회의 운영방법
  5. 토지등소유자의 운영경비 납부
  6. 추진위원회 운영자금의 차입
  7. 그 밖에 추진위원회의 운영에 필요한 사항으로서 대통령령으로 정하는 사항
- 대통령령으로 정하는 사항이란 다음의 사항을 말한다.
  1) 추진위원회 운영경비의 회계에 관한 사항
  2) 정비사업전문관리업자의 선정에 관한 사항
  3) 그 밖에 국토교통부장관이 정비사업의 원활한 추진을 위하여 필요하다고 인정하는 사항
- 추진위원회는 운영규정에 따라 운영하여야 하며, 토지등소유자는 운영에 필요한 경비를 운영규정에 따라 납부하여야 한다.
- 추진위원회는 수행한 업무를 총회에 보고하여야 하며, 그 업무와 관련된 권리·의무는 조합이 포괄승계한다.
- 추진위원회는 사용경비를 기재한 회계장부 및 관계 서류를 조합설립인가일부터 30일 이내에 조합에 인계하여야 한다.
- 추진위원회는 다음의 사항을 토지등소유자가 쉽게 접할 수 있는 일정한 장소에 게시하거나 인터넷 등을 통하여 공개하고, 필요한 경우에는 토지등소유자에게 서면통지를 하는 등 토지등소유자가 그 내용을 충분히 알 수 있도록 하여야 한다. 다만, 제8호 및 제9호의 사항은 조합설립인가 신청일 60일 전까지 추진위원회 구성에 동의한 토지등소유자에게 등기우편으로 통지하여야 한다.

1. 법 제12조에 따른 안전진단의 결과

2. 정비사업전문관리업자의 선정에 관한 사항

3. 토지등소유자의 부담액 범위를 포함한 개략적인 사업시행계획서

4. 추진위원회 위원의 선정에 관한 사항

5. 토지등소유자의 비용부담을 수반하거나 권리·의무에 변동을 일으킬 수 있는 사항

6. 추진위원회의 업무에 관한 사항

7. 창립총회 개최의 방법 및 절차

8. 조합설립에 대한 동의철회(반대의 의사표시를 포함한다) 및 방법

9. 조합설립 동의서에 포함되는 사항

- 추진위원회는 추진위원회의 지출내역서를 매분기별로 토지등소유자가 쉽게 접할 수 있는 일정한 장소에 게시하거나 인터넷 등을 통하여 공개하고, 토지등소유자가 열람할 수 있도록 하여야 한다.

추진위원회의 해산

- 추진위원회는 조합설립인가 전 추진위원회를 해산하고자 하는 경우 추진위원회 동의자 3분의 2 이상 또는 토지등소유자의 과반수 동의를 받아 시장·군수등에게 신고하여 해산할 수 있다.
- 추진위원회는 조합설립인가일까지 업무를 수행할 수 있으며, 조합이 설립되면 모든 업무와 자산을 조합에 인계하고 추진위원회는 해산한다.
- 추진위원회가 행한 업무와 관련된 권리와 의무는 조합이 포괄승계한다. 다만, 운영규정이 정하는 추진위원회 업무범위를 초과하는 업무나 계약, 용역업체의 선정 등은 조합에 승계되지 아니한다. 즉, 추진위원회에서 선정한 시공자, 감정평가업자는 조합으로 승계되지 아니한다.

취약주택정비사업

- 취약주택정비사업이란 천재지변, 「재난 및 안전관리기본법」 제27조 또는 「시설물의 안전관리 및 유지에 관한 특별법」 제23조에 따른 사용제한, 사용금지, 그 밖의 불가피한 사유로 긴급하게 사업을 시행할 필요가 있는 경우 공공시행자가 시행하는 정비사업을 말한다. 관련법은 「빈집 및 소규모주택정비에 관한 특례법」이다.

ㅌ

도시 정비 용어사전

턴키(Turn-key) 계약방식

- 턴키 계약방식이란 열쇠를 돌리기만 하면 사용할 수 있다는 뜻에서 유래되어진 용어로, 시공자가 대상 프로젝트의 금융, 토지조달, 설계, 시공, 기계 기구 설치, 시운전 등 발주자가 요구하는 모든 것을 완료하여 발주자에게 인도하는 방식을 말한다. 우리나라에서의 공식 명칭은 '설계 시공 일괄입찰 계약'이라고 한다.

- 발주자가 입찰자(시공자)에게 전권을 위임하는 공사를 진행하는 방식으로 발주자가 입찰자(시공자)의 기술력을 믿고 의존하는 형태의 계약이다.

- 턴키 계약방식은 1990년대부터 건설공사가 점점 대형화·복잡화·전문화되어 설계부터 시공까지 일괄적으로 시행하기 위해 도입된 제도이다. 주로 대형공사에서 적용되는 계약방식이다.

- 턴키 계약방식의 장점은 다음과 같다.
  1. 하나의 주계약으로 시공자와 설계자가 동일하므로 책임과 한계가 명확한 일괄 책임으로 발주가 가능하다. 발주자 입장에서 관리업무가 최소화 된다.
  2. 발주 단계에서 경쟁을 통해 최적의 대안을 선정하는 것이 가능하다.
  3. 설계, 시공자 간 소통이 원활하여 책임 시공 및 공기단축이 가능하다.

- 턴키 계약방식의 단점은 다음과 같다.
  1. 입찰에 소요되는 비용 등 입찰자의 부담이 과중하다.
  2. 대형 프로젝트에 대한 중소기업의 참여 기회가 제한된다.
  3. 일괄입찰자의 이윤 극대화로 인해 사업 전체의 품질 확보에 한계가 있을 수 있다.

토양환경평가

- 토양환경평가란 토양오염의 우려가 있는 토지 거래 시 대상부지의 토양오염 여부와 그 범위를 사전에 토양환경평가기관으로부터 조사·확인을 받는 것을 말한다.

- 토양환경평가를 실시한 양수자등은 토양오염 정도가 기준 이내인 것으로 확인된 경우에는 추가적인 오염행위가 없었다면 오염토양 정화책임을 면제받을 수 있다. 만약에 오염환경평가를 통해 오염이 확인된 경우에는 오염토양 평가 및 정화비용을 토지 거래가격에 반영할 수 있다.

- 다음 각 호의 어느 하나에 해당하는 시설이 설치되어 있거나 설치되어 있었던 부지, 그 밖에 토양오염의 우려가 있는 토지를 양도·양수(「민사집행법」에 따른 경매, 「채무자 회생 및 파산에 관한 법률」에 따른 환가(換價), 「국세징수법」·「관세법」 또는 「지방세징수법」에 따른 압류재산의

매각, 그 밖에 이에 준하는 절차에 따라 인수하는 경우를 포함한다) 또는 임대·임차하는 경우에 양도인·양수인·임대인 또는 임차인은 해당 부지와 그 주변지역, 그 밖에 토양오염의 우려가 있는 토지에 대하여 토양환경평가기관으로부터 토양오염에 관한 평가를 받을 수 있다.

  1. 토양오염관리대상시설
  2. 「산업집적활성화 및 공장설립에 관한 법률」 제2조 제1호에 따른 공장
  3. 「국방·군사시설 사업에 관한 법률」 제2조 제1항에 따른 국방·군사시설

- 상기 어느 하나에 해당하는 시설이 설치되어 있거나 설치되어 있었던 부지, 그 밖에 토양오염의 우려가 있는 토지를 양수한 자가 양수 당시 같은 항에 따라 토양환경평가를 받고 그 부지 또는 토지의 오염 정도가 우려기준 이하인 것을 확인한 경우에는 토양오염 사실에 대하여 선의이며 과실이 없는 것으로 추정한다.

- 토양환경평가는 다음 각 호에 따라 실시하여야 하며, 토양환경평가의 실시에 따른 구체적인 사항과 그 밖에 필요한 사항은 대통령령으로 정한다.

  1. 토양환경평가 항목 : 제2조 제2호에 따른 토양오염물질과 토양환경평가를 위하여 필요하여 대통령령으로 정하는 오염물질
  2. 토양환경평가 절차 : 기초조사와 개황조사, 정밀조사로 구분하여 실시
    1) 기초조사 : 자료조사, 현장조사 등을 통한 토양오염 개연성 여부 조사
    2) 개황조사 : 시료의 채취 및 분석을 통한 토양오염 여부 조사
    3) 정밀조사 : 시료의 채취 및 분석을 통한 토양오염의 정도와 범위 조사
  3. 토양환경평가 방법 : 오염물질의 오염도 등의 조사·분석 및 평가, 대상 부지의 이용현황, 토양오염관리대상시설에 해당하는지 여부

- 토양환경보전법 시행규칙 별표1에 규정되어 있는 토양오염물질은 다음과 같다.

근거	토양오염물질
토양환경보전법 시행규칙 [별표 1]	1. 카드뮴 및 그 화합물 2. 구리 및 그 화합물 3. 비소 및 그 화합물 4. 수은 및 그 화합물 5. 납 및 그 화합물 6. 가크롬화합물 7. 아연 및 그 화합물 8. 니켈 및 그 화합물 9. 불소화합물 10. 유기인화합물 11. 폴리클로리네이티드비페닐 12. 시안화합물 13. 페놀류 14. 벤젠 15. 톨루엔 16. 에틸벤젠 17. 크실렌 18. 석유계총탄화수소 19. 트리클로로에틸렌 20. 테트라클로로에틸렌 21. 벤조(a)피렌 22. 1,2-디클로로에탄 23. 다이옥신(퓨란을 포함한다) 24. 그 밖에 위 물질과 유사한 토양오염물질로서 토양 오염의 방지를 위하여 특별히 관리할 필요가 있다고 인정되어 환경부장관이 고시하는 물질

• 주요 토양오염물질은 다음과 같다.

오염물질	내용
카드뮴(Cd)	· 1군 발암물질(WHO IARC) · 제련공장, 도금공정, 화학공업 · 이타이이타이병(일본, 1910), 온산병(한국 울산, 1980)
비소(As)	· 1군 발암물질(WHO IARC) · 살충제, 방부제, 도료 · 공기 중 노출 시 산소화 결합하여 산화비소(독극물)
BTEX	· 1군 발암물질 : 벤젠 · 톨루엔(Toluen), 에틸벤젠(Ethylbenzen), 크실렌(Xylen) · 휘발유
석유계총탄화수소 (TPH)	· 경유, 등유, 윤활유 등 석유류 물질 · 토양오염의 가장 대표적인 사례

토지거래허가구역

• 토지거래허가구역이란 토지의 투기적 거래가 성행하거나 성행할 우려가 있는 지역 및 지가가 급격히 상승하거나 상승할 우려가 있는 지역에 땅 투기를 방지하기 위해 설정하는 구역을 말한다.

• 국토교통부장관 또는 시·도지사는 국토의 이용 및 관리에 관한 계획의 원활한 수립과 집행, 합리적인 토지 이용 등을 위하여 토지의 투기적인 거래가 성행하거나 지가가 급격히 상승하는 지역과 그러한 우려가 있는 지역으로서 대통령령으로 정하는 지역에 대해서는 5년 이내의 기간을 정하여 토지거래허가구역으로 지정할 수 있다.

• 토지거래허가구역으로 지정되면 토지 용도별로 일정 규모 이상의 토지거래는 시·군·구청장의 허가를 받아야 하며, 그 토지를 허가받은 목적대로 이용하여야 한다. 허가받은 목적대로 이용하지 않을 경우 상당한 기간을 정해 이행명령을 부여하고, 명령 불이행 시 토지 취득가액의 10% 범위 내에서 매년 이행강제금을 부과할 수 있다.

• 토지거래허가구역으로 지정되면 실소유자 이외에는 일정 규모 이상의 토지를 매입할 수 없다. 도시지역 내의 경우 주거지역 180㎡, 상업지역 200㎡, 공업지역 660㎡, 녹지지역 100㎡를 초과할

경우, 도시지역 이외는 250㎡, 농지는 500㎡, 임야는 1,000㎡ 초과하는 토지를 구입할 경우 실수 요자임을 입증하여 시장·군수·구청장의 허가를 받아야 한다. 이를 위반하면 2년 이하의 징역 또는 계약 토지거래가격의 30% 이하를 벌금으로 물어야 한다.

- 서울시의 경우 2020년 6월 국제교류복합지구 및 인근지역인 강남구 청담·대치·삼성동, 송파구 잠실동을, 2021년 4월 ①목동택지개발사업지구(14개 단지), ②압구정아파트지구(24개 단지), ③ 여의도아파트지구 및 인근단지(16개 단지), ④성수전략정비구역 등 주요 재건축·재개발 사업지 역 4곳을 토지거래허가구역으로 지정했다. 1년 단위로 구역 지정을 연장하고 있다.

토지구획정리사업

- 토지구획정리사업이란 「(구)토지구획정리사업법」에 의해 환지방식으로 시행되는 계획적인 택 지화 사업을 말한다.
- 토지구획정리사업은 신시가지와 기성시가지 모두에서 시행 가능하고 기반시설 등을 일제히 정비할 수 있으며, 사업을 위한 토지를 토지소유자들이 현물로 출자하였기 때문에 토지매입비 를 절감할 수 있다는 점에서 효율적·경제적인 개발이 가능한 장점이 있다. 반면에 사업지구에 만 집중된 계획으로서 전체적인 도시공간에 대한 고려가 부족하며, 사업기간이 장기화되고 개 발이익이 사유화 되는 등 많은 문제점도 노출되었다.
- 2000년 7월 「토지구획정리사업법」의 폐지와 동시에 「도시개발법」 제정되면서, 토지구획정리 사업은 「도시개발법」에 의한 환지방식으로 시행하는 도시개발사업으로 편입되었다

토지등소유자

- 토지등소유자란 다음의 어느 하나에 해당하는 자를 말한다. 다만, 법 제27조제1항에 따라 「자본 시장과 금융투자업에 관한 법률」 제8조제7항에 따른 신탁업자)가 사업시행자로 지정된 경우 토지등소유자가 정비사업을 목적으로 신탁업자에게 신탁한 토지 또는 건축물에 대하여는 위탁 자를 토지등소유자로 본다.
  1. 주거환경개선사업 및 재개발사업의 경우에는 정비구역에 위치한 토지 또는 건축물의 소유 자 또는 그 지상권자
  2. 재건축사업의 경우에는 정비구역에 위치한 건축물 및 그 부속토지의 소유자

토지등소유자전체회의

- 사업시행자로 지정된 신탁업자는 다음의 사항에 관하여 해당 정비사업의 토지등소유자(재건축사업의 경우에는 신탁업자를 사업시행자로 지정하는 것에 동의한 토지등소유자를 말한다) 전원으로 구성되는 회의(토지등소유자 전체회의)의 의결을 거쳐야 한다.
  1. 시행규정의 확정 및 변경
  2. 정비사업비의 사용 및 변경
  3. 정비사업전문관리업자와의 계약 등 토지등소유자의 부담이 될 계약
  4. 시공자의 선정 및 변경
  5. 정비사업비의 토지등소유자별 분담내역
  6. 자금의 차입과 그 방법·이자율 및 상환방법
  7. 사업시행계획서의 작성 및 변경(정비사업의 중지 또는 폐지에 관한 사항을 포함하며, 경미한 변경은 제외한다)
  8. 관리처분계획의 수립 및 변경(경미한 변경은 제외한다)
  9. 청산금의 징수·지급(분할징수·분할지급을 포함한다)과 조합 해산 시의 회계보고
  10. 비용의 금액 및 징수방법
  11. 그 밖에 토지등소유자에게 부담이 되는 것으로 시행규정으로 정하는 사항
- 토지등소유자 전체회의는 사업시행자가 직권으로 소집하거나 토지등소유자 5분의 1 이상의 요구로 사업시행자가 소집한다.
- 토지등소유자 전체회의의 소집 절차·시기 및 의결방법 등에 관하여는 총회소집의 규정을 준용한다. 이 경우 "총회"는 "토지등소유자 전체회의"로, "정관"은 "시행규정"으로, "조합원"은 "토지등소유자"로 본다.

토지등소유자의 동의방법

- 다음에 대한 동의(동의한 사항의 철회 또는 제26조제1항제8호 단서, 제31조제2항 단서 및 제47조제4항 단서에 따른 반대의 의사표시를 포함한다)는 서면동의서에 토지등소유자가 성명을 적고 지장(指章)을 날인하는 방법으로 하며, 주민등록증, 여권 등 신원을 확인할 수 있는 신분증명서의 사본을 첨부하여야 한다.
  1. 정비구역등 해제의 연장을 요청하는 경우

2. 정비구역의 해제에 동의하는 경우

3. 주거환경개선사업의 시행자를 토지주택공사등으로 지정하는 경우

4. 토지등소유자가 재개발사업을 시행하려는 경우

5. 재개발사업·재건축사업의 공공시행자 또는 지정개발자를 지정 경우

6. 조합설립을 위한 추진위원회를 구성하는 경우

7. 추진위원회의 업무가 토지등소유자의 비용부담을 수반하거나 권리·의무에 변동을 가져오는 경우

8. 조합을 설립하는 경우

9. 주민대표회의를 구성하는 경우

10. 사업시행계획인가를 신청하는 경우

11. 사업시행자가 사업시행계획서를 작성하려는 경우

- 토지등소유자가 해외에 장기체류하거나 법인인 경우 등 불가피한 사유가 있다고 시장·군수등이 인정하는 경우에는 토지등소유자의 인감도장을 찍은 서면동의서에 해당 인감증명서를 첨부하는 방법으로 할 수 있다.
- 서면동의서를 작성하는 경우 추진위원회 구성 및 조합설립의 규정에 해당하는 때에는 시장·군수등이 대통령령으로 정하는 방법에 따라 검인(檢印)한 서면동의서를 사용하여야 하며, 검인을 받지 아니한 서면동의서는 그 효력이 발생하지 아니한다.
- 토지등소유자의 동의자 수 산정 방법 및 절차 등에 필요한 사항은 대통령령으로 정한다.

토지등소유자의 동의자 수 산정방법

- 법 제12조제2항, 제28조제1항, 제36조제1항, 이 영 제12조, 제14조제2항 및 제27조에 따른 토지등소유자(토지면적에 관한 동의자 수를 산정하는 경우에는 토지소유자를 말한다)의 동의는 다음의 기준에 따라 산정한다.

  1. 주거환경개선사업, 재개발사업의 경우에는 다음 각 목의 기준에 의할 것

      1) 1필지의 토지 또는 하나의 건축물을 여럿이서 공유할 때에는 그 여럿을 대표하는 1인을 토지등소유자로 산정할 것. 다만, 재개발구역의 「전통시장 및 상점가 육성을 위한 특별법」 제2조에 따른 전통시장 및 상점가로서 1필지의 토지 또는 하나의 건축물을 여럿이서 공유하는 경우에는 해당 토지 또는 건축물의 토지등소유자의 4분의 3 이상의 동의를 받아 이를

대표하는 1인을 토지등소유자로 산정할 수 있다.

2) 토지에 지상권이 설정되어 있는 경우 토지의 소유자와 해당 토지의 지상권자를 대표하는 1인을 토지등소유자로 산정할 것

3) 1인이 다수 필지의 토지 또는 다수의 건축물을 소유하고 있는 경우에는 필지나 건축물의 수에 관계없이 토지등소유자를 1인으로 산정할 것. 다만, 재개발사업으로서 법 제25조제1항제2호에 따라 토지등소유자가 재개발사업을 시행하는 경우 토지등소유자가 정비구역 지정 후에 정비사업을 목적으로 취득한 토지 또는 건축물에 대해서는 정비구역 지정 당시의 토지 또는 건축물의 소유자를 토지등소유자의 수에 포함하여 산정하되, 이 경우 동의 여부는 이를 취득한 토지등소유자에 따른다.

4) 둘 이상의 토지 또는 건축물을 소유한 공유자가 동일한 경우에는 그 공유자 여럿을 대표하는 1인을 토지등소유자로 산정할 것

2. 재건축사업의 경우에는 다음 각 목의 기준에 따를 것

1) 소유권 또는 구분소유권을 여럿이서 공유하는 경우에는 그 여럿을 대표하는 1인을 토지등소유자로 산정할 것

2) 1인이 둘 이상의 소유권 또는 구분소유권을 소유하고 있는 경우에는 소유권 또는 구분소유권의 수에 관계없이 토지등소유자를 1인으로 산정할 것

3) 둘 이상의 소유권 또는 구분소유권을 소유한 공유자가 동일한 경우에는 그 공유자 여럿을 대표하는 1인을 토지등소유자로 할 것

3. 추진위원회의 구성 또는 조합의 설립에 동의한 자로부터 토지 또는 건축물을 취득한 자는 추진위원회의 구성 또는 조합의 설립에 동의한 것으로 볼 것

4. 토지등기부등본·건물등기부등본·토지대장 및 건축물관리대장에 소유자로 등재될 당시 주민등록번호의 기록이 없고 기록된 주소가 현재 주소와 다른 경우로서 소재가 확인되지 아니한 자는 토지등소유자의 수 또는 공유자 수에서 제외할 것

5. 국·공유지에 대해서는 그 재산관리청 각각을 토지등소유자로 산정할 것

• 법 제12조제2항 및 제36조제1항 각 호 외의 부분에 따른 동의(법 제26조제1항제8호, 제31조제2항 및 제47조제4항에 따라 의제된 동의를 포함한다)의 철회 또는 반대의사 표시의 시기는 다음의 기준에 따른다.

1. 동의의 철회 또는 반대의사의 표시는 해당 동의에 따른 인·허가 등을 신청하기 전까지 할 수 있다.

2. 제1호에도 불구하고 다음의 동의는 최초로 동의한 날부터 30일까지만 철회할 수 있다. 다만, 나목의 동의는 최초로 동의한 날부터 30일이 지나지 아니한 경우에도 조합설립을 위한 창립총회 후에는 철회할 수 없다.

1) 정비구역의 해제에 대한 동의

2) 조합설립에 대한 동의(동의 후 시행령 제30조제2항 각 호의 사항이 변경되지 아니한 경우로 한정한다)

- 동의를 철회하거나 반대의 의사표시를 하려는 토지등소유자는 철회서에 토지등소유자가 성명을 적고 지장(指章)을 날인한 후 주민등록증 및 여권 등 신원을 확인할 수 있는 신분증명서 사본을 첨부하여 동의의 상대방 및 시장·군수등에게 내용증명의 방법으로 발송하여야 한다. 이 경우 시장·군수등이 철회서를 받은 때에는 지체 없이 동의의 상대방에게 철회서가 접수된 사실을 통지하여야 한다.

- 동의의 철회나 반대의 의사표시는 철회서가 동의의 상대방에게 도달한 때 또는 시장·군수등이 동의의 상대방에게 철회서가 접수된 사실을 통지한 때 중 빠른 때에 효력이 발생한다.

토지등소유자의 동의서 재사용의 특례

- 조합설립인가(변경인가를 포함한다)를 받은 후에 동의서 위조, 동의 철회, 동의율 미달 또는 동의자 수 산정방법에 관한 하자 등으로 다툼이 있는 경우로서 다음 의 어느 하나에 해당하는 때에는 동의서의 유효성에 다툼이 없는 토지등소유자의 동의서를 다시 사용할 수 있다.

1. 조합설립인가의 무효 또는 취소소송 중에 일부 동의서를 추가 또는 보완하여 조합설립변경인가를 신청하는 때

2. 법원의 판결로 조합설립인가의 무효 또는 취소가 확정되어 조합설립인가를 다시 신청하는 때

- 토지등소유자의 동의서를 다시 사용하기 위한 요건은 다음과 같다.

1. 조합설립인가의 무효 또는 취소소송 중에 일부 동의서를 추가 또는 보완하여 조합설립변경인가를 신청하는 경우 : 다음 각 목의 요건

1) 토지등소유자에게 기존 동의서를 다시 사용할 수 있다는 취지와 반대 의사표시의 절차 및 방법을 서면으로 설명·고지할 것

2) 60일 이상의 반대의사 표시기간을 서면에 명백히 적어 부여할 것

2. 법원의 판결로 조합설립인가의 무효 또는 취소가 확정되어 조합설립인가를 다시 신청하는 경우 : 다음 각 목의 요건

   1) 토지등소유자에게 기존 동의서를 다시 사용할 수 있다는 취지와 반대의사 표시의 절차 및 방법을 서면으로 설명·고지할 것

   2) 90일 이상의 반대의사 표시기간을 서면에 명백히 적어 부여할 것

   3) 정비구역, 조합정관, 정비사업비, 개인별 추정분담금, 신축되는 건축물의 연면적 등 정비사업의 변경내용을 서면에 포함할 것

   4) 다음의 변경의 범위가 모두 100분의 10 미만일 것

    가. 정비구역 면적의 변경

    나. 정비사업비의 증가(생산자물가상승률분 및 현금청산 금액은 제외한다)

    다. 신축되는 건축물의 연면적 변경

   5) 조합설립인가의 무효 또는 취소가 확정된 조합과 새롭게 설립하려는 조합이 추진하려는 정비사업의 목적과 방식이 동일할 것

   6) 조합설립의 무효 또는 취소가 확정된 날부터 3년 내에 새로운 조합을 설립하기 위한 창립총회를 개최할 것

토지분할제도

• 2 이상의 건축물이 있는 주택단지내 재건축사업에 있어 일부 건축물 또는 일부 동의 반대로 단지 전체의 재건축동의요건을 충족하지 못하여 재건축사업이 장기간 표류하는 경우가 많이 있었다.

• 재건축사업에 동의하지 않는 토지등소유자 및 그들이 소유한 토지 등을 제외하고 찬성하는 토지등소유자들의 토지만을 사업구역으로 재건축사업을 추진할 수 있도록 하기 위한 것이 토지분할제도이다.

• 사업시행자 또는 추진위원회는 토지분할청구를 할 수 있다. 사업시행자 또는 추진위원회는 토지분할청구를 하는 때에는 토지분할대상이 되는 토지 및 그 위의 건축물과 관련된 토지등소유자와 협의하여야 하며, 토지분할의 협의가 성립되지 아니한 경우에는 법원에 토지분할을 청구할 수 있다.

• 재건축사업의 토지분할 사유는 다음과 같다.

1. 사업계획승인을 받아 건설한 둘 이상의 건축물이 있는 주택단지에 재건축사업을 하는 경우

2. 조합설립의 동의요건을 충족시키기 위하여 필요한 경우 분할되어나가는 토지 및 그 위의 건축물은 다음의 요건을 충족하여야 한다.

   1) 해당 토지 및 건축물과 관련된 토지등소유자의 수가 전체의 10분의 1 이하 일 것

   2) 분할되어 나가는 토지 위의 건축물이 분할선 상에 위치하지 아니할 것

   3) 분할되어 나가는 토지가 「건축법」 제44조에 적합할 것

- 주택단지안의 일부 토지에 대하여 「건축법」 제57조(대지의 분할 제한)의 규정에도 불구하고 분할하고자 하는 토지면적이 동법 동조에서 정하는 면적에 미달되더라도 토지분할을 청구할 수 있다.

- 시장·군수등은 토지분할이 완료되지 아니하여 조합설립 동의요건에 미달되더라도 건축위원회 심의를 거쳐 조합설립의 인가와 사업시행인가를 할 수 있다.

※ 건축법 제44조

① 건축물의 대지는 2m 이상이 도로(자동차만의 통행에 사용되는 도로는 제외)에 접하여야 한다.

토지임대부 분양주택

- 토지임대부 분양주택이란 토지의 소유권은 토지임대부 분양주택의 시행자가 가지고 있고, 주택 및 부대복리시설 등에 대한 구분소유권(건물의 전유부분에 대한 구분소유권은 이를 분양받은 자가 가지고, 공용부분·부속건물 및 복리시설은 분양받은 자들이 공유한다)은 주택을 분양받은 자가 소유하는 주택을 말한다. 관련법은 「주택법」이다.

- 사업시행자는 국가, 지방자치단체, 한국토지주택공사 및 지방공사 등이다. 이명박 정부가 서민의 주거비 부담을 경감시키고 주거를 안정시키기 위해 특별조치법을 제정하여 2009년에 도입한 제도이다. 2016년 1월 「토지임대부 분양주택 공급촉진을 위한 특별조치법」을 폐지하고 「주택법」 전부개정 시에 「주택법」에 규정되었다.

- 집 값에서 토지가격이 차지하는 비중이 크기 때문에 토지는 공공부분이 부담하고 서민은 주택가격만 부담하게 하여 서민의 주거비 부담경감과 주거안정에 기여함을 목적으로 도입한 제도다.

- 토지는 입주자에 40년간 임대하므로, 저렴한 주거비용으로 40년간 안정적으로 거주가 가능하다. 한국토지주택공사는 2011년 처음으로 서울 서초구에서 782호를 공급했으며, 40년 경과후에도 입주자들이 원할 경우 토지소유자(LH)의 동의를 받아 계속 거주 또는 재건축도 가능하도록 하였다.
- 토지임대부 분양주택이란 땅은 공공이 갖고 건물만 분양하는 주택을 말한다. 토지 분양가가 빠지기 때문에 상대적으로 저렴해 '반값아파트'로 알려져있다.
- 국토교통부장관, 시·도지사, 시장, 군수, 구청장 또는 토지주택공사등은 정비구역에 세입자와 대통령령으로 정하는 면적 이하의 토지 또는 주택을 소유한 자의 요청이 있는 경우에는 인수한 임대주택의 일부를 「주택법」에 따른 토지임대부 분양주택으로 전환하여 공급하여야 한다.
- 대통령령으로 정하는 면적 이하의 토지 또는 주택을 소유한 자란 다음의 어느 하나에 해당하는 자를 말한다.
  1. 면적이 90㎡ 미만의 토지를 소유한 자로서 건축물을 소유하지 아니한 자
  2. 바닥면적이 40㎡ 미만의 사실상 주거를 위하여 사용하는 건축물을 소유한 자로서 토지를 소유하지 아니한 자
- 토지 또는 주택의 면적은 2분의 1 범위에서 시·도조례로 달리 정할 수 있다.

토지주택공사등

- 토지주택공사등이란 「한국토지주택공사법」에 따라 설립된 한국토지주택공사 또는 「지방공기업법」에 따라 주택사업을 수행하기 위하여 설립된 지방공사를 말한다.

투기과열지구

- 투기과열지구란 주택에 대한 투기 수요 유입을 차단하여 주택시장 과열 현상을 막고 주택가격을 안정시키기 위해 지정하는 지구를 말한다.
- 주택 투기 수요 근절과 주택시장 과열 요인 차단, 무주택자 등의 실수요자 보호를 위하여 주택가격 급등과 투기 수요의 주택시장 유입 우려가 큰 곳을 지정한다.
- 투기과열지구에는 ①분양권 전매제한, ②1순위 청약자격 제한, ③주택담보대출 제한, ④재건축·재개발 조합원 자격 제한, ⑤자금조달계획서 신고 등의 규제조치가 시행된다.

- 「주택법」 제63조에 따라 국토교통부장관 또는 시·도지사는 주택가격 안정을 위하여 일정 지역을 투기과열지구로 지정·해제할 수 있다. 투기과열지구는 해당 지역 주택가격상승률이 물가상승률보다 현저히 높은 '지역으로, 청약경쟁률·주택가격·주택보급률 및 주택공급계획·주택시장 여건 등을 고려할 때 주택투기가 성행하거나 성행할 우려가 있는 지역에서 법에 정한 기준 중 하나에 해당하는 곳을 지정한다.

- 직전월(투기과열지구 지정일이 속한 달의 바로 전 달)부터 소급하여 주택공급이 있었던 2개월간 해당지역 공급주택의 월평균 청약경쟁률이 모두 5대 1을 초과하였거나 국민주택규모 주택 월평균 청약경쟁률이 모두 10대 1을 초과한 곳, 주택분양계획이 직전월보다 30% 이상 감소한 곳 또는 주택건설사업계획 승인이나 건축허가 실적이 직전년보다 급격하게 감소한 곳으로 주택공급 위축 우려가 있는 곳 등이 지정 대상이 된다.

- 2002년 처음 도입되었고 정부의 부동산 정책에 따라 대상 지역은 유동적으로 변하고 있다.

- 투기과열지구로 지정된 지역에서 재건축사업의 경우에는 조합설립인가 후, 재개발사업의 경우에는 관리처분계획인가 후 해당 정비사업의 건축물 또는 토지를 양수한 자는 원칙적으로 조합원이 될 수 없다. 여기서 '양수'란 매매·증여, 그 밖의 권리의 변동을 수반하는 일체의 행위를 포함하되, 상속·이혼으로 인한 양도·양수의 경우는 제외한다. 따라서 상속·이혼으로 토지등소유권을 양수한 자는 조합원의 지위를 취득한다.

투기지역

- 투기지역이란 토지나 주택 등 부동산 가격이 급등할 우려가 있어 기획재정부장관이 부동산가격안정심의위원회의 심의를 거쳐 지정하는 지역을 말한다. 투기지역 지정제도는 주택투기지역과 토지투기지역으로 나뉘며, 행정구역 단위로 지정된다.

- 토지투기지역은 직전 월의 지가상승률이 전국소비자물가 상승률보다 30% 이상 높고, 직전 2개월 월평균 지가상승률이 전국 지가상승률 보다 30% 이상 높거나 직전 월 이전 1년간의 지가상승률이 직전 월 이전 3년간 연평균 전국 지가상승률보다 높은 지역이 대상이 된다. 단, 재개발·재건축·신도시 등 후보지의 경우 최근 2개월 월평균 상승률이 아닌 직전 1개월 상승률만으로도 투기지역 지정이 가능하다.

- 주택투기지역은 직전 월의 주택매매가격 상승률이 전국소비자물가 상승률보다 30% 이상 높고, 직전 2개월 월평균 주택매매가격 상승률이 전국 주택매매가격 상승률보다 30% 이상 높거나 직

전 월 이전 1년간의 주택매매가격 상승률이 직전 월 이전 3년간 연평균 전국 주택매매가격 상승률보다 높은 지역이 대상이 된다. 단, 재개발·재건축·신도시 등 후보지의 경우 최근 2개월 월평균 상승률이 아닌 직전 1개월 상승률만으로도 투기지역 지정이 가능하다. 아울러 대규모 개발사업이 예상되는 지역은 투기지역 지정 요건을 강화, 집값·땅값이 물가를 추월하는 지역의 경우 그 즉시 투기지역으로 지정된다.

• 투기지역으로 지정될 경우 양도소득세를 한시적으로 중과세 부과 받게 되며, 다주택 및 비사업용 토지에 양도세가 중과세되고 금융 규제를 받게 된다.

특별건축구역

• 특별건축구역이란 조화롭고 창의적인 건축물의 건축을 통하여 도시경관을 창출하고 건설기술 수준을 향상하며 건축 관련 제도개선을 도모하기 위하여 지정하는 구역을 말한다.

• 특별건축구역은 조화롭고 창의적인 건축물의 건축을 통하여 도시경관을 창출하고, 건설기술 수준을 향상하며 건축 관련 제도개선을 도모하기 위하여 일부 특례를 적용할 수 있도록 「건축법」에 따라 지정하는 구역을 말한다.

• 특별건축구역 안에서 일정 요건의 건축물을 건축하는 경우에는 「건축법」에 따른 건폐율, 건축물의 높이, 일조권 등의 기준을 배제 또는 완화하거나 통합하여 적용할 수 있다. 자유로운 건축설계가 반영된 창의성 높은 건축물 및 도시경관을 조성하는 것을 목적으로 한다.

• 국토교통부장관 및 시·도지사는 국제행사 등을 개최하는 지역이나 법령에서 규정하는 사업구역을 대상으로 특별건축구역을 지정할 수 있다. 단, 개발제한구역, 자연공원, 접도구역, 보전산지 등 보호가 필요한 지역에는 특별건축구역을 지정할 수 없다.

• 특별건축구역에서의 특례는 특별건축구역 안에서 다음의 어느 하나에 해당되는 건축물을 건축하는 경우에 한하여 적용된다.

 1. 국가 또는 지방자치단체가 건축하는 건축물

 2. 「공공기관의 운영에 관한 법률」로 정하는 공공기관이 건축하는 건축물

 3. 그 밖에 대통령령으로 정하는 용도·규모의 건축물로서 특례 적용이 필요하다고 인정하는 건축물

   1) 문화 및 집회시설, 판매시설, 운수시설, 의료시설, 교육연구시설, 수련시설 : 2,000㎡ 이상

   2) 운동시설, 업무시설, 숙박시설, 관광휴게시설, 방송통신시설 : 3,000㎡ 이상

3) 종교시설

4) 노유자시설 : 500㎡ 이상

5) 공동주택(아파트·연립주택만 해당) : 300세대 이상 (주거 외 용도와 복합 시 200세대 이상)

6) 단독주택(한옥이 밀집되어 있는 지역의 건축물로 한정) : 50동 이상

7) 그 밖의 용도 : 1000㎡ 이상

- 특별건축구역 내에서 적용할 수 있는 특례사항은 적용하지 않을 수 있는 특례(적용배제특례)와 완화하여 적용할 수 있는 특례(완화특례)로 구분된다. 그 외에도 미술작품, 부설주차장, 공원 등은 특별건축구역 안에서 통합하여 설치할 수 있다.

- 특례사항을 적용하여 건축허가를 신청하는 경우에는 특례적용계획서를 첨부하여야 하며,「건축법」 및 「녹색건축법」의 사항은 지방건축위원회의 인정이 필요하고, 「소방시설법」의 사항은 지방소방기술심의원회의 심의와 소방본부장 또는 소방서장과 협의하여야 한다.

- 특별건축구역의 특례항목은 다음과 같다.

구분	관련법	조문	특례항목
적용 배제	건축법	제42조	대지의 조경
		제55조	건축물의 건폐율
		제56조	건축물의 용적률
		제58조	대지안의 공지
		제60조	건축물의 높이 제한
		제61조	일조 등 확보를 위한 높이제한
	주택건설 기준 등에 관한 규정	제61조	공동주택의 배치
		제61조	기준척도
		제61조	비상급수시설
		제61조	난방설비 등
		제61조	근린생활시설 등
		제61조	유치원
건축법	건축법	제49조	건축물의 피난시설 및 용도제한 등
		제50조	건축물의 내화구조와 방화벽
		제50조2	고층건축물의 피난 및 안전관리
		제51조	방화지구 안의 건축물
		제52조	건축물의 마감재료
		제52조2	실내건축
		제52조3	복합자재의 품질관리 등
		제53조	지하층
		제62조	건축설비기준 등
		제64조	승강기
	녹색건축법	제15조	건축물의 효율적인 에너지 관리와 녹색건축물 조성 활성화
	소방시설법	제9조	특정소방대상물에 설치하는 소방시설 등의 유지·관리 등
		제11조	소방시설기준 적용의 특례

ㅍ

도시 정비 용어사전

패스트트랙(fast track)

- 사전적 의미로는 '목표를 달성하기 위한 지름길'을 의미한다. 일반적으로 신속하게 처리할 필요가 있는 중요 사항에 관해 절차 등을 간소화하고 빠른 결정이 가능하게끔 하는 방식이나 제도를 말한다.

- 정비사업에 있어서 조합을 설립하기 위해서는 먼저 추진위원회를 구성하여야 하는데 공공지원을 하려는 경우에는 추진위원회를 구성하지 아니하고 곧바로 조합을 설립할 수 있는데 이를 일명 '패스트트랙(fast track)'이라고 한다.

- 서울시 신속통합기획이라는 제도가 있는데 이는 서울시가 직접 정비계획을 기획하고 사업의 방향을 제시하여 정비구역 지정에 걸리는 기간을 단축하는 장점이 있는 반면에 사실상 일방적으로 정비계획을 주민에게 통보하는 방식이고 공공기여가 많아 주민과 갈등이 발생하는 단점도 있었다.

- 서울시 신속통합기획의 만족도와 안정성을 높이기 위해 2023년부터 자문방식(fast track)을 추가로 도입하였다. 자문방식은 주민들이 마련한 정비계획안을 서울시가 자문을 통해 보완·지원하는 방식이다. 기존에 서울시가 정비계획안을 주민들에게 통보하는 기획방식에서 변경한 것이다.

프로젝트 매니지먼트(Project Management : PM)

- 프로젝트 매니지먼트(Project Managemenr : PM)란 발주자를 대신해 프로젝트의 기획·설계·시공·유지관리 단계에 이르기까지 전 생애주기를 효과적으로 관리하는 기법을 말한다.

- 해외건설시장에서 자주 쓰이는 PMC(Project Management Consultancy)와 비슷하다. PMC는 발주처를 대신한 전문가 그룹이 사업 초기 기획부터 완료, 더 나아가 운영까지 모든 과정을 담당하는 방식이다.

- PM(통합사업관리)은 CM(건설사업관리) 및 감리와 구분되는 개념이다. CM은 건설사업의 공사비 절감, 품질 향상, 공기 단축을 목적으로 발주처를 대신해 전문지식과 경험을 지닌 자가 위탁을 받아 관리하는 기법이며, PM은 CM을 아우르는 개념이라고 할 수 있다.

도시 정비 용어사전

학교용지부담금

- 학교용지부담금이란 개발사업에 대하여 특별시장·광역시장·도지사 또는 특별자치도지사가 학교용지를 확보하거나, 학교용지를 확보할 수 없는 경우 가까운 곳에 있는 학교를 증축하기 위하여 개발사업을 시행하는 자에게 징수하는 경비를 말한다. 학교용지부담금의 부과대상 사업은 재개발사업·재건축사업 중 100가구 이상의 주택건설용 토지를 조성·개발하거나 공동주택을 건설하는 사업을 말한다.
- 공동주택인 경우에는 분양가격을 기준으로 다음과 같이 부과한다.

※ 학교용지부담금 산정기준

산식 : 가구별 공동주택 분양가 X 1,000분의 8

- 재개발사업·재건축사업이 가구 수가 증가하지 아니한 경우 부과금 부과대상에서 제외된다.
- 「학교용지 확보 등에 관한 특례법」에 따르면 최근 3년 이상 취학인구가 지속적으로 감소하여 학교 신설의 수요가 없는 지역에서 개발사업을 시행하는 경우에는 학교용지부담금을 면제할 수 있도록 하고 있다. 주거환경개선사업은 부과대상에서 제외된다.
- 재개발·재건축조합이 공동주택을 분양한 때에는 분양공급계약내역 등 분양자료를 분양계약체결일로부터 30일 이내에 시·도지사에게 제출하여야 한다.
- 시·도지사는 재개발·재건축조합으로부터 분양자료를 받은 때에는 즉시 부담금의 금액·납부기한·납부방법·납부장소 등을 기재한 납부고지서를 발부하여야 하며, 부담금의 납부기한은 고지한 날부터 30일로 한다.
- 최근 정부는 규제개혁 차원에서 학교용지부담금 면제 대상에 기존 임대주택 외에 60㎡ 이하 소형주택을 추가하는 것을 검토하고 있다.

한국도시정비협회

- 한국도시정비협회는 2003년 12월 창립총회를 하고 2004년 6월 국토해양부로부터 사단법인 등록허가를 받았다.
- 한국도시정비협회는 정비사업전문관리업의 전문화와 정비사업의 건전한 육성발전을 도모하며, 주거환경 개선을 통하여 국민 삶의 질 향상과 공익에 이바지함을 목적으로 한다.

- 한국도시정비협회의 중점 추진사업은 다음과 같다.

  1. 정비사업전문관리업자 등록기준 현실화

  2. 정비사업전문관리자(기술인력) 국가공인 자격증제도 도입

  3. 정비사업전문관리자(정비회사) 정보체계 구축 의무화

  4. 정비사업전문관리자(정비회사)의 용역보수표 및 표준계약서 보급

  5. 정비사업종사자(도시정비회사 소속인력 외) 교육 의무화

  6. 정비사업종사자(조합 또는 추진위원회) 교육 위무화

  7. 세미나, 토론회 등 대외활동 강화

  8. 전람회 개최 등 회원사 및 협회 홍보활동 극대화

- 한국도시정비협회는 바람직한 정비사업 발전 방향을 논의하기 위한 열린 공간으로 '도시정비'라는 신문을 발행하고 있다.

한국부동산원(舊한국감정원)

- 1969년 4월 정부와 한국산업은행외 5개 시중은행의 공동출자로 설립하여 1974년 감정회사로 인가를 받았다. 1989년 감정평가연수원을 개설한 뒤, 1991년 자회사 한국부동산신탁(주)을 설립하였고, 1996년 감정평가연구소를 설립하였다. 1997년부터 부동산전문가 양성교육을 실시하였으며, 2001년 감정평가업계로는 최초로 ISO9001을 획득하고 부동산투자자문회사로 출범하였다. 2003년 1월 「토지보상법」에 의거 보상전문기관이 되었고, 2005년 1월 「부동산공시법」에 의거 공동주택가격 조사·산정기관, 2009년 4월 「주택법」에 의거 '주택가격동향 조사기관, 2012년 2월 「통계법」에 의거 부동산시장 관련 국가통계 작성기관, 2014년 1월 「녹색건축물 조성지원법」에 의거 건축물 에너지효율등급 인증기관으로 선정되었으며, 2016년 4월에 「주택법」에 의거 부동산거래 전자계약시스템 운영관리 위탁기관으로 지정되었으며, 2018년 「도시 및 주거환경정비법」 전부개정에 따라 정비사업 지원기구가 되었다. 2016년 1월 「한국감정원법」이 제정·공포됨에 따라 감정평가 분야를 민간에 이양하고, 공공부문의 역할과 기능이 강화된 부동산시장관리 공공기관이 되었다.

한국주택경제신문

- 한국주택경제신문은 도심지 내 주택공급을 책임지는 재건축·재개발에 대한 소식을 신속하게 보도하고, 주택관련 정책과 법령, 제도 등의 변화가 시장에 미치는 영향을 분석하고, 주택시장 안정화 방안에 대한 대안을 제시하고자 2014년 3월 10일 창간한 신문이다.

- 한국주택경제신문은 분양, 청약, 금융 등 주택과 관련된 신속·정확한 정보 전달로 국민들의 내 집 마련 기회를 제공하기 위해 노력하고 있다. 특히 부동산 관련 전문가의 전문지식과 분석을 통해 주택 관련 문제를 사전에 방지하고, 적재적소에 안정적인 주택이 공급될 수 있는 방향을 제시하고 있다.

- 한국주택경제신문은 '부동산=비리·투기'로 인식되는 시장을 변화시키기 위해 노력하며, 주택 경제의 주체는 건설사가 아닌 국민이라는 생각으로 모든 국민의 주거권이 안정될 수 있는 불법 형태에 대한 감시 역할에도 이바지하고자 노력하고 있다.

한국주택정비사업조합협회

- 한국주택정비사업조합협회는 도시정비사업 전반에 걸친 노하우 공유를 통해 조합(추진위원회) 업무개선, 잘못된 법령과 제도에 대한 개선, 복잡한 사업절차 간소화를 위한 정책제언, 조합(추진위) 관계자의 권익옹호 및 품위 보전, 재건축·재개발사업 문화의 질적 향상과 공익에 이바지하고자 2004년 설립되었다.

- 한국주택정비사업조합협회는 전국 재건축·재개발조합(추진위원회)의 전문화와 건전한 발전을 도모하기 위하여 정비사업 관련 정책 및 제도개선 활동과 교육활동, 추진위원회 및 조합 관계자들의 권익옹호와 업무환경 개선 활동, 실무지원 활동 등 다음과 같은 활동을 하고 있다.

  1. 정책 및 제도개선 : 사업추진 동향분석, 법령 개정 검토의견 제출, 표준정관 및 운영규정 개선, 세미나(토론회) 개최

  2. 교육 : 수요강좌, 정비사업 아카데미, 지방순회 교육, 워크숍

  3. 실무지원 : 총회진행 및 분쟁조정, 공사비 변동내역 검토, 조합원 분양신청진행, 실태조사

  4. 권익보호 및 공익 실현 : 조합(추진위) 상담, 급여기준 발표, 발간물(법령집)배포, 설문조사

한국토지주택공사

- 1962년 주로 저소득층 및 서민층을 위한 국민주택 건설 및 공급을 목적으로 설립된 대한주택공사와 1975년 토지금고를 모태로 설립된 한국토지공사가 수행하고 있던 택지개발사업 등 상호 중복되는 기능을 해소하고, 경영 효율성을 높여 국민 경제 발전에 이바지하기 위하여 두 공사를 통합한 것이다.
- 2009년 4월 두 공사의 통폐합을 골자로 한 한국토지주택공사법이 의결된 후 통폐합 절차를 밟아 같은 해 10월 1일 공식 출범하였다.
- LH공사라고도 하며, 토지(Land)와 주택(Housing) 분야의 대표 기업이라는 의미를 함축하고 있다.
- 토지의 취득·개발·비축·공급, 도시의 개발·정비, 주택의 건설·공급·관리 업무를 수행하게 함으로써 국민주거생활의 향상 및 국토의 효율적인 이용을 도모하여 국민경제의 발전에 이바지함을 목적으로 설립한 공사형 기업이다.
- 자본금은 35조원이며 전액을 정부가 출자한 기업이며, 주요사업은 토지의 취득사업, 도시개발사업, 주택건설·개량·매입·비축·공급·임대 및 관리, 주택 또는 공용·공공용 건축물의 건설·개량·공급 및 관리의 수탁, 저소득 취약계층을 위한 주거복지사업, 토지의 매매·관리의 수탁, 주택법 등 다른 법률에 따라 공사가 시행할 수 있는 사업 등 다양한 사업이 있다.

환경영향평가

- 환경영향평가는 환경에 영향을 미치는 계획이나 사업을 승인하기 전에 해당 사업이 환경에 미치는 영향을 미리 조사·예측·평가하여 해로운 환경 영향을 피하거나 제거하거나 감소시킬 수 있는 방안을 마련하는 제도로서 「환경영향평가법」에 따라 운영된다.
- 환경영향평가는 1977년 「환경보전법」이 제정되면서 최초로 도입되었다. 이후 2001년 「환경·교통·재해 등에 관한 영향평가법」으로 통합 운영되다가, 2009년 「환경영향평가법」으로 전부 개정되면서부터는 환경영향평가 규정을 대폭 강화하였고 그 밖의 교통·재해·인구영향평가는 삭제 또는 다른 제도로 대체되었다.

※ 교통·재해·인구 영향평가제도의 변천

「환경·교통·재해 등에 관한 영향평가법」에 의해 시행되었던 교통영향평가, 재해영향평가, 인구영향평가는 평가제도간 상호중복 문제로 2009년 「환경영향평가법」으로 전부개정되면

서 다음과 같이 대체 또는 폐기되었다.

1. 교통영향평가 → 교통영향분석 및 개선대책으로 명칭이 바뀌었다가 2016년 다시 교통영
   향평가로 명칭이 바뀌었다(도시교통정비촉진법)
2. 재해영향평가 → 사전재해영향성검토 협의제도로 대체(자연재해대책법)
3. 인구영향평가 → 폐기

- 환경영향평가 대상사업은 다음과 같다.

  1. 도시의 개발사업

  2. 산업입지 및 산업단지의 조성사업

  3. 에너지 개발사업

  4. 항만의 건설사업

  5. 도로의 건설사업

  6. 수자원의 개발사업

  8. 공항의 건설사업

  7. 철도(도시철도 포함)의 건설사업

  9. 하천의 이용 및 개발 사업

  10. 개간 및 공유수면의 매립사업

  11. 관광단지의 개발사업

  12. 산지의 개발사업

  13. 특정 지역의 개발사업

  14. 체육시설의 설치사업

  15. 폐기물 처리시설의 설치사업

  16. 국방·군사 시설의 설치사업

  17. 토석·모래·자갈·광물 등의 채취사업

  18. 처리시설 또는 공공처리시설의 설치사업

- 「도시 및 주거환경정비법」 제2조제2호에 따른 정비사업(주거환경개선사업은 제외한다) 중 사
  업면적이 30만㎡ 이상인 사업은 환경영향평가를 받아야 하는 대상사업이다. 이 경우 협의요청
  시기는 「도시 및 주거환경정비법」 제50조제1항에 따른 사업시행계획인가 전 이다.

• 환경영향평가의 평가항목은 다음과 같다.

평가항목	세부 평가항목
자연생태환경 분야	①동·식물상, ②자연환경자산
대기환경 분야	①기상, ②대기질, ③악취, ④온실가스
수환경 분야	①수질(지표·지하), ②수리·수문, ③해양환경
토지환경 분야	①토지이용, ②토양, ③지형·지질
생활환경 분야	①친환경적 자원 순환, ②소음·진동, ③위락·경관, ④위생·공중보건 ⑤전파장해, ⑥일조장해
사회환경·경제환경 분야	①인구, ②주거(이주의 경우를 포함한다), ③산업

• 사업자가 환경영향평가를 실시하려는 경우에는 평가항목 및 그 범위 등에 대한 환경영향평가 계획서를 작성하고, 환경영향평가를 실시한 다음에는 환경영향평가서를 제출해야 한다. 다만, 개발사업계획 수립 시 실시한 사전환경성검토가 환경영향평가계획서를 대체할 수 있다고 인정 되는 경우에는 평가계획서 결정 절차를 생략할 수 있다.

환지방식

• 환지방식이란 사업시행 이전의 토지 소유권을 변화시키지 않고, 종전 토지의 위치·지적·이용 상황·환경 등을 고려하여 사업시행 이후 새로이 조성된 대지에 기존의 권리를 그대로 이전시키 는 개발방식을 말한다.
• 환지방식은 2000년 7월 폐지된 「(구)토지구획정리사업법」에 의한 토지구획정리사업에서 활용 되었었다.
• 현재는 「도시개발법」에 의한 도시개발사업과 「도시 및 주거환경정비법」에 의한 주거환경개선 사업 및 재개발사업의 사업방식 중의 하나로 활용되고 있다.
• 도시개발사업에서 환지방식은 다음의 경우에 시행한다.
  1. 대지의 효용 증진과 공공시설의 정비를 위하여 토지의 교환·분합, 구획변경, 지목·형질의 변 경, 공공시설의 설치·변경이 필요한 경우
  2. 인근의 다른 지역에 비하여 지가가 현저히 높아 수용 또는 사용방식으로 시행이 어려운 경우

- 환지방식으로 도시개발사업을 시행하는 경우 사업시행자는 환지계획을 작성하여야 하며 해당 토지면적의 2/3 이상에 해당하는 토지소유자와 그 지역의 토지소유자 총수의 1/2 이상의 동의를 받아야 한다.
- 새롭게 조성한 토지의 공급가격은 공인평가기관의 평가와 토지평가협의회의 심의를 받은 후 최종적으로 구청장에게 인가를 받아야 한다.

행위제한

- 정비구역에서 다음의 어느 하나에 해당하는 행위를 하려는 자는 시장·군수등의 허가를 받아야 한다. 허가받은 사항을 변경하려는 때에도 또한 같다.
  1. 건축물의 건축
  2. 공작물의 설치
  3. 토지의 형질변경
  4. 토석의 채취
  5. 토지분할
  6. 물건을 쌓아 놓는 행위
  7. 죽목의 벌채 및 식재
- 다음의 어느 하나에 해당하는 행위는 허가를 받지 아니하고 할 수 있다.
  1. 재해복구 또는 재난수습에 필요한 응급조치를 위한 행위
  2. 기존 건축물의 붕괴 등 안전사고의 우려가 있는 경우 해당 건축물에 대한 안전조치를 위한 행위
  3. 그 밖에 대통령령으로 정하는 행위
- 허가를 받아야 하는 행위로서 정비구역의 지정 및 고시 당시 이미 관계 법령에 따라 행위허가를 받았거나 허가를 받을 필요가 없는 행위에 관하여 그 공사 또는 사업에 착수한 자는 대통령령으로 정하는 바에 따라 시장·군수등에게 신고한 후 이를 계속 시행할 수 있다.
- 시장·군수등은 행위제한을 위반한 자에게 원상회복을 명할 수 있다. 이 경우 명령을 받은 자가 그 의무를 이행하지 아니하는 때에는 시장·군수등은 「행정대집행법」에 따라 대집행할 수 있다.
- 국토교통부장관, 시·도지사, 시장, 군수 또는 구청장(자치구의 구청장을 말한다)은 비경제적인 건축행위 및 투기 수요의 유입을 막기 위하여 기본계획을 공람 중인 정비예정구역 또는 정비계

획을 수립 중인 지역에 대하여 3년 이내의 기간(1년의 범위에서 한 차례만 연장할 수 있다)을 정하여 대통령령으로 정하는 방법과 절차에 따라 다음의 행위를 제한할 수 있다.

1. 건축물의 건축

2. 토지의 분할

• 정비예정구역 또는 정비구역에서는 「주택법」 제2조제11호가목에 따른 지역주택조합의 조합원을 모집해서는 아니된다.

협력업체의 종류

• 정비사업을 추진하고자 하는 경우 추진위원회 또는 조합은 많은 협력업체를 선정하여야 한다. 가장 중요한 협력업체는 시공자(시공사)이며, 정비사업전문관리업자. 설계용역업체, 감정평가업체 등은 총회에서 선정하여야 한다.

• 정비사업에 있어서 조합에서 선정하는 협력업체의 종류는 다음과 같다.

1. 시공자(시공사)

2. 설계용역업체

3. 정비사업전문관리업체

4. 감정평가업체

5. 도시계획용역업체

6. 건축심의, 경관심의 등 대행 용역업체

7. 교통영향평가, 영향분석, 개선대책 수립 및 심의업무 대행 용역업체

8. 환경영향평가, 영향분석, 개선대책 수립 및 대행 용역업체

9. 교육영향평가, 영향분석, 개선대책 수립 및 대행 용역업체

10. 사전재해영향성 검토 및 영향성 분석, 개선대책 수립 및 대행 용역업체

11. 지하안전영향평가 및 굴토(흙막이) 심의 용역업체

12. 지하구조안전 등 토목설계 관련 용역업체

13. 정비기반시설(도로, 공원 등) 분야별 설계도서 작성, 공원 등 심의 및 실시 계획인가(수량산출서 및 공사내역서 포함) 등 용역업체

14. 정비기반시설(도로, 공원 등) 공사업체

15. 정비기반시설(도로, 공원 등) 공사에 대한 감리업체

16. 정비구역 내 세입자조사 용역업체

17. 정비구역 내 손실보상을 위한 물건조사 용역업체

18. 지질조사업체

19. 건축·토목·기계 등 감리업체

20. 전기감리업체

21. 정보통신 및 소방 감리업체

22. 철거 감리업체

23. 석면조사업체

24. 석면해체·제거작업 감리업체

25. 석면해체·제거작업업체

26. 미술장식품 설치업체

27. 아파트 분양대행업체

28. 상가 분양대행업체

29. 측량업체

30. 가산공사비 산출 대행업체

31. 회계감사보고서 작성업체

32. 세무기장 대행업체

33. 신탁등기 대행업체

34. 보존등기 대행업체

35. 지장물 이설공사업체

36. 안전진단 용역업체

37. 조합원 이주비 대출 은행

38. 사업비 대출 은행

39. 문화재지표조사업체

40. 범죄예방대책수립 용역업체

41. 분양가상한제 심의 대행업체

42. 이주관리업체

43. 현금청산자에 대한 매도청구소송, 수용재결, 명도소송 및 점유이전가처분소송 등 대행 법무법인

44. 총회무효소송 등 사업추진 중 발생하는 소송 대행 법무법인

45. 녹색건축인증 대행업체

46. 건축물 에너지효율등급인증 대행업체

47. 에너지절약형 친환경주택평가 대행업체

48. 에너지절약계획서 적정성검토 대행업체

49. 장수명주택인증 대행업체

50. 제로에너지건축물인증 대행업체

51. 공동주택 결로방지성능평가 대행업체

52. 추정분담금 산출 용역업체

53. 공사물량산출 용역업체

54. 임대주택 매각 관련 용역업체

55. 건설사업관리 용역비

- 협력업체의 종류 및 숫자는 사업지 규모, 조합의 상황에 따라 달라질 수 있다.

현금청산대상자의 유형

- 정비사업에 있어서 현금청산대상자는 다음과 같은 유형이 있다.

  1. 분양신청을 하지 아니한 자 : 조합이 통지한 분양신청 기간 내에 분양신청을 하지 아니한 토지등소유자는 현금청산대상자가 된다.

  2. 분양신청을 철회한 자 : 조합이 통지한 분양신청 기간 내에 분양신청서를 제출하였다가 분양신청 기간 종료 전에 분양신청을 철회한 토지등소유자는 현금청산자가 된다.

  3. 인가된 관리처분계획에 따라 분양신청에서 제외된 자 : 조합에 분양신청을 적법하게 하였더라도 시·도조례에서 정하고 있는 관리처분계획 기준에 따라 인가된 관리처분계획에서 분양대상에서 제외되고 현금으로 청산하도록 결정된 토지등소유자는 현금청산자가 된다.

  4. 투기과열지구에서 분양신청을 할 수 없는 자 : 투기과열지구에서의 정비사업에서 관리처분계획에 따라 조합원 분양분 또는 일반 분양분의 분양대상자 및 그 세대에 속한 자는 분양대상자 선정일(조합원 분양분 분양대상자는 최초 관리처분계획인가일)로부터 5년 이내에는 투기과열지구에서 분양신청을 할 수 없도록 규정하고 있다. 이 경우에 해당하는 토지등소유자는 분양신청을 할 수 없어 현금청산자가 된다.

5. 투기과열지구에서 조합원 지위양도 제한에 위반하여 조합원이 될 수 없는자 : 투기과열지구로 지정된 지역에서 재건축사업은 조합설립인가 후, 재개발사업은 관리처분계획인가 후 토지 또는 건축물을 양수한 자는 예외 사유에 해당하지 아니하는 경우에는 조합원이 될 수 없고 현금청산대상자가 된다.

6. 정관 또는 관리처분계획에 의한 현금청산대상자 : 일반적으로 조합은 관리처분계획인가 완료 후 동·호수 추첨을 하고 조합원들에게 분양계약 체결기간을 정하여 통지하고 있다. 통상 조합 정관 또는 관리처분계획은일정한 기간 내에 분양계약을 체결하지 아니한 조합원에 대하여는 분양신청을 하지 아니한 조합원에 대한 현금청산 조항을 준용하도록 규정하고 있다. 따라서 정관 또는 관리처분계획에 의한 현금청산대상자가 되는 경우도 있다.

협회의 설립

• 정비사업전문관리업자는 정비사업전문관리업의 전문화와 정비사업의 건전한 발전을 도모하기 위하여 정비사업전문관리업자단체(협회)를 설립할 수 있다.

• 협회는 법인으로 한다. 협회는 주된 사무소의 소재지에서 설립등기를 하는 때에 성립한다. 협회를 설립하려는 때에는 회원의 자격이 있는 50명 이상을 발기인으로 하여 정관을 작성한 후 창립총회의 의결을 거쳐 국토교통부장관의 인가를 받아야 한다. 협회가 정관을 변경하려는 때에도 또한 같다.

• 「도시 및 주거환경정비법」에 따라 시·도지사로부터 업무정지처분을 받은 회원의 권리·의무는 영업정지기간 중 정지되며, 정비사업전문관리업의 등록이 취소된 때에는 회원의 자격을 상실한다.

• 협회의 정관에는 다음의 사항이 포함되어야 한다.
  1. 목적
  2. 명칭
  3. 주된 사무소의 소재지
  4. 회원의 가입 및 탈퇴에 관한 사항
  5. 사업 및 그 집행에 관한 사항
  6. 임원의 정원·임기 및 선출방법에 관한 사항
  7. 총회 및 이사회에 관한 사항

8. 조직 및 운영에 관한 사항

9. 자산 및 회계에 관한 사항

10. 정관의 변경에 관한 사항

11. 협회의 운영에 필요하다고 인정되는 사항

- 협회에 관하여 이 법에 규정된 사항을 제외하고는 「민법」 중 사단법인에 관한 규정을 준용한다.
- 협회의 업무는 다음과 같다.

1. 정비사업전문관리업 및 정비사업의 건전한 발전을 위한 조사·연구

2. 회원의 상호 협력증진을 위한 업무

3. 정비사업전문관리 기술인력과 정비사업전문관리업 종사자의 자질향상을 위한 교육 및 연수

4. 그 밖에 대통령령으로 정하는 업무

홍보설명회

- 사업시행자등은 건설업자등의 합동홍보설명회를 2회 이상 개최하여야 하고, 합동홍보설명회를 개최할 때에는 개최일 7일 전까지 일시 및 장소를 정하여 조합원에게 이를 통지하여야 한다.
- 입찰참여자는 조합이 지정한 날까지 조합에 홍보물을 제출하여야 하고, 입찰참여자는 합동설명회 전까지 조합에 신고된 홍보물에 한하여 홍보할 수 있으며, 입찰참여자가 임의로 홍보물을 변경하는 경우 조합은 해당 입찰참여자의 입찰자격을 박탈하고 입찰보증금을 몰수할 수 있다.
- 건설업자등의 임직원, 시공자 선정과 관련하여 홍보를 위해 계약한 용역업체의 임직원 등은 조합원을 상대로 개별적인 홍보를 할 수 없으며, 홍보를 목적으로 조합원에게 사은품 등 물품·금품·재산상의 이익을 제공하거나 제공을 약속하여서는 아니된다. 개별적인 홍보에는 홍보관·쉼터 설치, 홍보책자 배부, 세대별 방문, 인터넷 홍보 등을 포함한다.
- 사업시행자등은 최초 합동홍보설명회 개최 이후 건설업자등의 신청을 받아 정비구역 내 또는 인근의 개방된 형태의 홍보공간을 1개소 제공할 수 있다. 이 경우 건설업자등은 사업시행자등이 제공하는 홍보공간 안에서는 조합원에게 홍보할 수 있다.
- 사업시행자등이 제공한 홍보공간에서 홍보를 하려는 경우에는 건설업자등은 미리 용역요원(건설업자등의 직원을 포함함)의 명단을 사업시행자등에 등록하여야 하며, 용역요원의 명단을 등록하기 이전에 홍보를 하거나, 등록하지 않은 용역요원이 홍보를 하여서는 아니 된다. 이 경우 사업시행자등은 등록된 용역요원의 명단을 조합원에게 알릴 수 있다.

회계감사

- 시장·군수등 또는 토지주택공사등이 아닌 사업시행자 또는 추진위원회는 다음 각 호의 어느 하나에 해당하는 경우에는 다음 각 호의 구분에 따른 기간 이내에 「주식회사 등의 외부감사에 관한 법률」에 따른 감사인의 회계감사를 받기 위하여 시장·군수등에게 회계감사기관의 선정·계약을 요청하여야 하며, 그 감사결과를 회계감사가 종료된 날부터 15일 이내에 시장·군수등 및 해당 조합에 보고하고 조합원이 공람할 수 있도록 하여야 한다. 다만, 지정개발자가 사업시행자인 경우에는 제1호에 해당하는 경우는 제외한다.

  1. 추진위원회에서 사업시행자로 인계되기 전까지 납부 또는 지출된 금액과 계약 등으로 지출될 것이 확정된 금액의 합이 3억5,000만원 이상인 경우 : 추진위원회에서 사업시행자로 인계되기 전 7일 이내

  2. 사업시행계획인가 고시일 전까지 납부 또는 지출된 금액이 7억원 이상인 경우 : 사업시행계획인가의 고시일부터 20일 이내

  3. 준공인가 신청일까지 납부 또는 지출된 금액이 14억원 이상인 경우 : 준공 인가의 신청일부터 7일 이내

  4. 토지등소유자 또는 조합원 5분의 1 이상이 사업시행자에게 회계감사를 요청하는 경우 : 절차를 고려한 상당한 기간 이내

- 시장·군수등은 회계감사기관 지정 요청이 있는 경우 즉시 회계감사기관을 선정하여 회계감사가 이루어지도록 하여야 한다.

- 회계감사기관을 선정·계약한 경우 시장·군수등은 공정한 회계감사를 위하여 선정된 회계감사기관을 감독하여야 하며, 필요한 처분이나 조치를 명할 수 있다.

- 사업시행자 또는 추진위원회는 회계감사기관의 선정·계약을 요청하려는 경우 시장·군수등에게 회계감사에 필요한 비용을 미리 예치하여야 한다. 시장·군수등은 회계감사가 끝난 경우 예치된 금액에서 회계감사비용을 직접 지급한 후 나머지 비용은 사업시행자와 정산하여야 한다.

회의 소집 및 의결요건 비교

- 정비사업의 각 단계별 회의(추진위원회의, 주민총회, 창립총회, 대의원회, 조합총회 등)에 대한 회의 소집 및 의결요건을 비교하면 다음과 같다.

구분	추진위원회의	주민총회	창립총회	대의원회의	조합총회
소집절차	7일 전 통지 및 게시판 게시	10일 전 통지 및 14일 전 게시	14일 전 통지 및 게시판 게시	7일 전 통지 및 게시판 게시	7일 전 통지 및 14일 전 게시
긴급 소집절차	3일 전 통지 및 2/3 찬성 의결	불가	불가	3일 전 통지 및 2/3 찬성 의결	불가
당일 안건채택	불가	불가	불가	출석대의원 과반수 이상 동의	불가
성원요건 (의사정족수)	재적의원 과반수 참석	동의자 과반수 참석	과반수 출석	과반수 출석	과반수 출석
의결요건 (의결정족수)	참석위원 과반수 찬성	참석자 과반수 찬성	출석자 과반수 찬성	출석자 과반수 찬성	일반총회는 출석자 과반수 찬성, 사업시행계획서의 작성 및 변경, 관리처분계획의 수립 및 변경을 위한 총회는 조합원 과반수 찬성 정비사업비가 100분의 10(생산자물가상승률분, 손실보상금액은 제외) 이상 늘어나는 경우와 정관의 중대한 변경을 위한 총회는 조합원 3분의 2 이상의 찬성
직접 참석	해당없음	10%	20%	해당없음	일반총회는 10%, 사업시행계획 수립 및 관리처분계획수립을 위한 총회, 정비사업비의 사용 및 변경을 위한 총회는 20%, 시공자 선정을 위한 총회는 과반수
대리인 참석	불가	가능	가능	불가	가능

후분양

- 후분양이란 전체동 골조공사 완료 후 조합원에게 분양하고 남은 일반분양 아파트를 분양하는 것을 말한다. 선분양과 구별되는 개념이다. 관련법은 「주택법」이다.
- 사업주체는 대지 소유권은 확보하였으나, 분양보증을 받지 못한 경우에는 제1호 각 목의 요건을 모두 갖춘 등록사업자가 2인 이상의 연대보증을 받아 제2호 각 목에 따른 건축공정에 달한 후에 입주자를 모집할 수 있다.

  1. 등록사업자의 요건

     1) 전년도 또는 해당 연도의 주택건설실적이 100호 또는 100세대 이상인 자일 것

     2) 1)에 해당하는 등록사업자 중 자본금 및 주택건설실적 등을 고려하여 시·군·구청장이 인정하는 자일 것

     3) 「독점규제 및 공정거래에 관한 법률」 제2조에 따른 사업주체의 계열회사가 아닐 것

  2. 건축공정의 기준

     1) 아파트의 경우 : 전체 동의 골조공사가 완료된 때

     2) 연립주택, 다세대주택 및 단독주택의 경우

      가. 분양주택 : 조적공사가 완성된 때

      나. 공공임대주택 : 미장공사가 완료된 때

2023 도시정비 용어사전 참고법률

- 감염병의예방및관리에관한법률
- 감정평가및감정평가사에관한법률
- 개발제한구역의지정및관리에관한특별조치법
- 과학기술분야정부출연연구기관등의설립·운영및육성에관한법률
- 건설기술진흥법
- 건설산업기본법
- 건설폐기물의재활용촉진에관한법률
- 건축물관리법
- 건축법
- 경관법
- 골재채취법
- 공공주택 특별법
- 공동주택관리법
- 공사중단장기방치건축물의정비등에관한특별조치법
- 공유재산및물품관리법
- 공익사업을위한토지등의취득및보상에관한법률
- 관세법
- 교육환경보호에관한법률
- 국가공간정보기본법
- 국가균형발전특별법
- 국가기술자격법
- 국가를 당사자로 하는 계약에 관한 법률
- 국방군사시설 사업에 관한 법률
- 국세징수법
- 국유재산법
- 국토안전관리원법
- 국토의계획및이용에관한법률
- 기상법
- 기후위기대응을위한탄소중립·녹색성장기본법
- 노인복지법
- 노후계획도시정비및지원에관한특별법 제정(안)
- 녹색건축물조성지원법
- 농어촌정비법
- 대도시권광역교통관리에관한특별법
- 도시개발법
- 도시공원및녹지등에관한법률
- 도시교통정비촉진법
- 도시및주거환경정비법
- 도시재생활성화및지원에관한특별법
- 도시재정비촉진을위한특별법
- 도시철도법
- 매장문화재보호및조사에관한법률
- 문화예술진흥법
- 민간임대주택에관한특별법
- 민법
- 민사집행법

- 보험업법
- 부동산등기법
- 빈집및소규모주택정비에관한특례법
- 산업안전보건법
- 산업집적활성화및공장설립에관한법률
- 석면안전관리법
- 소방시설법
- 수도권정비계획법
- 시설물의안전및유지관리에관한특별법
- 양성평등기본법
- 어촌·어항법
- 역세권의개발및이용에관한법률
- 은행법
- 인공조명에의한빛공해방지법
- 자연재해대책법
- 장애인복지법
- 재건축초과이익환수에관한법률
- 재난및안전관리기본법
- 전자문서및전자거래기본법
- 전자조달의이용및촉진에관한법률
- 전통시장및상점가육성을위한특별법
- 정부출연연구기관등의설립·운영및육성에관한법률
- 주거기본법
- 주식회사등의외부감사에관한법률
- 주차장법
- 주택도시기금법
- 주택법
- 중소기업은행법
- 지방공기업법
- 지방세징수법
- 지방자치단체를 당사자로 하는 계약에 관한 법률
- 지방자치단체출연연구원의설립및운영에관한법률
- 지역개발및지원에관한법률
- 지하안전관리에관한특별법
- 채무자회생및파산에관한법률
- 체육시설의설치·이용에관한법률
- 철도산업발전기본법
- 철도의건설및철도유지관리에관한법률
- 택지개발촉진법
- 토양환경보전법
- 통계법
- 특정건축물정리에관한특별조치법
- 학교보건법
- 학교용지확보등에관한특례법
- 한국부동산원법
- 한국수출입은행법
- 한국토지주택공사법
- 행정대집행법
- 형법
- 환경보전법
- 환경영향평가법

도시정비 용어사전 참고법률

2023 도시정비 용어사전 참고문헌

- 대한국토·도시계획학회, 도시재생, 보성각, 2015
- 이철현, 재개발·재건축 감정평가론, 부연사, 2017
- 차흥권, 재개발 재건축 실무해설, 법률신문사, 2018
- 맹신균, 도시 및 주거환경정비법 해설(제4판), 법률&출판, 2018
- 안광순·김래현, 정비사업실무의 법률쟁점, 법무법인 현, 2019
- 서울특별시, 2021 알기쉬운 도시계획용어집, 2020
- 안광순, 2020 도시정비법해설(상권), 진원사, 2020
- 안광순, 2020 도시정비법해설(하권), 진원사, 2020
- 장희순·김성진, 부동산용어사전, 부연사, 2020
- 김덕기·고재수, 가로주택정비사업의 이해와 실무, 북엠, 2021
- 홍성욱, 정비사업의 이해, 북랩, 2021
- 김덕기·이종현, 지혜로운 재개발·재건축의 이해, 북엠, 2022
- 김덕기, 소규모주택정비사업의 이해와 실무, 북엠, 2022
- 김조영·김민우, 정비사업 법령해설집, 도서출판 국토, 2023
- 이근호, 아무도 알려주지 않는 재개발·재건축실무, 좋은땅, 2023

편저자 **이규훈**

약력

- (현) 한국부동산원 실장
- (현) 숭실사이버대 부동산학과 외래교수
- (협회) 도시계획기술사회 정회원, 한국기술사회 정회원
- (학력) 건국대학교 부동산대학원 석사
- (자격) 도시계획기술사, 공인중개사, 주택관리사, 보상관리사

저서

- 공생계와 함께하는 도시계획기술사 VOL.6, 2018 (공저)

주요활동

- 서울특별시 재건축재개발정비사업 아카데미 강사
- 서울특별시 e-재건축재개발정비사업 아카데미(심화과정) 강사
- 서울특별시 서대문구 정비사업 아카데미 강사
- 건설경제신문 도시정비사업 관리자포럼 전문위원
- 경기도 의왕시 도시계획위원회 위원
- 경기도 의왕시 도시정비기금운용심의위원회위원
- 경기도 고양시 정비사업점검반 위원
- 경기도 광명시 경관심의위원회 위원
- 경기도 성남시 기술위원회 위원
- 경기도 시흥시 재건축자문가위원
- 포항시 분쟁조정위원회 위원
- 포항시 도시재건위원회 위원
- SH공사 설계자문위원회 위원
- SH공사 디자인자문위원회 위원

저자 약력·저서·주요 활동

도시정비(재개발·재건축) 용어사전

제1판 제1쇄	2023년 6월 30일

지은이	이규훈
펴낸이	박노창
편집·디자인	홍영주

펴낸곳	한국주택경제신문
주소	서울시 서초구 반포대로 30길 43, 4층(알바트로스 빌딩)
전화	대표번호 : 02-6959-3961 / 팩스 : 02-6959-3962
홈페이지	www.arunews.com

ISBN	979-11-982526-3-0
정가	**30,000원**